Lutz Graf Schwerin von Krosigk

Die großen Schauprozesse

Lutz Graf
Schwerin von Krosigk

Die großen Schauprozesse

Politische Justiz

Universitas

Umschlagentwurf: Hans Numberger
Satz: VerlagsSatz Kort GmbH, München
Druck: Jos. C. Huber KG., Dießen am Ammersee
Printed in Germany 1981
ISBN: 3-8004-1011-7

Vorwort

Wir können kaum ermessen, was für ein Geschenk ordnender und heilender Kraft der Menschheit zugeflossen ist, als die Menschen zum ersten Mal das Recht erkannten und Menschennacken sich freiwillig vor der Würde eines menschlichen Richterspruchs beugten. Durch Jahrtausende der Weltgeschichte treibt uns eine verzehrende Sehnsucht nach gerechtem Gericht; sie läßt uns auf öffentliche Bauwerke schreiben: Justitia fundamentum regnorum. Unwillkürlich forschen wir im Walten eines Richters nach den Spuren jenes visionären Gerichts, das Johannes auf Patmos schauen durfte, und ahnen, daß nur der ein echter Richter sein kann, der sich nach dem Bilde Gottes zu richten bestrebt ist.

Deshalb ist nichts furchtbarer als Gewalt, die sich mit den Attributen der Justiz drapiert und mit der Toga der Gerechtigkeit tarnt. Der Teufel ist am teuflischsten, wenn er sich in Gottes Mantel kleidet. In diesem Buch wird den Prozessen nachgespürt, in denen »Unrecht« im eigentlichen Sinn geübt wurde.

Nicht alle Verurteilten sind unschuldig, aber sie büßen für eine andere Schuld, als die, die man ihnen zur Last legte. Die Richter gleichen sich darin, daß sie, ob Könige, Präsidenten, Senate, geistliche und weltliche Gerichte, sich vom eignen Vorteil, von der Idee des Staatsnutzens, vom politischen und religiösen Fanatismus mehr bestimmen ließen als von der königlichen Würde und dem Gebot des Rechts.

Eine aus Schuld und Schicksal geflochtene Kette bindet Richter oder Ankläger mit dem Angeklagten zusammen. Wie der Name des ungerechten Richters Pontius Pilatus im christlichen Glaubensbekenntnis seit fast 2000 Jahren millionenfach genannt wird, bleiben Konradin und Karl von Anjou, Servet und Calvin, Maria Stuart und Elisabeth – um nur einige Beispiele zu nennen – unlösbar miteinander verbunden. Schicksal und Gestalt des »Gegenspielers« wird in jedem Kapitel aufgezeigt.

Das Unrecht währt nicht, das verletzte Recht setzt sich durch. Die Toten stehen auf. Aus den geschmähten Verurteilten von gestern werden die gepriesenen Märtyrer von morgen. Die mächtigen Richter werden vor dem Forum der Geschichte zur Verantwortung gerufen. Wenn die Geschichte des geschändeten Rechts einen kleinen Beitrag zur Heilighaltung des Rechts als weltbezwingender und -bestimmender Macht leistet, ist ihr Zweck erfüllt.

I. BUCH

Ein Richter, der mit seinem Urteil sich selbst das Urteil spricht

Nie war die Unschuld eines Angeklagten überzeugender, die Willkür der Ankläger, der Haß der Menge und die Schwäche der Richter offensichtlicher als in der Stunde, in der Jesus vor Pilatus stand. Nie wurde einem Richter mit so erschütternder Eindringlichkeit vor Augen geführt, daß er mit seinem Urteil sich selbst das Urteil spricht.
Für Christen bedeutet der Prozeß Jesu noch mehr. Er enthält das Fundament ihres Glaubens. Er läßt sich daher nicht einreihen in die übrigen Prozesse. Er ist einmalig durch den Glaubenshintergrund, durch die völlige Schuldlosigkeit des Opfers und die merkwürdige Tatsache, daß trotz aller Bedenken, die sich gegen die »Dokumente« erheben lassen, die Figuren in diesem Trauerspiel so hintergründig und zugleich so transparent sind.
Der Prozeß Jesu mußte an die erste Stelle dieses Buches gesetzt werden. Er ist Maßstab und Richtschnur für die Beurteilung aller »Unrechts-Prozesse«, der Angeklagten, der Ankläger und der Richter.

1. KAPITEL

Jesus und Pilatus

Ein unendlicher Abgrund ist der Mensch.
Augustinus

Am Donnerstag, dem 6. April des Jahres 30 nach unserer Zeitrechnung, zu Beginn der Nacht wurde Jesus von Nazareth auf dem Landgut Gethsemane, am Fuß des Ölbergs, verhaftet. Einer seiner Anhänger, Judas Ischarioth, hatte ihn verraten. Erst vier Tage vorher, am Sonntag, dem 2. April, war er nach Jerusalem gekommen, vom Volk mit Begeisterung begrüßt. Jesus wußte, wie gefährlich es war, nach Jerusalem zu gehen. Er wußte auch, daß die oberste jüdische Justizbehörde seinen Tod beschlossen hatte.

Schon einmal hatten die Hohenpriester und Pharisäer Knechte entsandt, die ihn greifen sollten. Aber die Knechte fanden nicht den Mut dazu, sie kehrten mit leeren Händen zurück und berichteten ihren Auftraggebern: »Es hat nie ein Mensch also geredet wie dieser Mensch.« Ob sie sich auch schon hätten verführen lassen, fragten zornig die Auftraggeber. Das Scheitern des Auftrags war nur ein Beweis mehr für die Gefährlichkeit dieses Volksverführers, der seit drei Jahren im Lande umherzog und das Volk gegen Pharisäer und Priester aufwiegelte.

Die Pharisäer bildeten eine ordensähnliche Gemeinschaft, die sich vom »gemeinen Volk« absonderte und es mit den Vorschriften des Gesetzes überaus ernst nahm. Es waren die »Frommen« jener Zeit, eifrig in Glaubensfragen und fanatisch im Widerstand gegen die Römer. Jesus hatte diese selbstgerechten Männer mit der gleichen Unerbittlichkeit bekämpft wie die geschäftstüchtigen Kleriker, die im Tempel mehr ihrem Gewinn nachgingen als dem Gottesdienst. An der Spitze des Tempelklerus standen die Hohepriester; der jeweils re-

gierende fungierte als Vorsitzender des Synedriums, des Hohen Rats, der seit 200 Jahren die höchste jüdische Behörde in Staats-, Rechts- und Religionsangelegenheiten war, deren Blutgerichtsbarkeit aber, seit der Besetzung des Landes durch die Römer, eingeschränkt war.
Kleriker und Pharisäer bekämpften sich häufig, im Kampf gegen Jesus aber, dessen Einfluß auf das Volk beide Gruppen in gleicher Weise fürchteten, machten sie gemeinsame Sache. Sie arbeiteten, solange Jesus durch Galiläa hin- und herzog, auch mit den Bediensteten des Herodes zusammen, der dort der Landesherr war. Die Spitzel und Geheimagenten, die Jesus die bekannten gefährlichen Fangfragen nach der Sabbatruhe und dem der Obrigkeit schuldigen Gehorsam stellten, waren ebenso oft Herodianer wie Pharisäer. Beide Gruppen hatten sich zusammengefunden, um Jesus zur Strecke zu bringen. Die Evangelisten wissen viel von der Tätigkeit der Spitzel, die Jesus überwachten und »versuchten«, aber auch von Mordanschlägen zu berichten. Man geht dabei in der Annahme nicht fehl, daß es sich in der Regel nicht um lokale und spontane Überfälle handelte, sondern um eine zentral aus Jerusalem gelenkte Lynchjustiz, bei der Klerus und Pharisäer Hand in Hand gearbeitet haben werden.
Das Wunder der Auferweckung des Lazarus brachte die Gegner Jesu zu dem Entschluß, nun rasch und endgültig sein Ende herbeizuführen. Der Hohe Rat trat zu einer Sondersitzung zusammen. Was sollten sie tun? Ließen sie Jesus gewähren, würden bald alle an ihn glauben, und die Römer würden ihnen Land und Volk nehmen. Der amtierende Hohepriester, Kaiphas, wußte einen Rat: »Es ist besser, ein Mensch sterbe für das Volk, denn daß das ganze Volk verderbe.« Kaiphas kannte das Gesetz: im 5. Buch Mose wird vor den falschen Propheten und Verführern gewarnt, die Zeichen und Wunder tun und dadurch das Volk irreführen; man soll sie steinigen.
Nach dem jüdischen Strafrecht schreibt die Geschäftsordnung des Synedriums für die Prozeßführung gegen einen Ketzer einen Instanzenweg von drei Etappen vor. Man kann diese Ratssitzung wohl als die erste Etappe im Prozeß gegen Jesus ansehen. Zwar hatte der rechtlich denkende Gamaliel auf das Gesetz Mose verwiesen, nach dem man über einen Menschen nicht richten dürfe, ehe man ihn verhört habe, und Jesus war bei der Ratssitzung nicht zugegen. Es gab

aber im jüdischen Strafrecht eine Bestimmung, die den Präsidenten des Synedriums ermächtigte, in dringenden Ausnahmefällen über hemmende Vorschriften der Prozeßordnung hinwegzugehen. Kaiphas konnte also den »religionsgesetzlichen Notstand« erklären. Er handelte nicht ungesetzlich, wenn er Jesus verhaften ließ und zur zweiten Etappe überging, die im Hause von Hannas, dem immer noch mächtigen Amtsvorgänger und Schwiegervater des Kaiphas, stattfand.

Nach dem »Besatzungsstatut« durfte die jüdische Tempelwache keine Verhaftung außerhalb des Tempelbezirks vornehmen. Sie benötigte dazu die Unterstützung einer römischen Polizeitruppe. Hierzu genügte ein entsprechender Auftrag bei dem wachhabenden Centurio. So erschien in jener Nacht die Tempelwache, die lediglich mit Knüppeln und Keulen ausgerüstet war, in Begleitung einiger römischer Soldaten, die an dem Vorgang mehr als Beobachter denn als ausführendes Organ teilgenommen haben werden. Nachdem Jesus gefangengenommen und an den Sanhedrin ausgeliefert worden war, zogen sich die Römer wieder in ihre Unterkünfte zurück.

Mit der Vernehmung bei Hannas beginnt der eigentliche Prozeß. Dabei sind wir ausschließlich auf die Berichte der Evangelisten angewiesen. Sicherlich hat der Landpfleger Pontius Pilatus über wichtige Vorkommnisse nach Rom berichten müssen. Ob er über die Kreuzigung Jesu einen solchen Bericht verfaßt hat, ist ungewiß. Die unter dem Namen »Akten des Pilatus« bekannten Urkunden sind eine Fälschung aus dem 4. Jahrhundert n. Chr. Die Fälscher begingen den Fehler, Pilatus an den Kaiser Claudius berichten zu lassen; der wurde aber erst 11 Jahre nach der Kreuzigung Jesu Kaiser. Gefälscht ist sicherlich auch die Stelle in den »Jüdischen Altertümern«, die der jüdische Historiker Flavius Josephus um 75 n. Chr. geschrieben hat. So unzuverlässig der zwischen Juden und Römern hin- und herschwankende Josephus in seiner Lebensführung war, in seinen geschichtlichen Angaben war er, wie kürzlich die Ausgrabungen in der Festung Masada am Westufer des Toten Meeres wieder bestätigt haben, korrekt und zuverlässig bis ins kleinste Detail. Es ist undenkbar, daß er von Jesus als einem weisen Menschen spricht, »wenn man ihn überhaupt einen Menschen nennen darf«, und daß er ohne Einschränkung die Behauptung aufstellt: »Er war der Christus.« Die Fälscher haben des Guten zuviel getan. Man muß sich damit begnügen, daß der römische Historiker Tacitus 117 n. Chr. bei dem Bericht über den Brand Roms und die Verfolgung der Christen, auf die Nero die Schuld am Brande schob, schrieb: »Der Stifter dieser Sekte, Christus, ist unter der Regierung des Tiberius durch den Prokurator Pontius Pilatus hingerichtet worden.«

Aus zeitgenössischen Quellen wissen wir über die Hauptakteure, die im Prozeß auftreten, gut Bescheid. Pontius Pilatus war von 26 bis 36 Statthalter von Judäa, »Landpfleger«, wie Luthers Übersetzung die Stellung euphemistisch bezeichnet. Er hatte in Cäsarea seinen Sitz und kam nur zur Passahwoche und ähnlichen wichtigen Gelegenheiten nach Jerusalem. Der Statthalter empfand als aufgeklärter Mann einen Widerwillen gegen den religiösen Fanatismus der Juden, die der hochmütige Römer zutiefst verachtete. Er lebte zugleich aber in beständiger Sorge vor Aufruhr. Seitdem er zwei Zusammenstöße mit den Juden gehabt hatte, hegte er einen wütenden Haß gegen sie. Kurz nach seinem Amtsantritt ließ er nachts Truppen einmarschieren und die Feldzeichen mit dem Bild des Kaisers im Palast des Herodes aufstellen. Das widersprach dem mosaischen Gesetz. Als die Juden sich dagegen auflehnten, mußte er nach sechs Tagen klein beigeben. Beim zweiten Zusammenstoß, dem Bau einer Wasserleitung, für die er den »Tempelschatz« in Anspruch nahm, mußte er wiederum dem Widerstand gegen die »Plünderung« der Tempelgelder nachgeben. Eine dritte Gewalttat wurde ihm im Jahre 36 zum Verhängnis. Er ließ eine Volksmenge, die einem falschen Propheten auf den Berg Garizim folgen wollte, aus Furcht vor einem Aufstand auseinandertreiben, das kostete viel Blut. Der Legat von Syrien, Lucius Vitellius, der Vorgesetzte von Pilatus, schickte ihn nach Rom, um sich dort zu verantworten. Damit entschwindet er aus der Geschichte; was über sein weiteres Leben, seinen Tod und sein Grab in Vienne, erzählt wird, ist Legende. Bei Ausgrabungen in Cäsarea hat man vor einigen Jahren einen großen Stein gefunden. Ein Teil der Inschrift ist lesbar, in der ersten Zeile der Name »Tiberius«, in der zweiten ». . . tius Pilatus«. Zum ersten Male hat man ein archäologisches Zeugnis der geschichtlichen Existenz dieser geheimnisvollen Persönlichkeit in Händen.

Daß Pilatus Statthalter in Judäa wurde, verdankte er wohl seiner Freundschaft mit dem allmächtigen Gardepräfekten Sejan und der Herkunft seiner Frau Procula, die aus vornehmer Familie stammte. Die zeitgenössischen Geschichtsschreiber Philo von Alexandrien und Flavius Josephus nennen ihn brutal, hartherzig und heimtükkisch. Philo hebt in seiner Charakteristik des Pilatus eine Eigenschaft besonders hervor, »seine Gewohnheit, Leute zu kränken«. Tatsächlich muß er es – sonst wären seine Zusammenstöße mit den Juden kaum zu erklären – geradezu genossen haben, ihre religiösen Gebräuche und Vorurteile zu verspotten. Der jüdische König Agrippa charakterisiert ihn in einem Brief an seinen Freund, den Kaiser Caligula, als bestechlich, gewalttätig und unerträglich grausam. Diese Zeugnisse mögen nicht objektiv gewesen sein, wenn sich auch Agrippa seine Worte genau überlegt haben wird, aber sie geben wohl das damalige allgemeine Urteil wieder, zumindest in jüdischen Kreisen. Die mochten ihn ebensowenig wie er sie.
Die Evangelisten geben ein etwas anderes Bild. Hier tritt uns ein hochmütiger Skeptiker entgegen, religiös indifferent, nicht ohne das einem Römer innewohnende Gefühl für Recht, der aber, feige und schwach, sich Drohungen beugt. Er war das klassische Vorbild des erfolgreichen Mitläufers. Er hatte die verschlagene Pfiffigkeit eines Landjunkers seiner Zeit, die Rauhbeinigkeit eines Haudegens und die Überheblichkeit eines mit sich und Rom zufriedenen Mannes. Der samnitische Adel, zu dem er sich zählte, hielt es für seine Pflicht, den »Barbaren« das wahre Glück der Zugehörigkeit zum Imperium – notfalls mit Gewalt – beizubringen. Die Prokuratur in Judäa war kein Traumjob, man konnte dort weder Lorbeeren noch Geld verdienen. Es war ein Platz, an dem man nur kurze Zeit zu bleiben gedachte. Daß Pilatus 10 Jahre seiner Amtstätigkeit dort verbringen mußte, wird ihm bitter schwer geworden sein. Um so mehr reizte es ihn, den »Eingeborenen« die Eisenfaust zu zeigen. Irgendein Verständnis für sie besaß er nicht. Pilatus war ein Routinier mit Temperamentsausbrüchen. Er war bereit, wegen einer Lappalie ein Blutbad anzurichten. Die Juden wußten aber auch, daß man ihn weichkneten konnte. In dem Prozeß gegen Jesus hat er weniger für Gerechtigkeit als gegen ein jüdisches Urteil, weniger für einen Unschuldigen als ge-

gen einen Spruch des Synedriums angekämpft. Ein »Gentleman«, wie Nietzsche ihn kennzeichnet, war er jedenfalls nicht.
Kaiphas, Hoherpriester von 18–37 n. Chr., war ein Meister diplomatischer Geschicklichkeit, sonst hätte er sich nicht so lange in diesem schwierigen Amt halten können. Zugleich war er ein Mann brutaler Entschlossenheit und rücksichtsloser Herrschsucht. Er war der härteste Feind Jesu, der es sich zum Ziel gesetzt hatte, ihn, lebend oder tot, zum Schweigen zu bringen. Mit dem Fanatismus des Glaubenseiferers und dem Zorn des schwergekränkten Vertreters der herrschenden Schicht verfolgte er den Mann, der die Pharisäer und Schriftgelehrten Heuchler und Otterngezücht nannte, der das Volk gegen sie aufbrachte und durch Reden und Wunder für sich gewann. In Kaiphas personifizierte sich der klerikale Haß gegen Jesus. Als der syrische Legat Vitellius im Jahre 37 n. Chr. auf einem Kriegszug einige Tage in Jerusalem weilte, entließ er Kaiphas und setzte einen neuen Hohenpriester ein. Dem tüchtigen und raschentschlossenen Vitellius war es beschieden, die beiden Männer, die im Prozeß gegen Jesus die verhängnisvollste Rolle gespielt hatten, Pilatus und Kaiphas, von ihrem Sockel zu stoßen.
Sein Schwiegervater Hannas, Hoherpriester von 6–15 n. Chr., war ein reich gewordener Mann mit sprichwörtlichem Glück. Seine Familie gehörte zu den Sadduzäerfamilien, die durch Einnahmen aus dem Tempelbetrieb zu Reichtum gekommen waren. Die Sadduzäer, die politisch römerfreundliche Partei des Priesteradels, bangten um die Quelle ihres Reichtums. Hannas stand Jesus nicht anders gegenüber wie Kaiphas.
Herodes Antipas hatte, als das Königreich seines Vaters, Herodes des Großen, unter seine Söhne aufgeteilt wurde, Galiläa erhalten. Als »Vierfürst« beherrschte er das Gebiet, in dem Jesus in Nazareth aufwuchs und die ersten zwei Jahre seiner öffentlichen Tätigkeit zubrachte, in dem Kana und Kapernaum liegen. Er war im Guten wie im Bösen nur ein schwacher Abglanz seines Vaters, ein eleganter Weltmann, klug, außer wenn ihn sinnliche Leidenschaft übermannte, auf bestem Fuß mit Kaiser Tiberius, doch voller Antipathie gegenüber dem römischen Besatzungschef im Nachbargebiet Judäa. Verschlagen und vorsichtig, mehr Europäer als Israelit, doch seines

Judentums bewußt, ein »Fuchs«, wie Jesus ihn einmal nannte, machte sich Antipas die hochmütigen Sadduzäer, die aristokratische Priesterkaste, ebenso zu Freunden, wie die Pharisäer, die strengen Befolger des mosaischen Gesetzes. Daneben hatte er seine eigene Partei, die »Herodes Diener«, wie das Evangelium sie nennt. Auf Pilatus war er schlecht zu sprechen, weil sich seine Hoffnung, nach der Absetzung seines Bruders Archelaus durch den Kaiser Augustus als Ethnarch über Judäa und Jerusalem eingesetzt zu werden, zerschlug, Rom das Gebiet zur römischen Kolonie machte und es einem römischen Statthalter unterstellte. Todfeindschaft zwischen den beiden Männern war seit der Tempelgeldergeschichte ausgebrochen.
Wahrscheinlich unter dem Einfluß der Herodias, die aus Erfahrung wußte, welchen Einfluß ein begabter Prophet auf ihren Mann ausüben konnte, hatte Antipas die Tätigkeit Jesu in Galiläa mit zunehmender Feindschaft verfolgt. Jesus hatte sich deswegen aus dem Machtbereich des Antipas entfernt, war nach Phönizien gegangen, in die heidnischen Städte am Ostufer des Sees Genezareth und in die nichtjüdische Tetrarchie von Antipas' Halbbruder Philippus, und nur noch zu kurzen Besuchen nach Galiläa gekommen.
Doch auch Herodes lebte in Angst vor Jesus. Er hatte Johannes den Täufer enthaupten lassen, der ihm vorgeworfen hatte, er lebe mit seiner Schwägerin Herodias in gesetzeswidriger Ehe. Dieser Mord brachte die Juden in Galiläa gegen ihn auf. Herodes war beunruhigt, als es hieß, in Jesus sei der Täufer wieder auferstanden. Herodes residierte in Tiberias am See Genezareth, kam aber auch zum Passahfest nach Jerusalem und wohnte dort im Palast der Hasmonäer.
Das Johannesevangelium berichtet, daß nach der Gefangennahme Jesu Petrus ihm folgte und »ein anderer Jünger«, der dem Hohenpriester bekannt war und auf dessen Fürsprache auch Petrus in des Hohenpriesters Haus hineingelassen wurde. Man hat angenommen, daß es Joseph von Arimathia gewesen ist, der selbst dem Hohen Rat angehörte und Jesu Jünger geworden war. Aber es ist wohl eher anzunehmen, daß es Johannes selbst gewesen ist, zumal sein Vater Zebedäus über »Tagelöhner« verfügte und er somit gesicherten Verhältnissen entstammt haben dürfte. Johannes, der sein Evangelium – wenn er der Verfasser war – etwa 70 Jahre später geschrieben hat,

vermeidet sorgfältig, in seinen Berichten jemals den Jünger »Johannes« zu nennen. Er spricht dann von dem »Jünger, den der Meister liebte«, und in diesem Fall von dem »Jünger, der dem Hohenpriester bekannt war«. Die drei anderen Evangelisten berichten von den Vorgängen außerhalb des Richthauses, die Einzelheiten über das Verhör im Richthaus bringt nur das Johannesevangelium. Alles spricht dafür, daß Johannes, entschlossen, dem Meister überallhin zu folgen, wie zum Hohenpriester, so auch zu Pilatus, und bereit, sich durch das Betreten des Richthauses für das Passahfest zu verunreinigen, Zeuge der Verhöre gewesen ist. Der Text des Johannesevangeliums ist durch die älteste Evangelienabschrift beglaubigt. 1935 wurde das winzige Fragment eines ägyptischen Papyros gefunden, heute der Pap. Ryl. GK 457 der Rylandsbibliothek in Manchester. Auf diesem 8 Zentimeter großen Bruchstück kann man eine Stelle aus dem Johannesevangelium lesen, es ist das Gespräch Jesu mit Pilatus.

Es war in erster Linie wohl ein Akt der Ehrerbietung, daß Kaiphas, auch in diesem Zuge staatsklug und berechnend, dem immer noch mächtigen Amtsvorgänger Hannas zur Befriedigung eines auf den amtierenden Schwiegersohn eifersüchtigen Geltungsbedürfnisses den Gefallen erwies, daß Jesus zuerst vor den Älteren geführt wurde. Mehrere Historiker halten es, ohne überzeugende Begründung, für fraglich, ob ein Verhör im Hause des Hannas stattgefunden hat. Es sprechen aber eine Reihe von Wahrscheinlichkeitsgründen dafür, daß der Bericht des Johannes auch hier der historischen Wahrheit entspricht.

Vielleicht war Hannas Vorsitzender des »kleinen« Synedriums, eines Ausschusses, der als Gericht fungieren konnte, schwierige Sachen aber an das Plenum abgab. Vielleicht hatte man sich zu dem kurzen Aufenthalt bei Hannas nur deshalb entschlossen, um den Mitgliedern des Hohen Rats Zeit zu geben, sich zu versammeln. Diese Spanne benutzte der Uralte, noch immer ein anmaßender Vertreter der Sadduzäer, zu der erwünschten Gelegenheit, den berüchtigten Gotteslästerer selbst noch zu sehen und sogar zu vernehmen. Hannas fragte Jesus nach seinen Jüngern und seiner Lehre. Er hätte gern herausbekommen, ob Jesus einen Geheimbund mit geheimen Mitgliederlisten und Lehren gegründet und eine Untergrundsbewegung organisiert habe. Das kam häufig vor und war populär. Der listige Alte hoffte wohl, Jesus würde sich in dieser Schlinge fangen und in seiner Antwort zum mindesten Sympathien mit der jüdischen Freiheitsbewegung bekunden.

Aber Jesus antwortete, er habe öffentlich geredet vor aller Welt, in der Schule und im Tempel, wo alle Juden zusammenkämen; in Verborgenheit habe er nichts getan. Hannas solle die fragen, die ihn gehört hätten: »Was fragst du mich darum?« Mit souveräner Überlegenheit verwies er einem Diener, der ihn schlug, weil er so dem Hohenpriester nicht antworten dürfe, sein Tun. Wenn er übel geredet habe, solle der, der ihn schlug, beweisen, daß es böse war; »habe ich aber recht geredet, warum schlägst du mich?« Hannas aber sandte ihn gebunden zu Kaiphas. Hannas hielt, aus welchen Gründen auch immer, das Ergebnis der Untersuchung für so schwerwiegend, daß er Jesus fesseln ließ.

Vor Kaiphas spielte sich die dritte Etappe ab. Sie wird vom Evangelisten Markus beschrieben. Er betont zunächst, daß der ganze Rat versammelt war. Das waren also die Hohenpriester, Kaiphas als Vorsitzender an der Spitze, die Schriftgelehrten, d.h. die Rechts- und Gesetzeskundigen, zu denen Gamaliel und Nikodemus gehörten, der einst bei Nacht mit Jesus das Gespräch über die Neugeburt gehabt hatte, und schließlich die Ältesten, d.h. die Presbyter, Senatoren, Ratsmänner und Gutsbesitzer, unter ihnen Joseph von Arimathia. Die Pharisäer werden nicht als besondere Gruppe aufgeführt, aber sie übten einen entscheidenden Einfluß aus, einmal weil viele von den Schriftgelehrten und Ältesten ihrer Ordensgemeinschaft angehörten, vor allem weil sich das Synedrium nicht der Macht der öffentlichen Meinung entziehen konnte, die wiederum ihre Impulse von den Pharisäern erhielt. Das Synedrium war kein wilder Haufen, sondern eine Schar gebildeter, begabter, frommer Männer, von denen die meisten ihr Amt mit großem Ernst und Verantwortungsgefühl führten. Der Vorsitzende hielt sich peinlich korrekt an die Verfahrensvorschriften. Verstöße hätten ihm auch Männer wie Gamaliel nicht durchgelassen, und die Evangelisten, die jedes Versehen eines übereifrigen Dieners protokollieren, würden es sicher nicht verschwiegen haben, wenn Kaiphas auch nur um Haaresbreite vom vorgeschriebenen Weg abgewichen wäre.

Ordnungsmäßig begann das Verhör mit der Vernehmung von Belastungszeugen. Nach den jüdischen Vorschriften konnte ein Angeklagter nur auf Grund von zwei übereinstimmenden Zeugenaussagen verurteilt werden. Bei der ersten Gruppe – »viele gaben falsch Zeugnis wider ihn« – kam es zu keiner Übereinstimmung. Die Zeugen, die vermutlich über die von Spitzeln Jesus gestellten Fangfragen wegen Sabbatruhe, Speisevorschriften, Ehescheidung, Gehorsam gegenüber dem Kaiser u. Ä. aussagten, widersprachen sich. Bei der zweiten Gruppe »– etliche standen auf –« betrafen die Aussagen das Wort Jesu, er werde den Tempel, der mit Händen gemacht sei, abbrechen und in drei Tagen einen anderen bauen, der nicht mit Händen gemacht sei. Tatsächlich hatte Jesus etwas Ähnliches gesagt, aber, wie Johannes, der hierüber berichtet, erklärend hinzufügt, den Tempel seines Leibes gemeint. Da die Hörer den Sinn nicht verstanden hatten, konnten sie auch den Wortlaut nicht genau wiedergeben und widersprachen sich ebenfalls. Der Vorsitzende hielt sich streng an die Vorschriften und schaltete die widerspruchsvollen Zeugenaussagen als wertlos aus. Da mit Belastungszeugen nicht weiterzukommen war, griff er nun selbst in die Verhandlung ein. Kaiphas fragte Jesus, ob er denn nichts auf all das zu antworten habe, was gegen ihn ausgesagt werde. Als Jesus still schwieg – was sollte er auch auf sich widersprechende Aussagen entgegnen? –, hielt sich Kaiphas nicht mehr mit Übertretungen einzelner Gesetzesvorschriften auf, er ging aufs Ganze, der Angeklagte sollte sagen, wer er war und was er wollte. Der Hohepriester stellte die Kernfrage: Bist du Christus, der Sohn des Hochgelobten? Da antwortete Jesus und sagte: »Ich bin's, und ihr werdet sehen des Menschen Sohn sitzen zur rechten Hand der Kraft und kommen mit des Himmels Wolken.« Da zerriß Kaiphas seine Kleider, wie es die Dienstvorschrift im Fall einer Gotteslästerung befahl, und rief, sie hätten alle die Lästerung gehört und bedürften keiner weiteren Zeugen. Bei der Abstimmung verurteilten ihn, wie Markus ausdrücklich betont, alle zum Tode, also auch Männer wie Gamaliel. Konnten sie anders?

Kaiphas hatte gefragt, ob Jesus der Messias sei, und er hatte geantwortet: ich bin es (ego eimi auf griechisch, ana hu auf aramäisch). Man hat das, zumal Matthäus die Antwort in der Form bringt »Du sagst es«, meist so verstanden, daß Jesus sich auf Kaiphas' Frage zu seiner messianischen Würde bekannt habe. Aber es ist fraglich, ob ein solches messianisches Selbstzeugnis vom Synedrium als Gotteslästerung angesehen und mit dem einstimmigen Todesurteil geahndet worden wäre. Das »ana hu« muß anderes und mehr bedeuten. Diese aus Mose und Jesaja stammenden Worte sind eine Tabuformel, die heiligste Formel der Selbstoffenbarung Gottes: »ich bin, der ich bin«. Dadurch, daß Jesus diese Worte gebrauchte, nahm er Gottes Majestät für sich in Anspruch, und machte sich, was ihm schon im Tempel die Juden vorgeworfen hatten, »selbst zu Gott«. Die Tabuformel bestätigte er durch die dem Psalm 110 entnommene Metapher, er »werde zur Rechten Gottes sitzen«, und die Weissagung, er werde »aus den Wolken des Himmels kommen«; die Propheten hatten verkündet, daß der Menschensohn aus den Wolken kommen und daß seine Herrschaft ewig sein werde. Das alles war Gotteslästerung in krassester Form. Darauf stand die Todesstrafe. Auch ein Gamaliel konnte nicht anders urteilen. Es war kein Justizmord, es war die nach einem fairen Prozeßverfahren beschlossene Anwendung des mosaischen Gesetzes.

Doch wirft dieses Verhör eine Reihe von Zweifelsfragen auf, die von den Evangelisten nicht oder verschieden beantwortet werden. Die entscheidende Frage ist: Hatte die oberste jüdische Jusitzbehörde das Recht, einen Angeklagten zum Tode zu verurteilen, und war die Vollstreckung eines Todesurteils ausdrücklich der römischen Besatzungsmacht vorbehalten? Die Theologen und Historiker haben diese Frage nicht eindeutig beantwortet. Im Gegenteil, sie sind, ob jüdisch oder christlich, zu ganz entgegengesetzten Ergebnissen gekommen. Es kann hier nicht auf alle die Stimmen eingegangen werden, die eine Rechtsbeugung darin sehen, daß der Prozeß mit dem Auftritt der Belastungszeugen begonnen worden sei, oder daß er am Vortag des Passahfestes stattgefunden habe, auch nicht auf die Behauptungen, die entscheidende Frage des Kaiphas sei »undenkbar«, oder Jesus sei nach Johannes vor dem Synedrium nur verhört, nicht verurteilt worden, oder, die jüdische Behörde hätte sehr wohl das Recht gehabt, das Todesurteil vollstrecken zu lassen, wie die Steinigung des Stefanus und des Jakobus, des Bruders Jesu, beweise, und viele andere Stimmen mehr. Nach Abwägung aller Argumente und Zeugnisse kommt man zu dem Ergebnis: Das Synedrium hatte zur Zeit Jesu das Recht, ein Todesurteil zu fällen. Es hatte aber nicht das Recht, ein Todesurteil zu vollstrecken. Deshalb *mußte* es den verurteilten Jesus dem römischen Statthalter zur Aburteilung übergeben.

Die Zweifelsfragen verstärken sich natürlich dadurch, daß die einzige Quelle, die wir für diesen Prozeß besitzen, die Evangelisten, in ihren Berichten stark voneinander abweichen. Das beginnt schon bei der Verhaftung. Die drei ersten Evangelisten berichten, Jesus sei auf Befehl des Hohen Rats von einer großen Schar, mit Schwertern und Knüppeln, verhaftet worden. Johannes spricht außerdem von einer Kohorte unter einem Oberhauptmann. Daraus wird geschlossen, daß römische Soldaten an der Verhaftung beteiligt waren. Diese Theorie wird von vielen Theologen vertreten, z.B. von D. Ethelbert Stauffer, der einen »großen Haufen« von etwa 1000 Mann annimmt, andere bestreiten sie, z.B. Josef Blinzler, dessen Aufgebot nur 12 Mann beträgt. Die Gründe, daß römische Soldaten an der Verhaftung nicht aktiv beteiligt waren, überwiegen.

An dieser Stelle muß auf einen wichtigen Punkt eingegangen werden. Es ist bekannt, daß schon die Aussagen von Augenzeugen, die unmittelbar nach einem von ihnen miterlebten Ereignis vernommen werden, in wesentlichen Punkten voneinander abweichen. Diese Differenzen nehmen zu, je weiter man sich im Zeitpunkt von dem Geschehnis entfernt. Sie werden noch größer, wenn keine Augenzeugen mehr da sind, sondern man auf Berichte aus zweiter oder dritter Hand angewiesen ist. Der Grund für solche Diskrepanzen liegt einfach darin, daß jeder etwas anderes, je nach seinem Standpunkt, für wichtiger hält und anderes gar nicht bemerkt oder für nicht erwähnenswert ansieht. Zu diesen Schwierigkeiten, die es jedem Berichterstatter so schwer machen, über ein Ereignis, auch über einen Prozeß, einen fundierten und abgewogenen Bericht abzugeben, kommt beim Jesusprozeß noch hinzu, daß die Evangelisten an Jesus weniger ein historisches als ein religiöses Interesse hatten. Sie stehen ihm mit ganz anderen Denkvoraussetzungen gegenüber als wir. Wir fragen nach »Tatsachen«, nach der »Richtigkeit« von Reportagen. Ihre Berichte dagegen sind weder Biographie noch Histo-

rie. Exakte Angaben über die Verhaftung oder den Prozeßverlauf erschienen ihnen unwesentlich. Sie wollten keine Fakten darstellen, sie wollten Heilsgeschichte verkünden.
Kein Dichter hätte die markanten Höhepunkte des Zwiegesprächs zwischen Richter und Angeklagtem hinreißender und dramatischer schildern können als der Evangelist Markus und die von ihm inspirierten Synoptiker Matthäus und Lukas. Doch kann dem entscheidenden Verhör Jesu nur der unbedingt notwendige Dolmetscher beigewohnt haben, und vielleicht noch ein Protokollführer. Ob und inwieweit die Berichte der Evangelisten auf diese Zeugen zurückgehen, wird sich kaum jemals erhellen lassen. Wir bleiben auf das angewiesen, was die Synoptiker aus ihrer Vertrautheit mit Jesu Lehre, aus Gerüchten, Andeutungen und Mutmaßungen zu einem Prozeßbericht verarbeitet haben, der in den Akten der Gerichte einmalig ist. Dabei ist es falsch, an der historischen Echtheit gewisser Geschehnisse nur deshalb zu zweifeln, weil sie nur von *einem* Evangelisten berichtet werden, wie etwa die Abgabe des Angeklagten an Herodes, die nur Lukas erzählt, oder der Traum der Claudia Procula, von dem nur Matthäus berichtet. Vor allem aber darf man, wie es viele Historiker tun, den vierten Evangelisten, Johannes, nicht ausschalten. Man mißtraut der historischen Zuverlässigkeit des philosophisch geschulten und an neuplatonischen Ideen orientierten Denkers. Aber der Bericht des Johannes verrät eine so subtile Kenntnis der im römischen Reich herrschenden Rechtsverhältnisse und der zwischen den Juden und dem Prokurator bestehenden Spannungen und füllt die Lücken in der Berichterstattung der Synoptiker, die den Prozeß Jesu wie ein Fragment, ohne sinndeutendes Finale, erscheinen läßt, in so einleuchtender Weise aus, daß man an ihm nicht vorbeikommt.
Man muß sehr bescheiden und sehr behutsam versuchen, den Prozeßverlauf zu rekonstruieren, wie er sich mit größter Wahrscheinlichkeit abgespielt haben dürfte. Dabei stellt man überrascht fest, daß alle, die den Berichten der Evangelisten besonders kritisch gegenüberstehen und, losgelöst von diesen Quellen, einen Prozeßverlauf darstellen, wie er gewesen sein *könnte*, zu völlig divergierenden Ergebnissen kommen. Wer z.B. die Überstellung Jesu an Herodes als »künstliche Einfügung« ansieht, weil sie von schreiender »Unwahr-

scheinlichkeit« sei, kommt zu völlig anderen Resultaten als der, der gerade die »Unerhörtheit« eines Wortes oder Vorganges als Beweis der Echtheit ansieht. Wägt man alle Argumente ab, dann läßt sich doch aus den Evangelien folgern, daß der Prozeß mit größter Wahrscheinlichkeit so verlaufen ist, vielleicht sogar nur so verlaufen sein kann, wie er in ihnen dargestellt ist.

Das Erstaunlichste an diesem Prozeß war seine Schnelligkeit. In weniger als 24 Stunden fanden Verhaftung und Verhör, Urteil und Kreuzigung statt. Die Feinde Jesu fürchteten Gegenmaßnahmen seiner Anhänger. Der Sabbat stand vor der Tür. Es ging um jede Stunde.

Kaiphas war sicherlich zu seiner Zeit und in seiner Art ein frommer und respektabler Mann. In jedem anderen Prozeß würde er Methoden wie die der falschen Zeugen als unter seiner Würde liegend weit von sich gewiesen haben. Im Kampf gegen den Feind der Kirche und des Staates, den Gotteslästerer und Unruhestifter, war um des heiligen Ziels willen jedes Mittel recht und geboten. Kaiphas hat in voller Überzeugung Jesus für einen todeswürdigen Verbrecher gehalten, gerade weil er ein makelloses Leben führte. Weil man ihn keiner Sünde zeihen konnte, war er doppelt gefährlich.

Es war für den stolzen Hohenpriester eine schmerzliche Demütigung, daß er den Angeklagten vor den Stuhl des verhaßten Römers bringen mußte. Das war um so bitterer, als der römische Beamte das Todesurteil des jüdischen Gerichts nicht einfach »bestätigte«, sondern prüfte, ob der Verurteilte auch nach römischem Recht schuldig sei. Der Römer hielt sich an die tatsächlichen Feststellungen des jüdischen Urteils, er prüfte aber ganz unabhängig nach, ob nach Roms Recht ein Strafgrund vorlag. Das Verfahren vor dem Statthalter war also ein vollständig neuer, zweiter Prozeß. Gerade Pilatus lehnte es ab, sich vom Hohen Rat vorschreiben zu lassen, wen er ans Kreuz schlagen sollte. Für ihn war das Todesurteil des Synedriums weder maßgebend noch rechtskräftig. Er, Pilatus, war der Besatzungschef, er fällte das Urteil. Jetzt wollten sie ihm einfach mitteilen: Hier ist ein Verbrecher, wir haben ihn zum Tode verurteilt, wir bitten nur noch um den Vollstreckungsbefehl. Pilatus dachte nicht daran. Er war nicht ihr Handlanger. Das sollten sie merken. Noch hochmüti-

ger als sonst, von oben herab, fragte er: »Welche Anklage bringt ihr gegen diesen Menschen vor?«
Es war Freitag, der 7. April, morgens um 5 Uhr. Verhandlungsort war das »Prätorium«, die Residenz des Statthalters, der Palast des großen Herodes, der in der Oberstadt von Jerusalem, unmittelbar am Jaffator, lag. Dorthin brachten die Mitglieder des Hohen Rats, die die Nacht über getagt hatten, den gefesselten Angeklagten. Natürlich konnte eine jüdische Behörde einen Delinquenten nicht einfach vor den Statthalterpalast bringen, ohne den Landpfleger vorher über die Person des Angeklagten und die Anklagepunkte zu informieren. Selbstverständlich hatte das auch Kaiphas getan, der sich gerade Pilatus gegenüber keine Blöße geben durfte. Pilatus wußte also genau Bescheid, und trotzdem stellte er die Frage nach der Anklage, um von vornherein an dem Verhältnis zwischen ihm, dem Statthalter, und ihnen, den von ihm Abhängigen, keinen Zweifel zu lassen. Aus dieser Frage entwickelte sich das Verhör, das in seiner Dramatik, seinem Auf und Ab, seinen zugespitzten Fragen und Antworten und dem Kampf, den in Pilatus' Brust Hochmut und Rechtsgefühl gegen Menschenfurcht und Ehrgeiz ausfochten, die erregendste und erschütterndste Prozeßgeschichte aller Zeiten ist.
Auf des Pilatus' Frage antworteten die Juden in einem Tone, der ihre Wut über den frechen Römer und ihre schlechte Laune wegen der unwürdigen Stellung, in der sie sich in dieser Herrgottsfrühe nach durchwachter Nacht befanden, deutlich heraushören läßt. Sie erwiderten gereizt: »Wenn dieser kein Verbrecher wäre, so hätten wir ihn dir nicht überliefert.« Sie konnten nichts anderes erwarten, als daß Pilatus, noch unnahbarer als bisher, ihnen halblaut hinwarf: »So nehmt ihr ihn hin und richtet ihn nach eurem Gesetz.« Sollten sie doch ihre gräßlichen Streitereien unter sich ausmachen, aber ihn sollten sie damit zufrieden lassen und verschonen! Da sagten sie wütend: »Wir dürfen niemand töten.« Der Römer wußte es ja, aber sie hielten es ihm vor, diesem Vertreter der Besatzungsmacht, der ihnen ihre Selbständigkeit genommen, ihnen das vornehmste Recht geraubt hatte, ihre Abtrünnigen nach eigenem Recht zu strafen. Nun sollte dem Römer auch nichts erspart bleiben. Sie sagten nichts von Gotteslästerung, sie schrien dem Statthalter zu, hier liege ein todeswürdi-

ges Verbrechen vor, ein Verbrechen gegen Rom, Hochverrat gegen den Kaiser: »Diesen finden wir, daß er das Volk abwendet, und verbietet, den Schoß dem Kaiser zu geben, und spricht, er sei Christus, ein König!« Drei Vergehen, jedes todeswürdig: Aufwiegelung des Volkes, Aufforderung zum Steuerstreik und der »Königs«-Anspruch. Die Männer des Hohen Rats hatten sich wohl überlegt, wie sie die Anklage formulieren sollten. Die Inanspruchnahme des Königstitels, den es in Judäa seit den Tagen des großen Herodes nicht mehr gab, war Hochverrat. Die Umbiegung des Messiasanspruchs in den politischen Königsanspruch war eine des Kaiphas' würdige Finesse.

Pilatus sprang auf, er würdigte die Ankläger, die sich so plötzlich aus wütenden Gegnern Roms in loyale, auf die Treue zum Kaiser bedachte Diener des Tiberius verwandelt hatten, keines Blicks und keiner Antwort. Er ging hinein, um im Richthaus den Angeklagten selbst zu hören. Der Prokurator wird den Mann aus Nazareth eine Weile nachdenklich betrachtet haben. Als Menschenkenner konnte er sich ein Bild des Galiläers, als geschulter Beamter ein Bild der Prozeßlage machen. Er kannte die Ziele und Methoden der Freiheitspartei. Was Kaiphas da von Volksaufwiegelung und Steuerstreikhetze erzählt hatte, war doch eine offenbare Lüge. Dieser harmlose Wanderprediger war kein Guerillakämpfer, dieser bettelarme Vagant wiegelte Steuerfrevler nicht auf, Abgaben zu hinterziehen. Aber auf die Anklage, Jesus habe sich einen König genannt, mit der Kaiphas in offenbarer und bewußter Verdrehung der Worte Jesu ihn des Hochverrats bezichtigte, mußte Pilatus eingehen.

So hielt er ihm gleich die Hauptanklage vor: »Bist du der Juden König?« Die beiden anderen Punkte erwähnte er erst gar nicht. Gleich die erste Antwort setzte Pilatus in Erstaunen. Der Mann antwortete nicht, wie man es von einem Angeklagten erwartete, daß er nämlich zugab oder leugnete, sondern er stellte die Gegenfrage, ob Pilatus diese Frage von sich aus stelle oder ob ihm andere das von Jesus gesagt hätten. Die Ungeduld des Pilatus und zugleich die hochmütige Abwehr einer persönlichen Auseinandersetzung mit dem Angeklagten entlud sich in der schroffen Entgegnung: »Bin ich ein Jude?« Wie sollte er als Römer zu der albernen Frage nach dem Juden-Königtum kommen? Aber Pilatus hatte auch den Vorwurf aus der Gegenfrage Jesu herausgehört: führte der Statthalter das Verhör als Werkzeug der Juden oder als ein um Klärung der Schuldfrage bemühter Richter? Dieser Mann, der vor ihm stand, war kein Verrückter und kein Durchschnittsmensch, der sollte wissen: nein, er, Pilatus, war kein Instrument in der Hand der Juden.

Man darf hier wie überhaupt im ganzen Verlauf des Verhörs nicht vergessen, daß sich zwei Menschen gegenüberstanden, die sich verschiedener Sprachen bedienten. Der Dolmetscher konnte nur ein ungenügender Vermittler sein. Denn hier kam es nicht auf die wörtliche Genauigkeit der Übersetzung an, sondern auf den Sinn des Wortes. Das Wort »rex« hatte in den Ohren des Pilatus eine andere Bedeutung, als Jesus sie dem aramäischen Wort im Sinne einer messianischen Sendung beilegte. Für den Vertreter des Kaisers war von entscheidender Wichtigkeit, inwieweit der Angeklagte mit seinem Anspruch auf ein Königtum die machtpolitischen Interessen des Imperiums gefährdete.

Pilatus machte sich von der von den Juden formulierten Frage frei und stellte die in jedem Verhör gebräuchliche Kardinalfrage, was denn der Angeklagte eigentlich getan habe. Er erwartete wohl, der Angeklagte werde die übliche Antwort geben, er habe nichts Strafbares getan, und als Beweis dafür über sein Leben und Wirken sprechen. Aber die zweite Antwort Jesu war noch merkwürdiger als die erste. Denn jetzt antwortete Jesus auf des Pilatus erste Frage, ob er ein König sei, mit der für Pilatus unverständlichen Bekundung: sein Reich sei nicht von dieser Welt; denn wenn es von dieser Welt wäre, würden seine Diener für ihn kämpfen. Spengler hat dieses Wort charakteristischerweise als »das einzige Wort der Bibel, das Rasse habe«, gekennzeichnet. Es sollte dem Pilatus vor Augen führen, daß sein Reich nicht »von unten«, sondern von oben stamme und völlig anders geartet sei als die Reiche dieser Welt. Ein Wolkenkuckucksheim? Wahrscheinlich, meinte Pilatus, gehörte dieser Mann, der ein imponierendes Kraftbewußtsein ausstrahlte und von einer fast übermenschlichen Ruhe war, einer dieser Sekten an, die auch zu den Eigenarten dieses Landes gehörten und die, wenn sie keinen Aufstand erregten, verhältnismäßig harmlos waren, aber immerhin glaubte er

doch, Herrscher irgendeines nebelhaften Reiches zu sein. Das mußte man zu klären versuchen.
Also stellte Pilatus logisch und sinngemäß die nächste Frage: »So bist du dennoch ein König?« Dieses Mal antwortete Jesus mit einem klaren »ja«, aber er fügte hinzu, er sei in die Welt gekommen, um für die Wahrheit zu zeugen, und wer aus der Wahrheit sei, höre seine Stimme. Pilatus hörte nur die Stimme eines Schwärmers. Ein König, im Reich der Wahrheit! Es war zum Lachen. Und mit solchen Ideen sollte sich ein hoher Beamter des römischen Imperiums abgeben. Das wußte in Rom der einfachste Mann, daß es keine absolute Wahrheit gab, daß jedes Volk und jede Zeit sich die eigene Wahrheit schaffe. Dem verstiegenen Schwärmer wollte er aber das Bekenntnis aus der überlegenen Erfahrung und Lebensweisheit des römischen Weltmannes durchlassen, und so sprach Pilatus mit dem Hochmut des Römers und der Überheblichkeit des zynischen Skeptikers, vielleicht auch in der ratlosen Traurigkeit eines Mannes, der um die ewige Sehnsucht des Menschen wußte, das berühmt gewordene Wort aus: »Was ist Wahrheit?«
Aber dann ging er zu den vor dem Richthaus wartenden Juden hinaus und teilte ihnen seinen Entscheid mit, daß er keine Schuld an dem Angeklagten finde. Dies war kein Beweis für seinen Gerechtigkeitssinn oder gar für seine Barmherzigkeit. Er selber haßte die Juden, und sein oberster Chef, der allgewaltige Sejan, hatte die Ausrottung des ganzen jüdischen Volkes befohlen. Pilatus verabscheute die Mitglieder der obersten jüdischen Justizbehörde und die randalierende Menge, die sie mitgebracht hatten, weit mehr als den harmlosen Wanderprediger. Das hatte er mit der Menschenkenntnis, die er sich in seiner Beamtenlaufbahn erworben hatte, auf den ersten Blick gesehen, und die Vernehmung hatte es bestätigt, daß der kein Aufrührer und Rebell, jedenfalls keine Gefahr für Rom war. Die Beschuldigung, Jesus habe sich zum König der Juden gemacht, war reiner Unsinn. Der Mann wollte ein Herrscher sein in dem von ihm selbst gezimmerten Reich der Wahrheit, als König dieses Reichs würde er gegen die Besatzungsmacht nichts unternehmen.
Mit der Entscheidung des Pilatus hätte der Prozeß eigentlich bereits zu Ende sein müssen. Roma locuta causa finita. Die Besatzungsmacht

hatte gesprochen und hatte den Antrag der Vertreter der besetzten Gebiete abgelehnt. Hatte Pilatus wirklich geglaubt, die Ankläger würden sich zufrieden geben? Sie schrien durcheinander, Jesus habe das Volk erregt, indem er predigte hin und her im ganzen jüdischen Lande. Pilatus beging den ersten folgenschweren Fehler. Er ging auf ihre Beschuldigungen ein, indem er sich an Jesus, der aus dem Richthaus herausgeführt worden war, wandte: »Antwortest du nichts? Siehe, wie hart sie dich verklagen.« Er drängte ihn förmlich, sich zu verteidigen. Aber Jesus antwortete nichts mehr, »also daß sich auch Pilatus verwunderte«.

Warum tut der Mann hier vor seinen Anklägern den Mund nicht auf? An Mut und Schlagfertigkeit fehlte es ihm doch nicht. Wenn er sich verteidigte, würde es für ihn, den Statthalter, leichter sein, der haßerfüllten Menge ihr Opfer zu entreißen. Oder sollte sein Schweigen bedeuten, er, Pilatus, habe sich ja schon von seinem Entscheid abdrängen lassen: *ich* finde keine Schuld an ihm? Pilatus mag ein Gefühl der Scham überfallen haben, wenn er daran dachte, daß er ihnen schon einmal hatte nachgeben müssen. Das war das Schwere an seinem Amt in diesem fürchterlichen Land; sie zwangen ihn, klein beizugeben oder auf sie einhauen zu lassen. Das letztere hätte Pilatus gern getan, aber das war leider unmöglich in der Passahwoche, in der die Zehntausende aus nah und fern nach Jerusalem kamen und die ohnehin ständig erregte Stadt zu einem Vulkan wurde. Wie kam er aus der Gefahr heraus, daß ein blutiger Ausbruch erfolgte, wenn Jesus schwieg und die Juden, voran die Hohenpriester, immer wütender schrien?

Da kam Pilatus ein erlösender Gedanke. Hatten sie nicht eben gerufen, daß Jesus zuerst in Galiläa gepredigt habe? Er fragte, ob dieser Mann aus Galiläa stammte. Als ihm das durch Zurufe von allen Seiten bestätigt wurde, war sein Entschluß gefaßt. Stammte Jesus aus Galiläa, dann unterstand er dem dort herrschenden Vierfürst Herodes Antipas. Dann mochte sich dieser mit der leidigen Sache befassen. Das war eine großartige Geste der Reverenz. Obwohl der Hohe Rat den Angeklagten vor den Richterstuhl des Pilatus gebracht hatte, überließ dieser freiwillig die Aburteilung dem Fürsten von Galiläa. Herodes und Pilatus waren sich bisher nicht Freund gewesen. So wenig der Prokurator sonst von dem anmaßenden orientalischen Despoten wissen wollte, so war ihm doch in Augenblick dessen Anwesenheit in der Hauptstadt Judäas nicht unwillkommen. Man hat verschiedentlich an der historischen Echtheit der auffallenden Entscheidung des römischen Statthalters gezweifelt. Überlegt man sich aber die damalige Situation, so sprechen alle Wahrscheinlichkeitsgründe für die Wahrheit des Lukasberichts. Und versetzt man sich in die Denkart des Pilatus, dann scheint sein Verhalten nicht nur den besonderen Umständen der Lage zu entsprechen, sondern auch politisch richtig zu sein.

Pilatus wußte, daß der Vierfürst mit dem Kaiser Tiberius »mehr befreundet war«, wie Josephus zu berichten weiß. Konnte er nicht zwei Fliegen mit einer Klappe schlagen, den Herodes versöhnen und sich den Angeklagten vom Halse schaffen? Aber war es nicht andererseits gefährlich, ausgerechnet dem Kaiserfreund einen Mann auszuliefern, der als römischer Staatsfeind angeklagt war? Konnte nicht der listige Vierfürst dem Tiberius mitteilen: Dein Statthalter weigert sich, Hochverräter selber zu verurteilen? Pilatus wird nicht alle diese Überlegungen angestellt haben. Er folgte einer Augenblickseingebung, die ihn aus seiner peinlichen Lage befreien sollte. Er hielt Jesus tatsächlich für unschuldig; er wollte sich nicht in Händel mit dem Hohen Rat einlassen; sollte aber Jesus doch irgendein Delikt begangen haben, dann nur eines, das nach jüdischem, nicht nach römischem Recht strafbar war, und dann unterstand er ohnehin der Gerichtsbarkeit des Herodes.

Pilatus wußte, wie Herodes zu den Juden stand. Dieser vergaß ihnen nicht, daß sie wegen seiner Ehe mit der Herodias kein gutes Haar an ihm gelassen hatten. Er würde also, dachte Pilatus, seinen Untertan nicht Judäas Fanatikern ausliefern. Er würde ihn freisprechen oder für die eigene Gerichtsbarkeit in Anspruch nehmen. Damit war Jesus zunächst einmal der Fieberatmosphäre der Passah-Woche entzogen. Vor allem aber hatte er, Pilatus, dann mit dieser Sache nichts mehr zu tun. Das war für Pilatus die Hauptsache. Wenn dabei auch noch eine »Versöhnung« herauskam, um so besser! Er war bei Grenzhändeln und sonstigen Streitereien mit dem Duodezfürsten nicht immer sanft verfahren. Er war ihm auch noch eine kleine

Wiedergutmachung schuldig. Als er bei der dummen Geschichte, der Verwendung der Tempelgelder für die Wasserleitung, auf die wildgewordene Menge einhauen ließ, da waren leider auch eine ganze Menge Galiläer auf der Strecke geblieben.
Des Pilatus' Rechnung ging nur zum Teil auf. Antipas war natürlich durch seine Späher genau über die Beunruhigung der Priesterschaft orientiert, die durch die Nachricht von der Auferweckung des Lazarus, den Einzug Jesu in Jerusalem und sein Auftreten im Tempel hervorgerufen wurde. Nun erhielt er am Morgen des Vortages des Passahfestes die Nachricht, daß Jesus in der Nacht verhaftet worden war und jetzt von Pilatus verhört wurde. Daß er von diesem ihm zugeschickt wurde, war völlig überraschend. Was steckte hinter diesem unerwarteten Höflichkeitsakt? War es eine Falle? Für den Fuchs galt es, auf der Hut zu sein, Höflichkeit mit Höflichkeit zu beantworten, aber sich nicht in eine heikle Sache hineinziehen zu lassen, an der man sich die Finger verbrennen konnte. Auf alle Fälle freute er sich, endlich seinen Wunsch erfüllt zu sehen und den Wundermann sprechen zu können.
Herodes würdigte auch die Geste des Pilatus. Das wog vieles auf, was er dem Statthalter nachtrug. Seit dieser Zeit, sagt der Bibelbericht kurz und knapp, »waren sie beide Freunde«. Um so weniger befriedigend war das andere Ergebnis. Jesus und Herodes standen sich zum ersten Mal gegenüber, der Prophet, der »nichts galt im eigenen Land«, und der Landesfürst, der seit langem beschlossen hatte, ihn zu töten. Der Prophet kam als Angeklagter, der Landesfürst war unversehens zum Richter ernannt worden. Warum nutzte Herodes diese einmalige Gelegenheit nicht aus? Warum verurteilte er Jesus nicht? Es ist möglich, daß er tatsächlich geglaubt hat, in Jesus sei Johannes der Täufer wieder auferstanden, und daß er ihn nicht zum zweiten Mal ermorden wollte. Vielleicht hat er auch befürchtet, das Volk in Galiläa, wo Jesus viele Anhänger hatte, könne auch diesmal wieder aufsässig werden. Die Verantwortung für den Tod Jesu und die daraus entstehenden Folgen wollte er seinem neuen Freund auf keinen Fall abnehmen. Zudem war der Angeklagte zwar in Nazareth aufgewachsen, aber sein Geburtsort Bethlehem lag in Judäa südlich von Jerusalem. Somit unterstand er der Jurisdiktion des römischen Statt-

halters. Sollte der sich an dem heißen Eisen die Finger verbrennen. Herodes ließ es erst gar nicht zu einer ordentlichen Gerichtsverhandlung kommen. Er stellte dem Angeklagten ein paar neugierige Fragen, aber Jesus antwortete mit keiner Silbe. Der Vierfürst forderte ihn auf, dem Hofe einmal ein Wunder vorzuführen. Doch Jesus schwieg weiter. Da trieb Herodes nur noch seinen Spott mit ihm. Damit die Juden und Pilatus wüßten, wie er über diesen lächerlichen »König« dachte, ließ er ihm eine Spottkleidung anlegen, ein strahlend weißes Gewand, das den verstockten Angeklagten in der Maskerade eines Königs verhöhnen sollte. Herodes war von der Begegnung enttäuscht, aber auch erleichtert. Dieser Jesus war keine Reinkarnation des Johannes, das war ein gewöhnlicher Mensch, wohl einer von den vielen Betrügern, die vorgaben, der Messias zu sein. An dem konnte man seinen Spott üben. Antipas hätte Jesus retten können. Er tat es nicht, das war seine Schuld. Er stellte die Gerechtigkeit hinter der Diplomatie zurück. Auf Kosten des Gefangenen versöhnte er sich mit Pilatus. Er schickte ihn an den Statthalter zurück. Mit dieser Sache sollte Pilatus selbst fertig werden.

Als der, unwillig und enttäuscht, die Verhandlung wieder aufnahm, brachte ihm ein Bote einen Brief seiner Frau, in dem ihn Claudia Procula inständig bat, diesen Mann zu schonen. Denn sie habe im Traum viel gelitten seinetwegen. Pilatus liebte seine Frau. Als man ihn für Judäa nominierte, hatte er als Bedingung verlangt, daß seine Frau ihn begleiten dürfte. Zur Zeit des Augustus war das verboten, auch jetzt noch war es zwar nicht vorschriftswidrig, aber unüblich. Als besondere Gunst hatte Tiberius die Reise Proculas genehmigt. Das Ehepaar bewohnte bei den Besuchen in Jerusalem den prachtvollen Palast Herodes' des Großen. Seine Gerichtssitzungen hielt der Statthalter in dem benachbarten Amtsgebäude ab. Dorthin hatte sich Pilatus in der Morgenfrühe begeben. Procula hatte ihn nicht mehr sprechen können und schickte ihm daher eine briefliche Botschaft.

Konnte Procula etwas von Jesus wissen? Von dem Prozeß sicher nicht, denn der hatte erst in der Nacht mit dem Verhör durch die Hohenpriester begonnen. Wohl aber ist es möglich, daß sie Nachrichten von dem Wundermann gehört hat. Wahrscheinlich hat ihr auch Pilatus, der sich über alles, was Anlaß zu Unruhen geben konnte, genau informieren ließ, also auch über Jesus' triumphalen Einzug am Sonntag, über dessen Aktion zur Säuberung des Tempels und über die Wut der Hohepriester, in Unterhaltungen von dem merkwürdigen Propheten erzählt. Vielleicht ist sogar die Gefangennahme Jesu dem Pilatus in Gegenwart der Procula von seinen Spähern sofort berichtet worden. Die Gestalt dieses Mannes ist ihr in ihre Träume gefolgt. Sie hat ihn im Traum nicht nur als unschuldig, sondern als »Gerechten« erlebt. Als sie am Morgen ihrem Mann den Traum mitteilen wollte, hörte sie zu ihrem Entsetzen, daß das Verhör von Jesus bereits begonnen hatte. Sie schickte dem Pilatus schleunigst das Brieflein mit der dringenden Warnung.

Pilatus tat schon wahrlich alles, was er konnte, um Jesus nicht in die Hände seiner Feinde fallen zu lassen. Es war nicht seine Schuld, daß seine wohlüberlegten Befreiungspläne, auch der letzte geniale Plan, bisher keinen Erfolg gehabt hatten. Aber Procula konnte ruhig sein, er werde in seinen Bemühungen fortfahren. Er rief die Hohepriester, die Ratsherren und das Volk zusammen und hielt ihnen eine kleine Ansprache. Sie hätten diesen Menschen als Volksverführer zu ihm gebracht, er habe ihn verhört und nichts gefunden, wonach er sich strafbar gemacht habe. Auch Herodes habe keine Schuld an ihm gefunden. Er habe also nichts begangen, weswegen man ihn verurteilen könnte. Nach dieser verständigen und dem Verlauf des Prozesses entsprechenden richterlichen Feststellung konnte Pilatus nur eine logische Konsequenz ziehen. Er mußte Jesus sofort freilassen. Das aber tat er nicht. Der Statthalter beging den zweiten verhängnisvollen Fehler.

Pilatus resumierte: »Darum will ich ihn züchtigen und dann freilassen.« Darum? Wie denn, Züchtigung trotz oder sogar wegen erwiesener Unschuld? Ja, diese Konzession machte der stolze Statthalter der kochenden Volksseele. Die Züchtigung war eine Geißelung mit metallbeschwerten Lederpeitschen, die als Zusatzstrafe vor der Kreuzigung und als selbständige Strafe für geringfügige Vergehen verhängt wurde. Ein Mann, auf dessen Rücken die Peitschenhiebe niedersausten, bot einen bejammernswerten Anblick. Wenn Pilatus geglaubt hatte, die von ihm über einen Unschuldigen verhängte Geißelung würde der Wut des Pöbels Genüge tun, irrte er sich. Die Absicht, ihn freizulassen, rief ein Wutgeschrei hervor, in das sich, im Zusammenhang mit der Geißelung, zum erstenmal das »Kreuzige, kreuzige!« mischte. Pilatus hatte ihnen den kleinen Finger gegeben, sie würden nach der ganzen Hand greifen. Er hatte ihnen eine schwache Stelle gezeigt, sie würden nachstoßen.

Pilatus, der noch immer glaubte, die Fäden in der Hand zu haben, beging den dritten Fehler. Es war des Statthalters Gewohnheit, zum Passahfest einen jüdischen Gefangenen freizugeben. Man hat diesen Brauch angezweifelt, nur der Kaiser könne begnadigen, an keiner anderen Stelle werde der Brauch erwähnt. Andere vermuten, es sei altjüdisches Recht gewesen. Man hat auch behauptet, der Kaiser habe es den Juden auf Grund einer Sondervollmacht zugestanden. Jedenfalls setzen die Evangelisten dieses Gewohnheitsrecht als bekannt voraus. Nun hatte Pilatus einen Gefangenen in Gewahrsam, Barabbas, einen Aufrührer und Mörder. Da er Jesus nicht verurteilen wollte, aber auch nicht wagte, dem Volkswillen zu trotzen und ihn freizugeben, hieß er sie wählen zwischen Jesus und Barabbas. Sie könnten, meinte er, den Mörder doch nicht dem nur wegen seiner Lehre angeklagten Jesus den Vorzug geben, zumal wenn er ihnen die Genugtuung böte, Jesus wenigstens gegeißelt zu sehen. Es war ein unverzeihlicher Fehlgriff des Pilatus, daß er den Prozeß mit der Amnestiefrage verquickte, noch unbegreiflicher, daß er Jesus zum Kandidaten der Besatzungsmacht erklärte. Überdies war Barabbas offenbar ein Empörer gegen die Römer und daher für die Juden so etwas wie ein Volksheld. Pilatus war von allen guten Geistern verlassen, wenn er annahm, die Juden könnten für Jesus stimmen. Mit wildem Geschrei forderten sie des Barabbas Freilassung.

Einmal auf die schiefe Bahn des Nachgebens gedrängt, sank Pilatus immer tiefer. Auf ihre Forderung entgegnete er: »Was wollt ihr denn, daß ich tue dem, den ihr beschuldigt, er sei König der Juden?« Jetzt war es soweit, daß der stolze Statthalter, längst kein Herr und kein Gentleman mehr, nach dem Willen des Pöbels fragte. Klang das nicht so, als hätten *sie* nun zu bestimmen, was *er* tun solle? Pilatus hatte sich in eine unmögliche Situation hineinmanövriert. Die Juden ließen sich nicht zweimal fragen. Jetzt schlug dem Pilatus aus verzerrten Gesichtern wie *ein* Schrei der furchtbare Ruf entgegen, der

fortan auf alle seine Einwände und Fragen ertönte, das monotone: »Kreuzige, kreuzige!«
Bei Juden und Hethitern fanden sich im Strafrecht humanitäre Tendenzen. Die Todesstrafe war auf Verbrechen gegen die königliche oder die göttliche Majestät beschränkt. Das Kreuzigen kannten sie als Todesstrafe nicht. Die Todesstrafe kam bei den Römern im letzten Jahrhundert v. Chr. außer Gebrauch, erst Augustus führte sie wieder ein, aber grundsätzlich sollten römische Bürger nicht am Leben gestraft werden. Der Kreuzestod stammte von den Phöniziern, aus Karthago übernahmen ihn die Römer. Sie wandten diese entsetzliche Strafe nur gegen Sklaven und in ihren Provinzen zur Abschrekkung gegen bestimmte Schwerverbrechen, vor allem gegen Aufruhr, an. Die Kreuzigung gehörte zu den Strafen, bei denen die Menschen die Übeltäter den Göttern auslieferten und den tödlichen Kräften der Natur freien Lauf ließen. Sie legten nicht selbst Hand an den Verbrecher, sondern konnten ihre Hände in Unschuld waschen, ihn töteten Sonne, Wind, Natur – die Götter. Nichts beweist den abgrundtiefen Haß der Juden besser, als daß sie diese grausamste und schmählichste Todesart – »verflucht ist, wer am Kreuze hängt« – für Jesus forderten. Ein Menschenalter später ließ Titus bei der Belagerung von Jerusalem so viele Juden ans Kreuz schlagen, daß den Römern das Holz ausging.
Noch einmal ermannte sich Pilatus: »Was hat denn dieser Böses getan? Ich finde keine Schuld an ihm.« Aber es war nur noch ein schwächliches Aufbäumen. Das Getümmel, der Lärm, der Haßausbruch verdoppelten sich. Ein Orkan von Stimmen gellte: »Kreuzige, kreuzige!« Im Lukasbericht heißt es knapp und klar: »Und ihr und der Hohepriester Geschrei nahm überhand.« Soweit hatten es die Schwäche und die psychologischen Fehler des Pilatus kommen lassen. Jetzt trat das ein, was er gerade hatte vermeiden wollen. In der Passahwoche, einen Tag vor dem Fest, drohte ein Aufruhr, der gefährliche Ausmaße anzunehmen im Begriff war. Es war unmöglich geworden, sich gegenüber dem Geschrei der Masse auch nur vernehmbar zu machen. Alles Reden hatte keinen Zweck mehr. Pilatus handelte.
Der Statthalter ließ Jesus wieder in das Amtsgebäude führen und be-

fahl, ihn zu geißeln. Er verfügte die Geißelung als selbständige Strafe, nicht als die der Kreuzigung vorangehende Begleitstrafe. Die von Pilatus befohlene Geißelung Jesu wird meist als ein brutaler Akt, ein grausamer Mummenschanz despotischer Willkür hingestellt. So war es nicht. Nach römischem Recht wurde die Geißelung angewandt, um kleinere Delikte, wie z.B. Verstöße gegen die öffentliche Ordnung, zu ahnden. Sie war also mehr eine erzieherische Maßnahme und sollte im Falle Jesu den Nazarener zur Vorsicht in seiner ferneren Lehrtätigkeit ermahnen.

Die Soldaten aber begnügten sich nicht mit der Geißelung, sie wollten auch ihren Spaß haben. Sie hatten gehört, daß dieser Mann ein König der Juden sein wollte oder sich so genannt hatte. So flochten sie ihm eine Krone aus Dornen, drückten sie ihm aufs Haupt, schlugen ihn ins Gesicht und begrüßten ihn spottend als Judenkönig. Jesus wurde nicht vor den Augen des Volkes gegeißelt. Der Pöbel wartete draußen. Endlich, den Ungeduldigen viel zu spät, trat Pilatus wieder heraus und ließ auch Jesus wieder herausführen. Zum dritten Mal erklärte er, er sei von der Unschuld des Angeklagten überzeugt. Dann wies er auf die Jammergestalt, auf Jesus, dem unter der Dornenkrone das Blut über das Gesicht rann, dem unter dem roten Mantel das Blut über Schultern und Rücken strömte und der sich nach den schweren Mißhandlungen kaum auf den Füßen halten konnte. Mit dem Finger auf den zerschundenen Mann deutend, rief Pilatus »Ecce homo!« Sehet, welch ein Mensch!, wie Luther es übersetzt hat.

Sicherlich ist die Interpretation Luthers falsch. Eine pathetische Floskel paßt nicht zu Pilatus. Es war kein Appell an das Mitleid. Erst recht war es nicht ein Ausdruck der Bewunderung für einen Menschen, der selbst in dieser tiefsten Erniedrigung Seelengröße zeigte, kein »voilà un homme«, wie es Napoleon entfuhr, als er Goethe sah. Es war aber auch nicht ironisch gemeint, es war nicht mehr und nicht weniger als das letzte Angebot des Pilatus, auf die Hinrichtung Jesu zu verzichten. Er war ihrer Forderung so weit nachgekommen, daß er den Angeklagten gegen seine Überzeugung hatte geißeln lassen; er hatte selbst die verhöhnende Maskerade der Soldaten nicht unterbunden. Nun präsentierte er dem Volk den geschändeten und verspotteten Jesus. War dem harmlosen Narren nicht genug geschehen? Seht ihn euch doch an, sieht so ein Rebell aus, ist das ein Staatsfeind? Aber das Bild des blutenden Menschen scheint die Wut nur noch mehr zu erregen. Wieder schrien die Hohepriester und ihre Leute: »Ans Kreuz, ans Kreuz!« Da ließ Pilatus den Mann, der sie in solche Raserei brachte, wieder in die Statthalterei führen und sagte den Juden: »Nehmt ihr ihn hin und kreuzigt ihr ihn, denn ich finde keine Schuld an ihm!«

Der Satz ist nur zu verstehen, wenn das *ihr* und das *ich* betont wird. *Ich* kann den Unschuldigen nicht kreuzigen, so tut *ihr* es doch. Das ist verzweifelter Hohn oder grimmige Ablehnung. Kreuzigen konnten *sie* nicht, das konnte nur *er*. Wenn er sie aufforderte, Jesus nach *ihrem* Gesetz zu bestrafen, dann legte er ihnen nahe, auf eine mildere Strafe als die Todesstrafe zu erkennen. Da er wußte, daß er damit tauben Ohren predigte, leitete er in Wirklichkeit das Rückzugsgefecht ein. Es ging nur noch um die Verantwortung, um die Schuld. Die Abwehr des Pilatus wird immer unsicherer, sein Urteil hilfloser, seine Haltung kriecherisch vor der Gunst der Menge und dem stärkeren Willen der Mächtigen. Der Statthalter kämpft nicht mehr um das Leben eines Unschuldigen, nur die Verantwortung für seinen Tod will er von sich abwälzen. Die Hohenpriester erkannten sofort den schwachen Punkt. Sie dachten nicht daran, dem Pilatus die Verantwortung abzunehmen. Sie antworteten ihm: »Wir haben ein Gesetz, und nach dem Gesetz soll er sterben, denn er hat sich selber zu Gottes Sohn gemacht.«

Das jüdische Gesetz verlangte Jesu Tod, das war *ihre* Verantwortung; das Besatzungsstatut übertrug die Durchführung dem Statthalter, das war *seine* Verantwortung. Diese Rechtslage führten ihm die Juden klar und kühl vor Augen. Aber sie gaben dem Verbrechen, für das ihn Pilatus zur Rechenschaft ziehen sollte, eine neue raffinierte Formulierung; sie machten die Gotteslästerung zu einem politischen Vergehen. Der Bericht des Johannes sagt, Pilatus habe sich, als er dies hörte, »sehr gefürchtet«. Wovor fürchtete er sich? Seit der Zeit Alexander des Großen sprach man im griechisch-römischen Raum dem Herrscher göttlichen Ursprung zu. Augustus ließ sich »divus« nennen, einen Sohn der Götter. Tiberius verlangte und erhielt die gleiche Verehrung. Behauptete nun ein anderer Mensch, ebenfalls ein

Sohn Gottes zu sein, so bedeutete das die schwerste Beleidigung kaiserlicher Majestät. Tiberius würde es nie verzeihen, wenn sein Statthalter einen solchen Hochverräter laufen ließ. Pilatus fürchtete sich vor den Juden.

Von den Göttern stammte aber auch der große Mensch, das Genie, ab. Nach griechisch-römischer Auffassung war der göttliche Ursprung die Bestätigung des Genius. Wenn nun dieser Jesus sich mit Recht »Gottes Sohn« nannte, war dann nicht der Procula Traum eine Warnung der Götter? Hatte sich nicht im Herzen des Pilatus beim Anblick der hoheitsvollen Würde dieses Mannes etwas gerührt, das mehr als Mitleid, das so etwas wie Ehrfurcht war? Selbst der größte Skeptiker konnte sich von Vorstellungen nicht freimachen, die auch in einer glaubenslosen Zeit sich an Götter klammerten. Pilatus fürchtete sich vor Jesus.

Des Dramas vierter Akt begann. Wieder verhörte der Richter den Angeklagten, aber er fragte nicht mehr nach Schuld und Tat. Pilatus wollte dem Geheimnis dieses Mannes auf die Spur kommen. Er wollte wissen, was es um diesen Mann war, vor dem seine Weltklugheit versagte und dem weder Spott noch Geißelung die Hoheit rauben konnte. So war seine erste Frage: »Von wannen bist du?« Aus welchen geistigen Regionen stammst du, was ist deines Wesens Quell und Kern, bist du wirklich göttlichen Ursprungs? Aber Jesus antwortete nicht mehr. Pilatus war durch seine Schwäche auf eine Stufe gesunken, die keiner Antwort mehr würdig war. Was nützte es, dem Römer, der kein Organ für die Stimme der Wahrheit hatte, den nicht aufrichtiges Sehnen nach Erkenntnis trieb, sondern den nur die Furcht beherrschte, etwas zu sagen von dem Reich Gottes und von Jesu Sendung in dieser Welt? Jesus schwieg.

Der stolze Statthalter verlegte sich aufs Bitten. Wie sein Verhältnis zu der Menge draußen, hatte sich auch das zu dem Mann hier drinnen geändert. Pilatus hatte die Zügel nicht mehr in der Hand. Er war abhängig geworden, durch seine Furcht abhängig von den gefährlich klugen Hohenpriestern und dem wütenden Pöbel draußen, abhängig von dem stillen Angeklagten drinnen. Pilatus bat: »Redest du nicht mit mir?« Es geht doch um dein Leben, das in meinen Händen liegt. »Weißt du nicht, daß ich Macht habe, dich zu kreuzigen, und Macht, dich loszugeben?« Durch des Mannes Schweigen wurde Pilatus gezwungen, sich zu der Verantwortung zu bekennen, um die er sich draußen beharrlich zu drücken versuchte. Er wurde in das Reich der Wahrheit genötigt, die er eben noch mit einer Handbewegung abtun zu können glaubte.

Auf den bittenden Appell des Richters gab der blutende und mißhandelte Angeklagte endlich eine Antwort, wiederum eine rätselhafte Antwort, kein Wort zu seiner Verteidigung, keine Erwiderung auf die Frage, von wannen er sei. Nein, er sagte dem Richter, der sich auf die Macht berufen habe, ihn kreuzigen oder freilassen zu können, daß er keine solche Macht habe, »wenn sie ihm nicht von oben gegeben sei«. Du glaubst, Pilatus, ein mächtiger Mann zu sein und Gewalt über Leben und Tod zu haben, und bist doch nur ein schwaches Werkzeug in der Hand dessen, der alle Macht in Händen hat. Nur wenn Gott will, daß ich sterbe, kannst du mich zum Tode verurteilen. Du hast keine Macht über *mein* Leben, aber du bleibst verantwortlich für *dein* Schuldigwerden. In dieser gewaltigen Zurechtweisung, die den Richter seiner Anmaßung entkleidete, ihn aber zugleich mahnte, daß er mit jedem Urteil das Urteil über sich selbst spräche, lag auch die Erwiderung auf des Pilatus' Frage, von wannen Jesus sei. Er offenbarte die zentrale Kraft, die ihn bewegte, und den Ursprung seines Seins. »Von da an trachtete Pilatus, wie er ihn ließe«, heißt es im Bericht des Johannes. Daß Jesus unschuldig war, hatte Pilatus schon früher erkannt, jetzt erfuhr er, daß er mehr war, ein »Gerechter«, wie seine Frau ihn im Traum gesehen, vielleicht wirklich göttlichen Stammes.

Nach diesem zweiten Verhör, wenn man das kurze Zwiegespräch so bezeichnen will, begab sich Pilatus wieder hinaus und sah hinab auf das Meer der Wut, das ihm entgegenbrandete. Der letzte Akt des Dramas nahm seinen Beginn. Die Hohepriester hatten des Pilatus' Schwächen erkannt, sie hatten bemerkt, welchen Eindruck ihr Hinweis auf die von Jesus in Anspruch genommene göttliche Herkunft auf den Statthalter gemacht hatte, sie fürchteten, daß der schwankende Mann durch des gefährlichen Angeklagten hypnotischen Einfluß erneut beeindruckt worden sei. So hatten sie beschlossen, zur schärfsten Tonart gegenüber Pilatus vorzugehen. Sie drohten ihm offen:

»Läßt du diesen los, so bist du des Kaisers Freund nicht, denn wer sich zum König macht, der ist wider den Kaiser.« Nichts ahndete der mißtrauische Tiberius unerbittlicher, als ein »Majestätsverbrechen«. Ein leiser Wink genügte, einen Günstling vom hohen Stuhl in die Tiefe der Amtsenthebung, der Verbannung, eines Prozesses auf Leben und Tod zu stürzen.

Pilatus wußte, daß selbst sein Freund, der allmächtige Sejan, vor solchem Sturz nicht sicher war, er kannte den großen Einfluß der Juden, vor dem selbst ein Cicero sich fürchtete, er konnte nicht daran zweifeln, daß ihre geheimen Verbindungen bis zum Kaiserhof reichten. Jetzt ging es nicht bloß um Jesu Leben, jetzt ging es um den eigenen Kopf und Kragen, zum mindesten um die Karriere. Die Ritter Gallus und Piso begingen Selbstmord, als der Kaiser ihnen den Ehrentitel »Freund des Kaisers« aberkannte, der Konsul Rufus wurde vom Senat »abgeurteilt«, viele andere endeten in der Verbannung. Wenn er sich damit verteidigte, er habe einen Unschuldigen vor dem Fanatismus der Priester schützen müssen, würde man erstaunt die Augenbrauen hochziehen, er scheine nicht zu wissen, was die Aufgabe der römischen Beamten in den unterworfenen Ländern sei, nämlich *Roms* Interessen zu wahren. Gegenüber dieser Aufgabe sei das Leben eines jüdischen Sektierers, ob schuldig oder unschuldig, keinen Pfennig wert. Sollte sich Pilatus wegen eines Juden sagen lassen, daß es ihm an der festen Hand und der erforderlichen Geschicklichkeit fehle? Sollte er sich seine Laufbahn verderben lassen oder sich sogar einer Anklage aussetzen? Er hatte, weiß Gott, sein Möglichstes getan. Für Jesu Tod trugen die Ankläger die Verantwortung. Pilatus gab seinen Widerstand auf, er begriff, daß er besiegt war.

Der Statthalter bestieg den Richterstuhl und ließ Jesus herausführen: »Sehet, das ist euer König.« Das war keine Wiederholung des »Ecce homo«. In einer verzweifelten Ironie suchte sich Pilatus für den grotesken Vorwurf mangelnder Staatstreue zu rächen, indem er sie alle mit ihrem König zu Staatsverbrechern erklärte. Sie antworteten mit dem Wutgeschrei: »Weg mit ihm, kreuzige ihn!« Des Pilatus' letzte Frage: »Soll ich euren König kreuzigen?« war kein Versuch mehr, Jesus zu retten. Pilatus wußte, daß das hoffnungslos war. Es war wieder ein Stück bitterer und resignierter Ironie: Soll ich wirklich den

Mann kreuzigen lassen, der allein unter euch allen etwas Königliches an sich hat? Aber die Hohenpriester sind ihm gewachsen, sie können auch ironisch sein. Dieselben Juden, die den Römern ständig Widerstand leisten, die fanatischen Nationalisten, die nur das Ziel haben, die Fremdherrschaft abzuwerfen und wieder einen König aus jüdischem Königshaus zu haben, erklären: »Wir haben keinen König, denn den Kaiser.« Pilatus wußte, welche abgrundtiefe Heuchelei das war, er verstand aber auch die heimliche, gegen ihn gerichtete Drohung: *Sie* dienten dem Kaiser, *er* sollte es auch tun, oder –. Er verstand und beugte sich. Das Drama war zu Ende.

Nur noch ein Satyrspiel folgte. Der Statthalter ließ sich ein Becken Wasser kommen und wusch sich vor allem Volk die Hände: »Ich bin unschuldig am Blut dieses Gerechten, sehet ihr zu!« Mit dieser symbolischen Handlung schloß sich der Römer an eine typisch jüdische Sitte an. Pilatus konnte mit dieser Handlung die Verantwortung nicht von sich abwälzen. Das wußte er auch. Aber er wollte diesem haßerfüllten Volk und diesen verschlagenen Hohenpriestern keinen Zweifel lassen, daß *er* sich nur unter Druck und Zwang gefügt habe, daß der Justizmord auf *ihr* Konto ginge. Pilatus scheint sich nicht bewußt geworden zu sein, welch jämmerliche Rolle der römische Statthalter bei diesem Eingeständnis spielte. Nichts läßt den Charakter des Pilatus in einem so miserablen Licht erscheinen, wie dieser klägliche Versuch, sich reinzuwaschen. Die Schuld wird ihm auch dadurch nicht abgenommen, daß das Volk – der Bericht des Johannes sagt ausdrücklich »das ganze Volk«, nicht etwa nur die Hohenpriester – schrie: »Sein Blut komme über uns und unsere Kinder!« Sie ahnten nicht, wie schnell und furchtbar sich diese Worte bewahrheiten würden. Nun gab Pilatus den Kreuzigungsbefehl. Er hat ein eigenes Urteil gefällt, nicht etwa das Urteil des Synedriums bestätigt. Die Kreuzigung, die nur nach römischem Recht als Strafe für Hochverrat ausgesprochen werden konnte, wurde auch durch römische Soldaten vollstreckt.

Als der Moskauer Arzt Friedrich S. Haas, der große Helfer der Leidtragenden, sich beim Justizminister wie beim Zaren vergeblich für einen Verurteilten eingesetzt hatte, den er für unschuldig hielt, wandte er sich schließlich an den Metropoliten, das Oberhaupt der russischen Kirche; aber der sagte: »Wer verurteilt wurde, muß schuldig sein!« Da sagte Haas: »Eminenz, Sie haben Jesus Christus vergessen!« – und der Metropolit senkte beschämt den Kopf und erwiderte: »Nein, Jesus Christus hat mich vergessen.«

Jesus hat am Kreuz das ergreifende Wort gesprochen: »Herr, vergib ihnen, denn sie wissen nicht, was sie tun!« Die Juden wußten es nicht. Das jüdische Volk, von seinen Oberen aufgehetzt und fanatisiert, reagierte wie die Masse zu allen Zeiten; es forderte den Kopf dessen, dem es noch vor kurzem zugejubelt hatte, und war bei dem »Kreuzige!« ebenso ahnungslos wie bei dem »Hosianna«. Die Frommen der damaligen Zeit, die Hohenpriester, die Schriftgelehrten und Pharisäer waren Fanatiker, sie waren grausam, aber sie glaubten, »im Recht« zu sein, als sie den Tod des Ketzers und Gotteslästerers forderten. Natürlich waren sie nicht schuldlos. Sie zwangen Pilatus, über Jesus den Kreuzestod wegen staatsfeindlicher Verbrechen auszusprechen, obwohl sie wußten, daß er kein Staatsfeind war. Aber mag ihre Schuld noch so groß sein, es geht nicht um das jüdische Volk, sondern um jene jüdischen Zeitgenossen Jesu, die von Pilatus die Kreuzigung verlangten; es geht nicht um den Hohen Rat der Juden schlechthin, es geht um die Mitglieder des Hohen Rats aus dem Jahr 30 n. Chr. Historische Schuld haben nur die auf sich geladen, die unmittelbar an diesem Prozeß beteiligt waren. Jeder, ob Christ oder Nichtchrist, kann in die Worte des Dekrets des Römischen Konzils 1965 einstimmen: »Obgleich die jüdische Obrigkeit mit ihren Anhängern auf den Tod Christi gedrungen hat, kann man dennoch die Ereignisse seines Leidens weder allen damals lebenden Juden ohne Unterschied noch den heutigen Juden zur Last legen.«

Einer wußte, daß ein *Gerechter* den Verbrechertod starb, des Pilatus' subjektive Schuld ist unbestreitbar. Man mag mancherlei Argumente zu seinen Gunsten sprechen lassen: Er konnte das Urteil des Synedriums und den darin festgelegten Sachverhalt nicht ignorieren, er hatte die Pflicht, das Entstehen von Unruhen zu verhüten, vielleicht war er überzeugt, als Vertreter des Kaisers und um der Sicherheit Roms willen das Todesurteil aussprechen zu müssen, auch wenn es ihm persönlich »wider den Strich ging« – und doch: er hat sich wider besseres Wissen dem Willen der Volksmenge gebeugt und aus Opportunität einen Unschuldigen hinrichten lassen.

Des Pilatus Justizmord ist sprichwörtlich geworden für die Schuld der Unterlassung. Als der Kongolese Tschombe als Regierungschef von Katanga nicht wagte, die Überführung von Lumumba und seiner Mitgefangenen ins Krankenhaus anzuordnen und sie dadurch vor ihrer Mördereskorte zu retten, sagte er einem Vertrauten, er habe, von Panik ergriffen, in diesem Augenblick gehandelt wie Pontius Pilatus.

Ein einziger Morgen hat über das Leben dieses Mannes entschieden und den Fluch einer durch Jahrhunderte hallenden Schuld an seinen Namen geheftet. Seit sein Name in das Glaubensbekenntnis der christlichen Kirche aufgenommen ist, »gelitten unter Pontius Pilatus«, hören Millionen von Menschen über den ganzen Erdball täglich diesen Namen und werden ihn hören bis ans Ende der Zeiten. Die Aufnahme dieses Namens war keine Datumsfeststellung, sondern eine Anklage. Sie hat den Namen des ungerechten Richters für alle Zeiten verknüpft mit dem des unschuldigen Opfers. Das ist die furchtbare Strafe für Pontius Pilatus, das ist die furchtbare Mahnung für alle, die gleich ihm ihre Hände in Unschuld waschen wollen.

Pilatus hat aber – auch das besagt das Bekenntnis – durch sein Todesurteil etwas Unvorstellbares ins Leben gerufen. Für die Juden war die Kreuzigung ein Ärgernis. Die Heiden stieß die befremdliche Überspanntheit ab, die das Kreuz, den Galgen der damaligen Zeit, als Weg zur Erlösung ansah. In dieser Ablehnung der Kreuzigung Jesu liegt aber ein Beweis für ihre geschichtliche Wahrheit. Es wäre grotesk gewesen, eine solche Idee auszudenken. Doch gerade die herausfordernde Widerwärtigkeit und Unmöglichkeit des Kreuzes entwikkelten eine ungeheure Kraft. Sie gaben der neuen Lehre durch die Spannung, die in ihren Widersprüchen lag, und die dynamische Dialektik, die mit ihrer Konzeption verbunden war, eine gewaltige Schwungkraft. Die Kreuzigung war abstoßend und faszinierend zugleich, der Schlußakt eines Dramas, wie man ihn sich erregender nicht vorstellen konnte.

II. BUCH

Die Mittelmäßigkeit beugt den, der sich ihr nicht fügt.

Es sind unbequeme Männer, die als Angeklagte in diesem Buch auftreten. Sie verbreiten Unruhe und fallen Philistern und Reaktionären, der Menge und den Herrschern auf die Nerven, Sokrates und Seneca, Danckelmann und Struensee. Die Mittelmäßigkeit fühlt sich getroffen und setzt sich zur Wehr, das Volk von Athen, der Kaiser Roms, der brandenburgische Kurfürst, Dänemarks Adel. Sie reagieren in gleicher Weise und ruhen nicht, bis die Überlegenen zur Strekke gebracht sind. Athen läßt sein Volksgericht das Urteil sprechen, der Kaiser den Senat, der dänische Adel ein gefügiges Gericht, der Kurfürst begnügt sich mit Kabinettsjustiz. In allen Fällen ist der Mantel der Justiz fadenscheinig, und durch die Löcher schaut der Neid, der das Erhabene schwärzen und das Unbegriffene in den Staub ziehen will.

2. KAPITEL

Sokrates vor den Volksrichtern

Das Zeitalter war's, das den Sokrates durch Gift vernichtete,
das Zeitalter, das Hussen verbrannte;
die Zeitalter sind sich immer gleich geblieben.

Goethe

An einem Morgen des Jahres 399 v. Chr. strömten die Bürger Athens auf dem Markt zusammen, um wieder einmal Gericht zu halten über einen Mitbürger, gegen den andere Klage erhoben hatten bei Seiner Majestät, dem souveränen Volk. Erregung herrschte bei den Gruppen, die sich in den Straßen der Stadt trafen und in eifrigem Gespräch dem Markt zustrebten, um auf den Bänken Platz zu nehmen, die für den Gerichtshof bestimmt und denen gegenüber die Tribünen für den Angeklagten und die Ankläger errichtet waren. Hier hatte einmal dieses nach allem Neuen begierige Volk Stoff zur Befriedigung seiner Neugier und seiner Lust am Ungewöhnlichen. Kleisthenes, nach Solon der zweite große Reformer Athens, war groß im Erfinden neuer Institutionen. Er erfand das Scherbengericht, bei dem jeder Bürger auf eine Tonscherbe den Namen eines Mannes schreiben konnte, den er für eine Gefährdung oder Beunruhigung der Stadt hielt. Wurde eine bestimmte Zahl von Scherben abgegeben, mußte der Mann mit den meisten Stimmen außer Landes gehen.
Die Volksversammlung, die bereits über Krieg und Frieden entschied und die höchsten Staatsbeamten berief, konnte nun auch den großen Männern der Stadt die Macht des Volkes zeigen. 482 verbannten die Athener einen der Letzten der alten Garde, Aristides den Gerechten, der bei Marathon Erster Stratege gewesen war. Plutarch schildert die Szene, wie auf dem Markt von Athen in diesem von Themistokles eingeleiteten politischen Prozeß ein des Schreibens

nicht Kundiger einen ihm Unbekannten bat, für ihn den Namen Aristides auf die Scherbe zu schreiben. Als der ihn fragte, ob ihm Aristides etwas zuleide getan habe, erwiderte der Brave: »Gar nicht, ich kenne den Herrn nicht einmal, aber ich muß mich immer ärgern, wenn ich ihn den ›Gerechten‹ nennen höre.«
Ein Jahrzehnt später traf der Schlag Athens größten Mann, den Sieger von Salamis, Themistokles. Man verbannte ihn, nicht weil er »gerecht« war, sondern weil der harte, ungemütliche Mann so viel vom Volk verlangte. Die »Allergie gegen Qualität« brach mit erschrekkender Deutlichkeit durch.
Im Gegensatz zu Themistokles war Alcibiades ein Mann nach dem Herzen der Athener, bestrickend schön, unwahrscheinlich intelligent, mit einem diabolischen Glanz begabt, arrogant, elegant und völlig charakterlos. Den 30jährigen Feldherrn klagten sie, als er noch Führer der Expedition nach Sizilien war, wegen Mißachtung der Götter an und verurteilten ihn, als er nach Sparta flüchtete, wegen Landesverrat zum Tode. Als er auch die Spartaner verriet, holten sie ihn mit Glanz und Gloria zurück und wählten ihn zum »Uneingeschränkten Feldherrn«. Als aber der luziferisch glänzende Renaissanceprinz nach einer unbedeutenden Niederlage eines Untergebenen angeklagt wurde, daß er nicht genug für die Rettung der ertrunkenen Seeleute getan habe, verurteilten sie ihn zum Tode und rissen dadurch den einzigen Mann, dessen Genie seine Vaterstadt in Athens Schicksalskampf vielleicht hätte retten können, zum zweiten Mal aus seiner Siegesbahn. Als einziger stimmte damals Sokrates gegen die Verurteilung seines Lieblingsschülers. Die Bürger Athens verdachten ihm das schwer. Das Volk von Athen geriet nicht außer sich, wenn einer der Feldherrn der Stadt oder einer der Dreißig, die über Athen regiert hatten, sich vor dem Volksgericht verantworten mußte. Das geschah mit einer beinahe abstumpfenden Regelmäßigkeit. Selbst ihren Liebling, den zwiebelköpfigen Perikles, der 30 Jahre lang mit der Gewalt seiner Rede und dem Ruhm seiner Taten die wankelmütige Menge auf seine Seite gezogen hatte, hatten die Athener im letzten Jahre seines Lebens vor ihr Gericht gezogen.
Fünf Jahre war es jetzt erst her, daß die Stadt vor dem Spartaner Lysander, der ein großer Feldherr und ein gigantischer Henker war, be-

dingungslos hatte kapitulieren müssen. Schwer hatte seine Hand auf Athen gelastet. Aber der Charakter des athenischen Volks hatte sich in dieser Prüfungszeit nicht gewandelt. Das 5. Jahrhundert v. Chr. war eine Zeit, trunken von der Fülle geistigen und künstlerischen Lebens, zugleich aber auch eine Welt innerer Zerrissenheit, in der sich die wachsende Armut immer schroffer gegen übermütigen Reichtum abhob, die alte Ordnung sich aufzulösen und die Gesellschaft in Interessensphären zu zerfließen begann; ein religiöser und moralischer Zerfall kündigte sich an, die Demokratie wurde zu einem Zerrbild, ein Demagoge wie Kleon begeisterte die Massen; der Freiheit höchster Triumph war, das Überragende in den Staub zu ziehen. Je tiefer Athens Macht nach außen gesunken war, um so mehr wütete im Innern politischer Zwist und tobte sich in Massenmorden und Prozessen ohne Zahl aus. Dieser Frühlingstag des Jahres 399 versprach einen besonderen Genuß.

Nach der Kapitulation und der Schleifung der Mauern hatten die »30 Tyrannen« regiert, die sich die Staatsgewalt von den Feinden Athens in die Hand hatten spielen lassen. Auch der Führer des Dreißiger-Direktoriums, Kritias, der, gebildet und kultiviert, aber ängstlich und sprunghaft, sein Regiment in eine Schreckensherrschaft ausarten ließ, war ein Schüler des Sokrates. Die neuen Machthaber, die ihn gestürzt hatten, brauchten ein Opfer, um eine wirksame Kundgebung zu veranstalten. Alles Vergangene sollte schlecht, alles Künftige gut sein. Anytos, einer der Ankläger, wählte als zugkräftigstes Objekt Sokrates aus.

Athens bekanntester und berühmtester Mann, der Weise, dessen Ruhm über Griechenlands Grenzen hinausging, der Lehrer der vornehmen Stadtjugend, der Philosoph, den sie alle seit Jahrzehnten kannten, dessen Häßlichkeit und dessen Ehe mit der zänkischen Xanthippe den spottlüsternen Athenern unendlichen Stoff zu Gerücht und Gelächter geboten hatte, wurde wegen Gottlosigkeit und Jugendverführung angeklagt. Nun sollten die 501 Geschworenen, die an diesem Tag das Volksgericht bildeten, das Urteil fällen über Schuld oder Unschuld des größten Atheners. Es waren keine Blutsäufer, die sich auf den mattenbelegten Bänken niederließen, es waren Durchschnittsbürger, alle über 30 Jahre, die meisten schon in hö-

herem Alter, ihrer Zeit verhaftet und echte Repräsentanten des politischen und geistigen Lebens ihrer Vaterstadt.
Die Geschworenen waren sich durchaus nicht einig. Noch war der Ankläger Spiel nicht gewonnen. Noch konnte der Angeklagte seine Richter beeindrucken und – vielleicht überzeugen. Die Bänke waren dicht besetzt. Heute war keiner zu Hause geblieben. Die Anklage lautete: »Sokrates handelt rechtswidrig, indem er an die Götter des Staates nicht glaubt, vielmehr neues Dämonisches einführt; er handelt ferner rechtswidrig, indem er die Jugend verführt.« Das Merkwürdige an diesem Prozeß war, daß die Ankläger gerade auf den Punkt der Anklage, der die meiste Berechtigung zu besitzen schien, die Verführung der Jugend, keinen großen Wert legten. Auch die Anklage, er habe den Staatsgöttern den Kult verweigert, war höchst anfechtbar. Sokrates hatte seine religiösen Verpflichtungen lebenslang erfüllt. So legten die Ankläger das Schwergewicht ihrer Vorwürfe a f die Behauptung, er habe neue »Daimonia« verehrt. Der Ausdruck war raffiniert gewählt. Sokrates hatte niemals von einem gottähnlichen Wesen oder von einer Mehrzahl solcher Wesen gesprochen, sondern von seiner inneren Stimme, die er als etwas Übermenschliches bezeichnete, das nicht aus seinem eigenen denkenden Ich stammte und das er deshalb bescheiden ein »Daimonion« nannte. Die Athener waren stolz auf ihre Gedanken- und Redefreiheit. Aber sie hatte eine Schranke. Religionsfrevel wurde unnachsichtig verfolgt. In allen diesen Handwerkern, Kaufleuten und Ackerbürgern – mochten sie selbst an die alten Götter glauben oder nicht – lebte die Überzeugung, daß Gottlosigkeit den Staat in seinen Grundfesten erschüttere. Gottlosigkeit bestand aber in der Verletzung der überkommenen Kultordnung und in der im Verhalten des Angeklagten überhaupt zutage tretenden Nichtachtung der Götter. Es war das schwerste Delikt, das einem Athener zur Last gelegt werden konnte. Als der Rat der Dreißig nach dem Peloponnesischen Krieg ein Gesetz annehmen ließ, das den Unterricht in der Kunst der Gespräche verbot, hatte sich der vor die Dreißig geladene Sokrates in einer Form geäußert, die man nur als ironische Gesetzeslästerung ansehen konnte. Er fragte, damit er sich beim Unterricht genau an die Regeln halten könne, was verboten sei, die wohldurchdachten Gespräche

oder die schlecht begründeten Unterhaltungen. Schon wurde der Vernehmende wütend, Sokrates wisse genau, was gemeint sei; er solle mit den jungen Leuten überhaupt nicht sprechen. Sofort fragte Sokrates, damit ja keine Unklarheiten beständen, bis zu welchem Alter man ein junger Mensch sei. Bis zu 30 Jahren wurde ihm bedeutet. Also dürfe er, fragte er weiter, den Verkäufer auf dem Markt, wenn der noch nicht dreißig sei, nicht nach dem Preis der Waren fragen. Da war dem Gegenüber der Faden der Geduld gerissen: Sokrates habe immer die Schrulle, Sachen zu fragen, die er genau wisse, er solle sie in Ruhe lassen. Man hatte in Athen darüber gelacht und es den Hochmögenden gegönnt, daß ein Bürger es wagte, seinen Spaß mit ihnen zu treiben. Aber man sah auch, Sokrates war ein Spötter, der nichts ernst nahm. Wenn er die heilige Demokratie verhöhnte, wie sollte er dann die Götter ehren? Und wer in die Herzen der Jugend den giftigen Samen der Ehrfurchtslosigkeit einstreute, war sicherlich ein Gottesverächter.

Doch es war nicht leicht, einen Mann der Gottlosigkeit zu überführen, der wie Sokrates die religiöse Überlieferung befolgte und regelmäßig den Göttern opferte, der seine Bürgerpflichten ehrlich erfüllte und die Menschen aufrief, als Einzelne und in der Gemeinschaft ein besseres Leben zu führen. Die Frauen freilich fanden des Sokrates eigenes Leben nicht vorbildlich. Sie hetzten gegen den Mann, der sich tagsüber in der Stadt herumtrieb, ohne zu arbeiten, sich in endlosen Gesprächen erging, abends gern und ausgiebig bei reichen Gönnern tafelte und es der armen Xanthippe überließ, woher sie das Geld für Lauch und Zwiebeln zur kärglichen Mittagssuppe nehmen sollte. Kein Wunder, daß sie bitter und zänkisch wurde und dem geschwätzigen Tagedieb, wenn er sich daheim sehen ließ, den Kopf wusch.

Den Männern war verdächtig gewesen, daß sein ewiges Kritisieren vor nichts halt machte, vor allem aber, daß er in den jungen Männern, die ihm in Scharen zuströmten, den Geist des Nörgelns und Besserwissens weckte. Daß der »Rattenfänger von Athen«, der »weiseste Schwätzer« – so nannte ihn Nietzsche – ein Faulenzer war, hätte man ihm noch durchgehen lassen, nicht aber, daß er die Jugend verdarb. Wer war denn der Lehrer der Männer gewesen, die Athen ins Unglück gestürzt hatten? Alkibiades, der die Stadt in das sizilianische Abenteuer hineingejagt und sie dann verraten hatte, und Kritias, einer der dreißig »Tyrannen«, deren Schreckensregiment die Stadt gerade abgeworfen hatte, waren seine Lieblingsschüler gewesen. Der Baum war an den Früchten zu erkennen. Es war höchste Zeit, die Quelle so vieler Übel zu verstopfen.

Heute würde man hören, ob und wie Sokrates das Gewölk von Abneigung und Argwohn, das sich gegen ihn angesammelt hatte, zerstreuen könnte. Die Verhandlung begann. Die Ankläger hatten das Wort. Die Volksrichter hielten nicht allzuviel von ihnen. Da war Meletos, ein oft ausgepfiffener Dichter, und Lykon, ein Schwätzer, dessen Reden dem anspruchsvollen Forum Athener Bürger nicht genügten. Der bedeutendste war der dritte, der Fabrikant Anytos, einer der Mächtigsten der demokratischen Partei. Und gerade ihm unterlief ein Schnitzer, der den kritischen Zuhörern nicht entging. Nachdem man einmal die Anklage erhoben habe, sagte Anytos in einer kaum beabsichtigten Offenherzigkeit, könne Sokrates nicht ohne Gefährdung der öffentlichen Sicherheit freigesprochen werden. Eine leichte Welle der Heiterkeit ging durch die Reihen der Richter. Nach athenischem Recht mußte dem Ankläger alles daran liegen, den Prozeß zu »gewinnen«. Im Falle des Freispruchs wurde er bestraft, wenn sich weniger als ein Fünftel der Richter für die Anklage entschied. Man hatte Verständnis, wenn deshalb der Ankläger alle Register zog, um einen »Sieg des Angeklagten« zu verhindern. Aber mit dem Argument der öffentlichen Sicherheit durfte er nicht operieren! Der brave Anytos hatte sich eine Blöße gegeben. Nun hatte Sokrates das Wort.

Da stand er, wie sie ihn alle seit Jahrzehnten kannten, mit seinem Faunsgesicht und seinem dicken Bauch. Und er sprach genauso, wie sie es von ihm gewohnt waren, mit heiterer Ruhe, völliger Gelassenheit und aufreizender Überlegenheit. Auf die Anschuldigung wegen Gottlosigkeit berief er sich auf die genaue Befolgung aller vorgeschriebenen Kulthandlungen und auf den Glauben an die Götter, der sich in dem Gehorsam gegenüber der inneren Stimme offenbare. Wer an eine göttliche Führung durch den »Dämon« in der eigenen Brust glaube, argumentierte er, müsse auch an Götter glauben. Das war schwerverdauliche Speise. Wollte Sokrates den Richtern den

Verstand mit seinen Sophistereien vernebeln? Aber sie waren alle helle Großstädter, die sich nicht für dumm verkaufen ließen. »Sokrates ehrt die Götter nicht.« Das hatte die Anklage, von Anytos nicht überzeugend begründet, behauptet. »Sokrates gehorcht nur der eigenen Stimme.« Das sagte er selbst. Das war doch das gleiche. Wohl schlug Sokrates, diese »unvergleichliche Originalfigur«, wie J. Burckhardt ihn nannte, in den Vorwurf der Gottlosigkeit eine Bresche nach der anderen. Aber bei dem Versuch, seinen Richtern die Bedeutung seines Wesens und seiner Persönlichkeit darzulegen, maß er sich selbst eine übergroße Bedeutung bei und forderte dadurch die Bürger heraus. Diese unnützen Weisheitslehrer wollten nur neue Ideen einführen, die man nicht verstehen konnte, und alte Einrichtungen stürzen, zu deren Erhaltung sie, die Volksrichter, berufen und verpflichtet waren.

Zu der Anklage wegen der Verführung der Jugend berief er sich auf die Pflichten, die ihm seine Berufung auferlegte. Aber es hatte ihm doch keiner die Erziehung der Jugend übertragen. Diese »Pflicht« hatte er sich selbst angemaßt. An der Anmaßung des Sokrates hatte schon der große Spötter Aristophanes Anstoß genommen und hatte den Weisen zur Zielscheibe böser Witze gemacht. Damals hatte man in Athen gelacht und sich darüber gefreut, daß der Dichter den Philosophen zauste. Jetzt wirkte die Karikatur nach, die Aristophanes gezeichnet hatte. Es wirkte auch die Psychologie des »berühmten Falles«. Was man einem kleinen Mann durchgehen ließ, konnte man bei einem Großen nicht ungestraft lassen. Die Volksrichter waren besonders empfindlich, als Sokrates zum Schluß ihnen zurief: »Verurteilt ihr mich, so schadet ihr euch selbst viel mehr als mir.« Man brauchte sich von ihm nicht an Pflicht und Verantwortung erinnern zu lassen. Dieser Mensch fiel auf die Nerven. Er war ein lästiger Mahner und unbequemer Besserwisser. Es war nicht angenehm, sich täglich sagen zu lassen, daß man nichts wüßte, daß man nicht zu denken vermöchte, daß alle festverwurzelten Ansichten falsch seien. Man mußte schon dem Meister so ergeben sein, wie der junge Plato, oder so maßlos hochmütig, wie es Alkibiades gewesen war, um das vertragen zu können. Die Mittelmäßigen ließen es sich nicht gefallen. Sokrates hatte durch seine Verteidigungsrede die Gefühle verletzter Eitelkeit und Selbstgerechtigkeit wachgerufen, denen man nun unter dem Mantel von Moral und Recht freien Lauf lassen könnte.

Ein moderner Forscher hat gemeint, Sokrates habe den Märtyrertod gesucht, weil er nur auf diese Weise ganz Athen von der Richtigkeit seiner Lehren überzeugen könne. Diese Auffassung wird durch die Worte des Sokrates vor Gericht widerlegt: »Als mir die Vorgesetzten, die ihr gewählt hattet, meinen Platz anwiesen, bei Potidäa und in Amphipolis und am Delion, da harrte ich auf dem Posten aus, an den sie mich stellten, und ich setzte mich der Gefahr des Todes aus. Nun hatte mich der Gott, wie ich glaubte und überzeugt war, dazu bestimmt, ich sollte mein Leben mit dem Streben nach Weisheit und mit ständiger Prüfung meines eigenen Ich wie der anderen hinbringen: wäre es dann nicht arg, wenn ich aus Furcht vor dem Tode oder vor irgend etwas anderem meinen Posten verließe?«

Das Urteil wurde, wie zu erwarten war, gefällt. Es gab in Athen keine gemeinsame Beratung, nur eine Abstimmung der 501 Geschworenen, die als Vertreter der Staatsgewalt, des Volkes, das Recht zu sprechen hatten und den Eid leisteten, daß sie ihren Spruch nach dem Gesetz, und wenn dieses nicht eindeutig war, nach bestem Willen fällen würden. Sicherlich haben viele Sokrates wirklich für einen Gottesleugner und Verführer der Jugend gehalten. Manche mögen von ihren Frauen aufgehetzt worden sein, den Mann nicht freizusprechen, der seine brave, wenn auch etwas stachlige Ehehälfte so schmählich behandelte. Doch hat wohl auch eine nicht geringe Zahl in erster Linie den Neid auf den Höherstehenden und die Abneigung gegen das ihrem Alltagssinn nicht Begreifliche im Urteil abreagiert. Aber auch unter denen, die ihn freisprachen, wird es nicht nur Bewunderer und Freunde, sondern auch solche gegeben haben, die ihn zwar für einen gräßlichen Klugschwätzer hielten, aber sich nicht vermessen wollten, den Stab über ihn zu brechen. Die Waage schwankte. Die ruhige Sicherheit, mit der Sokrates den Anklagen begegnete, mag manchen als Überheblichkeit erschienen sein, auf andere blieb sie nicht ohne Eindruck. Von 501 Geschworenen stimmten nur 281 für schuldig. Nur 30 Stimmen fehlten am Freispruch. Nicht alle, die für schuldig stimmten, wollten Sokrates' Tod. Nur einen

Denkzettel sollte der eingebildete Besserwisser bekommen. Wenn er sich reuig zeigte, wollten sie Milde walten lassen.
Das Verfahren in Athen teilte sich in Abstimmung über Schuld und über Strafe. Das Gericht hatte die Wahl zwischen den Anträgen des Anklägers und des Angeklagten. Es konnte auch, als Vertreter des Souveräns, Gnade üben. Aber Sokrates bat nicht um Gnade. Seine zweite Rede war nicht geeignet, die Herzen der Richter zu erweichen. Nach Athens Recht konnte der Verurteilte selbst eine Strafe vorschlagen. Sokrates erhob sich zur Höhe seiner Ironie, wie sie kein Richter wieder vernommen hat: »Welche Züchtigung und welche Strafe habe ich verdient, weil ich glaubte auf ein ruhiges Leben verzichten zu sollen, und es vorgezogen habe, euch den größten Dienst zu erweisen, indem ich versuchte, jeden zu überreden, weniger Sorge für seinen Besitz als für sich selbst zu tragen und sich so vollkommen und so weise, wie es nur immer möglich ist, zu machen? Was habe ich dafür verdient, meine Richter? Im Prytaneum gespeist zu werden!« Die lebenslängliche Speisung in Athens Stadthaus, in dem man Gäste von Bedeutung bewirtete – das war zu viel. Die Richter ergriff der Zorn über den Spötter. Jetzt stimmten 361 für den Giftbecher, die Todesstrafe für den Gottlosen.
Das stolze Selbstbewußtsein, das Sokrates erfüllte, klang auch durch die dritte Rede, die er nach dem Todesurteil hielt. »Es ist wohl Zeit, daß wir gehen, ich zum Tode, ihr zum Leben! Wer aber von uns beiden dem besseren Geschick entgegengeht, das weiß niemand als nur der Gott!« Mit diesen Worten verabschiedete sich Sokrates von seinen Richtern. Das Urteil beugte ihn nicht und ließ ihn nicht schwanken. Er hätte Athen vor Beginn des Verfahrens verlassen und in eine selbstgewählte Verbannung gehen können, wie es nach ihm Aristoteles tun sollte. Darin lag nichts Entehrendes. Als er verurteilt war, hätte er sich der Todesstrafe entziehen können. Alles war für die Flucht vorbereitet. Selbst die Behörden rechneten wohl damit, daß er fliehen würde. Sokrates lehnte beides ab. Er beugte sich dem Gesetz der Stadt und dem auf Grund dieses Gesetzes gefällten Urteil. Die Stadt konnte und wollte ihm nicht mehr erlauben, zu lehren und zu reden. Er aber mußte lehren und reden. Ein stummer Sokrates, ein aus Athen geflüchteter Sokrates, wäre nicht mehr Sokrates gewesen.

Noch einmal versammelten sich im Gefängnis die Freunde um Sokrates. »Glückselig«, sagt der Augenzeuge Phidias, »erschien er mir in seiner Haltung wie in seinen Reden. So furchtlos, so hochgemut, ging er in den Tod. Und mich überkam der Gedanke, auch in den Hades gehe er nicht ohne göttliche Fügung, sondern auch wenn er dorthin gekommen sei, werde er ein gutes Los haben, wenn überhaupt jemals ein Mensch.« Als die Freunde in Wehklagen ausbrachen, wies Sokrates sie zurecht: »Das Sterben soll man nicht durch Klagen entweihen.« Zu einem von ihnen sagte er: »O Kriton, ich bin dem Asklepios einen Hahn schuldig!« Noch in der Todesstunde dachte er, den man bezichtigt hatte, ein Verächter der Altvätersitte zu sein, an ein Versprechen, das er dem Gott der Heilkunde gegeben hatte. Der Gefängniswärter stellte den Schierlingsbecher auf den Tisch und flüsterte Sokrates zu: »Daß du unschuldig bist, das weiß ich, und daß du mir nicht wie die anderen grollen wirst, wenn ich meine Pflicht tue wider Willen, das weiß ich auch.« Als er den Raum verlassen hatte, bemerkte Sokrates gelassen: »Wie edel ist dieser schlichte Mann!«, trank den Becher, murmelte ein Gebet und schloß die Augen nach einer Weile.

Athen tötete Sokrates, weil die anonyme Masse Angst vor der überragenden Persönlichkeit hatte. Aber ein Sokrates wird nicht ums Leben gebracht. Erst durch seinen Tod und durch seines Schülers Plato Schriften gewann er die weltweite und die Jahrtausende überdauernde Wirkung. Der Justizmord an Sokrates öffnete Plato die Augen über die Zerrüttung des athenischen Staatswesens. Nicht seine Lehren haben ihm die Unsterblichkeit verschafft; daß er für die »Wahrheit«, die er lehrte und lebte, den Schierlingsbecher trank, war seine größte Leistung. Die unter dem Eindruck seines Sterbens entstandene Apologie Platos wurde ein »Altes Testament« der Philosophie.

3. KAPITEL

Seneca und die Cäsaren

Niemand schafft größeres Unrecht, als der,
der es in den Formen des Rechts begeht.
Plato

Der Mann, dessen Gestalt und Prozeß aus den zahllosen Verfolgungen unter den Kaisern des ersten Jahrhunderts nach Chr. hervorgehoben zu werden verdient, war ein Stoiker. Lucius Annaeus Seneca, geboren um Christi Geburt, † 65 n. Chr., Philosoph und Jurist, war kein heimlicher Christ, wie uns die fromme Fälschung eines Briefwechsels zwischen ihm und dem Apostel Paulus glauben machen will. Doch ist es wahrscheinlich, daß sein Bruder Gallio, auf den wir noch zu sprechen kommen, die Schriften des Paulus, vor allem die an griechische Gemeinden gerichteten Briefe, gekannt hat, und durchaus möglich, daß er sie Seneca, dessen Interesse für philosophische und religiöse Probleme ihm bekannt war, mitgeteilt hat. Auch schließt der zweijährige milde Gewahrsam des Apostels in Rom eine persönliche Fühlungnahme mit Seneca nicht aus. Von der apokryphen Korrespondenz zwischen beiden sagte der 342 geborene hl. Hieronymus, sie werde von vielen gelesen. Der Kirchenlehrer Augustinus (354–430) hält sie ebenso für echt wie der Historiker Otto von Freising (1111–1158). Diese Annahme gründet sich vor allem auf die Ähnlichkeit zwischen beiden in Wort und Leben.

Diese Ähnlichkeit ist tatsächlich frappierend. In Senecas Leben und in seinen Werken trat eine Ethik in Erscheinung, die der christlichen verwandt war. Manche seiner Sätze könnten in einem Brief des Apostels Paulus stehen. Doch die Grundlage ist verschieden. In der Stoa stützt sich der Mensch allein auf sich selbst. Der Stolz auf die eigene Kraft ist ihr Gehalt. Das Christentum lehnt diese Selbsterlösung des Menschen ab. Bruno Bauer, der Gegner des Christentums, spricht in seinem Buch »Christus und die Cäsaren« die Hoffnung aus, daß das Schwert der Stoa wieder blitzen werde, so oft eine politische Gewalt sich Vorrechte anmaßt. Die Hoffnung hat sich nicht erfüllt. Kein Schwert der Stoa blitzte in der Hand von Philosophen, und doch, was für ein Segen wäre es gewesen, wenn in der Neuzeit mehr Stoiker wie Seneca gelebt hätten.

Seneca entstammte einer alten angesehenen Familie. Sein Bruder, Lucius Junius Annäus Novatus Gallio, dem Seneca zwei Bücher widmete, war von 51–52 n. Chr. Prokonsul, »Landvogt« in der Lutherschen Übersetzung, in Korinth. Der Dichter Statius nennt ihn einen »liebenswerten« Mann. Auch die Apostelgeschichte weiß Gutes von ihm zu berichten. Während seiner Amtszeit predigte der Apostel Paulus in Korinth. Die Juden »empörten sich« wider ihn und führten ihn vor den Richtstuhl des Prokonsuls – Gallion, nennt ihn die Apostelgeschichte –: »Dieser überredet die Leute, Gott zu dienen dem Gesetz zuwider.« Der philosophisch geschulte, aufgeklärte Statthalter hatte keinen Gefallen an jüdischen Religionsstreitigkeiten. Er sagte ihnen: »Wenn es ein Frevel oder Schalkheit wäre, liebe Juden, so hörte ich euch billig; weil es aber eine Frage ist von der Lehre und von den Worten und von dem Gesetze unter euch, so sehet ihr selber zu; ich gedenke darüber nicht Richter zu sein« und trieb sie von dem Richterstuhl.

Dreimal mußte Seneca am eigenen Schicksal erleben: »Wo große Höhe ist, da ist auch jähe Tiefe.« Unter Caligula entging er nur knapp dem Tode. Messalina, des schwachen Kaisers Claudius erste Frau, setzte seine Verbannung durch. Nach langen Jahren rief ihn Agrippina, des Kaisers zweite Frau, aus der Verbannung zurück und übertrug ihm die Erziehung ihres Sohnes aus erster Ehe, des hübschen und begabten Nero, den Claudius zu seinem Nachfolger auf dem Kaiserthron machen sollte. Es war eine phantastische Aufgabe, die Seneca erwartete, den künftigen Herrn der Welt zu erziehen und das Prinzipat wieder zu dem zu machen, was es unter Augustus gewesen war. Der junge Nero hatte einen ausdrucksvollen Kopf, an dem freilich Mund und Kinn Sinnlichkeit und Gier verrieten. Sie sollten einst in der Luft der unumschränkten Herrschergewalt die

besseren Anlagen überwuchern und ihn, gerade weil er kein Narr war wie Caligula und kein Schwächling wie Claudius, zur düstersten Gestalt auf dem römischen Kaiserthron machen.
Nero war ursprünglich edel gesinnt, er liebte seinen Lehrer und hatte vor ihm auch Respekt. Seneca war ja nicht nur der »Weise Roms«, der römische Sokrates, sondern auch ein bekannter Staatsmann. Schon Kaiser Tiberius hatte ihn geschätzt, er war beteiligt gewesen beim Sturz des Gardepräfekten Sejan, als dieser ein Komplott gegen den Kaiser schmiedete, er wurde, zum Stadtpräfekten ernannt, von Tiberius beauftragt, einen Plan zum Wiederaufbau der zerstörten Viertel auszuarbeiten und mit der Erziehung eines kaiserlichen Enkels, Tiberius Gemellus, beauftragt, den der Kaiser als seinen Nachfolger ins Auge gefaßt hatte, der aber von Caligula, dem anderen älteren Tiberius-Enkel, ermordet wurde. Tiberius scheint auch daran gedacht zu haben, Seneca mit der Julia Livilla, einer Schwester des Caligula, zu verheiraten und ihn so zu einem Mitglied der Julisch-Claudischen Dynastie zu machen. Auch Julia wurde von Caligula ermordet. Kurz vor seinem Tode fertigte Tiberius zwei Dokumente aus, in denen er Gemellus zum Alleinerben, Seneca zu dessen Sachverwalter ernannte und den Senat ersuchte, ihm die Gewalt des Tribunen auf 5 Jahre zu übertragen. Der plötzliche Tod des Tiberius und die Machtübernahme durch Caligula vereitelten diese Pläne.
Caligula verurteilte den verdächtigen Mann zum Tode. Das Urteil wurde nicht vollstreckt, weil der Kaiser annahm, daß Seneca, an Schwindsucht leidend, bald sterben und es ihm so ersparen würde, den Senat durch die Hinrichtung eines seiner Mitglieder zu verärgern. Aber gefährdet war Seneca auch, als der wahnsinnige Caligula ermordet wurde und sein Onkel Claudius, der schwache Bruder des prachtvollen Germanicus, an seine Stelle trat. Denn die Kaiserin, die mannstolle Messalina, fürchtete sich vor Seneca und ließ ihrem Mann keine Ruhe, bis er in der Verbannung verschwand. Acht Jahre lebte er einsam in Korsika. Erst als Messalina ermordet worden war und Claudius die Agrippina geheiratet hatte, die ältere Schwester der Julia Livilla, wurde er zurückgeholt. Agrippina hatte ihren Freund, den großen Philosophen und Staatsmann, der schon einmal einen »Kronprinzen« erzogen hatte, zum Erzieher ihres Sohnes Nero bestimmt.

Nero war ein mit körperlichen Reizen und geistigen Gaben verschwenderisch ausgestatteter Götterliebling. Ein ähnliches Wunderkind war Lucanus, ein Neffe Senecas. Der junge Lucanus, zwei Jahre jünger als Nero, wurde dessen Intimus. Eine schwärmerische Jünglingsfreundschaft griechischen Geistes entstand. Die Jungen waren Tag und Nacht unzertrennlich. Als Lucanus mit 17 Jahren nach Athen ging, um dort zu studieren, ließ ihn Nero bald zurückholen und ernannte ihn 11 Jahre vor der gesetzlichen Zeit zum Quästor; damit wurde er auch Senator mit dem Purpurstreifen an der Toga. Aber das Unglück wollte, daß er heiratete und daß seine Frau ehrgeizig war. Sie setzte durch, daß seine Dichtungen im Theater vorgelesen wurden; dort erhielten sie mehr Beifall als die Verse des kaiserlichen Freundes. Die Liebe schlug in Haß um. Lucanus aber schrieb, um den bisherigen Freund zu besänftigen, in einem Epos, die Götter hätten die Greuel der Bürgerkriege nur zugelassen, damit Nero die Herrschaft übernehmen könne. Das war dick aufgetragen, Nero schluckte die Schmeichelei mit Vergnügen, doch Lucanus sagte später: Habt ihr denn nicht gemerkt, daß ich eine Satire schrieb?
Bei der Denazifizierung des Reichsbankpräsidenten Schacht las ihm der Ankläger die Rede vor, die er bei der Einweihung eines neuen Reichsbankgebäudes gehalten hatte und die von Lobsprüchen auf den gottgesandten Führer nur so triefte, und fragte spöttisch: Nun, und wie finden sie heute diese Rede? – Ganz ausgezeichnet! erwiderte Schacht. – Auch der Vorsitzende war konsterniert und stotterte: Wie meinen Sie das? – Ja, können Sie sich eine bessere Tarnung denken? – Das war des Lucanus Methode in unserer Zeit.
Für seinen Schüler verfaßte Seneca 55 den Fürstenspiegel »De clementia«. Aber es gelang nicht, den stärksten Trieb in Nero, die unbändige Herrschsucht, zu bändigen. Als nach des Stiefvaters Tod der Siebzehnjährige den begehrten Purpur erhielt, begann er seine Laufbahn mit einem Verbrechen. Neben ihm stand sein Halbbruder Britannicus, der, nur vier Jahre jünger als Nero, als Sohn des Kaisers Claudius aus der Ehe mit Messalina ein berechtigter Anwärter auf den Thron und daher eine ständige Bedrohung seiner Macht war; Nero ließ ihn ermorden. Doch den Philosophen behielt er als seinen Berater bei sich. Seneca gehörte sogar zu denen, die von Nero mit

Häusern, Sklaven und Landgütern, die Britannicus gehört hatten, beschenkt wurden. Seneca nahm das Geschank an, obwohl er wußte, wie sehr man ihm das verdenken würde. Hätte er abgelehnt, würde er sich schon damals jeden Einflusses begeben haben. Er wollte aber, am Machthebel der Geschichte stehend, diese Stellung ausnutzen, um Millionen von Menschen Gutes zu tun und sie vor Bösem zu bewahren. Fünf Jahre lang leitete Seneca, gemeinsam mit dem Gardepräfekten Burrus, die Regierung.

Man hat es Seneca zum schweren Vorwurf gemacht, daß er sich dazu hergab, verantwortlicher Ratgeber eines Unmenschen zu sein. Das Raubtiermäßige hatte Nero durch das Verbrechen, das Seneca nicht hatte hindern können, zur Genüge offenbart. An seinem wirklichen Charakter konnte kein Zweifel bestehen. Seneca mußte sich auch sagen, daß *seine* Haltung gegenüber dem Tyrannen bestimmend sein würde für viele andere, die dem Thron ferner standen: »Niemand irrt nur für sich allein, sondern er ist auch Ursache und Urheber fremden Irrtums.« Und trotzdem blieb Seneca. Er mag nach seiner Erfahrung: »Alle Roheit ist nur ein Zeichen von Schwäche« gehofft haben, daß Neros Roheit ihn zu einem um so willigeren Instrument in der Hand seiner Ratgeber machen werde. Einem Stoiker war es jedenfalls nicht erlaubt, Möglichkeiten, Gutes zu tun, nicht zu nutzen, nur weil es ungewiß war, wie lange diese Gelegenheit anhalten würde, und wie sie ihm selbst ausgelegt werden könne. Für Seneca war es selbstverständlich, daß er versuchen mußte, den Kaiser, gerade weil er am besten dessen gefährliche Anlagen kannte, am Zügel zu halten. Nur so konnten vielleicht Ausbrüche kaiserlicher Launen verhütet und dem römischen Volk Jahre des Friedens und der Gerechtigkeit geschenkt werden. Und wenn es nicht gelang? »Wer Großes versucht, ist bewundernswert, auch wenn er fällt.« Aber es gelang. Kein Geringerer als der Kaiser Trajan hat später diese 5 Jahre der Seneca-Regierung als die glücklichste Zeit der römischen Monarchie bezeichnet.

Aber nicht länger als 5 Jahre konnte Nero den Mentor ertragen, der ihn weiter als Schüler behandelte und seine Schritte zu lenken suchte. Des Kaisers Verehrung für den Erzieher und seine Dankbarkeit gegen den ehrlichen Ratgeber wandelte sich in steigenden Haß gegen den unbequemen Mahner und Warner. Nach fünf Jahren warf Nero alle Fesseln ab, entledigte sich des Ratgebers und ließ seine Mutter, der er allein sein Kaisertum verdankte, ermorden. Nun begann er, die Schreckensherrschaft auszuüben, die durch alle Zeiten mit seinem Namen verbunden ist. Das höchste Kriminalgericht für Angeklagte aus dem Senatorenstande, die ermordet werden sollten, war der Senat selbst. Dessen Rechtsprechung vollzog sich nach den Wünschen oder den ausdrücklichen Befehlen des Kaisers. Nero beging seine Verbrechen unter dem Schein des Rechts, durch Richter, die dieses Namens nicht wert waren.

Auch Seneca blieb nicht verschont. Nach seinem Rücktritt von den Regierungsgeschäften lebte er noch drei Jahre lang in Rom, wieder als Anwalt und Rhetor, Schriftsteller und Senator. Dann zog er sich auf seine Güter zurück, angeekelt von dem Treiben seines einstigen Schülers, vielleicht auch in Sorge um die eigene Sicherheit. Wiederum waren ihm nur drei Jahre der Altersruhe, von 62 bis 65, auf seinem Landsitz beschieden. Dem argwöhnischen Kaiser war der alte Lehrer ein Dorn im Auge. Zudem berichteten ihm seine Späher, daß vielen, die Neros Beseitigung wünschten, Seneca, da aus der Familie des Kaisers Augustus und der Kaiserin Livia kein männlicher Abkömmling mehr vorhanden war, als der gegebene und geeignete Nachfolger Neros erschien. Seneca selbst wird bei diesen Kombinationen nicht beteiligt gewesen sein, er mag auch an der Verschwörung nicht teilgenommen haben, die im Jahre 65 aufgedeckt wurde und ein besonders ausgedehntes Blutgericht zur Folge hatte. Allerdings wäre ein Attentat gegen den Tyrannen mit Senecas moralischen Grundsätzen durchaus vereinbar gewesen. Doch liegt für eine Teilnahme Senecas an der Verschwörung kein beweiskräftiges Material vor. Aber da Nero einmal beim Aufräumen war, ging er an dem – noch immer heimlich gefürchteten – ehemaligen Mentor nicht vorüber.

Als er auf seinem Gut in Appium saß, hatte ihn Nero nach dem großen Brande von Rom bitten lassen, er möchte doch auf längere Zeit nach Rom zurückkehren und die Wiederaufbauarbeiten übernehmen. Es ist nie einwandfrei festgestellt worden, ob Nero Senecas alte Baupläne ausnutzen, ihm eine böse Verantwortung zuschieben oder ihn nur unter näherer Kontrolle haben wollte. Seneca lehnte sofort mit der Begründung ab, sein Gesundheitszustand erlaube ihm nicht, sich wieder mit Staatsgeschäften zu befassen. Selbst auf seinem albanischen Gut fände er kaum mehr ausreichende Ruhe, und daher wolle er sich bald nach Campanien, ins Sabinerland oder in die Albaner Berge zurückziehen. Darauf soll Nero, tückisch lächelnd, geantwortet haben: »Dann werden wir dafür sorgen, daß mein müder Pädagoge wirkliche Ruhe findet.« 65 ließ er ihn anklagen.

Den Philosophen erschütterte die Anklage nicht, die nach der damaligen Gepflogenheit nur mit dem Todesurteil enden konnte. »Schlecht lebt, der nicht gut zu sterben weiß.« Seneca wurde programmgemäß zum Tode verurteilt, aber aus besonderer »kaiserlicher Gnade« durfte er sich die Todesart selbst wählen. Er ließ sich im Bade die Pulsadern öffnen, und während das Leben langsam verströmte, sprach er, wie Sokrates nach dem Schierlingsbecher, in Gleichmut und Ruhe mit seinen Freunden, bis zum letzten Augenblick getreu den Grundsätzen stoischer Philosophie: »Der mutige Mann darf nicht aus dem Leben fliehen, sondern gehen.«

Wie in Senecas Leben Höhen und Tiefen wechselten, änderten sich auch der Nachwelt Urteile über ihn. Auf übermäßige Bewunderung folgte gehässige Kritik. Seine Gestalt blieb umstritten. Lobredner haben seine Dramen, die nur Nachahmungen der großen Griechen waren, überschätzt. Daß er nächst Cicero der bedeutendste römische Prosaist gewesen ist, gestehen ihm auch seine Gegner zu. In den Jahren 62 bis 65 schrieb er seine Hauptwerke, die »Epistulae morales ad Lucilium« und die »Naturales Quaestiones«. Die erhaltengebliebenen kleineren Schriften aus der vorhergehenden Zeit sind in der Sammlung »Dialogi« vereint. Die hier gebrachten Zitate sind seinen Schriften entnommen.

Moderne Kritiker lehnten ihn als Philosophen ab. Sie sahen in ihm einen millionenschweren Wucherer, der sich als eifernder Moralist tarnte. Mit diesem Urteil wird man Seneca sicher nicht gerecht. Doch sollte er wirklich in seinen Geschäften nicht immer sauber und in seinen Morallehren nicht ganz aufrichtig gewesen sein, so hat er diese Schuld durch die unverdiente Todesstrafe und die Art, wie er sie auf sich nahm, mehr als gesühnt. Sein Schüler aber, der vom Cäsarenwahnsinn befallene Despot, der sich als Sänger, Schauspieler und Wagenlenker feiern ließ, der Rom niederbrannte und die Christen als Brandstifter grausam verfolgte, beging drei Jahre nach Senecas Tod Selbstmord, als Gegenkaiser sich gegen ihn erhoben, die Prätorianer von ihm abfielen und der Senat, in Besinnung auf eine stolze Tradition, ihn ächtete. Nero blieb Schmierenkomödiant bis zuletzt, indem er, bevor er sich den Dolch in den Hals stieß, ausrief: »Qualis artifex morior!«

4. KAPITEL

Danckelmann und der Kurfürst

Eberhard Danckelmann (1643–1722) war der mittelste von sieben Brüdern, die man das »Danckelmann'sche Siebengestirn« nannte. Die Familie stammte aus Westfalen. Im 16. Jahrhundert wurde Johann Danckelmann, Landrichter in Lingen, reformiert und wanderte nach Oberyssel aus. Er war der Großvater des Siebengestirns. Der Vater, Sylvester Jakob Danckelmann, war oranischer Rat, Oberster Landrichter der Grafschaft Lingen und an der Abfassung des Westfälischen Friedensinstruments beteiligt. Hierbei lernte er Otto von Schwerin kennen, den späteren Oberpräsidenten des Großen Kurfürsten. Vorzüglich dessen Einfluß war die Anerkennung der von Kurbrandenburg gestellten Forderung zuzuschreiben, daß die Reformierten als innerhalb der Augsburgischen Konfession Stehende betrachtet und ihnen gleiche Rechte wie den Lutheranern bewilligt wurden. Bei den Verhandlungen über diese Forderung, an der die Oranier stark interessiert waren, traten sich Schwerin und Sylvester Danckelmann näher. Diese Bekanntschaft gewann für Sylvesters Söhne große Bedeutung.

Der vierte Sohn, Eberhard, war der intelligenteste des klugen Siebengestirns, von einer beinahe unheimlichen geistigen Frühreife. Er begann mit 10 Jahren das Studium der Rechte, war mit 12 Jahren Lic. jur. in Utrecht und unternahm dann eine ausgedehnte Kavalierstour durch Frankreich. Mit 20 Jahren erhielt er, dank der Beziehungen seines Vaters zur Kurfürstin und zum Oberpräsidenten Schwerin, 1663 den Posten eines Informators des zweiten Sohnes des Kurfürsten, des Prinzen Friedrich. Schwerin, seit 1658 Oberpräsident – ein neu eingeführter Titel für die vom Kurfürsten erstmalig geschaffene Stellung des Ersten Ministers –, war 1662 zum Hofmeister des Kurprinzen Karl Emil und zum Erzieher des Prinzen Friedrich berufen

worden. Der Oberpräsident nahm mit der ihm eigenen Gewissenhaftigkeit auch diese neue Verpflichtung sehr ernst. Er suchte einen geeigneten Menschen, der unter seiner Oberaufsicht die Erziehung von »Fritzchen« übernehmen sollte. Auf seine Veranlassung wurde der calvinistische Wunderknabe in dieses Amt berufen.
Friedrich, der kleine, etwas verwachsene, zweite Sohn des Großen Kurfürsten, war nicht annähernd so begabt wie sein älterer Bruder Karl Emil und besaß auch nicht dessen starken Willen. Er lehnte sich an ihm überlegene Menschen an und ließ sich leicht beeinflussen. Als der Ältere 1674 starb, wurde das »Fritzchen« Kurprinz. Danckelmann hat als Erzieher keine Schwierigkeiten mit seinem Zögling gehabt. Er verstand es, dessen Temperament durch liebevolle Entschlossenheit zu zügeln. Er konnte allerdings das starke Empfinden des Prinzen für die »Dignität« seiner Stellung und den Hang zu barocker Repräsentation nur dämpfen. Friedrich verehrte seinen Lehrer. Als er großjährig wurde, wurde Danckelmann der ständige Berater des anlehnungsbedürftigen Kurprinzen, der sich der großen Persönlichkeit des Älteren um so mehr anschloß, je häufiger seine Zwistigkeiten mit der Stiefmutter Dorothea – Luise war 1667 gestorben – wurden und je mehr er sich dadurch auch dem Vater entfremdete. Friedrich wußte, daß er der kleine Sohn eines großen Vaters war. Dafür wollte er wenigstens eine höhere Stellung gewinnen. Er wollte König in Preußen werden. Dazu war die Zustimmung des Kaisers notwendig. Die erlangte er 1686 durch den Geheimrevers, den er hinter dem Rücken seines Vaters unterschrieb. Der Kurfürst unternahm damals die große Schwenkung seiner Politik – von Frankreich zu Österreich – und schloß im März 1686 in Berlin mit dem Kaiser einen Bündnisvertrag ab, in dem er gegen Abtretung des zum Herzogtum Glogau gehörenden Kreises Schwiebus auf die schlesischen Erbansprüche verzichtete. In dem Geheimrevers aber sicherte der Kurprinz dem Kaiser die Rückgabe von Schwiebus zu; beiden Seiten wurde das strengste Geheimnis zur Pflicht gemacht, nicht einmal Danckelmann durfte davon erfahren. Als Friedrich an die Regierung kam und nun die Zusage einlösen mußte, war die Mehrheit im Geheimen Rat der Ansicht, der Revers sei null und nichtig; der Kurprinz habe unter väterlicher Gewalt gestanden, habe kein Recht ge-

habt, eine solche Zusage abzugeben, und sei zudem viel zu jung gewesen, um die Konsequenzen zu übersehen. Auch Danckelmann war dieser Ansicht.
Selbst der Kurfürst ließ sich von der rechtlichen Nullität des Versprechens überzeugen. Aber er hielt sich moralisch und politisch für verpflichtet, Schwiebus zurückzugeben. Seine »Parole sei engagieret«, sagte er. Sein Königstraum sei sonst ausgeträumt, dachte er. Friedrich konnte eigensinnig sein. Auch Danckelmann hätte ihn nicht umstimmen können. Aber Eberhard scheint das gar nicht versucht zu haben. Er ließ sich vom Kurfürsten die Vollmacht geben, mit dem Wiener Hof über eine Gegenleistung für die Rückgabe von Schwiebus zu verhandeln. Dem Kaiser waren in Schlesien und Böhmen schwere Vorwürfe wegen der Abtretung von Schwiebus gemacht worden, es lag ihm viel daran, den Kreis wiederzubekommen, er hatte auch in der ganzen Affäre kein ganz reines Gewissen; so stimmte er gern zu, als Danckelmann für Brandenburg als Ausgleich für Schwiebus die Anwartschaft auf Ostfriesland forderte, sobald das dortige Fürstenhaus erlösche. Das war für Brandenburg eine große Sache, für den Kaiser lag die Erfüllung in der Ferne.
Sofort nach seinem Regierungsantritt (1688) ernannte Friedrich seinen früheren Lehrer zum Wirkl. Geh. Staats- und Kriegsrat und betraute ihn mit der Gegenzeichnung aller vom Kurfürsten zu vollziehenden Ausfertigungen. Damit genoß Danckelmann als jüngstes Mitglied des Geheimen Rats eine Vorzugsstellung, die ihn faktisch zum leitenden Minister machte. Der Schluß der Geheimratsbestallung lautete: »Ob auch gleich unser Wirklicher Geheimer Etats- und Kriegs-Rath nicht belieben haben möchte, den Adelsbrief aufzunehmen, so wollen wir doch aus sonderbaren Gnaden, daß solches seinem Rang nicht präjudizieren, sondern Er selbiges gleich einem adelichen Wirklichen Geheimen Rath haben, ihm auch das Prädikat Vetter aus Unseren Kanzleien gegeben und Er sonsten in Allem wie ein Adelicher tractieret werden solle.« Die ihm zugedachte Verleihung des Titels »Oberpräsident« lehnte Danckelmann ab; dieser Titel, den sein verehrter Chef und Gönner Otto Schwerin getragen habe, müsse einmalig bleiben. Aber auch den Titel »Großkanzler« wollte er nicht annehmen, weil er die Mißgunst der höfischen Kreise

und seiner Kollegen im Geheimen Rat fürchtete. Doch der Kurfürst überraschte ihn 1695 mit der Ernennung zum Premierminister und Oberpräsidenten aller Landeskollegien mit dem Titel »Großkanzler«.

Danckelmann kam nicht als Außenseiter in die führende Stellung. Er hatte neben seinem Hofamt unter Schwerin immer im Staatsdienst gearbeitet, und der Oberpräsident hatte ihn als einen von zweien bezeichnet, die ihn nach seinem Tode zu ersetzen geeignet seien. Es fehlte auch durchaus an einem Gegenkandidaten. Gegen die drei bewährtesten und einflußreichsten Räte des Großen Kurfürsten, Fuchs, Meinders und Grumbkow, hegte Friedrich das tiefste Mißtrauen, weil sie in den Streitigkeiten zwischen ihm und seinem Vater nach seiner Ansicht besonders entschieden gegen ihn Partei genommen hatten. Er wollte sie entlassen, und nur Danckelmanns Fürsprache verdankten sie die Belassung in ihren Ämtern.

Es konnte nicht ausbleiben, daß die große Machtstellung Danckelmanns ihm Neider schaffte. Daß er mit seiner gewaltigen Intelligenz und unerhörten Arbeitskraft alle Aufgaben bewältigte und beispielhafte Leistungen vollbrachte, war eher geeignet, die Abneigung gegen ihn zu erhöhen, als sie zu mäßigen. Was er sich selbst zumutete, meinte er auch von anderen fordern zu können. Es lag etwas Großartiges in Danckelmanns vor keiner neuen Last zurückschreckenden Rastlosigkeit; wo immer ihm jemand nicht genug tat, zögerte er keinen Augenblick, mit seiner eigenen erstaunlichen Arbeitskraft einzutreten. Seine Bedeutung liegt nicht nur in dem unendlich vielseitigen und weitreichenden Anteil, den er an den einzelnen Geschäften nahm, sondern vor allem in dem moralischen Gewicht seiner mächtigen Persönlichkeit. Denn von der eigenen unermüdlichen Tätigkeit und der rücksichtslosen Strenge des herben Mannes ging ein sittlicher Impuls aus, der alle Bereiche nach unten durchdrang. Doch man begann seine Strenge im Dienst immer mehr zu fürchten. Die Feindschaft in Hof- und Beamtenkreisen nahm dauernd zu.

Die Einsetzung seiner sechs Brüder in einflußreiche Stellungen verstärkte die Mißgunst. Hätte man ihn gefragt, ob sich das Siebengestirn nicht zu sehr ausbreite, würde er sicher geantwortet haben, er habe sie in den brandenburgischen Dienst geholt, nicht weil sie seine

Brüder, sondern weil sie besonders tüchtig seien. An solchen Leuten fehle es in Brandenburg noch an allen Enden. Die Geheimen Räte seien brave Leute, aber die Qualität, selbständig zu führen, habe nach dem Tode des Oberpräsidenten Otto doch nur der junge Iltgen, der einmal sein Nachfolger werden könne.

Die erste bedeutsame Tat Friedrichs 1688 war die Nichtanerkennung des väterlichen Testaments, in dem der Große Kurfürst seinen Söhnen aus zweiter Ehe Teile des brandenburg-preußischen Territoriums hinterlassen hatte. Diese Bestimmungen bedrohten die Einheit des Staates. Friedrich hätte sich zu diesem Schritt nicht entschließen und ihn nicht zum Erfolg führen können, wenn nicht Danckelmann mit dem gesamten Geheimen Rat ihn gestützt und in längeren Verhandlungen mit den Halbbrüdern die Einheit gesichert hätte. Die historische Bedeutung des Abkommens mit den jungen Markgrafen, die sich dem Gesetz der Primogenitur unterwarfen und mit einer erhöhten Apanage begnügten, lag darin, daß die Idee des Staates über die bisherigen Erbteilungsgewohnheiten und über die dynastischen Ansprüche auf einen Anteil an der höchsten Gewalt den Sieg davontrug.

Durch eine verwaltungsmäßige Reform, vor allem die Begründung der Geheimen Hofkammer als kollegialische Zentralbehörde, gab Danckelmann dem Staat die Spitze, die das junge Gemeinwesen, immer wachsend und nach außen sich ausdehnend, brauchte. Er trieb die Industrialisierung der verschiedenen Territorien mächtig vorwärts. Er vermehrte die Erträge der Domänenadministration und die Steuereinkünfte des Generalkriegskommissariats auf rund das Doppelte. An seinen Namen knüpften sich viele kulturelle Errungenschaften, insbesondere die Gründung der Friedrichs-Universität zu Halle, die bald zur führenden Universität Deutschlands wurde. Nur noch einmal, in der Stein-Hardenbergischen Reform, hatte Brandenburg-Preußen auf allen Gebieten solche Fortschritte zu verzeichnen, wie in der neunjährigen Premierministerschaft Danckelmanns (1688–97).

Der Adel, mit Ausnahme solcher klugen und vorurteilslosen Männer wie der Grafen Dohna, erkannte diese Leistungen nicht an. Ihm war der bürgerliche Rheinländer von vornherein zuwider; der Kurfürst hatte doch, so meinte man, in seinem märkischen und preußischen Adel genug Leute, denen er die Zügel der Regierung in die bewährten Hände hätte legen können. Die Ablehnung des Emporkömmlings, der wir auch bei der Einstellung des dänischen Adels gegenüber Struensee begegnen, brauchte von Danckelmann nicht beachtet zu werden, solange er sich der Mitarbeit des Geheimen Rats und des Kurfürsten sicher war. Der Geheime Rat erkannte die überragenden Verdienste und Gaben des Großkanzlers vollständig an, litt aber darunter, daß Danckelmann ihn oft nicht beteiligte. Der Geheime Rat – sagte das Witzwort eines fremden Gesandten – habe seinen Namen daher, daß sein Präsident alles vor ihm geheim halte. Paul Fuchs, einer der ältesten Räte, in dem noch die Schule der Staatsmänner des Großen Kurfürsten fortlebte und der wohl auf eigenen Füßen stehen konnte, sah sich fast wie einen Schreiber behandelt. Otto II. Schwerin, der Sohn des Oberpräsidenten, der, 1673 in den Geheimen Rat berufen und 1676 zum Wirkl. Geh. Rat ernannt, auch einer der älteren Räte war, fühlte sich zurückgesetzt und in den eigensten Interessen beeinträchtigt, vor allem durch die Rückgabe des Kreises Schwiebus, dessen Kreishauptmann – mit gewissen Einkünften – er nebenbei gewesen war.

Es kam auf den Kurfürsten an. Dieser fühlte sich – wir folgen Rankes Beschreibung – am glücklichsten, wenn er in der Pracht seines Ornates auf dem Thron saß, umgeben von den Markgrafen in fürstlichem Pomp, von den Rittern seines Ordens, den Kammerherren und den Geheimen Räten, in ihren gestickten Amtstrachten, mit Ketten, Orden und Schlüsseln behängt; wenn die Offiziere seiner Trabanten in weißem Atlas und goldenen Spitzen, die Dienerschaft in blauer Livree mit goldenen Galons und rotsamtenen Borten prangten, ein paar Mohren dunkle Tupfen in das farbenfrohe Bild setzten und wenn 24 Trompeter zur Mittagstafel bliesen. Was irgend zum Hofe gehörte, mußte Überfluß zeigen. Die Kosten des Hofstaates verschlangen Unsummen und erschütterten immer mehr die finanzielle Ordnung, die Danckelmann in Brandenburg durchzuführen sich bemühte. Sein Kampf gegen die Verschwendungssucht des Kurfürsten und die kostspieligen Neigungen der Kurfürstin war die schwerste – und erfolgloseste – Aufgabe, vor die sich der Großkanzler gestellt sah, und der erste Anlaß für Differenzen zwischen ihm und seinem ehemaligen Zögling.

Der zweite war die Gegnerschaft Danckelmanns gegen Friedrichs Lieblingsidee, den Wunsch, König in Preußen zu werden. Friedrich der Große hat dieses Streben seines Großvaters spöttisch verurteilt, und ein großer Teil der Historiker ist ihm lange darin gefolgt. Leibniz dagegen, der dem Hofe nahestand und sich viel mit dieser Frage beschäftigte, stimmte der Auffassung Friedrichs zu, daß zur Erfüllung des Wesens auch der Name gehöre; der Kurfürst von Brandenburg habe alles gehabt, was königlich sei; König sei er aber erst dadurch, daß er König heiße. Auch der Großkanzler kannte die Bedeutung dieses Grundsatzes, er hielt jedoch die Gefahr, daß die neue Würde gerade seinem Fürsten zu Kopf steigen und die Belastung des Staates durch die Hofhaltung ins Unerträgliche steigen würde, für größer als den Vorteil, der für Brandenburg herausspringen würde.

Am entscheidendsten war wohl der dritte Punkt. Friedrich war als schwacher Mensch doppelt empfindlich für jede Verletzung seines persönlichen Ansehens. Er glaubte zu spüren, daß es der fürstlichen Autorität Eintrag tue, wenn sein ehemaliger Erzieher ihn immer noch als Zögling ansehe und manchmal sogar als solchen behandle. Friedrich wollte bemerkt haben, daß man die Anordnungen des Ministers besser befolgte als die kurfürstlichen, und daß man diese erst ausführte, wenn der Großkanzler sie bestätigte. Er fühlte sich immer mehr durch die Autorität des vormaligen Instruktors gedrückt und begann zu bereuen, daß er den Mann größer gemacht habe, als zuträglich sei.

Danckelmann jedoch hielt seine Stellung für unerschütterlich. Er unterlag demselben verhängnisvollen Irrtum wie 200 Jahre später Bismarck gegenüber Kaiser Wilhelm II. und noch ein halbes Jahrhundert danach Brüning gegenüber dem Reichspräsidenten von Hindenburg. Er selbst untergrub seine Stellung. Die verschlossene und oft rücksichtslose Schroffheit des selbstherrlichen Premiers verbitterte die Menschen, mit denen er zu tun hatte. Seine harten Maßnahmen hätte man noch hingenommen, aber nicht die Form, in der er sie durchführte. Der Ton machte die Musik. Daß er die Bitte der Kurfürstin um eine Zulage von 100 Talern für ihre schlecht gestellten

Hofdamen ungnädig ablehnte, machte für den Staat wenig aus, war aber eine schwere Kränkung der selbstbewußten Fürstin. Wenn er dem Kurfürsten, der mit großem Gefolge auf die Messe nach Frankfurt a.O. fahren wollte, die Ausgaben für den Train strich, entsprach auch hier das Streitobjekt nicht der Verstimmung, die dadurch entstand. Danckelmann machte keine Kompromisse. Man meinte manchmal, Calvin selbst vor sich zu haben.

Danckelmann ist auch nicht von Überheblichkeit freizusprechen. Er betonte Macht und Leistung nach außen hin in einer das Maß übersteigenden Form und sah die Grenze nicht mehr, die auch dem obersten Staatsdiener gezogen ist. Zwei Großwürdenträger, die ihn unhöflich behandelten, brüskierte er in der Kirche vor versammeltem Hof. Zwei Räten, die ihm ihren Besuch aufdrängen wollten, wies er die Tür. Auf eine Münze ließ er nicht das Bild des Kurfürsten, sondern die Taten des »Siebengestirns« prägen. Danckelmann hätte wissen müssen, daß er dadurch den Fürsten brüskierte und seinen Gegnern Trümpfe in die Hand spielte.

Der gefährlichste Feind war der Oberkammerherr Johann Casimir von Kolbe, der 1688 in brandenburgischen Dienst trat, später zum Reichsgrafen von Wartenberg ernannt wurde und nach Danckelmanns Sturz des Kurfürsten vertrautester Ratgeber war, mit Wittgenstein und Wartensleben das Dreigrafenministerium – das »dreifache Weh« – bildete und von 1702 bis 1711 als erster Minister Danckelmanns Nachfolger war. Der gescheite und gewandte Mann war ein skrupelloser Streber und zusammen mit seiner ehrgeizigen Frau, der Witwe seines Kammerdieners, wohl die unerfreulichste Erscheinung in einer Spitzenstellung Brandenburg-Preußens. Aber er hatte großen Einfluß auf den König, den er zu behandeln verstand.

Ein unerbittlicher Feind des Großkanzlers war auch der Feldmarschall Graf Johann Albrecht von Barfus. Dieser General, der sich in den Türkenkriegen ausgezeichnet hatte, war ein tapferer Haudegen, der leider nach seinen militärischen Erfolgen auch politischen Ehrgeiz entwickelte, sich aber auf diesem Gebiet als Holzkopf erwies. Er war jedoch einer der gefährlichsten Intriganten gegen Danckelmann, von dem er sich nicht genügend estimiert fühlte und dem er es schwer verdachte, daß in das Generalkriegskommissariat, das ihm

noch der Große Kurfürst fest versprochen hatte, einer aus dem »Siebengestirn« berufen wurde.
Keine Intriganten, aber als ehrliche und charakterfeste Gegner Danckelmanns um so gefährlicher, waren die Brüder Dohna, Alexander und Christoph. Danckelmann hatte sich vergeblich bemüht, die Dohnas, deren Klugheit und Charakter er hoch schätzte, für sich zu gewinnen. Christoph, der seinerseits des Großkanzlers Verdienste um Brandenburg voll würdigte, stand als überzeugter Lutheraner dessen Puritanertum verständnislos gegenüber und mißbilligte den überheblichen Mangel an Achtung gegenüber dem Kurfürsten. Christoph hat Memoiren hinterlassen, die für die brandenburgisch-preußische Geschichte und vor allem für die Ära Danckelmann von großem Interesse sind.
Am gefährlichsten für Danckelmann war, daß die Kurfürstin Sophie Charlotte sich nie mit ihm befreunden konnte und ihm eigentlich immer entgegenwirkte. Die Kurfürstin, geistreich und hochgebildet, förderte Wissenschaften und Künste, versuchte, die heiteren Musen auf ihrem Schloß Lietzenburg zur Geltung zu bringen, und betrieb zusammen mit Leibniz, mit dem sie befreundet war, die Gründung der Berliner Sozietät (Akademie) der Wissenschaften. Daß sie bei ihren Bestrebungen allzu oft auf den Widerstand von Danckelmann stieß, brachte sie gegen den allmächtigen Minister auf. Für seine finanzpolitischen Argumente hatte sie kein Verständnis. Seine Kompromißlosigkeit auch in Kleinigkeiten verachtete sie.
Sophie Charlotte, die ihren Mann an Intelligenz weit überragte und sich gern auch um Staatsgeschäfte kümmerte, nahm als stolze Welfin stets für Hannover Partei. Nun war Danckelmann durchaus nicht prinzipiell gegen Hannover. Aber die Beziehungen zu diesem Hause waren besonders schwierig, und es gab Situationen, in denen er auch einmal gegen Hannover sein mußte. Das nahm sie ihm jedesmal schwer übel. Es bezog sich wohl vor allem auf die Welfenpolitik, wenn Danckelmann dem Kurfürsten zuweilen den Vorwurf machte, er gebe seiner Gemahlin zuviel nach. Der Großkanzler kleidete den Vorwurf in die ihm eigene Ausdrucksweise, der Kurfürst solle sich nicht wie Salomo von Weibern betören lassen. Friedrich schüttete der Betörerin sein Herz aus, mit dem Stachel im Unterbewußtsein,

daß sein alter Lehrer nicht so ganz Unrecht habe. Sophie Charlotte wird über die jüngste Schrulle des Großmächtigen mokant gelächelt haben; aber er hatte an einen wunden Punkt in der Ehe des Kurfürstenpaares gerührt. Die Kurfürstin besaß den dominierenden Einfluß auf den Kurfürsten, mußte aber dauernd darum kämpfen, weil Friedrich sich die geistige Überlegenheit seiner Frau nicht eingestehen wollte. Die Versuche des Großkanzlers, diesen Einfluß zu mindern, scheiterten zwar, riefen bei den Ehegatten aber eine bittere Reaktion hervor.

Danckelmann blieb die Mißstimmung gegen sich nicht verborgen. Seine Brüder, vor allem der kluge Daniel Ludolf, der Generalkriegskommissar, werden ihn genügend gewarnt haben. Im Frühsommer 1697 reichte er ein Abschiedsgesuch ein. Der Kurfürst lehnte es mit der Zusicherung unveränderten Vertrauens ab. Im Spätsommer 1697 mußte er den Kurfürsten nach Königsberg begleiten, wo er bei dem Besuch des Zaren als der vornehmste Repräsentant der ministeriellen Gewalt und als Garant der Freundschaft zwischen beiden Ländern gefeiert wurde. Vielleicht hat diese Ehrung des Großkanzlers durch eine ausländische Macht die letzten Bedenken des Kurfürsten beseitigt. Auf der Heimreise sagte Friedrich zu Christoph Dohna, er habe am Hofe eine große Veränderung vor. Aber wenn Dohna ein Wort davon sage, werde er ihm den Kopf abschlagen.

Der Kurfürst begab sich auf den Weg feiger Heimlichkeiten. Der schwache Mann hatte noch immer solche Angst vor seinem alten Lehrer, daß er sich nicht getraute, offen mit ihm zu sprechen. Aus dem Dunkel sollte plötzlich der Schlag geführt werden. Als Danckelmann am 22. November 1697 ein erneutes Gesuch um Entlassung vorlegte, wurde es sofort angenommen, wenn auch noch in gnädigen Formen. Doch wenn Danckelmann glaubte, sich auf die »Gnade« verlassen zu können, irrte er sich. Seine Bitte um eine Abschiedsaudienz wurde abgelehnt. Am 26. November wurde ihm das huldvolle Abschiedspatent im Konzept vorgelegt. Der Kurfürst hatte darin mit eigener Hand die Summe des ihm verbleibenden Gehalts aus sechs- in zehntausend Taler umgeändert. Aber – und das war der erste große Erfolg der Intriganten – man teilte Danckelmann mit, der Kurfürst könne ihn auch jetzt nicht empfangen, weil er dadurch zu stark erschüttert zu werden fürchte. Der Kurfürst und die Kamarilla werden in gleicher Weise befürchtet haben, der große Mann könne noch einmal seine Autorität über den alten Schüler zur Geltung bringen. Die Höflinge bewogen den Kurfürsten, sich auf sein Schloß Lietzenburg zu begeben. Nun hatten sie gewonnenes Spiel. Zu den alten Anklagen log man neue hinzu. Danckelmann erzähle in der Öffentlichkeit, er habe seinem Herrn »den Stuhl vor die Tür gesetzt«, und verbrenne jetzt wichtige Papiere. Als der Kurfürst am 2. Dezember nach Berlin zurückkehrte, wurde Danckelmann auf seine Güter verbannt, er erhielt die Order, sich binnen 24 Stunden nach Neustadt zu begeben; er dürfe Neustadt nicht verlassen, widrigenfalls er sofort verhaftet würde.

Aber noch immer glaubte man sich nicht sicher vor ihm. Wie früher in seiner Vorliebe, so übertrieben war Friedrich jetzt in seiner Abneigung, die unter den Peitschenhieben des schlechten Gewissens ständig wuchs. Die Kamarilla setzte ihre Absicht, den verhaßten Rivalen völlig unschädlich zu machen, bei dem schwachen Fürsten leicht durch. Dohna, der für eine Entlassung Danckelmanns gewesen war, aber in einer für den Großkanzler ehrenvollen Form, drang nicht durch. Am 10.12.1697 wurde der Minister verhaftet und nach Spandau gebracht, sein Vermögen wurde beschlagnahmt. Auch seine sechs Brüder wurden aus ihren Ämtern entlassen. Jetzt galt es »nur« noch, die Verhaftung zu begründen. Schließlich wollte ja das In- und Ausland wissen, warum man den ersten Minister, einen der bekanntesten Staatsmänner der damaligen Zeit, in den Kerker geworfen habe.

Bisher war es ein krasser Gewaltakt, nun sollte das Recht her, die Gewalt zu bemänteln. Also gab der König, der selbst ja ebensowenig wie die Kamarilla ein straffälliges Delikt des Großkanzlers kannte, die Order, 16 von ihm namentlich benannte hohe Beamte sollten auf Ehre und Pflicht berichten, welche Unregelmäßigkeiten der gestürzte Großkanzler begangen habe. Ja, schrie nun der Geheime Rat nicht auf wegen des Unrechts, das seinem Präsidenten widerfuhr und das doch schließlich den gesamten Geheimen Rat traf? Im Gegenteil, die Mitglieder der höchsten brandenburgischen Körperschaft trugen gehorsam und eifrig Reisig für den Scheiterhaufen herbei, der zur Verdammung ihres größten Mannes errichtet wurde. Erhob Leibniz nicht seine Stimme, der sich doch so gern in der Öffentlichkeit hatte hören lassen, wenn irgendwo in der Welt nach seiner Ansicht Unrecht geschah? Konnte er sich nicht einmal für Gerechtigkeit in Preußen einsetzen? Er hatte doch gerade, 1696, den Titel eines »Geheimen Justizrats« erhalten. Nein, er schwieg. Nur Wilhelm III. von Oranien, seit 1689 König von England, erhob durch einen Gesandten, den er eigens hierzu nach Berlin schickte, Vorstellungen zu Gunsten von Danckelmann. Doch man bedeutete ihm, wie das auch heute in solchen Fällen zu geschehen pflegt, das sei eine Sache, die nur den eigenen Staat etwas angehe und in die sich das Ausland nicht zu mischen habe.

Die 16 mit der »Schmutzsammlung« beauftragten Beamten gingen befehlsgemäß an die Arbeit und lieferten Stöße von Papier ab. Es ist erschütternd, diesen Wust zu lesen. Als Bismarck 1890 entlassen wurde, sagte ein hoher Beamter des Auswärtigen Amtes: »Wir haben alle ›Uff‹ gesagt.« Das ist die natürliche Reaktion normaler Untergebener, wenn ein gewaltiger und unbequemer Vorgesetzter seinen Platz räumt. Dieses Uff hört man aus den Hunderten von Seiten der Anklageberichte herausklingen. Nur einer von den sechzehn, Rhetz, war so ehrlich und mutig zu gestehen, er wisse gar nichts. Alle übrigen zählten alles auf, was sie wußten, auch was sie nur gerüchteweise vernommen hatten, von jemandem, »dessen Namen sie vergessen hätten«. Fuchs und Schwerin begleiteten ihre Aussagen mit dem etwas pharisäisch klingenden Ausdruck des Bedauerns. Die Denkschriften wiesen eine bunte Palette auf, bodenlose Verleumdungen, vage Vermutungen, allgemeine Anklagen, alberne Vorwürfe. Da schreibt der Feldmarschall von Barfus, Danckelmanns »Ambition und Anmaßung« gehe schon daraus hervor, daß seine Gegenzeichnung auf den Erlassen von Seiner Kurfürstlichen Durchlaucht immer höher gerückt sei, bis sie ganz dicht unter des Kurfürsten höchsteigenem Namen gestanden habe. Otto II. Schwerin scheute sich nicht, Danckelmann die Rückgabe von Schwiebus zum Vorwurf zu machen und sich auf das Witzwort über den Geheimen Rat zu berufen.

Während die Berichte eingingen, verhängte der Kurfürst eine härtere Haft über den Gestürzten, ließ ihn nach Peitz bringen und bestellte

Barfus, Schwerin, Schmettow und Lottum zu Untersuchungskommissaren. Von ihnen gehörten Barfus und Lottum zu Danckelmanns ausgesprochenen Feinden, während Schwerin und Schmettow zwar gemäßigter waren, aber doch das Element der sich zurückgesetzt fühlenden Geheimen Räte vertraten und bei der Schmutzsammlung ihr redliches Scherflein beigetragen hatten. Die Kommissare faßten das in den 16 Berichten enthaltene Material zu einer Anklageschrift von 31 Punkten, darunter den der hochgerutschten Unterschrift und der Schwiebus-Sache, zusammen, begaben sich nach Peitz und lasen Danckelmann die Anklageschrift vor. Die erbetene schriftliche Zustellung wurde ihm verweigert, ebenso die Zuziehung eines Verteidigers; der Kurfürst habe entschieden, das sei nicht nötig, es komme nicht auf Juristerei, sondern auf Tatsachen an. Auf die solle sich seine Verteidigung beschränken. Erst Wochen später wurde ihm die Anklageschrift übersandt, wahrscheinlich auf die Verwendung des englischen Königs Wilhelm III. hin.
Danckelmann legte eine Verteidigungsschrift vor. Der Kurfürst setzte eine Generaluntersuchungskommission ein. Diese bildete 25 Subkommissionen, in deren Händen das Material zu einem Berg anschwoll, den kein Mensch mehr übersehen konnte. Unendliche Einzelheiten wurden zusammengetragen, aber nicht eine wirkliche Anklage war darunter. Der unglückliche Hoffiskal Möller, der das Material sichten und auswerten sollte, fand in anderthalb Jahren nicht einen einzigen brauchbaren Punkt. Er wußte auch, daß er keinen finden würde. Der Mangel an Anklagestoff entlockte ihm den verzweifelten Stoßseufzer: »Niemand will das Herz haben, den schlechten Zustand des Prozesses Sr.K.D. zu offenbaren, sondern Derselbe soll continuiret werden, fiat in nomine Domini!«
Nein, keiner wagte dem Kurfürsten die Wahrheit zu sagen. Der hatte sich völlig versteift. Er erklärte jeden für einen Schurken, der ihm von Danckelmanns Unschuld spräche. Ihm war der »schlechte Stand« des Prozesses wohl bekannt. Aber er gab Möller die Schuld. Der Hoffiskal, der sich selber auch nicht das Herz gefaßt hatte, S.K.D. reinen Wein einzuschenken, bekam im Herbst 1699 unter Androhung allerhöchster Ungnade und einer Strafe von 2000 Dukaten den Befehl, eine neue Anklageschrift abzufassen, die zu einer Verurteilung Danckelmanns ausreichte.

1700 ließ sich Friedrich in Königsberg zum König krönen. Nach der Krönung ließ er einen Generalpardon ausrufen. Davon ausgenommen waren: Schuldenmacher, Totschläger und alle Beleidiger der göttlichen und menschlichen Majestät. In dieser gemischten Gesellschaft gehörte Danckelmann zu den Beleidigern der menschlichen Majestät.

Ende 1701, also nach zwei vollen Jahren, hatte Möller die verlangte neue Anklageschrift beendet. Sie zeichnete sich vor allem dadurch aus, daß sie auf Danckelmanns Rechtfertigung von 1698 keinerlei Rücksicht nahm, alles, was dort widerlegt worden war, erneut vorbrachte, einige Punkte etwas detaillierter wiedergab und ein paar neue Quisquilien hinzufügte. Aber bevor Möller den letzten Strich getan hatte, starb er. Seine Aufgabe übernahm der Hoffiskal Wilhelm Duhram, der erste tapfere Mann, dem wir in dieser schmählichen Geschichte begegnen. Er legte an Möllers Schrift, die 250 Artikel umfaßte, die letzte Hand und berichtete darüber den Untersuchungskommissaren: Der Quark sei breitgetreten, der Inhalt sei dünn geblieben, die alten Anklagen seien wieder hervorgeholt, auf die Rechtfertigung des Großkanzlers sei nicht eingegangen, kurz – mit dieser Anklageschrift könne man nichts anfangen. Er habe aus den Akten ersehen, daß Danckelmann ein harter Mann gewesen sei und mit vielen Menschen ungut verfahren sei. Aber er sei kein Verbrecher und kein Hochverräter. Der Großkanzler habe sich so gut verantwortet, daß es höchst fraglich sei, ob man ihn mit so notdürftigen Beweisen werde überführen können. Um den Ruhm von Recht und Gerechtigkeit in den Landen Seiner Majestät zu erhalten, müsse verhütet werden, daß in dieser Sache, die so groß aufgezogen worden sei und schon so viele Jahre laufe, ein Fehler gemacht werde. Die Einziehung des Danckelmann'schen Vermögens sei ungesetzlich gewesen, ebenso seien es alle weiteren Maßnahmen, die eine Schuld unterstellten, die erst bewiesen werden müsse, aber nach seiner Überzeugung nicht bewiesen werden könne. Zu solchen Ausführungen gehörte Mut. Der Hoffiskal war aber nicht nur mutig, sondern auch klug und verstand es, seinen Herren zu nehmen. Er schloß seine Eingabe mit den Worten: »Ich habe diesen schlechten Zustand des Danckelmann'schen Prozesses Ew.K.M getreulich eröffnen sollen, weil mein Herr, der König, ist wie ein Engel Gottes, daß er Gutes und Schlechtes hören kann.« Friedrich war empfänglich für Schmeichelei und konnte sie vertragen, auch wenn sie in hohen Wärmegraden gereicht wurde. Der Vergleich mit dem Engel Gottes ging ihm glatt herunter. Am 24. Mai 1702 erging sein Bescheid, er habe jetzt keine Zeit und werde den Bericht erst nach seiner Rückkehr nach Berlin prüfen. Er wolle aber, daß in seinen Landen Gerechtigkeit herrsche. Deshalb befehle er, daß nun die Untersuchungskommission zu jedem Punkt der Anklageschrift und der dazu gegebenen Rechtfertigung Danckelmanns Stellung nehme. Hier sprach er wie ein Engel Gottes. In Wirklichkeit wollte der Feigling nur Zeit gewinnen. Er scheute sich vor der Entscheidung.

Das Verfahren zog sich auf diese Weise weiter in die Länge. Aber nach der Anordnung des Königs mußte man wenigstens Danckelmanns Verteidigung nun Punkt für Punkt berücksichtigen. Über ein Jahr brauchte die Kommission, zu der jetzt als maßgebender Bearbeiter der Wirkliche Geheime Rat Brandt getreten war, um ihr Votum abzugeben. Die Kommission stellte eine neue, nun 290 Artikel umfassende Übersicht über den Stand der Sache zusammen. Der Großkanzler wurde zum zweiten Mal – vier Jahre nach dem ersten Verhör! – verhört. Auf Grund seiner schriftlichen und mündlichen Auslassungen wurde hinter jeden Artikel das Votum der Kommission gesetzt. Das sogenannte »Peitzer Protokoll« stellt Danckelmanns »Vergehen« in sieben »Klassen« dar. In jahrelanger Arbeit war von der General-Untersuchungskommission und den 25 Sub-Kommissionen der Zustand der gesamten Staatsverwaltung eingehend geprüft worden. Wo etwas nicht oder noch nicht in Ordnung zu sein schien, legte man es Danckelmann zur Last.

Die Geduld der Leser würde übermäßig strapaziert werden, wenn man auf die Ergebnisse der sieben Klassen im einzelnen einginge. Bei Vorwürfen ungreifbaren Inhalts oder bei Albernheiten votierte die Kommission meistens, sie seien nicht erweislich zu machen, oder, sie seien zu richterlicher Verhandlung ungeeignet. In den letzten drei Gruppen wurde Danckelmann vorgeworfen, er habe sich auf Kosten des Staates bereichert oder – so beim Rothenburger Steinkohlenbergwerk, den Halle'schen Salzwerken oder den Neustädter Glas-

und Kupferwerken – dem Staat durch Mißwirtschaft Schaden zugefügt. Den Vorwurf, der Großkanzler habe sich unrechtmäßig bereichert, bezeichnete die Kommission als unhaltbar. Für die Mißwirtschaft sah sie einen zureichenden Beweis nicht als erbracht an. Mehrere Anklagen entnahmen ihr Material den Beziehungen Danckelmanns zu ausländischen Fürsten und Regierungen. An der Spitze stand die Schwiebuser Angelegenheit. Aber die Vorwürfe, die namentlich Fuchs und Schwerin in ihren Denkschriften gegen den Großkanzler richteten, weil er *für* die Rückgabe des Kreises an Österreich gewesen sei, konnte er leicht widerlegen. Danckelmann hatte zunächst dem Plan der Rückgabe hartnäckig widerstanden, hatte seine Ansicht beim Kurfürsten aber nicht durchsetzen können und hatte nun den anderen Geheimen Räten die Absicht des Kurfürsten als unerschütterlich bezeichnet; er habe, gab Fuchs zu, »allezeit allegieret, daß S.Ch.D. den Revers nicht brechen wollten«. Das gab Friedrich in seiner Marginalantwort selbst zu: »Ist insoweit wahr, weil ich einmahl meine parohl engagiret!« Um so widerwärtiger war die Anschuldigung, Danckelmann habe sich in dieser Sache von Wien mit 10000 Talern bestechen lassen. Tatsächlich nahm Danckelmann mit Wissen und Bewilligung des Kurfürsten ein Geschenk von 10000 Talern vom Kaiser an, als Gunsterweisung für die Förderung der Wiederzulassung der böhmischen Kurstimme. Ein solches Geschenk war ein damals allgemein üblicher Akt diplomatischer Courtoisie. Die Kommission ließ die ganze Anschuldigung fallen.
Die lange Dauer der Untersuchung durch ihre Ausdehnung auf das ganze Gebiet der staatlichen Verwaltung hat dem Großkanzler bitterschwere Stunden bereitet, aber auch das Gute gehabt, daß vor der Geschichte von dem blanken Schild der Ehre dieses Mannes auch der kleinste Flecken getilgt wurde. Von allen Anschuldigungen blieb bei unparteilicher Prüfung auch nicht eine einzige bestehen. Das Peitzer Protokoll gab ein getreues Bild der schmählichen Ungerechtigkeit des unseligen Verfahrens und der großartigen Persönlichkeit eines Staatsmannes mit hinreißenden Gaben und mit schroffen Ecken und Kanten. Der Klugheit, Energie und Arbeitskraft Danckelmanns, mit der er seinem Fürsten treu diente und sein Land aus der Tiefe emporführte, stand seine unverhohlene Verachtung des »Geschmeißes«, die

unnachsichtige Strenge in der Behandlung und Beurteilung seiner Mitarbeiter und seine offen zur Schau getragene Selbstgerechtigkeit gegenüber.

Zwischen Klägern und Angeklagten waren Wind und Wetter ungleich verteilt. Der Anklage standen sämtliche Akten der obersten Behörden zur Verfügung, kein Winkel der Staatsverwaltung, wie Danckelmann einmal bitter bemerkte, blieb undurchstöbert. Dem Peitzer Gefangenen dagegen schlug man die Annahme eines Beistandes zu seiner Verteidigung kurzweg ab; erst nach mehr als zwei Jahren seit dem Beginn des Prozesses wurde sie ihm gestattet. Ebenso lange dauerte es, bis man seinem Gesuch, zum Zwecke seiner Rechtfertigung korrespondieren zu dürfen, stattgab. Aber in alle Briefe mußte der Kommandant von Peitz vorher Einsicht nehmen. Unter diesen Behinderungen sollte der auf einer abgelegenen Festung Internierte, dem man verschiedentlich Handakten und Papiere konfiszierte, auf eine Anklage antworten, die alle Gebiete einer weitverzweigten Staatsverwaltung berührte, einen Zeitraum von 10 Jahren umfaßte und auf die entlegensten Details einging. Es gibt keinen schlagenderen Beweis für die Geisteskraft dieses Mannes, als daß er nach mehrjähriger Gefangenschaft noch in der Lage war, auf den Berg von Beschuldigungen Rede und Antwort zu stehen.

Das Ergebnis des fünfjährigen Verfahrens war kläglich. Die Kommission berichtete dem König, daß es bei den meisten Anklagepunkten am nötigen Beweis fehle, daß die Exempel wenig besagten oder daß »mit der generalen Imputation nichts anzufangen sei«. Ob die »generale Imputation« eine damals gebräuchliche Floskel war oder nur die Verlegenheit der Kommission verdecken sollte, ist schwer festzustellen. Nur 62 Punkte wurden als der richterlichen Entscheidung bedürftig und für sie zur Not hinlänglich vorbereitet erklärt. Aber auch bei der Verweisung an den Richter hieß es: »bei etwa vorzunehmender Deduktion«. Die Kommission stellte für das weitere Verfahren drei Wege als möglich hin: entweder sei der ordentliche Rechtsweg einzuschlagen, auf dem man aber sehr viel Zeit brauchen werde; oder es sei zu erwägen, ob die bisher abgebüßte Haft nicht hinreiche; endlich könne die Entlassung aus der Haft auch als Gnade verfügt werden.

Der König beeilte sich nicht mit der Entscheidung. Seine nach einigen Tagen erfolgte Antwort verschob den endgültigen Abschluß der Untersuchung von neuem. Der erste von der Kommission vorgeschlagene Weg, ein ordentlicher Prozeß, könne wegen seiner »Weitläufigkeit« nicht eingeschlagen werden. »Was aber die anderen beiden Mittel und Wege, diesen Prozeß abzuthun, belangt, dieselben wollen Wir noch weiter allergnädigst in Erwägung ziehen und Euch alsdann mit Unserer allergnädigsten Erklärung auch desfalls versehen.«

Die »Weitläufigkeit« als Begründung für die Ablehnung des Rechtswegs war nur ein Vorwand; länger und umständlicher als das bisherige Verfahren konnte der Rechtsweg auch nicht sein. Nein, der wirkliche Grund war: der König mußte fürchten, daß ein Gericht Danckelmann freisprechen könnte. Dadurch würden die sechs Jahre Haft als Unrecht abgestempelt werden, und der gefährliche Mann konnte ein Mittelpunkt der steigenden Unzufriedenheit mit dem Grafenministerium werden. Danckelmann hatte Recht gehabt mit seiner Befürchtung; seit Friedrich König war, wuchsen die Kosten der Hofhaltung auf ein Mehrfaches an und die Finanzlage des Staates trieb dem Abgrund zu. Die Königin und Christoph Dohna, die beide eine Entlassung Danckelmanns aus dem Amt gefordert hatten, aber kein Unrecht wollten, traten für ihn ein. Doch tat der König nur etwas für andere Danckelmanns. So wurde der Bruder, Daniel Ludwig, der vielseitigste Stern des Siebengestirns, Anfang 1702 als Präsident des Berliner Konsistoriums in die Hauptstadt zurückberufen. Aber für den Großkanzler selbst ließ sich Friedrich weder zu Gerechtigkeit noch zu Gnade bestimmen.

Friedrich hatte immer noch gehofft, die vielen langwierigen Untersuchungen würden etwas ergeben, das sich einigermaßen als Belastung des Großkanzlers verwenden ließe. Daß die letzte Kommission nun de facto zu einem völligen Freispruch kam, war eine schwere Enttäuschung. Daß sie ihm die Entlassung Danckelmanns empfahl, war eine bittere Pille. Das mußte gründlich überlegt und mit Wartenberg besprochen werden. Der König ließ sich mit der »allergnädigsten Erklärung« Zeit. Er brauchte wieder ein volles Jahr, bis er seinen Spruch fällte. Wartenberg hatte ihn sicher beschworen, den

Großkanzler nur nicht freizulassen. Danckelmann sei noch im vollen Besitz seiner Kräfte, er werde sich natürlich rächen wollen, er werde sich mit allen Gegnern der Regierung in Verbindung setzen, er werde wahrscheinlich auch versuchen, ins Ausland zu flüchten, und von dort gegen Brandenburg hetzen. Der König wird gefühlt haben, daß ein einmal begangenes Unrecht, wenn es nicht sofort gut gemacht wird, den Täter immer tiefer ins Unrecht verstrickt. Vielleicht hat er auch ernstlich geglaubt, daß es im Staatsinteresse notwendig sei, Danckelmann in Haft zu behalten.
Der Geheime Rat Brandt, der erste, der nach Duhram sich für Danckelmann einzusetzen wagte, nahm sich seiner Sache mit Eifer an. Er erinnerte Ende 1703 den König an seine Zusage, der Kommission seine Entscheidung mitzuteilen. Als nichts erfolgte, wiederholte er im Februar 1704 seine Vorhaltungen. Jetzt sah der König, daß er zu einem Entscheid kommen müsse. Schwankend und hin- und hergerissen, fällte er mit dem Reskript vom 22. Februar 1704 seinen Spruch. Er dekretierte: ihm sei am besten bekannt, wodurch Danckelmann in Ungnade gefallen sei, die Strafe sei nicht zu hart und damit solle es sein Bewenden haben. Man traut seinen Augen nicht: Dieser Spruch nahm sich nicht einmal die Mühe, die Haft Danckelmanns und die Vermögenseinziehung sachlich zu begründen; er unterband die Möglichkeit weiterer Verteidigung und nahm dem Verhafteten jede Aussicht auf eine gerichtliche Verhandlung, jede Hoffnung auf einen Akt der Gerechtigkeit oder auch nur der Gnade. Es war ein feiges, schändliches Stück Kabinettsjustiz, das der Fürst an seinem alten Lehrer, seinem langjährigen vertrauten Ratgeber, seinem bedeutendsten Staatsmann beging.
Der Zorn Danckelmanns richtete sich nicht so sehr gegen den König, sondern vor allem gegen die Ohrenbläser, die ihn zu diesem Bubenstück veranlaßt hätten, Wartenberg und Genossen, und gegen die Feiglinge, die dem König nicht in den Arm gefallen seien, auch die Mitglieder des Geheimen Rats. Er hatte in vielen Schreiben an den einst so gütigen Herren ihn immer wieder gebeten, Friedrich möge sich doch seines so oft gegebenen Versprechens entsinnen, bei jedem zwischen ihnen entstehenden Mißverständnis ihm zuerst die Ursache mitzuteilen, und möge ihn endlich den eigentlichen Grund sei-

ner Ungnade wissen lassen. Die flehentlichen Bitten verhallten ungehört. Jetzt blieben seine Proteste gegen die Entscheidung des Königs und sein Beschwören, der König solle ihn selbst hören oder durch einen vertrauten Minister vernehmen lassen, erst recht wirkungslos. Daß ihm jede Möglichkeit einer weiteren Verantwortung genommen wurde, war von allen Schlägen, die das starke Rechtsgefühl des tiefgekränkten Mannes in diesen Jahren trafen, der schwerste.

Man war eifrig bedacht, den Gefangenen die Bitterkeit seiner Lage fühlen zu lassen. Erst 1700 wurde ihm erlaubt, mit seinen Kindern zu korrespondieren. Erst nach zwei Jahren durfte er seine Frau und zwei kleine Kinder zu kurzem Besuch nach Peitz kommen lassen. Seinem Sohn Friedrich wurde erst 1704, nach sechsjähriger Trennung, gestattet, nach Peitz zu kommen. In den ersten fünf Jahren durfte Danckelmann die Festung nicht verlassen. Ein ärztliches Gutachten, das ihm einen freieren Aufenthalt und eine Badereise nach Karlsbad erwirken sollte, blieb unberücksichtigt.

Härter noch war die seelische Qual für den Mann, dem man nach dem jähen Sturz von den Höhen des Lebens auch sein letztes Gut, die Ehre, antastete. Mit ungenügenden Waffen wurde er einer Anklage gegenübergestellt, die kein Verdienst seiner unermüdlichen Tätigkeit ungeschmält ließ und deren Verleumdungen seinen guten Namen mit Kot bewarfen. Er zermarterte sein Gedächtnis bei der Sisyphusarbeit einer Verteidigung gegen Anklagen, die ständig von neuem und unverändert vorgebracht wurden. Er litt entsetzlich unter dem Schneckengang des Prozesses, bei dem zwischen den einzelnen Stadien jedes Mal Jahre des Wartens lagen. Ihm verrann ein Jahrzehnt der Blütezeit eines Manneslebens, in dem er immer resignierter von Jahr zu Jahr einer Wendung zum Besseren harrte.

Fünf Jahre scharfer Haft auf hartem Lager und bei kärglichem Essen und weitere fünf Jahre milderer Haft, doch auch noch unter quälenden Freiheitsbeschränkungen, mit den Sorgen um die eigene Zukunft und um das Schicksal seiner Familie blieben auch für einen so starken und widerstandsfähigen Mann wie Danckelmann nicht ohne Folgen. Seine Frau hatte für sich und die Kinder den König um eine Unterstützung gebeten. Friedrich lehnte ab, er könne nicht glauben, daß sie wirklich mittellos sei. Grimmig sagte der Großkanzler, der

König habe ihm sein Vermögen genommen; ob er annehme, die Danckelmanns hätten Schätze vergraben? Wie alle Gefangenen, für die bei längerer Haft die Magenfragen immer wichtiger werden, richtete auch Danckelmann immer häufiger demütige Bittschriften an seinen »erhabenen Patron«, jenen elenden Kolbe von Wartenberg, den er vor Jahren selbst aus dem Staube erhoben und der ihm mit solchem Undank gelohnt hatte.

1707 erhielt der Großkanzler die Nachricht, der König habe anläßlich der Geburt seines ersten Enkels – der ebenso wie die beiden nächsten Söhne des Kronprinzen jung starb – Friedrich der Große wurde erst 1712 geboren –, eine Amnestie erlassen, die sich dieses Mal auf alle Gefangenen erstreckte. Danckelmann wurde sofort entlassen, nachdem er einen Revers unterschrieben hatte, daß er sich verpflichte, sich an niemandem zu rächen, nie ohne Erlaubnis die königlichen Lande zu verlassen und sich nie der Residenz auf mehr als zwei Meilen zu nähern. Die Angst vor dem Gewaltigen, die seinen Feinden noch immer in den Knochen saß, hatte diesen Revers geformt. Danckelmann unterschrieb ohne Zögern. Die Wahl eines Aufenthaltsortes wurde ihm freigestellt. Als er darauf verzichtete, wies man ihm Cottbus an.

Allzu groß war die Freiheit seines Cottbuser Aufenthalts nicht. Bald verbreitete man auch wieder Gerüchte, er wolle außer Landes gehen, um beim Reich einen Prozeß gegen den König anzustrengen. Wie weit war Danckelmann davon entfernt! Ihn hatte das Unglück geläutert und weich gemacht. Eine geradezu rührende Liebe spricht aus den Zeilen, in denen er 1711 dem König von seinem Wunsche schrieb, vor seinem Tode ihn, wenn auch nur ganz von ferne, noch einmal zu sehen. Doch wolle er selbst auf die Erfüllung dieser Sehnsucht verzichten, wenn er nur nicht als Relegierter sterben müsse. Der König hörte nicht auf das Flehen.

Danckelmann war zwar in Cottbus von der Außenwelt abgeschnitten, aber doch nicht völlig vergessen. Er blieb Vorbild und Hoffnung für die Gutgesinnten in Preußen und das Schreckgespenst für das unheilige Dreigrafenkollegium, das große Weh. Der König schwankte zwischen den bösen Einflüsterungen Kolbes und den Mahnungen der Königin, die ihn, seit die Gegenwart des Großkanzlers sie nicht mehr bedrückte, bei allen die Danckelmanns betreffenden Maßnahmen zu besänftigen suchte.

Vom Kronprinzen hörte der Großkanzler nur Gutes. Friedrich Wilhelm hatte durchgesetzt, daß Daniel Ludwig Danckelmann dem Generalkriegskommissar, dem Grafen Wartensleben, als »Stütze« beigegeben wurde. Der Kronprinz veranlaßte auch 1710 die große Untersuchung, die seinem Vater die Augen über die eingerissene Mißwirtschaft öffnen sollte und auch öffnete. Der König ließ Wittgenstein verhaften und am hellen Tage nach Spandau führen. In Hof und Staat trat eine Umkehr ein. Auch Wartenberg wurde 1711 aus allen seinen Ämtern entlassen. Mit 14 Jahren (1700) war der Kronprinz Mitglied des Geheimen Rats geworden und nahm in den 12 Jahren bis zu seinem Regierungsantritt fast jeden zweiten Tag an den Sitzungen dieses Gremiums teil. So erwarb er sich ein überragendes Detailwissen in allen Fragen der inneren Verwaltung und gewann genauen Einblick in die katastrophale Lage des Staates während der Günstlingswirtschaft Wartenbergs.

Auf den Kronprinzen war es auch zurückzuführen, daß Iltgen 1711 zum Präsidenten des Geheimen Rats ernannt wurde. Nach dem unheilvollen Kolbe'schen Regiment kamen nun die Grundsätze wieder zur Geltung, nach denen der Oberpräsident von Schwerin und der Großkanzler die Geschäfte des Landes geführt hatten. Der Kronprinz hatte viel erreicht, nur eines nicht, die volle Rehabilitierung Danckelmanns. In diesem Punkt ließ sich der König, wie von seiner Frau, so auch nicht von seinem Sohn beraten. Friedrich Wilhelm hatte sich über die Hintergründe, die zur Entlassung des großen Staatsmannes geführt hatten, das schmähliche Unrecht, das in dem »Prozeß« an ihm begangen worden war, und die kleinliche Begnadigung genauestens informieren lassen. Durch die Brüder Dohna, die objektive Gegner Danckelmanns waren, und durch den Präsidenten Iltgen, der ein kritischer Anhänger und Bewunderer des Großkanzlers war, wird er ein genaues und richtiges Bild gewonnen haben. Er wußte, daß Preußen hier etwas wieder gutzumachen hatte. Aber das konnte erst geschehen, wenn Friedrich Wilhelm König war.

1713 war es so weit. Am 25. Februar starb König Friedrich I., dieser sanguinische, ebenso schnell begeisterte wie bei Widerständen ermattende und wechselnden Eindrücken und Einflüssen unterliegende Mann, eigensinnig vor allem darin, daß er begangene Fehler nicht einsah oder nicht eingestand.

Vor der Krönung in der Kirche versammelten sich im Krönungssaal des Schlosses die Mitglieder der königlichen Familie und die Spitzen von Heer, Hof und Verwaltung. Der junge König saß auf dem erhöhten Thronsitz, alles schwieg in stummer Erwartung. Weshalb hatte sie der Fürst vor dem Gottesdienst hierher kommen lassen? Da ging eine Seitentür auf, und in den Saal schritt ein alter, gebeugter, weißhaariger Mann. »Der Großkanzler« ging ein Raunen durch die Gesellschaft, erschrocken, erfreut und bewegt. Der König erhob sich, ging dem Alten entgegen, nahm ihn bei der Hand und führte ihn auf den ersten Platz in der vordersten Reihe. Er gab ihm in feierlicher Ansprache das Amt zurück, das er vor 16 Jahren verloren hatte, setzte ihn in sein Vermögen und alle Ehren und Würden wieder ein und erklärte mit starker Betonung vor diesem Hof und dem ganzen Land, daß alle gegen den Großkanzler erhobenen Anklagen zusammengebrochen seien und daß er ein treuer und verdienstvoller Diener Brandenburgs gewesen sei.

Danckelmann dankte dem König in tiefer Bewegung. Der Tag, auf den er seit vielen Jahren gewartet habe, sei gekommen, in so vollkommener Schönheit, wie er es nicht zu hoffen gewagt habe. Doch in den Staatsdienst könne er nicht zurückkehren, er sei zu alt geworden und seine Kraft sei gebrochen. Der König habe im Präsidenten von Iltgen einen würdigen ersten Berater. Friedrich Wilhelm fügte sich diesem Wunsch. Doch im Krönungsgottesdienst mußte Danckelmann noch einmal den Ehrenplatz einnehmen, der dem Großkanzler gebührte.

Danckelmann hat noch 9 Jahre gelebt, diese letzten Lebensjahre waren gelehrten Studien gewidmet. Seine Söhne hatten geachtete Stellungen, im Kammergericht, im Wiener Reichshofrat, an preußischen Regierungen. Er selbst wurde als »der große alte Mann« Preußens geehrt.

5. KAPITEL

Struensee und der dänische Adel

O richtet nicht, denn wir sind alle Sünder.
Shakespeare

Der Kopenhagener Pfarrer Dr. Münter ging nachdenklich nach Haus, nach dem Besuch, den er dem noch vor kurzem allmächtigen Grafen Struensee im Gefängnis gemacht hatte. Es war nicht das erste Mal, daß er bei dem Gefangenen gewesen war. Es war auch nicht das erste Mal, daß ihn die Unterredung mit Struensee tief aufgewühlt hatte. Johann Friedrich Struensee, ein deutscher Arzt, war 1769 Leibarzt des dänischen Königs Christian VII. und nach Verdrängung des Ministers Bernstorff Geheimer Kabinettsrat mit großer Machtvollkommenheit geworden. Im Januar 1772 wurde er gestürzt und wegen Hochverrats angeklagt.

Münter hatte wenig mit Struensee über seinen Prozeß gesprochen. Der Pfarrer hatte nicht viel Hoffnung, daß der Gefangene am Leben bleiben werde. Der rein juristische Standpunkt interessierte Münter nicht. Moralisch hielt er Struensee für sehr anfechtbar, und als Däne sah er seinen Sturz als notwendig an. Was sein Interesse erregte, war der Mensch, dieser tief in die Aufklärungsideen der Zeit verstrickte, den Lebensfreuden ergebene, dem Glauben entfremdete deutsche Arzt, der aber gern über Fragen, die über das materielle Diesseitsleben hinausgingen, disputierte und der auch bereit war, Nichtverständliches anzuhören und sich unbequemen Fragen zu stellen. Struensee wich nicht aus; das war es, was den Pfarrer von Anbeginn angesprochen hatte. Immer stärker war in ihm das Streben geworden, diese Seele zu erretten. Viele Menschen hatten ihm ihr Inneres ausgeschüttet. Noch um keinen hatte er so gerungen, und noch keiner hatte ihm, ohne viel über sein bisheriges Leben zu sagen, so viel

von diesem Leben und von der eigenen Persönlichkeit enthüllt. In den fünf Wochen, die zwischen der Verhaftung Struensees und seinem ersten Verhör verstrichen, war der Pfarrer wiederholt, in letzter Zeit beinahe täglich, im Gefängnis gewesen. In langen Gesprächen mühte sich Münter, den Ungläubigen dem christlichen Glauben wiederzugewinnen und in dem seines Werts bewußten und auf seine Leistungen stolzen Mann das Gefühl eigener Schuld zu wekken. Der Weg zum Glauben mußte über die Buße führen. Struensee machte es dem Pfarrer nicht leicht. Sein gutes Gedächtnis und das geradezu enzyklopädische Wissen, das er sich angelesen hatte, gaben ihm alle Argumente der Aufklärungszeit gegen Kirche und Christentum an die Hand. Er hatte nicht umsonst Voltaire durchaus studiert. Fehlte es auch diesem Wissen an Tiefe, so gab er doch dem Pfarrer manche Nuß zu knacken, wenn er christliche Dogmen mit den oftmals etwas seichten, aber immer wirkungsvoll vorgebrachten Gründen der Aufklärer angriff.
Münter hatte zunächst in dem Altonaer Arzt, der mit 31 Jahren Leibarzt des dänischen Königs Christian VII. und Günstling der Königin, nach einem Jahr »wirklicher Etatsrat«, nach einem weiteren Jahr Graf und der allmächtige Mann in Dänemark geworden war, einen gewissenlosen Glücksritter und nur dem eigenen Ehrgeiz dienenden Streber erblickt. Bald jedoch sah er sich zu seinem Erstaunen einem Menschen gegenüber, dem die Erlösung der Menschen von den Fehlern einer überalterten Gesellschaftsordnung durch die Vernunft kein Spiel war, in dem vielmehr ein heißer und aufrichtiger Reformwille lebte. Dem dänischen Pfarrer trat zum ersten Male in einem Menschen der aufrührerische Geist entgegen, der in den Köpfen und Herzen der Menschen des 18. Jahrhunderts brannte und den die großen Erwecker der Aufklärung entzündet hatten. Es war ein Idealismus, dessen Fundament Münter verneinte, dem er aber starke Anziehungskraft und sittlichen Ernst nicht absprechen konnte. Er konnte auch nicht leugnen, daß Struensee mit seiner Kritik an den dänischen Verhältnissen und mit seinen Reformideen in vielem nicht unrecht haben mochte.
Der Pfarrer verteidigte sein Land. Dänemark sei nicht das schlechtest regierte Land Europas. Das bestritt der Deutsche nicht, aber er sah

deutlicher als der Däne die Schattenseiten, den ungeheuer aufgeblähten Beamtenapparat, das Fehlen einer durchgreifenden Agrarreform, die unbeschränkte Macht des aristokratischen Staatsrats. Struensee rechnete es sich als besonderes Verdienst an, das ehrwürdige »Geheimconseil«, die Hochburg der Adelsherrschaft, abgeschafft zu haben. Wenn er davon sprach, spürte der Pfarrer den Groll, der in dem Emporkömmling gegen die adligen Herren loderte, die ihm Knüppel zwischen die Beine geworfen, seinen Emporstieg nach Kräften erschwert und den homo novus den ganzen Hochmut hatten fühlen lassen, dessen eine machtgewohnte Adelsschicht von jeher fähig ist.

Münter konnte beide Seiten verstehen, Struensees inniges Behagen, als die gleichen Menschen, die ihn herablassend oder verächtlich behandelt hatten, ihm in der Zeit seiner Macht katzbuckelten, ohnmächtig trotzten oder verbissen auswichen, und den Zorn der Adelskreise auf den gefährlichen Mann, der in dem uralten Spiel um die Gunst des Monarchen, die Voraussetzung für ein Wirken im absoluten Staat, die Spielregeln geändert und damit den schwersten Anschlag auf ihre verbrieften Vorrechte begangen hatte. Der Pfarrer hatte die milde Herrschaft der Bernstorffs als eine so angenehme Form aristokratischen Regiments empfunden, daß er innerlich die Partei des Adels ergriff. Doch er verstand, daß Struensee die nach seiner Verhaftung eingesetzte »Inquisitions-Kommission«, die gegen Struensee und seine Gefährten die Untersuchung führen und das Urteil sprechen sollte, als befangen ablehnte. Zwar verteidigte Münter die 9 Mitglieder als rechtschaffene Beamte, die keinen Justizmord begehen könnten, aber er mußte zugeben, daß sie alle der Gesellschaftsschicht angehörten, die Struensees Reformprogramm ablehnte, und daher kaum objektiv sein konnten. Er selbst hielt es nicht für glücklich, daß der Kommission auch der Etatsrat Guldberg angehörte, der ein führendes Mitglied der Verschwörung gegen Struensee gewesen war und nach gelungenem Staatsstreich die Zügel der Regierung in den Händen hielt. Es mußte dadurch der Eindruck entstehen, daß den Adelskreisen nur daran lag, durch eine Verurteilung Struensees den Putsch zu »legalisieren« und künftige liberale Reformer von Struensee'schen Versuchen abzuschrecken.

Wenn der Pfarrer den dänischen Adel verteidigte, rief Struensee da-

zwischen: Wo bleibt das Volk? Es war ja der Mangel an sozialem Verständnis, den er der regierenden Schicht vorwarf. Dem Volk wollte er, ein aufgeklärter Despot, das Heil bringen, wie er es sah. Von oben her hatte er eine Revolution, ohne Aufruhr und Blutvergießen, durchführen und auf den von ihm entworfenen königlichen Befehlen das soziale Reich der Vernunft aufbauen wollen. Er kenne das dänische Volk nicht, erwiderte ihm der Pfarrer. Münter wolle einmal die Ziele Struensees, vor allem die Bauernbefreiung, als heilsam unterstellen. Dann habe aber der Arzt den Fehler begangen, dieses grundkonservative Volk nicht langsam zu wecken, den Dänen seine Reformen nicht zu erklären, sondern sie mit einer Sturzflut von Erlassen zu überschütten, mit denen er altüberkommene Gewohnheiten und Ordnungen zerrissen habe. Er habe ein Volk, das dafür noch nicht reif war, zwangsweise mit der neuen Ordnung der Freiheit und Vernunft beglücken wollen. Dagegen hätten sich nicht nur die, denen er Vorrechte nahm, sondern auch die, denen er helfen wollte, zur Wehr gesetzt.
Man habe ihm, entgegnete Struensee, nicht die Zeit gelassen, in der das Volk gelernt hätte, sich an die neue Ordnung zu gewöhnen und den Segen der Reformen zu erkennen. Die Dänen würden, sagte Münter, nie eine Reform anerkannt haben, die von einem Fremden kam. Das Volk hätte Struensees bestgemeinte Verfügungen schon deswegen angefeindet, weil sie in deutscher Sprache abgefaßt waren. Struensee trumpfte auf, in Dänemark sei doch der Hof seit Jahrhunderten der Mittelpunkt des Deutschtums, die Armee werde nach deutschem Exerzierreglement kommandiert, es habe immer hohe und hochgeachtete Staatsdiener gegeben, die trotz langen Aufenthalts in Dänemark noch nicht einmal dänisch verstanden. Aber, belehrte ihn der Pfarrer, die Regierungserlasse seien stets in dänischer Sprache abgefaßt worden. In Struensees deutschen Erlassen habe man eine Kränkung der dänischen Nation erblickt, er selbst übrigens auch. Sie konnten sich nicht einigen.
Mehr als seine Reform und seine deutschen Erlasse verdachte ihm der Pfarrer, daß er nicht ein idealistischer Reformator geblieben sei, daß er seine Macht zu ungezügeltem Lebensgenuß und zur Befriedigung gewöhnlichen Ehrgeizes ausgenutzt habe. Der Arzt verwahrte

sich, der Pfarrer sei doch ein vernünftiger Mann, der im Leben stehe, er könne nicht verlangen, daß man als Asket lebe und Rosen am Wege ungepflückt lasse. Schlimmer als die alten Regierenden habe er, Struensee, es sicher nicht getrieben. Er wolle kein Splitterrichter sein, versetzte der Pfarrer, aber Struensees Lebensführung sei einer der Gründe dafür gewesen, daß der gemeine Mann auch seine Agrarreform abgelehnt habe. Das Volk habe hinter allen seinen Maßnahmen unlautere Motive gewittert und in ihm einen schlimmeren Tyrannen erblickt als in der ihnen bekannten und gewohnten herrschenden Schicht. Der billige es auch einen weiten Lebensstil zu, dem »Grafen« Struensee nicht. Der Pfarrer, sagte Struensee, wolle ihm doch nicht etwa verdenken, daß er die Erhebung in den Grafenstand angenommen habe? Doch, erwiderte Münter, das verdenke er ihm sehr. Struensee habe sich des Königs Geistesschwäche zunutze gemacht. Das sei es doch überhaupt, was man ihm am meisten zum Vorwurf mache.

Der König, der durch die Aufhebung des Geheimconseils unumschränkter Monarch geworden sei, habe Struensee die unerhörte Vollmacht erteilt, Kabinettsbefehle auch ohne königliche Unterschrift auszufertigen. Damit habe ihm der König die höchste Gewalt übertragen. Im Laufe eines Jahres seien 600 Erlasse mit Struensees Unterschrift ergangen, alle »Auf Befehl des Königs«, der sie nie gesehen und nichts von ihnen gewußt habe. Die Übertragung der Macht habe Struensee einem geistig nicht normalen Monarchen abgelistet. Das sei ein Unrecht. Als Arzt, sagte Struensee, wisse er am besten über des Königs Zustand Bescheid. Daß er anders sei wie andere Menschen, liege an seiner unglücklichen Erziehung. König Christian habe nie einen Menschen gehabt, der sich um ihn kümmerte, der ihn gern hatte, dem er sich erschließen konnte. Das habe er in ihm, Struensee, gefunden. Daher stamme die »Gunst«, in der er beim König gestanden habe. Christian habe viele Sonderbarkeiten, aber geisteskrank sei er nicht. Er zeige oft ein überraschend kluges und sicheres Urteil. Daß er seinen Leibarzt zum mächtigsten Mann Dänemarks gemacht habe, sei ein Entschluß gewesen, den er in voller Klarheit und in Kenntnis aller Konsequenzen gefaßt habe. Er, Struensee, berufe sich mit bestem Gewissen auf die Legalität seiner Machtübernahme. Er habe nicht einen einzigen Akt begangen, der nicht durch einen königlichen Erlaß gedeckt sei. Sie einigten sich wieder nicht. Struensee gab gerade in diesem Punkt nicht um Haaresbreite nach. Münter hatte aber den Eindruck, daß er die doppelte Bestimmtheit zeige, um eine innere Unsicherheit zu verbergen.

Der Pfarrer war immer bemüht, das Gespräch auf das theologische Gebiet zurückzubringen. Je näher die Stunde des Verhörs kam, um so aufgeschlossener zeigte sich Struensee für Probleme, die ihm bisher ganz fern gelegen hatten. Er habe, sagte er dann wohl, zum ersten Male in seinem Leben Muße zum Nachdenken. Er sei auch noch nie einem Menschen begegnet, der ihm die christlichen Lehren mit solcher Überzeugung und solcher Eindringlichkeit vorgetragen habe wie Münter. Der Pfarrer möge es ihm nicht übelnehmen, aber er habe bisher alle Geistlichen von vornherein für Schwachköpfe oder Betrüger gehalten. An einer Lehre, für die ein kluger und gelehrter Mann wie Dr. Münter zu sterben bereit sei und nach der er sein Leben richte, müsse etwas sein.

Aus Diskussionen, in denen aufklärerischer Witz in Angriff stand, wurden ernste Gespräche, nach denen Struensee immer nachdenklicher und der Pfarrer jedesmal zuversichtlicher wurde. Er hatte Breschen in die Wand des Unglaubens geschlagen. Nur mußte es ihm noch gelingen, die Selbstgerechtigkeit zu erschüttern, in die sich Struensee wie in einen Panzer hüllte. Er war nicht davon abzubringen, daß er »legitim« in den Besitz der Macht gekommen sei und sie zu notwendigen und heilsamen Reformen verwandt habe. Doch sprach er jetzt öfter von einer Schuld, ohne sie allerdings selbst diesem »Beichtvater« näher zu bezeichnen. Aber Münter ahnte, daß es sich um sein Verhältnis zur Königin handelte. Ganz Kopenhagen sprach davon, daß er ein Liebesverhältnis mit ihr unterhalten und beabsichtigt habe, den schwachen König durch Mord, Inhaftierung oder Feststellung seiner Regierungsunfähigkeit aus dem Wege zu räumen, die Königin zur Regentin zu machen und mit ihrer Hilfe eine Diktatur aufzurichten, Struensee, der sonst über alles offen mit dem Pfarrer sprach, war einer Auseinandersetzung über dieses Thema bisher geflissentlich aus dem Wege gegangen.

Vor zwei Tagen war Struensee zum ersten Male verhört worden.

Münter wußte, daß man die fünf Wochen seit seiner Verhaftung benutzt hatte, alle seine Papiere zu durchsuchen und 20–30 Personen als Zeugen zu vernehmen, vor allem über das Verhältnis Struensees zur Königin. In Kopenhagen hatte es sich rasch herumgesprochen, daß Kammerfrauen und Jungfern eingehend über Bettgeheimnisse ausgefragt worden waren. Am Abend des ersten Verhörs hatte Struensee den Kopf hoch getragen. Offenbar habe man, sagte er triumphierend dem Pfarrer, keine Spur des hochverräterischen »Komplotts« finden können, das man händeringend suche, um ihm etwas anhaben zu können.

Im Mittelpunkt des Verhörs habe daher der »Brandt'sche Boxkampf« gestanden. Auf Münters Fragen erzählte Struensee, der König habe unter seine absonderlichen Liebhabereien auch Faustkämpfe mit Herren seiner Umgebung gezählt, die sich von ihrem merkwürdigen Gebieter ohne Widerstand prügeln lassen mußten. Ein Freund Struensees, ein Herr von Brandt, den er als Maître de plaisir an den Hof gebracht, zum Direktor der Bühne, der Kunstkammer und der Bildergalerie hatte ernennen lassen und der vom König in den Grafenstand erhoben worden war, habe sich geweigert, diese unwürdige Prozedur über sich ergehen zu lassen. Struensee habe ihm gut zugeredet, den König nicht durch diese Weigerung unnötig zu erzürnen. Brandt habe sich widerwillig zu dem Spiel hergegeben, sei aber, als er einige Kinnhaken erhalten habe, in Wut geraten und habe selbst zugeschlagen. Der König, dem dieser Widerstand unerwartet kam, habe sich erschrocken, aber gleich mit Brandt wieder ausgesöhnt. Damals habe man dem Vorfall, den der König selbst seiner Umgebung erzählte, wenig Beachtung geschenkt, man sei ja am dänischen Hof solche Extravaganzen gewöhnt gewesen. Jetzt habe man ihn freudig wieder aufgegriffen, und aus der harmlosen Prügelszene einen Mordversuch gemacht, der Struensee den Weg zur Alleinherrschaft bahnen sollte.

Münter, der insgeheim bedauerte, daß die Anklage auf solche Narreteien einging, konnte sich nicht versagen, Struensee zu fragen, ob er trotzdem seine Theorie von der geistigen Gesundheit des Königs aufrecht halte. Er habe, sagte Struensee, Christian nie als geistig gesund bezeichnet. Aber die Skala zwischen voller Gesundheit und der Ver-

rücktheit sei sehr weit. Der König sei eine gespaltene Persönlichkeit, bei der Stunden unsinnigen Gebarens und geistiger Klarheit in oft unvermitteltem Wechsel aufeinander folgten. Er habe meist nicht die Kraft, seinen sonderbaren Gelüsten zu widerstehen. Reiße er sich aber zusammen, könne er durch Proben scharfen Verstandes überraschen. Münter hatte wieder den Eindruck, daß Struensee die These nicht mit voller Überzeugungskraft vertrat. Sie mochte richtig sein, aber wie der Pfarrer den Arzt kannte, hätte er sich auch von einem vollständig verrückten Monarchen die Macht übertragen lassen, um sein Reformprogramm durchführen zu können.
Nach den Vernehmungen am zweiten und dritten Tage war Struensee tief deprimiert gewesen. 300 Fragen seien ihm vorgelegt worden. Auf die 239. Frage, ob die Vertraulichkeit zwischen der Königin und ihm so weit gegangen sei, wie sie zwischen zwei Personen verschiedenen Geschlechts gehen könne, habe er »nach langen Bedenken und Gemütsbewegung« ein Geständnis abgelegt. Struensee wiederholte dem Pfarrer: »Ich gestehe, mein Verbrechen ist groß.« Mehr hatten sie über die Vernehmung nicht gesprochen. Was Münter erhofft hatte, war geschehen. Der Panzer der Selbstgerechtigkeit war zerbrochen. Struensee erkannte und bekannte seine Schuld. Im Gefühl des nahen Todes ließ er auch den Hochmut glaubensfeindlicher Aufklärung fahren. In der Stunde tiefster Niedergeschlagenheit erlebte Struensee seine Bekehrung zum Glauben und gewann die Kraft, sein Schicksal ungebrochen zu tragen. Der Pfarrer ging erhoben und erschüttert heim. In dieser Stunde entstand in ihm der Entschluß, in einem Buch die Geschichte der inneren Wandlung des merkwürdigen Mannes zu erzählen. Aber in seinem Herzen bewegte er an diesem Abend und noch viele Jahre lang die Frage, welcher Art die Schuld Struensees gewesen sei. Es blieb ein Rätsel, das die Beteiligten ungelöst ins Grab nahmen.
Die damalige Regierung wollte auch der Königin den Prozeß machen. Bei ihrer Vernehmung bestritt sie zunächst, unerlaubten Umgang mit Struensee gehabt zu haben. Erst als ihr sein Geständnis vorgehalten wurde, gab auch sie den Fehltritt zu. Eine außerordentliche Kommission sprach daraufhin die Scheidung der königlichen Ehe aus. Aber eine öffentliche Verurteilung der Königin mußte unter-

bleiben, da der englische Gesandte für den Fall der Bloßstellung der Königin, die eine englische Prinzessin, die Schwester des englischen Königs war, eine unverhohlene Drohung aussprach. Sie wurde von einem englischen Kriegsschiff abgeholt und in das hannoversche Schloß in Celle gebracht, wo sie nach drei Jahren starb. Kurz vor ihrem Tode versicherte sie, an dem Vergehen, dessen man sie bezichtigte, unschuldig zu sein: Sie sei ihrem Gemahl nie untreu gewesen. Ihre Anhänger behaupteten, die Untersuchungsrichter hätten Struensee gesagt, er könne sich durch Kompromittierung der Königin salvieren, und der Königin, sie könne durch Bestätigung seines Geständnisses sein Leben retten. So sei das Doppelbekenntnis entstanden. Münter begegnete auch der Auffassung, Struensee habe unter der Furcht vor der – von ihm abgeschafften und von der Reaktion alsbald wieder eingeführten – Folter gestanden. Juristen sagten ihm, daß der Fall des Ehebruchs mit der Königin zwar im dänischen Gesetz nicht ausdrücklich als strafbar vorgesehen sei, aber unter den allgemeinen Paragraphen des Strafgesetzbuches falle: »Wer den König oder die Königin zur Beschämung schmäht.« Das Geständnis Struensees, mochte es wahr sein oder nicht, stelle die denkbar schwerste Beleidigung des Monarchen dar. Für den Pfarrer war das Juristische nebensächlich. Ihm kam es auf das Moralische an. Erschien ihm der Ehebruch mit der Königin als unverzeihliche Sünde, so hielt er einen Versuch Struensees, durch unwahre Belastung der Königin den eigenen Kopf zu retten, für ebenso verwerflich. Münter hat die Todesstrafe aus diesem Grunde als unvermeidlich – und als verdient – angesehen.

Die englische Intervention ging nicht so weit, das Verhältnis Struensees zur Königin auch aus dem Verfahren gegen ihn auszuscheiden. Es spielte in der Anklageschrift eine entscheidende Rolle: »Graf Struensee hat sich die Vertraulichkeit der vornehmsten Dame des Landes erschlichen, und das in solchem Grade, daß es die Grenzen überschritt, welche gesetzt sind zwischen Personen verschiedenen Geschlechts, die miteinander nicht verbunden werden können und dürfen.« Die Anklageschrift des Generalfiskals Wiret war im übrigen kein Ruhmesblatt der dänischen Justiz. Je überzeugter Dr. Münter von der eigentlichen Schuld Struensees war, um so peinlicher empfand er den Mangel an Stil, Überzeugungskraft und Format in diesem durch die Grobheit der Sprache geradezu erschütternden Dokument. Da wurde Struensee als »Mordengel« oder als »die allerdummdreisteste Person, die man sich imaginieren kann« bezeichnet. Da erlaubte sich der Verfasser den unpassenden Scherz: Wenn Struensee in Altona ein ebenso guter Arzt für die Stadt wie in Dänemark für den Staat gewesen sei, müsse notwendigerweise die Zahl der Toten in Altona zu seiner Zeit die der Geborenen überstiegen haben, »wenn nicht etwa die Zahl der Letzteren von ihm auf andere Weise vermehrt worden ist«. Struensees Verdienste waren »todte Fliegen in einer Apothekerkruke«. So ging es viele Seiten lang weiter. Münter hielt von allen langatmig begründeten Anklagepunkten nur vier für überhaupt diskutierbar: »Die Erschleichung der Vertraulichkeit der höchsten Dame des Landes«, die »Aneignung der königlichen Machtvollkommenheit«, den »Überfall auf den König durch Brandt« und ungerechtfertigte Bereicherung. Aber gegen die drei letzten Vorwürfe, auch den der Bereicherung, verwahrte sich Struensee entrüstet.

Er verfaßte eine Verteidigungsschrift, obwohl er sich von ihr keine Wirkung versprach. Das Gericht kann sich mit ihr auch kaum beschäftigt haben. Von höchster Stelle war Beschleunigung befohlen worden. Die Inquisitionskommission gehorchte. Am 21. April 1772 ging die Anklageschrift bei ihr ein, am 22. April die Verteidigung Struensees, am 23. April die Replik des Generalfiskals, am 25. April wurde das Todesurteil gesprochen. Das Urteil war in der Form besser als die Anklageschrift. Aber vergeblich suchte Münter eine überzeugende Begründung für die Todesstrafe. Die Richter lehnten Struensee als Landfremden und als Reformer ab: »Seine Sache war es nicht, die Landessprache zu erlernen, die Lage und das wahre Interesse des Reiches zu studieren und die bürgerlichen Gesetze und die Verfassung derselben kennenzulernen. Das wäre der Weg gewesen, den er hätte gehen müssen.«

In dieser Form übten sie an Struensees Werk Punkt für Punkt scharfe Kritik. Das despotische Verfahren, mit dem er den Conseil abschaffte, brandmarkten sie ebenso hart wie die Eigennützigkeit, mit der er sich außer seinem Gehalt erhebliche »Dotationen« zuschanzte. Aber zunächst kein Wort von Hochverrat oder anderen todeswürdigen Verbrechen. Erst im letzten Drittel wurde ihm vorgeworfen, den Artikel des Königsgesetzes, nach dem alle Regierungserlasse vom König selbst unterschrieben werden sollten, verletzt und sich auch nach dem anderen Artikel vergangen zu haben, der »jeden als Beleidiger der Majestät gestraft sehen will, der etwas begehrt oder an sich bringt, was der souveränen Herrschaft oder monarchischen Gewalt des Königs auf irgendwelche Weise verfänglich und nachteilig sein könnte«. Münter hat diese Majestätsbeleidigung Struensee manches Mal vorgehalten. Aber er war bestürzt, als nun das Urteil von einem anderen »ebenso großen Verbrechen gegen des Königs Hoheit« sprach und ausgerechnet die alberne Prügelszene heranzog. Der Pfarrer stimmte als Däne und Konservativer der Kritik an Struensee fast in jedem Punkt zu. Aber er fand kein todeswürdiges Verbrechen. Er wußte um eins, um sein sträfliches Verhalten der Königin gegenüber. Jedoch gerade dieser Fehltritt, der noch in der Anklageschrift eine solche Rolle gespielt hatte, wurde im Urteil überhaupt nicht erwähnt. Struensee wurde verurteilt, aber nicht wegen seiner einzigen wirklichen Schuld.

Das Urteil lautete: »Graf Johann Friedrich Struensee soll, ihm selbst zur wohlverdienten Strafe und anderen Gleichgesinnten zum Exempel und Abscheu, Ehre, Leben und Gut verbrochen haben und von seiner gräflichen Würde und allen anderen ihm verliehenen Ehren degradiert und sein gräfliches Wappen vom Henker zerbrochen werden; so soll auch Struensees rechte Hand und darauf sein Kopf ihm lebendig abgehauen, sein Körper geviertelt und aufs Rad gelegt, sein Kopf aber mit der Hand auf einen Pfahl gesteckt werden!« Das Urteil wich von dem Antrag des Anklägers nur darin ab, daß dieser den Verurteilten lebendig geviertelt sehen wollte. Bereits am 27. April wurde das Urteil gegen Struensee »wegen seines in mehr als einer Hinsicht in überaus hohem Grade verübten Crimen laesae Majestatis« vom König bestätigt. Am 28. wurde er enthauptet. Dr. Münter begleitete ihn auf seinem letzten Wege. Er blieb gefaßt und tapfer bis zum letzten Atemzug.

War Struensees Regierung eine Gewaltregierung gewesen, so war es die Guldberg'sche nicht minder. Alles, was Struensee angeordnet hatte, wurde beseitigt. Jeder, der als Parteigänger Struensees galt, wurde verdrängt. Struensees Sturz wurde zu einem Sieg über das Deutschtum ausgebeutet. Der Staatsstreich gegen Struensee war zugleich eine Reaktion gegen das seit Jahrzehnten von oben her bevorzugte deutsche Element. So war eine der ersten Maßnahmen der neuen Regierung, daß die deutsche Kommandosprache in der Armee beseitigt wurde. Vor allem aber richtete sich die Reaktion gegen Struensees Agrarreformen. Die Regelung der Frondienste auf den adligen Gütern, die er als ersten Ansatz zur Aufhebung der Leibeigenschaft eingeführt hatte, wurde aufgehoben, so daß die Hörigen wieder völlig willkürlich zu Hofdiensten herangezogen werden konnten.

Selbst Gegner Struensees wurden nachdenklich, als Guldberg durch Errichtung eines »die souveräne Herrschaft und monarchische Gewalt des Königs« stark einschränkenden Geheimen Staatsrats und durch die unter ihm noch gebräuchlicher als unter Struensee werdenden »Kabinettsbefehle« genau das tat, weswegen man Struensee mit einem Schein des Rechts den Kopf abgeschlagen hatte. Unter den leibeigenen Bauern aber, denen Struensees besondere Fürsorge gegolten hatte, setzte eine Gegenströmung ein; und nach der Erzählung eines Bischofs klagte ihm wenige Jahre nach Struensees Tod ein Bauer, der in zerlumpten Kleidern mit halbnackten Kindern auf dem Felde arbeitete: »Das war ein braver Mann, der uns die vorige Verordnung gab, worin die Hofdienste, die wir tun sollen, bestimmt waren. Aber darum war's ja wohl auch, denk' ich mir, daß sie in Kopenhagen ihm den Kopf abschlugen.«

III. BUCH

Die Orthodoxie bekämpft den, der sich ihren Glaubensgeboten widersetzt.

In ihren Anfängen war die Christenheit »freidenkend«. Man glaubte nicht an Hexen und verfolgte keine Ketzer. Noch Karl der Große verdammte jeden zum Tode, der »nach Art der Heiden« an Hexen glaubte und sie verbrannte. Erst 1487 begannen mit dem »Hexenhammer« die Hexenverfolgungen in Europa, die eine Million Opfer forderten. Über drei Jahrhunderte hindurch haben die Hexenprozesse das Christentum und die Justiz, das Regiment in Stadt und Land mit Schande bedeckt. Johannes Keppler mußte vier Jahre um seine Mutter kämpfen und entriß die alte Frau nur mit Mühe der Folter. Die von Kaiser Karl V. eingesetzte Kommission brauchte zwei Jahre, um die Unschuld der Herzogin Sidonie von Braunschweig-Wolfenbüttel und der vier mitangeklagten und bereits gefolterten Frauen festzustellen. Der letzte europäische Hexenprozeß fand in Glarns statt. Die Dienstmagd Anna Göldli wurde auf die Anzeige eines neunjährigen Mädchens hin 1782 angeklagt. Die Glarner Pfarrer, von ihren Züricher Kollegen dringend vor diesem Verfahren gewarnt, antworteten, sie seien selbst keine Schafsköpfe und wüßten zwischen schwarz und weiß zu unterscheiden; das Urteil lautete auf Tod durch das Schwert und wurde vollstreckt.

Es sollen hier keine Proben der vielen Hexenprozesse gebracht werden, es mag genügen, auf diese furchtbare Zeitkrankheit und auf ihre nahe Verwandtschaft mit der Ketzerverfolgung hinzuweisen. Die Jungfrau von Orleans wurde nicht nur als Ketzerin, sondern auch als Hexe angeklagt. Die Art, in der man mit Ketzern umging, wurde für die Behandlung der Hexen vorbildlich. Ein französischer Mönch berichtete über die Einnahme einer ketzerischen Burg: »Hernach aber sammelten unsere Pilger die unzähligen Ketzer, welche in dem

Schloß vorhanden waren, und verbrannten dieselben mit ungeheurer Freude (cum ingenti gaudio).« Das Gaudium war auch jedesmal groß, wenn man Hexen verbrannte.

Die Kirche stand Ketzern gegenüber zwischen zwei Feuern: Toleranz war eine Relativierung, Intoleranz eine Dämonisierung des Evangeliums. Sie hat nach anfänglicher Toleranz jahrhundertelang den zweiten Weg eingeschlagen. Der erste große Gewaltakt gegen Ketzer war der von Papst Innozenz III. befohlene und vom Grafen Simon von Montfort mit ausgesuchter Grausamkeit durchgeführte Kreuzzug gegen die Albigenser in Südfrankreich (1209–1229). Seitdem wurde im »Kampf gegen den Unglauben« Gewalt angewandt. Die Kirche begnügte sich nicht damit, Ungläubige auszuschließen; die »Exkommunikation« in irgendeiner Form ist für eine Kirche wesentlich. Die Kirche überantwortete den, der sich weigerte, das Gewissen zu beugen, dem Staate zur Bestrafung mit dem Tode durch Feuer oder Schwert. Erst der Aufklärung erschien die Intoleranz als die eigentliche Sünde wider das Wesen des Christentums.

Die Ketzerprozesse bildeten lange Zeit einen wesentlichen Faktor des kirchlichen Kampfes gegen widerspenstige Glieder der Kirche. Denn auch in diesem Kampfe bekleidete sich die Gewalt mit der Toga des Rechts. Man verurteilte und verbrannte nur »nach Recht und Gerechtigkeit«. Aus der unendlichen Zahl der Ketzerprozesse sind vier Beispiele ausgewählt. In diesen Prozessen ringen Menschen, die sich nur von ihrer »Stimme«, ihrem Gewissen leiten lassen, Hus und Johanna, More und Servet, mit der staatlichen und geistlichen Gewalt, die ihnen Glauben und Tun vorschreibt. Die Könige Sigismund und Heinrich VIII., der Kardinal von Winchester und Calvin wollen die Widerspenstigen unter das Gebot zwingen, das von ihrer »Rechtgläubigkeit« ausgeht. Die Bedrohten mögen straucheln und fehlen, aber ihr Gewissen bleibt wach und hilft ihnen durch den Tod zum Sieg.

6. KAPITEL

Hus und Sigismund

Wer die Kraft fand, allem zu entsagen,
wird erst kräftig, alles zu ertragen.
Flex

Die Papstkirche ward ihres Sieges über die vom Kaiser, zuletzt und am großartigsten vom Hohenstaufen Friedrich II., beanspruchte Universalherrschaft nicht froh. Der Hydra weltlicher Macht wuchsen, als ihr der Kaiserkopf abgeschlagen war, neue und gefährlichere Köpfe nach. Die Nationalstaaten spielten immer wieder mit dem Gedanken einer Nationalkirche und wahrten sich dem Heiligen Stuhl gegenüber eine beachtliche Selbständigkeit. Am stärksten setzte Philipp der Schöne seinen Anspruch auf Geltung gegenüber dem Papst durch, als er dem heiligen Vater den unheiligen Prozeß gegen die Templer aufzwang. Dazu kam, daß im 13. und 14. Jahrhundert die religiösen Bewegungen zunahmen, die sich gegen das weltliche Treiben der Geistlichkeit richteten, darüber hinaus aber auch das Dogma anzugreifen begannen. Es war, als habe der große Ketzer, der letzte Hohenstaufe, den Samen seiner aufrührerischen Gedanken über die Lande gestreut. Ende des 14. Jahrhunderts traten zwei Bewegungen auf, die der Kirche besonders langwierige und nachhaltige Schwierigkeiten machten, die der Waldenser in Frankreich und die des Johannes Wyclif in England. Auch das Konzil in Konstanz hatte diese Entwicklung zum Hauptgegenstand; es hatte sich mit drei Fragen zu befassen, dem Schisma, der Kirchenreform und der böhmischen Ketzerei, die sich mit dem Namen des Johann Hus verband.

Johann Hus war ein Mann heißen, lodernden Temperaments, ein Fanatiker, der nicht wählerisch war im Gebrauch der Kampfmittel gegen seine Gegner und der dabei gelegentlich auch vor Unwahrheiten nicht zurückscheute, ein unduldsamer Sittenprediger, der eine fast krankhafte Scheu vor lockeren Weibern hatte, ein Glaubenseiferer, der in der wörtlichen Auslegung der Bibel und anderen Schriften mit scholastischer Spitzfindigkeit verfuhr und auch der Gefahr der Selbstüberschätzung nicht völlig entging, ein geborener Volksredner, ein glühender Nationalist, der religiöse Repräsentant seines Volkes, ergreifend in der Inbrunst seines Gebets, packend in der Kraft seiner Sprache, wirklich groß nur im Tod. Er war kein religiöser Reformator mit eigenen Gedanken, er verkündete vielmehr agitatorisch das, was der Kirchenreformer Wyclif lehrte. Aber wenn Hus auch Gedanken aus der Fremde empfing, er gab ihnen erst durch seine Inbrunst und Opferbereitschaft mitreißende Kraft.

Die Kritik von Hus an der Kirche richtete sich anfänglich nicht gegen Einrichtungen oder Grundlehren der Kirche, sondern gegen Personen. Er nahm die Unzulänglichkeiten einzelner Geistlicher aufs Korn. Unerbittlich und zu Übertreibungen neigend, zeichnete er Bilder des tschechischen Klerus, die an abstoßender Häßlichkeit unerreicht sind. Aber je länger, desto mehr begann er sich innerlich von der kirchlichen Hierarchie zu lösen. Auch wenn er noch lange öffentlich seinen Gehorsam gegen die römische Kirche und den Papst erklärte, schonte er in seiner Kritik an den Geistlichen auch die Päpste nicht, von denen er wie von Parteiführern sprach. Da schlechte Priester für ihn Diener des Antichrist waren, sprach er dem ungetreuen Geistlichen die Rechtsstellung in der Kirche ab und proklamierte damit das Recht der kirchlichen Revolution. Er gehörte der Kommission an, die das Wilsnacker Wunder, die blutenden Hostien, zu untersuchen hatte. Auf die reine Wahrheit bedacht, lehnte er den Vorwurf der Häresie stets entrüstet ab. Er haßte die Ketzer ingrimmig. Es war ihm voller Ernst, als er in Konstanz erklärte, ein echter Tscheche sei nie ein Ketzer gewesen. Auch der Ketzerrichter von Böhmen versicherte, er habe bei Hus »niemals eine Ketzerei« bemerkt.

Die Bewegung, die Hus ins Leben rief, fand in Böhmen gewaltige Verbreitung. Der König schützte ihn, das niedere Volk jubelte ihm zu, in Adel und Bürgertum fand er Anhänger dadurch, daß er die religiöse mit der nationalen Frage verband. Die Stärke der hussitischen

Bewegung lag darin, daß in Böhmen, wo der Gegensatz zwischen Tschechen und Deutschen nie erloschen war, eine religiöse, aus Wyclifs Lehren und mystischen Ursprüngen gespeiste Idee ein nationaltschechisches Programm übernahm. Unter dem Einfluß von Hus wurde die 1348 von Karl IV. als erste deutsche gegründete Prager Universität tschechisiert. Bisher hatten die vier »Nationen«, die Tschechen, Bayern, Sachsen und Polen – in Wirklichkeit die zahlreichen in Polen lebenden Deutschen –, je eine Stimme. Seit dem Prager Universitätsstreit 1408 hatten die Tschechen drei Stimmen, die anderen zusammen nur eine. Deshalb gründeten die Deutschen 1409 die Universität in Leipzig.

Der Konflikt mit der Kirche begann, als der Prager Erzbischof Slinko 200 Schriften von Hus und Wyclif verbrannte und über Hus den Bann verhängte. Der Konflikt verschärfte sich, als der Papst gegen den König von Neapel, der einen Gegenpapst unterstützte, den Kreuzzug predigen ließ und den Kämpfern Ablaß versprach. Dagegen wandte sich Hus: wo die Bullen der Päpste der Schrift nicht entsprächen, solle man ihnen widerstehen. 1412 sprach der Papst den Kirchenbann über ihn aus. Hus appellierte in einer berühmten Schrift »vom Papst an den Herrn Christus«. Er berief sich auf ein Konzil und ging deshalb auch gern nach Konstanz, wenn ihn auch, wie er stolz sagte, keiner hätte zwingen können. Papst war damals Johann XXIII., in seiner Jugend ein tüchtiger Soldat, später Schöngeist und Weltmann, Politiker und Künstler, nur kein Christ.

Kardinal Roncalli wählte über 500 Jahre später den Namen Johannes XXIII. und sühnte so »die Selbstbefleckung einer Kirche, indem er den alten verunehrten Namen annahm und ein neues Werk der Christenheit begann«. Der Papst nahm die Sache Hus nicht allzu wichtig. Für ihn war sie lediglich ein taktisches Mittel im Kampf um die eigene Anerkennung im Konkurrenzkampf der schismatischen Päpste. Da er hierbei auf den König Sigismund angewiesen war, wollte er ihm im Fall Hus gern jeden Gefallen tun.

Der König Sigismund, der schöne, verschwenderische, ruhelose »Herr Unterwegs«, hatte als Erbe der böhmischen Krone großes Interesse an der Beilegung der dortigen Wirren. Um die zahlreichen Anhänger von Hus zu gewinnen, strebte er dessen Rehabilitierung

an. Nachdem der Prager Inquisitor auf Anfrage des Königs ein förmliches Zeugnis der Rechtgläubigkeit für Hus ausgestellt hatte, sagte ihm Sigismund den königlichen Schutz in dem berühmten Geleitbrief zu: »... daß ihr ihn sowohl sicher und völlig unbehindert durchreisen, wohnen oder verweilen als auch vollkommen freizügig wieder zurückkehren lasset«. Es war viel, daß Sigismund einem Gebannten sicheres Geleit zusagte und ihm wider die Regel öffentliches Gehör verschaffen wollte. Aber es war auch nicht mehr. Gegen die rechtmäßige Gewalt des Richters bot der Geleitbrief keinen Schutz. Hus, der auf der Fahrt von Prag nach Konstanz überall freundlich begrüßt wurde, entschloß sich, nicht, wie mit Sigismund verabredet war, nach Speyer zu fahren und sich von dort zusammen mit dem König nach Konstanz zu begeben, sondern reiste direkt nach Konstanz. Das war ein Fehler. Der Prozeß wäre sonst anders verlaufen. Hus traf am 3. November 1414 in Konstanz ein.
An der Kirchenversammlung in Konstanz nahmen teil: 500 Fürsten, 1500 Ritter mit 20000 Knappen, 33 Kardinäle, 47 Erzbischöfe, 146 Bischöfe, 93 Weihbischöfe, 7000 Festbesucher, darunter 2000 Angehörige von 37 Universitäten, unter ihnen der hochgelehrte Kanzler von Paris – Jean Charles de Gerson –, der im Prozeß gegen die Jungfrau von Orléans eine so klägliche Rolle spielen sollte. Die Zahl der Huldinnen war nicht zu zählen. Quartiere in der Stadt mußten mit Gold aufgewogen werden. Bis zur Ankunft von Sigismund waren der Papst, der sich unter dem Schutz des Herzogs Friedrich von Österreich sicher wähnte, und der Magister Hus die Hauptattraktionen. Der Papst, der einige Tage vor Hus mit großen Gepränge eingezogen war, ging in seinem Wunsch, dem König gefällig zu sein, so weit, daß er den Bann suspendierte; nur solle Hus kirchlichen Feierlichkeiten fern bleiben. Dem Ritter von Chlum, einem Hus unbedingt ergebenen Mann, der den Papst um Schutz für Hus bat, flüsterte er heimlich zu, Hus möge doch seine Angelegenheit im Stillen ordnen und sie so aus der Welt schaffen. Er, der Papst, werde ihn nicht belästigen, der Prozeß gegen ihn solle einstweilen ruhen. Auf Chlums Vorschlag, der Papst solle den Prozeß einfach niederschlagen, konnte Johannes allerdings nicht eingehen.
Hus nutzte die Muße, die man ihm ließ, um an seinen Reden für das

erwartete große Streitgespräch zu arbeiten. In seiner Naivität träumte er von einer umfassenden theologischen Debatte. Er empfing auch viele Menschen in seiner Herberge, warb für seine Lehre und forderte durch seinen Bekennerdrang die Gegner heraus. Die Kardinäle wurden unruhig. Die bisherige Behandlung schien ein abgekartetes Spiel zwischen Papst und König zu sein. Die Superiorität des Konzils stand auf dem Spiel. Sie mußten handeln. Am 28. November luden sie Hus vor. Er wurde zunächst nicht unfreundlich behandelt. Als er erklärte, er möchte lieber sterben, als wissentlich einen Irrtum behaupten, und er sei bereit, wenn man ihm einen Irrtum nachweise, ihn sofort aufzugeben, meinten sie, das seien ganz treffliche Worte. Aber nachmittags ging es schärfer zu. Als Hus sich gegen einen Legaten verwahrte, der ihn angefahren hatte, nahm man ihn »grober Unbottigkeit halber« in Bußgewahrsam. Einige Tage saß er im Haus des Vorsängers in Haft, dann vom 6.12. bis 24.3.1415 im Gefängnis des Dominikanerklosters am Seeufer. Der eigentliche Prozeß begann.
Das Konzil hatte formell das Recht, Hus in Untersuchungshaft zu nehmen. Aber es lief dem Willen und der Zusage des Königs zuwider. Der brave Chlum schlug Alarm. Der Papst sagte dem zornigen Ritter bedauernd: Ihr wißt ja, wie übel ich mit den Kardinälen stehe; sie allein haben mir den Verhaftungsbefehl aufgezwungen. Der König bekam einen Wutanfall und reiste sofort nach Konstanz ab. Als er von unterwegs befahl, Hus sofort freizulassen, verwahrten sich die Kardinäle gegen diesen Eingriff in ihr geistliches Gericht.
Hus wurde im Dezember im Gefängnis dauernd verhört. Aber seine Bitte, ihm eine »öffentliche Verteidigung vor all den versammelten Herrschaften« zu gewähren, blieb ihm versagt. Auch jetzt noch lebte er des naiven Glaubens, durch die Kraft seiner Gründe und die Macht seiner Rede das Konzil von der Reinheit seines Wollens und Glaubenseifers überzeugen zu können. Er begann bald, unter Haftpsychose zu leiden, und betete um »constantiam in Constanz«. Daß ihm kein Verteidiger gestellt wurde, war keine besondere Härte, das war in Ketzerprozessen gültiges Recht. Aber Hus gab jetzt einem Besucher Recht, der ihm sagte: Ihr hättet besser getan, wenn Ihr auf den König gewartet hättet und erst in seinem Gefolge zum Konzil gekommen wärt.

Sigismund traf in der Weihnachtsnacht in Konstanz ein. Am Vortage übernachtete er im Kloster Reichenau und wurde dort nach der Klosterchronik »durch die Küngin beredt, die Küngin ezu benächtigen und ezu beschlafen«. Der König, der in dunkler Morgenstunde mit seiner schönen Stimme als Diakon das Weihnachtsevangelium tönend sang, bezauberte die Menge, aber gegen die abgebrühten Kardinäle verfingen seine Künste nicht. Bittere Wut im Herzen, kämpfte er tagelang für seinen Schützling. Die Kardinäle gaben nicht nach und waren auch nicht zu erschüttern, als Sigismund drohte, wieder abzureisen. Sie stellten das Ultimatum, das Konzil werde nur fortgesetzt, wenn Hus in Haft bliebe. Jetzt stand Sigismund vor der Alternative, nachzugeben oder das Konzil zu sprengen. Das aber brauchte er für seine Kirchenpolitik, für seine Ziele in Deutschland und Böhmen, für die Vereinigung des Westens gegen die Türkengefahr. So opferte er Hus und tröstete sich, ein zweiter Pilatus, mit der Hoffnung, ihm durch die Geißelung der Haft das Leben zu retten.
Am Neujahrstag 1415 versprach der König, nicht mehr »unter dem Vorwand seines freien Geleits« den Prozeß zu hindern. Die Kardinäle hatten gesiegt. Nun schuldeten sie Sigismund Ersatz für seine moralische Niederlage. So schlugen sie vor, den Prozeß einem Schiedsgericht von 12 Theologen zu übergeben. Ein glimpflicher Ausgang schien möglich zu sein. Aber Hus lehnte diesen Weg schroff ab und bestand auf öffentlichem Gehör. Seine Lage verschlechterte sich, als man ihn nach der berühmten Flucht des Papstes, der »uff einem Klaineen rösly« entwich und erst nach zwei Monaten wieder eingefangen wurde, auf die Burg Gottlieben brachte. Dort war er, von Soldaten scharf bewacht, gefesselt und schlecht beköstigt, in viel schärferer Haft als bisher. Im Untersuchungsausschuß saßen Italiener und Franzosen. Berichterstatter waren der Kardinal D'Ailli, ein milder Mann und gläubiger Sterndeuter, und der Pariser Gerson, ein unduldsamer Sittlichkeitseiferer und Hus in der Kritik unwürdiger Päpste sehr ähnlich.
Zwei andere Kardinäle waren gebildete Humanisten, die kein Verständnis für Hus' Eigensinn hatten. Bei einer Vernehmung hatte er gesagt, die Kirche könne auch ganz gut ohne Papst und Kardinäle bestehen. Man legte ihm nahe, wenigstens dieses verhängnisvolle Wort

zurückzunehmen. Aber Hus konnte zur Not eine Lehre Wyclifs widerrufen, niemals ein eigenes Wort. Er machte sich eine falsche Vorstellung vom öffentlichen Verhör. Das Konzil wollte nicht mit ihm disputieren, es wollte richten und dazu von ihm nur die Erklärung haben, ob er bestimmte Sätze gesprochen habe und gegebenenfalls widerrufen wolle, aber keine Rechtfertigung dieser Sätze. Das Konzil sah als ketzerische Hartnäckigkeit an, was bei ihm Verranntheit in seine scholastischen Formeln oder Überzeugungstreue war. Am 4. Mai wurde er, ohne öffentlich gehört worden zu sein, verurteilt. Erst Anfang Juni brachte man ihn nach Konstanz zurück.

Am 5. Juni sollte der Bericht über das Untersuchungsergebnis verlesen werden, dann wollte man die 43 »Irrtümer«, die man in seinen Schriften festgestellt hatte, als ketzerisch verdammen und das bereits fertig vorliegende Urteil verkünden. Als Sigismund hiervon Wind bekam, ließ er dem Konzil durch den Burggrafen von Nürnberg sagen, man möge doch Hus erst in Ruhe anhören und seine Ausführungen genau mit den Sätzen der Anklage vergleichen. Man mußte dem König zu Willen sein, aber es hob die Stimmung nicht zu Gunsten des Angeklagten. Auf die erste Frage, ob er das geschrieben habe, bejahte Hus: falls man ihm aber klar bewiese, daß es irrig sei, wolle er es verbessern. Schon war man mitten in der Debatte. Vergeblich gebot der Vorsitzende, Hus habe auf 40 Fragen nur mit Ja oder Nein zu antworten. Der ließ sich den Mund nicht verbieten und antwortete selbstbewußt, rebellisch, die Gegner reizend. Die ersparten ihm nichts und erwiderten mit wütenden Gegenreden: »Bleib bei der Sache! Laß die Silbenstecherei! Verbrannt sollst du werden!« Zeitweilig herrschte solcher Lärm, daß Hus sich zu der Klage genötigt sah: »Ich habe gedacht, mehr Anstand, Güte und bessere Zucht in dieser heiligen Versammlung zu finden.« Es gab einen Wirbel, zornig vertagte sich das Konzil.

Unter dem Eindruck dieses Verhörs rieten ihm Freunde zur Flucht. Diesen Gedanken wies Hus weit von sich. Am zweiten Verhör am 7. Juni nahm der König selbst teil. Hus wurden 6 Anklagepunkte vorgehalten, er glaube nicht an die Transsubstantiation, lehne die Unfehlbarkeit des Papstes ab, bestreite die Kraft der Absolution durch einen lasterhaften Priester, nenne den Ablaß eine Sünde, verwerfe das Verbot der Priesterehe und die unbedingte Obedienz gegenüber den Oberen. Zu jedem Punkte rechtfertigte sich Hus, ausführlich und häufig ausfallend. Es ging lebhaft her, der Angeklagte und die Richter schrien sich an, der Graf Chlum griff in die Debatte ein und schlug eine scharfe Klinge: »Ehret man bei euch Pfaffen also des Königs Ansehen, Würde, Macht und Schutzbrief?« Der Vorsitzende versuchte es mit Güte. Der König stieß in das gleiche Horn: er habe Hus freies Geleit zugesichert, damit er Gehör bekäme; öffentliches und ehrbares Gehör habe er erhalten. Nun solle er sich der Gnade des Konzils unterwerfen. Dann werde man milde verfahren, und er werde mit leidlicher Buße davonkommen. Wenn er sich aber weiter hartnäckig versteife, »da wolle ich selbst den Scheiterhaufen anzünden«. Sigismund meinte es nicht so schlimm, er wollte den renitenten Magister nur etwas einschüchtern. Der blieb dabei: er sei nicht verstockt, sondern wolle sich belehren lassen, falls er geirrt habe. Der Vorsitzende schloß das Verhör: »Eure Belehrung sei, zu widerrufen.«

Auch am dritten Verhör am 8. Juni nahm der König teil. 39 Lehrsätze, die als ketzerisch beanstandet waren, wurden in stundenlanger Verhandlung durchgenommen. Manche wurden aus der Anklage gestrichen, wenn Hus nachwies, daß sie aus dem Zusammenhang gerissen oder anders zu verstehen seien. Einige milderte Hus auch. Er brachte das Konzil ohne Not in Verlegenheit, als er an die »Päpstin Johanna« erinnerte. Ein lähmendes Entsetzen aber überfiel das Konzil, als Hus dem Satz, daß ein in Todsünde lebender Papst kein Papst mehr sei, den zweiten Satz hinzufügte, daß auch ein solcher König vor Gott kein wirklicher König mehr sei. Da Sigismund, im Gespräch mit dem Nürnberger am Fenster lehnend, die »Lästerung« nicht gehört hatte, mußte Hus sie wiederholen. Der König war der Lage gewachsen und sagte würdig: »Johannes Hus, niemand lebt ohne Sünde!« Auf Mahnung des Vorsitzenden erklärte sich Hus bereit, sich vom Konzil nicht nur belehren, sondern auch zurechtweisen zu lassen und dessen Entscheidungen anzunehmen; aber er könne nicht Sätze widerrufen, die er nicht behauptet habe. Solche Finessen verstand der König nicht, er stellte Hus noch einmal die Alternative vor Augen: abschwören und der Gnade des Konzils vertrauen oder festhalten und das Urteil nach dem Gesetz empfangen. Als Hus hartnäckig blieb, er könne Gott und sein Gewissen nicht beleidigen, wurde der jähzornige Sigismund ungeduldig: Ihr seid alt genug, so wählt!

Als Hus in das Gefängnis zurückgeführt wurde, wandte sich der König, noch erregt vom Disput, an die Kardinäle. Wolle Hus nicht widerrufen, möge er verbrannt werden. Sigismund hatte sich über den Starrsinn seines Schützlings geärgert und ließ ihn fallen. Doch im Saale standen Graf Chlum und andere Freunde des Angeklagten und hörten entrüstet des Königs Worte mit an. Sigismund, der ja auf die Anhänger des Hus in seinem böhmischen Erbland Rücksicht nehmen mußte, hat wohl bald seinen Fehler eingesehen. Denn auf seine Anregung gingen die zahlreichen Bemühungen zurück, Hus den Widerruf möglich zu machen. Die Anklageschrift wurde umgearbeitet und auf wenige Lehrsätze beschränkt. Man suchte nach einer milden Abschwörungsformel. Hohe Prälaten redeten Hus gut zu. Einen Bischof, der ihm sagte, er wolle also weiser sein, als das ganze Konzil, erwiderte Hus: Nein, wenn ihm der Geringste aus der Versammlung mit Beweisen aus der Schrift belehren könne, tue er alles, was das Konzil verlange. Als ein anderer Prälat ihm sagte: »Wenn das Konzil sagte, du hast nur *ein* Auge, so müßtest du einstimmen, daß es also sei«, erwiderte Hus: wenn auch die ganze Welt das sagte, so könne er nimmer beipflichten. Das war, in schärfster Zuspitzung, der Gegensatz zwischen Hus und dem Konzil. Deshalb mußte Hus, als selbst Chlum ihm zuredete, sich zu beugen, den Freund zurechtweisen: nur wenn er sich bewußt wäre, etwas gegen das Gesetz Gottes gepredigt zu haben, werde er in aller Demut widerrufen.

Hus' Einwände gegen das Abschwören waren keine Spitzfindigkeiten. Wenn er etwas abschwur, dann bekannte er sich als Ketzer, dann war sein fünfjähriger Kampf vergeblich. Das »Volk Gottes« durfte nicht an ihm irre werden. Er wollte kein Ketzer sein. Hus wollte lieber den Feuertod erleiden, als der Überzeugung untreu werden und das Gewissen verletzen. Angesichts des Todes wuchs er. Die Schlacken der Leidenschaft und vieles Irdische fielen von ihm ab. Am 6. Juli 1415 war das Konzil zur Entscheidung über Hus im Dom von Konstanz versammelt. Der König an der Spitze von 89 weltli-

chen und geistlichen Fürsten war anwesend. Der Bischof von London bewies in einer Predigt aus dem Römerbrief Kapitel 6 und aus Aristoteles, Hus müsse verbrannt werden.
Den Richtern wurden drei Fragen vorgelegt: Ist Hus Ketzer? Ist das Konzil berechtigt, über ihn zu urteilen? Welche Strafe hat er verdient? Die erste wurde mit 51 zu 37 Stimmen, die zweite mit großer Mehrheit bejaht. Bei der dritten stimmten 30 für Freispruch, 11 für öffentliche Buße, 45 für den Tod. Die meisten *weltlichen* Fürsten traten für Freilassung ein, Kursachsen mit der Begründung: der Böhme sei kein Verbrecher, sondern »ein Mann hohen Muts, fürnehmer Gelehrsamkeit und königlicher Rekommendation«, Kurbrandenburg: er sei nicht ein räudiges Schaf oder eine Bestie, sondern ein guter Hirte, »etwelchmal besser als mancher zu Rom.« Chlum gab für Böhmen die Erklärung ab: wenn Hus weiter gepeinigt oder mit dem Tode bestraft würde, so würden alle Böhmen »schreckliche Rache« nehmen. Von den Prälaten sagte der Straßburger Rohan: »Der Beklagte zieh' in Frieden, dieweilen er Gott mehr gehorcht, denn den Menschen«, und der Fürst von Corvey fragte: »Hat einer unter euch Hussens Satzwerk auch nur in einem Punkt widerlegt?«
Während nun Heinrich von Piro, der Prokurator des Konzils, die 30 als ketzerisch bezeichneten Irrlehren bekanntgab, machte Hus dauernd Zwischenrufe und kehrte sich auch nicht an das Verbot, zu reden. Auf Antrag des Anklägers erging das Urteil, daß er als hartnäkkig und unverbesserlich der priesterlichen Würde und aller Weihen zu entkleiden sei. Nachdem er die letzte Aufforderung zum Widerruf abgelehnt hatte, wurde er dem weltlichen Arm übergeben. Auf Ketzerei stand der Feuertod. Hus fragte den König, wie er den von ihm gesiegelten Geleitbrief selbst zunichtemachen und auf sein gesalbtes Haupt den Frevel des Treuebruchs laden könne. Chlum wurde noch schärfer: »Ihr schändet Euch und Eures Volkes Namen.« Sigismund soll rot geworden sein – sei es aus Ärger, sei es aus Scham. Er hatte oft genug dargelegt, warum er sich durch den Geleitbrief nicht als gebunden ansehe. Aber seine Stimme zitterte, als er jetzt erklärte: »Ich glaub in allweg, daß Hussen ein Ketzer ist und den Feuertod, so er nicht widerrufen sollt, wohl verdient hat.«
Vor dem Scheiterhaufen noch einmal zum Widerruf aufgefordert,

sagte Hus: »Ich steh' anhiero vor Gottes Aug, ohne dessen Schmach und meines Gewissens Verletzung ich das nimmermehr tun kann, was ihr von mir fordert.« Die Henker banden ihn mit sieben nassen Stricken an einen Pflock und legten ihm eine rostige Kette um den Hals. Rings um ihn wurden Holzscheite und Strohwische aufgeschichtet und Pech darauf gegossen. Aus dem Feuer sang Hussens Stimme: »Christus erbarme Dich meiner!« Beim dritten Mal brach die Stimme jäh ab, ein Windstoß hatte Qualm in den singenden Mund getrieben. Das Ganze dauerte, wie ein Augenzeuge berichtete, nicht länger als zwei oder drei Vaterunser. Die Asche wurde sorgfältig zusammengekratzt, auf einen Karren geladen, an den Rhein gefahren und in die Fluten gestreut. »Doch den böhmischen Freunden« schrieb Papst Pius II., »blieb der Ort, wo ihr geliebter Magister gelitten, dennoch ehrungswürdig; sie haben von dem Boden, wo das Feuer brannte, Erde ausgegraben und als Heiligtum in ihre Heimat mitgenommen.«

Nachdem Hus auf dem Scheiterhaufen geendet hatte, machte man auch seinem Freunde, Hieronymus von Prag, den Prozeß. Von Krankheit und Entbehrungen gebeugt, sagte sich Hieronymus auf den Rat ihm wohlgesinnter Kardinäle in öffentlicher Sitzung des Konzils von den Lehrsätzen Hus' los. Als man aber von ihm verlangte, in Briefen an König Wenzel, die Universität Prag und das böhmische Volk seine Sinnesänderung reuig zu bekennen, weigerte er sich und nahm seinen Widerruf zurück; im Mai 1416 wurde er als rückfälliger Ketzer zum Tode verurteilt und verbrannt. Ein apostolischer Sekretär schildert die Einzelheiten des Prozesses dem Dichter Aretino in einem Brief, in dem aus jeder Zeile die Sympathie mit dem Verurteilten spricht und der mit dem Satz endet: ». . . weder Mucius ließ sich mit solcher Festigkeit die Hand verbrennen, noch trank Sokrates so ruhig den Schierlingsbecher, wie dieser hier in den Flammentod ging.«

Namhafte Kritiker haben Hus' Verbrennung einen wahren Justizmord genannt. Nach Ansicht anderer entsprach das Urteil formal dem damaligen Recht. Am überraschendsten, in der Sicht der Zeit, war die große Zahl der Stimmen für Freispruch. Wie damals die Minderheit, empfinden heute die meisten das Ketzerfeuer von Konstanz als schweres Unrecht. Gegenüber einem harten Buchstabenrecht setzte sich das bessere Recht der Menschlichkeit nicht durch. Eine knappe Mehrheit opferte einen edlen Menschen dem Anspruch des Konzils, mit apodiktischer Sicherheit Glaubenssätze als unanfechtbare Wahrheiten aufzustellen. 1964, bei der Feier des Jahrestags des Konzilbeginns, erwähnte der Erzbischof Schäufele »das menschlich so tragische Schicksal« des Böhmen, bestand aber darauf, er habe »häretische Lehren verbreitet«. Das erzbischöfliche Ordinariat erklärte auch, die Kirche habe mit der Aktion, die Unterschriften für ein Wiederaufnahmeverfahren sammelte, nichts zu tun. Diese Aktion wurde vom Leiter des städtischen Archivs in Konstanz ins Leben gerufen, da es nicht tragbar sei, daß »weiterhin das Andenken an das mutige Leben und christliche Sterben des Johann Hus durch den Schuldspruch des Konzils möglicherweise zu Unrecht belastet wird«. Bei der Feier 1964 fand der damalige Ministerpräsident Kiesinger das richtige Wort, indem er an die Mahnung des Papstes Paul VI. erinnerte, die Katholiken möchten für etwaige Schuld in der Geschichte »demütig Gott um Verzeihung ... und die Brüder um Vergebung bitten«.

Ranke urteilte: »Indem man Hus hinrichtete, hat man ihn erst zum Leben erweckt.« Des Grafen Chlum Voraussage ging in Erfüllung. Mit dem ersten Prager Fenstersturz im Jahre 1419 begann der offene Volkswiderstand, der aus einer innerkirchlichen Reformation eine sozial und national bestimmte Revolution machte. Vergeblich versuchte Sigismund, das von ihm verschuldete Feuer zu dämpfen. Die Hussiten stießen ins Reichsgebiet vor – »Hussiten vor Naumburg« – und fanden auch in Deutschland viel Zulauf. Als die Hussiten in Bayern einfielen, bat der Stadtrat von Regensburg Jeanne d'Arc, sich an die Spitze eines christlichen Heeres gegen die Ketzer zu setzen. Die Gesandtschaft scheint sie verfehlt zu haben. Nach einem Brief ihres Beichtvaters hat sie aber noch vor ihrer Gefangennahme von der Bitte gehört und ihre Beteiligung an diesem antihussitischen Kreuzzug zugesagt. Die Hussitengefahr wurde nicht von Kaiser und Reich bezwungen, sondern durch den Streit zwischen den radikalen Taboriten und den gemäßigten Utraquisten. Der Jusqu'auboutismus von Hus blieb in den Hussiten lebendig. Die beiden Richtungen zer-

fleischten sich 1434 im »Nationalen Harakiri« der Schlacht bei Böhmischbrod, in der die Taboriten vernichtend geschlagen wurden. Ihr Kampfgeist schlug in radikalen Pazifismus um. Das »böhmische Gift« rumorte weiter im Volk. Von den Utraquisten sonderte sich die Brüderunität ab. Ihr letzter Bischof, Johann Amos Comenius, der zweite große Tscheche, wurde als Schöpfer der Grundlagen moderner Pädagogik weltberühmt. Die Reste der Böhmischen Brüder wurden 1722 auf den Besitzungen des Grafen Zinzendorf in der Oberlausitz angesiedelt und nannten ihre Siedlung Herrnhut. Thomas Masaryk sah den Sinn der tschechischen Geschichte in der hussitischen Reformation ausgesprochen; sein Versuch, das hussitische Erbe aufzunehmen, blieb ohne Würdigung und Wirkung. Doch auch heute kann man den tschechischen Protestantismus nicht verstehen, wenn man nicht an seine hussitischen Wurzeln denkt.
1940 erschien das Geschichtswerk von Melchior Vischer: »Jan Hus, Aufruhr wider Papst und Reich«. Das Werk wurde von der Geheimen Staatspolizei verboten. Man hatte herausgefunden, daß des Verfassers »Münnich«, das ursprünglich ein Buch nach dem Herzen der Machthaber zu sein schien, zwischen den Zeilen antimilitaristische Tendenzen hatte. Nun suchte man im »Hus« nach Explosionsstoff. 1954 kam das Werk in neuer Fassung heraus. Der katholische Verfasser, der den Spuren der bäuerlichen Vorfahren seines starrköpfigen Helden weit in die Vergangenheit nachgeht, behandelt die Frage der »Ketzerei« mit vorbildlicher Objektivität. Er wird aber auch den Gegenspielern gerecht.
Während Hussens Gedanken erst nach seinem Tode richtig zu leben begannen, versanken seine Gegner im Meer der Erfolglosigkeit. Das Machtgebäude der Luxemburger, das Sigismund so eifrig aufzutürmen sich gemüht hatte, fiel den Habsburgern zu; aus seiner Regierung hatte dauernde Wirkung nur die Einsetzung der Hohenzollern in die Mark Brandenburg. Das Konstanzer Konzil aber, das die längst fällige und von allen ernsten Christen verlangte »Reform an Haupt und Gliedern« vornehmen sollte, erschöpfte seine Kraft in dem – auch rechtlich anfechtbaren – Todesurteil gegen den böhmischen Ketzer und legte keine Hand an die eigentlichen Übelstände. Auch ein Versagen kann weltgeschichtliche Wirkung haben. Der

Konstanzer Scheiterhaufen versinnbildlichte das Scheitern des Konzils und ist zugleich einer der Ursprünge, aus denen die ungeheure Durchschlagskraft Martin Luthers herzuleiten und zu erklären ist.

7. KAPITEL

Johanna und die Kirche

Reinen Herzens zu sein, das ist das Höchste,
was Weise ersannen, Weisere taten.
Hölderlin

Unzählige Werke sind über Johanna, die Jungfrau von Orléans, geschrieben worden. Und doch liegt ein Geheimnis über vielen Bereichen ihres Lebens. Stammte sie wirklich von den wohlhabenden Landleuten in Donrémy ab, die sie ihre Eltern nannte, oder entstammte sie dem Liebesverhältnis der Königin Isabeau mit ihrem Schwager Ludwig von Orléans, wie es mit beachtlichen Argumenten, ihrer guten Erziehung, der ehrenvollen Aufnahme am königlichen Hof, der Annahme der Farben des Hauses Orléans für ihr Wappen und der Verleihung des Bastardwappens von Frankreich, der Erhebung ihrer Eltern und Brüder in den Adelsstand »de Lys«, einige Schriftsteller neuerdings behaupten? Auch die Umstände ihrer Gefangennahme sind höchst merkwürdig. Bei dem unbedeutenden Gefecht am 23. Mai 1430 sind Philipp von Burgund und sein Vasall, Johann von Luxemburg, zugegen; beim Rückzug in die Festung nach dem Ausfall Johannas wird die Zugbrücke zu früh hochgezogen, und die Jungfrau allein ausgeschlossen. Gewinnt nicht die Annahme moderner Autoren an Wahrscheinlichkeit, daß Karl, den die Jungfrau zum König gemacht und in Reims hatte krönen lassen, kein Interesse mehr an ihr hatte und sie an Burgund »verkaufte«? Daß er bald darauf mit Philipp von Burgund, dessen Vater er hatte ermorden lassen, Frieden schließen konnte und für die gefangene Johanna keinen Finger rührte, spricht für diese Theorie.
Auch die Umstände ihres Todes sind nicht völlig geklärt. Weder der Geschichtsschreiber des Herzogs von Burgund noch die Chronique

Normande erwähnen ihre Verbrennung. Dafür verzeichneten die Rechnungsbücher der Stadt Orléans 1439, also 8 Jahre nach ihrer Verbrennung, Ausgaben für den Empfang von Johanna, die unter dem Namen Johanna des Armoines nach Orléans gekommen war, und eine Summe von 210 Pfund, die ihr ausgehändigt wurde »für das Wohl, das sie der Stadt während der Belagerung angetan hat«. Nach anderen Nachrichten aus jener Zeit erschien sie 1436 in Metz, wurde von der Herzogin von Luxemburg empfangen, heiratete Robert des Armoines, einen Edelmann aus einem der bedeutendsten Adelsgeschlechter, der den Ehevertrag auch im Namen seiner Gemahlin »Jeanne de Lys, Jungfrau von Frankreich« unterzeichnete, und starb im Jahr 1450. Das Buch des Historikers Jean Grimod, das diese Behauptungen mit guten Argumenten verficht, hat in Frankreich Stürme der Entrüstung ausgelöst. Die Spezialisten der Jeanne d'Arc-Forschung bezeichneten das Buch als einen Skandal; es wärme nur alte, längst widerlegte Gerüchte auf. Frankreichs bedeutendster Advokat, Maître Maurice Garçon, Mitglied der Académie Française, ist in die Schranken getreten; man könne die Eintragungen in den Rechnungsbüchern der Stadt Orléans nicht bezweifeln, aber die Stadt sei auf eine Hochstaplerin hereingefallen, eine der vielen »falschen« Figuren, die in der Maske historischer Persönlichkeiten die Menschen in Unruhe versetzten.
Auch in der Zeit ihres Siegeslaufs gab es nur wenige, die fest an Johanna glaubten. Das waren die schlichten, tapferen Herzen, Dunois, der Bastard von Orléans, ein illegitimer Sohn Ludwigs von Orléans – und deshalb vielleicht ein Stiefbruder von Johanna –, und der Herzog von Alençon, der ihr von den Kriegsleuten der liebste war. Der König? Dem war es unheimlich, daß sie ihm in verborgene Winkel des Herzens sah, noch unheimlicher, daß sie Forderungen an ihn stellte, die über seine Kraft gingen. Der Klerus? Er hielt sich vorsichtig zurück, gab ihr eine Chance, glaubte aber nicht an sie, vor allem nicht der Kanzler Régnault de Chartres, der Erzbischof von Reims. Von Mai bis Juli 1429, vom ersten Ausfall von Orléans bis zur Krönung in Reims, wagte niemand an ihr zu zweifeln. In Reims trat der Umschwung ein. Das »Wunder« hatte seine Pflicht getan. Die Großen begannen wieder zu »denken«, Johanna mußte in den Hinter-

grund treten, das Regiment wieder in »anständige« Hände fallen. Am konsequentesten ihr gegenüber waren die Engländer. Der fähige Herzog von Bedford, Regent in Frankreich für den kleinen König Heinrich, der als Sohn des frühverstorbenen Heinrichs V., Shakespeares geliebtem Prinzen »Heinz«, und der französischen Prinzessin Katharina, des lustigen »Kätchens«, der englische Prätendent für den französischen Königsthron war, und sein noch klügerer Onkel, der Kardinalerzbischof von Winchester, empfanden eine abgrundtiefe Verachtung für den schwachen Franzosenkönig Karl, der von der tödlichen Angst gelähmt war, ein Bastard zu sein, dessen Minister uneins waren, dessen schlecht bezahlte Armee weder Mut noch Treue zeigte, unter dessen Regierung es in Frankreich keine Führung, keinen Glauben, keine Idee mehr gab. Und dann kam das Teufelsmädchen und gab den Franzosen das, was ihnen fehlte, Einheit des Handelns und Autorität, Selbstvertrauen und Siegeszuversicht. Es war eine Schmach, daß englische Soldaten vor der Hexe bei Orléans so ins Flüchten kamen, daß selbst der heldenmütige Talbot sie nicht aufhalten konnte. Daß das Mädchen dann, trotz fehlenden Nachschubs und trotz feindlicher Festungen im Rücken, quer durch das Land nach Reims marschierte, war Tollheit, war Hexerei oder strategische Genialität.

Die Engländer bewunderten und haßten Johanna. Doch mochte sie ein Genie oder eine Hexe sein, sterben mußte sie. Durch einen Zaubereiprozeß mußte die Wirkung von Reims aufgehoben werden. Die Jungfrau hatte Karl nach Reims geführt und krönen lassen. Wurde sie als Hexe verbrannt, war Karl kein König mehr. Nur durch das Feuer des Scheiterhaufens konnte der Zauber gebrochen werden, der von ihr ausging, die Franzosen anfeuerte und die Feinde erschreckte. Die Engländer mußten sie aus den Händen der Burgunder in die eigene Hand bringen. Sie boten 10000 Goldpfund, ließen durch ihren Mittelsmann, den Bischof Cauchon, und die Pariser Universität dem Burgunder Herzog gut zureden und halfen mit der handfesten Drohung nach, sie würden den englischen Kaufleuten den Handel mit den Niederlanden, Burgunds wertvollsten Provinzen, verbieten. Der Luxemburger sträubte sich, aber es half ihm nichts. Die Burgunder lieferten sie aus. Im Dezember 1430 wurde sie nach Rouen gebracht, in das staatliche, von englischen Soldaten bewachte Gefängnis. Der Prozeß konnte beginnen.

Den Engländern, die während des Prozesses selten in Erscheinung traten, aber hinter der Bühne die Fäden in der Hand hielten, kam es nur darauf an, daß ihr der Stempel der Zauberei aufgedrückt wurde, daß sie den Feuertod erlitt, daß dadurch das ramponierte Ansehen der Engländer wiederhergestellt wurde. Sie mußte ihren Glorienschein verlieren und unschädlich gemacht werden. Ob sie als »hartnäckiger Ketzer« der weltlichen Macht übergeben wurde, oder ob sie widerrief und, der Rückfälligkeit überführt, zum Tode verurteilt wurde, das war gleichgültig. Nur das Ziel mußte erreicht und dazu ein »zuverlässiges« Gericht eingesetzt werden. Unter diesen Vorzeichen begann der außergewöhnlichste Prozeß der Weltgeschichte, der vom Januar bis 30. Mai 1431 dauerte. Er war schon deshalb ungewöhnlich, weil wir, während sonst vieles im Leben Johannas im Dunkel liegt, aus diesem Prozeß, der vor mehr als 500 Jahren stattfand, jedes einzelne Wort kennen. Aus den Prozeßakten gewinnen wir ein plastisches Bild der Jungfrau wie ihrer Gegner. Die List der Idee hat bewirkt, daß wir nur durch diesen Prozeß, der Johanna vernichten sollte, sie erleben in ihrer Menschlichkeit, ihrer strahlenden Gewißheit, ihrer Ursprünglichkeit und ihrer kreatürlichen Todesangst, als Heilige und Heldin, als rührendes Menschenkind und als personifizierte Weisheit ihres Volkes. Die Zuverlässigkeit des Prozeßprotokolls ist vornehmlich das Verdienst des ersten Protokollführers, Guilleaume Manchon, der als erzbischöflicher Notar von Rouen sich der größten Gewissenhaftigkeit befleißigte und seine amtlichen Rechte den Richtern gegenüber hartnäckig verteidigte.

Shaw hat Johanna, »die große Kriegsheilige des christlichen Kalenders und den wunderlichsten Kauz unter den exzentrischen Gestalten des Mittelalters« genannt. Darin kommen die beiden Seiten ihres Wesens zum Ausdruck. Sie war nüchtern, völlig frei von Hysterie, ein Mensch mit starken Gefühl und gesundem Menschenverstand. Sie neigte zu drastischen Scherzen und provinziellen Kraftausdrükken, ritt gut und handhabte den Speer mit Kraft, konnte in Wut geraten und war leicht zu Tränen gerührt. Sie geriet in Versuchungen, aber nie war an ihr eine Spur von Eitelkeit oder Verblendung zu bemerken, nur einzigartige Einfachheit. Vielleicht war sie militärisch begabt, wahrscheinlich half ihr auch in militärischen Fragen nur ihr unfehlbarer Instinkt. Alençon sagte allerdings, sie habe in militärischen Dingen umsichtig und bedacht gehandelt, wie ein alter erfahrener Führer. Sie hatte keine Lust am »Soldatenspiel« und war alles andere als ein Mannweib, sie hat nie einen Menschen getötet, aber sie liebte die Gefahr und weckte dadurch Begeisterung und Selbstbewußtsein. Sie kämpfte, indem sie begeisterte, sie besaß eine faszinierende Autorität über die Soldaten.

Dieses durch und durch gesunde, ungebrochene Mädchen war zugleich eine begnadete Visionärin. Sie hatte Offenbarungen und hörte »Stimmen«. Alle Vorgänge ihres Unterbewußtseins traten für sie als wirkliche Erscheinungen auf. Johannas Stimmen waren Johanna selbst, mit ihrem eigenen göttlichen Befehl wie der Not ihres Landes aufgeschlossenen, glühendem Herzen. Als die Stimmen eines Tages nicht mehr über Johanna sprachen, sondern von Frankreich, ging sie ohne Zögern an ihre Aufgabe. Die Nachricht von der Unglücksschlacht bei Verneuil am 17. August 1424, in der Karls VII. letzte Hoffnungen vernichtet wurden, löste in dem jungen, in weltabgeschiedener Dorfeinsamkeit dahinlebenden Mädchen eine ihr Innerstes aufwühlende Erschütterung aus. Das schmerzliche Ereignis versetzte gerade die Bevölkerung von Domremy hart an der lothringischen Grenze in höchste Unruhe. Sie war bisher treu für den König eingetreten; aber hatte es noch einen Sinn, weiterhin Widerstand zu leisten? War es nicht besser, sich auf die Seite des Herzogs von Burgund zu schlagen, der allein noch eine Macht im Lande bildete, und dessen Partei das Nachbardorf Maxey ergriff, während man in Vaucouleurs königstreu blieb? Die Jugend beteiligte sich mit heißen, manchmal blutigen Köpfen an den politischen Auseinandersetzungen. Johanna aber war sich fortan ihrer Berufung bewußt.

Man soll nicht versuchen, das Geheimnis der Stimmen zu »erklären«. Johanna war mit himmlischen Mächten eng verbunden. Für sie waren sie eine Realität. Der Dienst, den die Jungfrau auch heutigen Menschen leistet, liegt darin, daß sie festgefahrene Denkgleise auflokkert. Aber die »Sendung«, von der Johanna sprach, erschien den herrschenden Mächten ihrer Zeit als gefährlich. Johanna beanspruchte Gottunmittelbarkeit. Es war den einen ein Ärgernis, den anderen eine Torheit, daß Gott sich unter Umgehung der Kirche in einer durchaus weltlichen Angelegenheit, der Befreiung Frankreichs, an ein Bauernmädchen gewandt haben sollte. Bernhard Shaw aber schreibt mit tiefem Verständnis in seinem Vorwort zur »Heiligen Johanna« 1924: »Die Inspirationen und Intuitionen und die im Unterbewußtsein gezogenen Schlüsse des Genies nehmen eben manchmal die Form ähnlicher Illusionen an. Sokrates, Luther, Swedenborg und Blake hatten Visionen und hörten Stimmen, ganz so wie der heilige Franziskus und die heilige Johanna.« Im Rechtfertigungsprozeß berichtete Dunois, im Frühjahr 1436 habe Johanna im Namen ihrer Stimmen den König beschworen, nach Reims zu gehen. Die an sie gestellte Zumutung, einmal zu sagen, wie eigentlich die Stimmen mit ihr redeten, habe Johanna zuerst empört abgelehnt, aber auf Zureden Karls schließlich gestanden, »sie bringe – wenn man ihr Gottes Botschaft nicht glauben wolle – in ihrer Verzweiflung ihre Klagen vor den Himmelskönig, und jedes Mal vernehme sie dann, nach Verrichtung ihres Gebets, eine Stimme, die ihr bedeute: Tochter Gottes, geh nur, gehe, ich werde dein Beistand sein!«

Das Großartige an Johanna ist, daß sie nicht gespalten, daß sie aus einem Guß war. In ihr waren Frömmigkeit und Patriotismus eins. Ihr kritischer Verstand widersprach ihren Visionen nicht. Johanna war echt weiblich. Sie drängte sich nicht zum Märtyrertum und hoffte bis zum Tage ihrer Verurteilung auf Befreiung. Sie hätte nach Erfüllung ihres Auftrages ins Alltagsleben zurücktreten, heiraten und Kinder haben können. Nur in und während ihrer Sendung konnte sie nicht »alltäglich« werden. Ihre Reinheit sprengte alle üblichen Vorstellungen von Heiligen. Deshalb ging von ihr ein so beispielloser Schwung aus, der ungeahnte Kräfte entband. Sie gab dem Christentum den Heroismus wieder. War sie eine Ketzerin? Keinesfalls war sie eine religiöse Revolutionärin. Sie war bereit, sich dem Urteil der Kirche zu unterwerfen, aber sie fühlte sich »einzig und allein Gott unterstellt«. Sie war nicht ungehorsam, aber sie stand zwischen zwei Befehlen, dem der menschlich-geistlichen Obrigkeit und dem Gottes. Um diesen Konflikt, der nicht zu lösen ist, ging es im Prozeß.

Die Richter waren Gefangene ihrer Zeit und ihres Systems, weder Bösewichter noch Hohlköpfe; sie haben sich große Mühe mit dem Prozeß gegeben, wenn auch ihre Menschlichkeit oft nur gespielte Güte war. Der Prozeß war ein Schauprozeß, aber kein oberflächliches Verfahren und keine reine Komödie. Die technische Leitung in den Händen Cauchons war hervorragend. Cauchon, der Bischof von Beauvais, war zuständig, weil Johanna in seinem Sprengel gefangen genommen worden war. Er war kein unbedeutender Mann, er war ein glänzender Jurist, ein spitzfindiger Theologe, ein schlauer Politiker und ehrgeiziger Opportunist. Er war mit jungen Jahren Rektor der Universität Paris gewesen und hatte Burgund auf dem Konstanzer Konzil vertreten. Jetzt wollte er gern Erzbischof von Rouen werden. Die Eignung hierfür wollte er durch die Führung des Prozesses erbringen. Er legte sein schwerstes Examen vor dem Kardinal von Winchester ab, den sein unehrerbietiger Neffe Gloucester als »purpurfarbigen Heuchler« charakterisierte. Cauchon war kein Unmensch, aber er hatte seine Seele den Engländern verkauft. Schon aus Propagandagründen hatte er Wert darauf gelegt, bekannte Männer wie Thomas Courcelles, »den Vater der gallikanischen Freiheiten«, der sich auf dem Baseler Konzil als eine Leuchte der Theologie hervorgetan hatte, als Beisitzer zu gewinnen, und unter den Richtern gab es Männer, die ihre Aufgaben ernst nahmen und sich nicht einschüchtern ließen.
Dem Gericht gehörten zahlreiche Doktoren der Universität Paris, Kanoniker aus Rouen, Äbte der großen Orden, insgesamt rund 100 Richter, an, von denen aber meist nur die Hälfte, in wechselnder Besetzung, zugegen war. Cauchon hatte nur Richter genommen, auf deren Stimme man sich verlassen konnte. Ankläger war Jean d'Estivet, von dem brutale Wut- und Roheitsausbrüche berichtet werden. Er hatte schon in Beauvais das Amt eines »Staatsanwalts« bekleidet, und folgte seinem Bischof nach Rouen. Dieser »Seelsorger« war der Verfasser der berüchtigten 70 Artikel, die man Johanna bei der Eröffnung des Verhörs zur Beantwortung vorlegte. Auch scheint er eng mit dem Kanonikus Loiseleur aus Rouen zusammengearbeitet zu haben, der die Aufgabe hatte, sich als Kerkerspion zu betätigen, und den man später beschuldigte, der Jungfrau durch hinterlistiges

Zureden Hoffnungen, sich durch freiwilligen Widerruf retten zu können, gemacht und sie dadurch irregeführt zu haben.
Von diesen beiden Dunkelmännern hebt sich wohltuend die Gestalt des Richters aus der Normandie, Jean Lohier, ab, des einzigen Priesters, der dem Oberrichter gründlich die Meinung zu sagen wagte. Schon nach wenigen Tagen erklärte er unumwunden, er könne das Verfahren gegen Johanna nicht billigen, da es sich zugleich gegen den König von Frankreich richte, den man aber nicht geladen habe. Er bemängelte weiter, daß man die Jungfrau ohne Rechtsbeistand gelassen habe und daß das Gericht hinter verschlossenen Türen tage; der Beweggrund des ganzen Verfahrens sei eben der Haß und sonst nichts. Erwähnung verdient auch der wackere Ysambert de la Pierre, der einzige Richter, der während des Prozesses der Jungfrau mit seinem Rat beistand.
Am 8. Januar 1431 eröffnete Cauchon das Verfahren, am 21. Januar erschien Johanna vor 42 Richtern. Ihr erster Antrag, den Kirchenmännern der englischen Partei eine gleiche Anzahl der französischen hinzuzufügen, wurde abgelehnt. Aber das von keinem Anwalt beratene Mädchen hatte durch ihren Antrag das wahre Gesicht dieses »kirchlichen« Gerichts enthüllt. Dann erhob sich der Kampf, der sich fast an jedem Vernehmungstag wiederholte, inwieweit sie auszusagen bereit sei. Johanna erklärte sich willens, in allem die volle Wahrheit zu sagen; aber über gewisse Dinge, über die sie nur mit dem König gesprochen habe, könne sie nichts sagen. Und dabei blieb sie. Als der Bischof ihr befahl, das Paternoster und das Ave zu sagen, erwiderte sie in ihrer unnachahmlichen Anmut und Schlagfertigkeit: »Gern, wenn Hochwürden von Beauvais meine Beichte hören will.« Die Zumutung an den Gerichtsvorsitzenden, ihr Beichtvater zu sein, setzte ihm aber doch so zu, daß er am nächsten Tag die Leitung des Verhörs seinem Vertreter übergab. Befragt, ob sie sich über irgend etwas zu beschweren hätte, nannte sie die Fesseln. Als man ihr sagte, das geschehe wegen ihrer Fluchtversuche, bekannte sie mit gewohnter Aufrichtigkeit: das habe sie versucht und würde es auch wieder tun, wie es das Recht jedes Gefangenen sei.
Am nächsten Tage bestand man erneut auf dem Eid, dem Gericht *alles* zu sagen: Du schuldest Deinen Richtern die Wahrheit! Johanna

erwiderte mit der Warnung, die einst ein anderer Angeklagter dem römischen Statthalter zugerufen hatte: »Seht Euch vor, wenn Ihr sagt, Ihr seid Richter; Ihr übernehmt eine große Last.« Ob sie auch im Gefängnis Stimmen gehört habe? Sie bejahte. Was sie ihr befohlen hätten? »Herzhaft Rede und Antwort zu stehen.« Als sie nicht alles sagen wollte, was die Stimmen ihr befohlen hätten, weil sie ihnen nicht mißfallen dürfe, stellte man ihr die Trickfrage, ob man Gott mißfalle, wenn man die Wahrheit sage. Sie ließ sich nicht fangen: »Meine Stimmen haben mir gewisse Dinge für mich, nicht für Euch gesagt.«

Die Richter fragten die Schwärmerin spöttisch, ob sie sich wirklich einbilde, daß Gott den Engel um ihretwillen gesandt habe? »Nein, der Engel kam um größerer Dinge willen.« Er kam, damit der König endlich ihrem Zeichen glauben solle und den guten Leuten in Orléans zu Hilfe eile. Warum denn gerade sie vor allen anderen Menschen diesen Vorzug gehabt habe? »Weil es Gott gefiel, sich einer geringen Magd zu bedienen, um die Feinde des Königs zu verjagen.« Als sie sich immer wieder auf Gott berief, stellte man ihr die verfängliche Frage, ob sie glaube, im Stande der Gnade zu sein. Verneinte sie, strafte sie ihre Sendung Lügen; bejahte sie, machte sie sich unchristlicher Überheblichkeit schuldig. Johanna durchschlug den Knoten: »Wenn ich es nicht bin, wolle Gott mich darein versetzen; wenn ich es aber bin, wolle Gott mich darin erhalten.« Die Pharisäer waren »aufs Maul geschlagen«.

Johanna wich allen ihr gestellten Fangfragen aus und antwortete mit unfehlbarer Sicherheit, schlagfertig und humorvoll, manchmal derb und ungeduldig. Cauchon kam nicht weiter. Am 9. Februar war der Kardinal selbst nach Rouen gekommen. Winchester ließ sich genau und täglich über die Verhöre berichten. Was er erfuhr, überstieg seine schlimmsten Erwartungen. Sechs öffentliche Verhöre waren in der Kapelle im Schloß von Rouen abgehalten worden. Statt daß es gelang, das Mädchen der Zauberei oder Ketzerei zu überführen, sie zum Widerruf zu bewegen oder ihr auch nur einen Widerspruch in ihren Aussagen nachzuweisen, gewann sie täglich an Boden. Im Richterkollegium mehrten sich die Zweifel, ob dieses »gläubige, reine« Mädchen eine Hexe sein könne. Es war für den Kardinal unbegreiflich, aber er konnte sich den Tatsachen nicht verschließen, daß schriftgelehrte und gefestigte Männer von der »Reinheit« der Teufelin zu faseln begannen. Er hatte das Gefühl, daß selbst Cauchon nicht mehr völlig taktfest war. So ging es nicht weiter. Die Methode mußte geändert werden. Der Dirigent hinter der Bühne verlangte einen Szenenwechsel. Nun fanden vom 10. bis 17. März neun Geheimverhöre im Gefängnis statt. Nur Cauchon selbst und einige wenige ausgesuchte Mitglieder des Gerichts, darunter der Inquisitor Le Maistre, durften teilnehmen.

Cauchon gelangte auch im Gefängnis nicht zu dem Ziel, ihr irgendeine Zauberei nachzuweisen oder sie auf einer anfechtbaren Aussage festzunageln. So verlegte er den Kampf auf ein rein theologisches Gebiet, den Unterschied zwischen kämpfender und triumphierender Kirche. Das war kein Kniff. Hiermit war vielmehr der Prozeß zu seinem eigentlichen Thema gekommen. Konnte die Kirche es dulden, daß ein einfaches Mädchen aus dem Volk sich auf unmittelbare Weisungen von oben berief und diese höher stellte als die Gebote der Priester? Johanna wollte die Autorität der Kirche nicht angreifen oder auch nur in Zweifel ziehen, aber sie bestand darauf, daß Gott unmittelbar, nicht auf dem Wege über Priester und Kirche, sondern durch seine Engel ihr seinen Willen offenbart habe. Hier war der Punkt, wo man sie fassen konnte.

Fortan drehten sich die Verhöre im wesentlichen um das Wesen der ihr zuteil gewordenen Offenbarungen und um das Verhältnis der sichtbaren Kirche zu Gott. Auf die ihr schon in der Verhandlung am 17. März und dann immer wieder gestellte Frage, ob sie sich *vollständig* der Bestimmung der Kirche unterwerfe, antwortete sie: »Ich liebe die Kirche und möchte sie aus allen Kräften stützen. Was die Werke anlangt, die ich getan habe, verlasse ich mich auf den Herrn der Kirche, der mich geschickt hat.« Das von keinem Anwalt verteidigte und von keinem Geistlichen beratene Mädchen machte die feine theologische Unterscheidung, daß sie sich in Sachen des Glaubens der irdischen Hierarchie der Kirche unterwerfe, in Sachen ihres Auftrages aber nur dem Herrn der Kirche. Von den Richtern bedrängt, gab sie die wunderbare Antwort: »Unser Herr und die Kirche sind eins. Daraus dürfte keine Schwierigkeit gemacht werden. Warum macht Ihr welche?«

Fünfzehn Verhöre mußte Johanna in diesem Stadium des Prozesses über sich ergehen lassen, ohne je in ihren Aussagen zu schwanken oder vor einer Antwort zu zögern. Jetzt ließ Cauchon eine Anklage anfertigen, die in 70 Artikeln einen tendenziösen Auszug aus ihren Antworten enthielt und sie als Zauberin, falsche Prophetin und Ketzerin kennzeichnete. Diese Artikel wurden den Richtern und anderen kirchlichen Autoritäten zur Stellungnahme vorgelegt. Von den 70 Artikeln bedeutete fast jeder einzelne den Scheiterhaufen. Aber unter den Richtern waren einige, die dem Mädchen helfen wollten. Der Dominikanerpater Ysambert machte ihr bei Vernehmungen Zeichen, wie sie antworten sollte. Er wurde im Sinne des Kardinals oder auf seinen ausdrücklichen Befehl von Lord Warwick, dem englischen Kommandanten von Rouen, bedroht, man werde ihn in die Seine werfen.

Gleichen Bedrohungen sah sich der rechtskundige Dr. Louier ausgesetzt. Zwei Geistliche hatten Johanna zum Appell an den Papst geraten. Das war in der damaligen Zeit, in der das Verhältnis zwischen Bischöfen, Konzil und Papst heiß umstritten war, nicht erwünscht. Der Appell den Johanna, diesem Rat folgend, an den Papst richtete, wurde nicht weitergegeben. Am 24. März wurde Johanna in der Gefängniszelle das Verhörprotokoll vorgelesen. Am 25., dem Palmsonntag, hielt ihr Cauchon eine Mahnrede, die darin gipfelte, die Manneskleider abzulegen. Am 26. wurde nach Verlesung der Klageartikel vom Gericht beschlossen, nunmehr das Hauptverfahren zu eröffnen.

Der Kardinal hatte sich erneut mit der Prozeßführung nicht einverstanden erklärt. Man lasse der Hexe zu viel Freiheit. Cauchon wird ihn auf seine Erfahrungen im Konstanzer Hus-Prozeß hingewiesen haben. Dort habe sich der Angeklagte durch unbedachte Antworten sehr geschadet. Und trotzdem habe man ihn nur mit knapper Mehrheit auf den Scheiterhaufen gebracht. Je lockerer man die Zügel lasse, um so sicherer sei der Ausgang. Der Kardinal könne sich auf ihn verlassen. Am 27. März begann die zweite Phase des Prozesses, in der Johanna noch zehnmal verhört wurde, mit einer großen Gerichtssitzung, in der die 70 Anklageartikel verlesen wurden. Cauchon bediente sich eines besonders freundlichen Tones gegenüber der Jungfrau. Sie seien alle nur um ihr Heil besorgt, sie möge sich, da sie in rechtlichen und theologischen Fragen unerfahren sei, einen Beistand wählen. Johanna dankte für die Freundlichkeit: »Was aber den Rat angeht, den Ihr mir anbietet, so habe ich nicht die Absicht, mich vom Rat unseres Herrn zu trennen.«

Das an Bewegung und frische Luft gewöhnte Bauernmädchen, das nun schon fast ein Jahr im dumpfen Kerker lag, den Zoten der Wachmannschaft ausgesetzt, seit Monaten gefesselt, seit Wochen anstrengenden Verhören unterworfen, erkrankte schwer. Das beunruhigte die Engländer, besonders Lord Warwick: Der König – damit war nicht der kleine Heinrich gemeint, sondern der allmächtige Kardinal und der Regent, der Herzog von Bedford – möchte um nichts in der Welt, daß sie eines natürlichen Todes stürbe. Die Richter mühten sich um die Kranke. Am 18. April suchte der Bischof sie mit sieben Doktoren auf. Man stellte ihr vor, daß sie bald sterben könne, daß sie aber Beichte und Kommunion erst nach Unterwerfung unter die Kirche erhalten werde. Inzwischen hatte Cauchon die 70 Artikel, in denen sich viele Albernheiten fanden, auf 12 zusammenfassen lassen und diese der Universität Paris zur Stellungnahme übersandt und vielen anderen Stellen vorgelegt.

Am 2. Mai wurde die wieder genesene Johanna in den Saal des Schlosses geholt, wo der Bischof in Gegenwart von 62 Beisitzern in öffentlicher Mahnrede »milde und liebevoll« in sie drang und ihr 6 Artikel vorlas, die alle ihre »Vermessenheiten« enthielten. Zum Schluß wurde ihr gesagt, sie schwebe in der Gefahr, den Strafen des ewigen Feuers für die Seele und des zeitlichen Feuers für den Leib zu verfallen. Johanna antwortete: »Nie werdet Ihr ausführen, was Ihr da gegen mich vorbringt, ohne daß es Euch an Leib und Seele übel bekäme.« Am 11. Mai wurde sie in den Schloßturm gebracht, wo der Henker mit den Folterwerkzeugen wartete. Cauchon drang erneut in sie, die vollständige Unterwerfung unter die Kirche auszusprechen und drohte mit der Folter. Auch diese Drohung verfing nicht. Die am nächsten Tage zehn schriftgelehrten Beisitzern vorgelegte Frage, ob man wirklich gegen Johanna mit der Folter vorgehen solle, wurde mit 7:3 Stimmen verneint. Am 14. Mai antwortete Paris. Das Gutachten der berühmten Universität entsprach vollständig den Erwartungen Cauchons und der Engländer. In einem Sonderbrief an König Heinrich VI. bat die Universität um eine rasche Bestrafung, da die Verzögerung gefährlich sei. Am 19. Mai schlossen sich 50 Richter dem Spruch von Paris an. In 35 Voten stimmten Doktoren und Magistri, die sich in Rouen aufhielten, Paris zu.

Der Kardinal war ungeduldig, die Mehrzahl der Richter auch. Seit 3 Monaten stand nun diese Bauerndirne aus Lothringen oder woher die sonst stammen mochte, vor 100 gelehrten Richtern und hielt sie zum Narren. Niemals, sagte einer der teilnehmenden Dominikaner, habe eine Frau ihren Vernehmern so viel Schwierigkeiten gemacht. Ging doch bei jedem Verhör die Leitung des Verfahrens bald unbemerkbar in die Hände des merkwürdigen Mädchens über, das sich niemals in seinen Antworten widersprach, mit unfehlbarem Gedächtnis auf frühere Antworten unter genauer Angabe des Datums und des Inhalts verwies und übereifrige Vernehmer, die sie gleichzeitig fragten, gelassen zurechtwies: »Gute Brüder, bitte einer nach dem anderen!« Das Mädchen war wirklich klug wie die Schlangen und ohne Falsch wie die Tauben. Cauchon wollte und mußte zu Ende kommen. Am 23. Mai wurden Johanna in einer Gerichtsverhandlung alle Punkte vorgehalten, in denen sie nach den Gutachten geirrt hatte. Ein Domherr von Rouen, Magister Maurice, hielt die letzte Mahnrede an die »vielliebe Freundin«. Er appellierte an ihr »Soldatentum«. Sie wisse, was Gehorsam bedeute. Soldatischen Gehorsam sei sie auch der Kirche schuldig. Sie blieb fest: »Was meine Worte und Taten angeht, von denen ich im Prozeß gesprochen habe, so berufe ich mich darauf und will sie aufrecht erhalten.« Im übrigen hörte sie in tiefer Demut zu. Nur als der König geschmäht wurde, das edle Haus von Frankreich, sonst ein Vorkämpfer des Glaubens, habe sich einer Abtrünnigen ausgeliefert, empörte sie sich: »Der König ist der Christlichste aller Herrscher, und wenn man schon gegen irgend jemanden einen Tadel erhebt, so möge man sich gefälligst mit mir allein auseinandersetzen.« Nur mit Mühe gelang es dem Bischof, die »Schwätzerin« zum Schweigen zu bringen.

Am 24. Mai war die große Schlußsitzung. 35 Richter waren zugegen, im Hintergrund der Henker; auch Winchester nahm teil. Cauchon fragte Johanna noch einmal, ob sie widerrufen wolle, und entgegnete, als sie sich auf den Papst berief: »Man kann den Heiligen Vater nicht von so weit her holen. Hier sind Bischöfe Richter.« Während nun Cauchon das Urteil zu verlesen begann, das sie aller nur denkbarer Sünden für schuldig erklärte, mühten sich verschiedene Geistliche um Johanna, sie solle widerrufen oder sie würde verbrannt, sie solle unterschreiben und sie sei frei. Johanna fragte, was der Widerruf bedeute und was sie unterschreiben solle. Man las ihr etwas vor. Sie bat, die Männer der Kirche möchten doch das Papier ansehen und ihr sagen, ob sie unterschreiben solle oder nicht. Sie redeten ihr zu, ihre »Stimmen« aber schwiegen in dieser ihrer schwersten Stunde. Sie hatten ihr die Befreiung versprochen. Hatten sie gelogen? Sie wurde unsicher. Der Scheiterhaufen drohte und freundliche Geistliche drängten. Da entschloß sie sich; aus der bedrängten Brust drang der Schrei, sie wolle der Kirche gehorchen.

In dem entstehenden Tumult las D. Wilhelm Erard die Abschwörungsformel vor. Johanna unterschrieb. Alsbald verkündete Cauchon ein anderes, bereits schriftlich vorliegendes Urteil, das sie »aus Gnade« zu ewigem Gefängnis verurteilte, darin ihre Sünden zu beweinen. Das Schriftstück, das Johanna unterschrieb, war ein umfangreicher und vollständiger Widerruf, darin stand u.a.: »Ich habe schwer gesündigt, indem ich lügnerisch vorgab, Offenbarungen und Erscheinungen von Gott gehabt zu haben.« War das das gleiche Papier, das man ihr auf französisch vorgelesen hatte? Zeugen sagten später aus, dies Papier habe aus 6–8 Zeilen bestanden, eine Paternosterlänge. Der bei den Akten befindliche Widerruf hat dagegen einen Umfang von über 200 Worten, und ist in lateinischer Sprache abgefaßt. Es ist wahrscheinlich, wenn auch nicht nachweisbar, daß ein beabsichtigter Betrug verübt worden ist. Sicher aber ist, daß hier zum ersten und einzigen Male das Entsetzen vor dem Scheiterhaufen Gewalt über dieses Menschenkind gewonnen hat, das bisher, mit Schmerz und Schande überhäuft, so unbeirrbar an der Wahrheit der Stimmen festgehalten hatte, die sie aus dem Jenseits gehört hatte. Selbst die Heilige unterlag menschlicher Schwäche. Uns aber bringt gerade dieses Versagen, dieses Schwachwerden das Mädchen Johanna näher.

Die Engländer waren mit diesem Ausgang nicht zufrieden. Die Soldaten bedrohten die Richter. Lord Warwick sagte zu Cauchon, die Dinge stünden schlecht, die Jungfrau entwische ihnen. Cauchon beruhigte ihn, die Sache werde noch gut ausgehen. Er erwartete, sie bei einer Übertretung der in ihrer Widerrufserklärung gemachten Zusagen abzufassen. Damit erreichten ihre Gegner beides, den Widerruf *und* den Feuertod. Sie begannen damit, die eigene Verpflichtung nicht einzuhalten. Da der Prozeß beendet und sie wieder in die Kirche aufgenommen war, lag kein Anlaß und kein Rechtsgrund dafür vor, sie weiter in dem weltlichen Gefängnis zu belassen. Aber sie wurde nicht – wie es Johanna erwartet hatte – in das geistliche Gefängnis überführt. Als sie Cauchon dringend bat, diese Verlegung vorzunehmen, lehnte er das schroff ab. So war Johanna in den folgenden Tagen der rohen Soldateska preisgegeben. Sie hatte aber gegen deren Zudringlichkeit nicht mehr den Schutz der Männerkleidung, da das Versprechen, Frauenkleider anzulegen, einen wichtigen Teil ihrer Erklärung gebildet hatte. Johanna hat sich am letzten Tage ihres Lebens bitter über Tätlichkeiten der Soldaten beklagt. Am 28. Mai legte sie deshalb wieder ihre Männerkleidung an, die zwei Jahre lang bei Freund und Feind sie geschützt hatte. Das war der – vielleicht erhoffte und erwartete – »Rückfall«.

Am 29. Mai erschien Cauchon im Gefängnis und fragte, ob sie auch Stimmen gehört habe. Sie bejahte, die Stimmen hätten ihr gesagt, sie habe eine große Schlechtigkeit begangen, als sie widerrief, sie habe nicht recht gehandelt. Auf dem Protokoll ist an dieser Stelle vermerkt: »todbringende Antwort«. Cauchon wollte aber ganz sicher gehen und fragte ausdrücklich, ob sie den Widerruf vom 24. zurückziehe. Sie erklärte ohne Zögern, sie habe nur aus Furcht vor dem Feuer widerrufen. Sie habe auch das, was auf dem Zettel mit der Abschwörung stand, gar nicht verstanden. Damit war ihr Urteil gesprochen.

Shaw schreibt: als Johanna im Kerker entdeckte, »daß sie durch ihren Widerruf außer lebenslänglicher Einkerkerung nichts gewonnen hatte, wählte sie bei voller Überlegung und nachdrücklich statt dessen – den Scheiterhaufen«. Noch am gleichen Tage hielt das Gericht, unter ständigen Drohungen der englischen Soldaten, die letzte Sitzung ab; erklärte Johanna für rückfällig und ketzerisch, stieß sie als faules Glied aus der Kirche aus und überließ sie der weltlichen Gewalt. Das bedeutete die Verurteilung zum Feuertod. Als man ihr am 30. Mai früh das Urteil mitteilte, sagte sie dem ungerechten Richter Cauchon: »Ich sterbe durch Euch.« Johanna hat bis zuletzt geglaubt, ihre Stimmen würden sie retten. Als man sie zum Scheiterhaufen führte, weinte sie. Erst als sie gebeichtet und die Kommunion empfangen hatte, die man ihr nun, nachdem sie getan, was man von ihr erwartete, nicht mehr verweigerte, war sie wieder im vollen Bewußtsein ihrer Sendung. Nachdem ihr auf dem Richtplatz das Urteil vorgelesen worden war, wurde sie der weltlichen Macht ausgeliefert. Deren Vertreter begnügten sich mit dem Befehl an den Henker: »Walte deines Amtes!« Johanna wurde nicht wieder von menschlicher Furcht ergriffen. Sie starb mit einer Haltung, daß ein Engländer ausrief: »Wir sind verloren, wir haben eine Heilige verbrannt.«

Nie wurde ein Prozeß des Mittelalters so feierlich und mit soviel Sorgfalt für den Schein des Rechts geführt, wie der von Rouen. Dies Denkmal der Ungerechtigkeit war ein Meisterstück formalrechtlichen Verfahrens. In meisterlicher Prozeßführung gab Cauchon den Beisitzern die Möglichkeit, ihr Gewissen zu salvieren, so daß sie, wie es in einem zeitgenössischen Bericht heißt, »procedebant bono animo«, guten Glaubens ihre Pflicht taten. Er holte das Gutachten der Universität Paris ein, die das Recht für sich in Anspruch nahm, souverän zu bestimmen, ob eine theologische Lehre richtig war oder nicht, und zog die Doktoren der Universität als Richter heran. So wurden sie kompromittiert und die übrigen Richter, die das teuflische Spiel, bei dem sie nur als Statisten mitwirkten, gar nicht merkten, entlastet. Die Drahtzieher suchten bald, das Urteil zu rechtfertigen und eine Apologie der eigenen Haltung zu bringen. König Heinrich – in Wirklichkeit Winchester und Bedford – und ebenso die Pariser Universität schrieben an Papst und Kaiser Briefe, in denen sie die Notwendigkeit betonten, gegen frivole Irrlehren und andere »moderne Erfindungen« äußerst wachsam zu sein. Die Propaganda hatte Erfolg. Die Jungfrau wurde vergessen oder ihr Ansehen geschmäht. Die Engländer wetterten Jahrhunderte lang gegen das »Mannweib«. Shakespeare verunglimpfte sie als Zauberin. »Wir ha-

ben das alte Mädchen ziemlich schäbig behandelt.« Bei ihnen trat erst im 18. Jahrhundert ein Umschwung ein.
In Frankreich zog Karl 1439 in Paris und zehn Jahre später in Rouen ein. Ganz Frankreich mit Ausnahme von Calais war wieder in seiner Hand. 1450, sechs Tage nach dem Tode seiner Herzdame, der plötzlich verstorbenen Agnes Sorel, gab Karl erschüttert und von Gewissensbissen gepeinigt, einem seiner Räte, Guilleaume Bouillé, den Auftrag, eine Untersuchung über den Prozeß einzuleiten. »Länger über diese ungerechte Verurteilung zu schweigen, hieße an der Königlichen Ehre rühren«, an der Ehre, die Prozeß und Urteil widerspruchslos hingenommen und 18 Jahre geschwiegen hatte. Johanna war, wie so leicht Menschen auch hoher Intelligenz, die aber viel Gemüt haben, keine Menschenkennerin. Sie hätte sonst Karl, diesen Schwächling mit der typischen Valois-Verschlagenheit, nicht in Rouen in einem Zwischenruf »den edelsten Christ aller Christen« genannt. Dem edlen Christen also schlug das Gewissen, falls er eines besaß.
Bouillé berichtete, das Gerichtsverfahren sei ungültig, das Urteil müsse revidiert werden. Aber es dauerte noch 6 Jahre, bis der Papst durch ein Breve die Revision anordnete. Denn auch das neue Verfahren diente politischen Zwecken. Der Papst wollte England und Frankreich versöhnen, im Hinblick auf die Türkengefahr. Die Engländer durften nicht gereizt werden. Deshalb legte man der Familie de Lys nahe, die Initiative zu ergreifen und die Wiederaufnahme zu beantragen.
In ihrem Namen wurde auch der Rehabilitationsprozeß geführt. Die vom König ernannte Kommission trat im November 1455 unter dem Vorsitz des Erzbischof von Reims in Paris zusammen und wurde nach Rouen verlegt. 160 Zeugen wurden vernommen. Die wichtigsten Aussagen zu Gunsten der Jungfrau waren die ihrer einstigen Gegner. Das berühmte Mitglied der Pariser Universität, de Courcelles, einer der härtesten Richter, der sogar für die Folter gestimmt hatte, schien das Gedächtnis verloren zu haben; er selbst habe sie bestimmt nie der Häresie für schuldig befunden. Die Vertreter der Familie brachten alles vor, was man gegen Verfahren und Urteil einwenden konnte. Sie nahmen auch nicht völlig geklärte Ungesetzlich-

keiten, wie den Betrug mit der Widerspruchsformel, als erwiesen an. In der Petition des Prokurators steht der schöne Satz, der allen Ketzerprozessen ein Ende hätte bereiten sollen: »Über das im Innern Verborgene richtet nicht die Kirche, sondern Gott allein.« Am 7. Juli 1456 erklärten die Richter einstimmig die 12 Artikel für »ein Werk der Ungerechtigkeit, Bosheit, Fälschung, Rechtsverletzung und Verleumdung«. An Johanna hafte kein Makel und keine Schuld. An der Stelle, wo sie verbrannt worden war, errichtete man ein Kreuz.

1869 hielt der Bischof von Orléans eine berühmt gewordene Rede über Johannas Bedeutung als Patriotin und Christin. Französische Bischöfe wandten sich an den Papst mit der Bitte, sie heilig zu sprechen. Nietzsche sagt, die katholische Kirche habe »nur Verrückte und große Betrüger heiliggesprochen«. Die Heiligsprechung Johannas ist der beste Gegenbeweis gegen diese Lästerung. Doch auch in diesen letzten Akt ihrer Erhöhung mischten sich politische Erwägungen. Um den Antiklerikalismus in Frankreich einzudämmen, erklärte Papst Leo XIII. 1894 die Jungfrau für verehrungswürdig. Als die Franzosen die diplomatischen Beziehungen zur Kurie abbrachen, hielt Pius X. ihnen einen Köder hin und sprach sie selig. Als die Wiederaufnahme der Beziehungen in Aussicht stand, sprach Benedikt XV. 1920 Johanna heilig. Es wird behauptet, diese Heiligsprechung habe die französischen Katholiken 30 Millionen Franken gekostet. Sei dem, wie es wolle, jedenfalls ist keinem Verurteilten – sieht man von dem Prozeß vor Pilatus ab – eine solche Ehrenrettung widerfahren wie der Jeanne d'Arc.

Die Jungfrau nahm in Frankreich einen Platz ein, wie ihn kein anderes Volk für einen Menschen kannte. Sie genoß Jahrhunderte hindurch bei allen Franzosen von rechts bis links eine unbegrenzte Liebe und Verehrung. Schon ein halbes Jahrhundert nach ihrem Tode zeigte Karl VIII., der Enkel ihres »Dauphin«, Besuchern auf dem Schloß Amboise stolz die wertvollsten Stücke seiner Sammlung: das Schwert Karls des Großen, das Schwert Ludwigs des Heiligen und die mit roter Seide gefütterte Rüstung Johannas. Wie Napoleon I. sagte, bewies sie, »daß es kein Wunder gibt, das das französische Genie nicht in einem Augenblick hervorzubringen fähig ist, in dem die nationale Unabhängigkeit bedroht ist«. Anatole France, der kirchenfeindliche Freidenker, der in Johanna eine von Priestern gelenkte Nervenkranke sah, schrieb dennoch: »Sie hatte die Idee, dem Dauphin zu seinem rechtmäßigen Erbe zu verhelfen. Für dieses Ziel gab sie ihr Leben hin. Dadurch überlebte sie ihre Sache, und dadurch wurde ihr Opfer zu einem unsterblichen Vorbild ... Nicht ohne Grund und ohne Berechtigung wurde Johanna zum Symbol des Vaterlandes in Waffen ...« Schließen wir die Reihe dieser Zeugnisse mit einem Satz des Historikers André Maurois ab: »Sie ist das erstaunlichste Beispiel dafür, welche Wunder ein durch den Glauben gestützter Wille vollbringen kann.«

8. KAPITEL

More und Heinrich VIII.

> Ein Geduldiger ist besser denn ein Starker, und der seines Mutes Herr ist, stärker denn der, der Städte gewinnt.
> *Sprüche 10, 32*

Thomas More, berühmt als Verfasser der »Utopia« und als Märtyrer unter Heinrich VIII., war derjenige der mittelalterlichen Denker, der dem Sokrates in Charakter und Geschick am ähnlichsten war. Der »christliche Sokrates« glich seinem Ahnherrn im Geist auch in der gelassenen Heiterkeit, mit der er den letzten Gang antrat. Wie Sokrates, als er den Giftbecher leerte, daran erinnerte, daß sie dem Gott der Ärzte noch einen Hahn schuldeten, bat More den Henker zu warten, bis er seinen Bart vom Block entfernt hätte, denn der habe nie Verrat begangen.

Kautsky hat in More den »Vater des utopischen Sozialismus« und einen Vorläufer des »kommunistischen Manifests« erblickt. Auch Oncken entdeckt in der Utopia Thesen, die marxistischen Lehren sprechend ähnlich seien. Für Gerhard Ritter ist More ein typischer Vertreter jener »Neigung zu moralischer Schönfärberei und Verbrämung der Machtpolitik, die wir den englischen Cant nennen«. Man kommt dem Rätsel, das Mores Charakterbild seinen Zeitgenossen und späteren Geschlechtern aufgegeben hat, wohl am nächsten, wenn man davon ausgeht, daß er in der Tradition der Antike stand, daß er an Sokrates und Plato anknüpfte und seine Utopia im Sinne sokratischer Dialoge schrieb. Nicht alles, was im Dialog erzählt und gesprochen wird, stellt die Auffassung des Autors dar, der vielmehr auch die Gegenposition zu Wort kommen läßt.

Philosoph und Historiker, Staatsmann und Schriftsteller, weit berühmt über die Grenzen des Inselreichs hinaus, war More sein Leben

lang in treuem Dienst und gewissensmäßigem Widerstand mit der Persönlichkeit und dem Geschick des englischen Königs verbunden, der als Gegner des Papstes und Vater der Königin Elisabeth die Geschichte Englands wie kaum ein anderer britischer Herrscher entscheidend beeinflußt hat. Heinrich VIII., vielen Menschen nur als der König Blaubart bekannt, der Mann der vielen Frauen, war in der Mischung von Liebenswürdigkeit und erbarmungsloser Härte, von Glaubensüberzeugung und selbstsüchtiger Raffgier, von Großzügigkeit und Verschlagenheit ein Charakter, den weder Zeitgenossen noch Nachfahren bis in die letzten Falten seines Wesens erforschen konnten. Shakespeare läßt uns in dem letzten Stück seiner Königsdramen, das allzuwenig bekannt ist, trotz der Tendenz, in diesem Drama der Königin Elisabeth eine Huldigung darzubringen, etwas von dem hintergründigen Wesen des Königs erahnen. Am schärfsten sind die Augen des Malers gewesen; Hans Holbein hat der Welt in dem wunderbaren Gemälde Heinrichs VIII. eine unübertreffliche psychologische Studie geschenkt.
Diesem gefährlichen Selbstherrscher stand als Gegenspieler More gegenüber, in seinem heiteren Freimut, mit seinen ernsten Warnungen, mit seinen in die Höhen dichterischer Phantasie führenden Schriften. An Heinrich dachte More, als er, ein unbekannter Untersheriff in London, die Utopia beschrieb, das Land, in dem es bei Todesstrafe verboten war, außer an erlaubter Stelle und zur gestatteten Stunde, über Dinge des Staats zu sprechen, in dem aber innerhalb dieser Grenze die Freiheit des Gewissens herrschte. Der neuen Idee des autokratischen Fürsten, dem alles erlaubt und alles untertan war, auch das Gewissen, auch die Geistlichkeit, stellte More den Idealstaat gegenüber, der keinen zwang zu sagen, daß er glaube, was er nicht glaubte, und dem die Geistlichen nicht unterstellt waren. In Utopia wurden die Priester sorgfältig ausgesucht, sie waren »von hervorragender Heiligkeit und deshalb so wenige«, wie der Verfasser mit sokratischem Humor hinzufügt.
More, das strahlende Genie unter den jüngeren Humanisten, dessen Gesprächskunst sich auf einer Höhe der Eleganz und des geistreichen Witzes bewegte, welche höhergeborene Höflinge nicht erreichten, dessen Töchter die gebildetsten jungen Damen ihrer Gesell-

schaftsklasse in England waren, hatte unter Heinrich VII. daran gedacht, England zu verlassen, hatte dann aber den neuen König, den in seiner Jugend strahlend schönen, bezaubernden Heinrich VIII., mit einer Salve lateinischer Verse begrüßt. Erst als 1521 Eduard Stafford, Herzog von Buckingham, das Oberhaupt des englischen Adels, des Königs Günstling und der Königin treuer Freund, auf Betreiben des allmächtigen Kardinals Wolsey angeklagt und hingerichtet wurde – ein Schlag gegen den Adel und eine Warnung an die Königin –, sagte More nachdenklich: »Wenn der Löwe wüßte, wie stark er ist, würde es den Menschen schwer fallen, über ihn zu herrschen.«

Der Löwe hatte Blut geleckt. Es wurde immer schwerer, den König zu lenken. Heinrich brauchte einen Menschen, dem er vertrauen konnte. Hinter dem prahlerischen Gehabe seiner Jugendjahre verbargen sich die Schüchternheit und Unsicherheit eines Knaben, der wenig von der Welt gesehen und der Ermutigung und Bestärkung nötig hatte. Er bedurfte eines ihm herzlich zugetanen und ihn bewundernden Menschen, der seine Selbstachtung erhöhte, ihm zur Erfüllung seiner Wünsche verhalf und seine inneren Zweifel zum Schweigen brachte. Glaubte er, einen solchen Menschen gefunden zu haben, erhob er ihn zum Idol, stieß ihn aber empört und enttäuscht von sich, wenn er entdeckte, daß das Idol ein Eigenleben besaß.

Durch die Ernennung zum Mitglied des Geheimen Rats in des Königs Dienst berufen, hat More Heinrich vierzehn Jahre lang loyal und treu gedient, zuletzt drei Jahre als Lordkanzler. Er hat es an Widerspruch nicht fehlen lassen. Doch vertrat er als Minister die Politik seines Fürsten, auch wenn er sie innerlich nicht billigte. Wenn man die spätere Entwicklung kennt, mutet es wie eine Komödie der Irrungen an, daß Heinrich in seiner Schrift »Defensor Fidei«, auf die der königliche Amateurtheologe besonders stolz war, des Papstes Autorität gegen Luther verteidigte und More ihn warnte, sich nicht völlig einem italienischen Territorialfürsten unterzuordnen, »der ein Fürst ist wie Ihr«. Während Heinrich später umschwenkte und des Papstes weltliche und geistliche Oberherrschaft bestritt, blieb sich More darin treu, daß er bis zum Tode die weltliche Oberherrschaft Roms ablehnte, aber für die geistliche eintrat.

More war auch ein Gegner der Kriegspolitik des Königs. Als Heinrich die große außenpolitische Schwenkung von Karl V. zu Frankreich unternahm und als im Zusammenhang hiermit zum ersten Male die Frage seiner Scheidung von Katharina von Aragon, einer Tante des Kaisers, auftauchte, wandte sich More gegen diese Pläne. Ein Krieg gegen den Kaiser war in seinen Augen die Auflehnung gegen das weltliche Haupt der Christenheit. Die Scheidung erschien ihm politisch unklug und moralisch anstößig. Sooft Heinrich ihn fragte und so ungern er eine Ansicht vernahm, die seinen Wünschen nicht entgegenkam, sprach sich More gegen die Scheidung aus. Doch als Sprecher des Parlaments rechtfertigte er des Königs Kriegspolitik vor dem Unterhause mit einer, wie er meinte, unüberbietbaren Loyalität, allerdings nicht mit starker Durchschlagskraft. Als der damals allmächtige Kanzler, Kardinal Wolsey, ihm mißbilligend sagte: »Wollte Gott, Sie wären in Rom gewesen, als ich Sie zum Sprecher machte!« erwiderte ihm More mit fröhlicher Schlagfertigkeit: »Ohne Euer Gnaden kränken zu wollen, aber das möchte ich auch!« More und Heinrich wußten, was sie von einander zu halten hatten. Als man More einmal im Garten im vertrauten Gespräch mit dem König sah, der den Arm um den Hals seines Ministers gelegt hatte, und ihn hernach zu diesem Beweis königlichen Vertrauens beglückwünschte, konnte er nur resigniert lächeln: »Ich habe keinen Grund stolz darauf zu sein, denn wenn ihm mein Kopf ein Schloß in Frankreich gewinnen könnte, würde ich ihn loswerden.« Der König, der bei aller seiner Gewalttätigkeit ein Menschenkenner und Seelenfänger war, wußte keinen, der, auch wenn er nicht bequem war und widersprach, so geeignet für die höchste Stellung war wie More. Nach dem Sturz Wolseys ernannte ihn Heinrich zum Lordkanzler. More sträubte sich und wandte, als der König in ihn drang, schließlich ein, er könne in der Scheidungsfrage nicht nachgeben. Als der König ihm zusagte, ihm in dieser Frage Gewissensfreiheit zu geben, glaubte er, sich nicht versagen zu dürfen. Wie einst Seneca wollte er helfen, einige der Übel abzuwenden, die er mit Sicherheit kommen sah. Er hoffte, ». . . das, was man nicht zum Guten wenden kann, so zu regeln, daß es nicht ganz schlecht wird«.

Der Kanzlerposten war der Gipfelpunkt einer steil aufwärts führenden Laufbahn. Doch führte Mores Stellung in ein immer schwieriger

werdendes Dilemma zwischen Loyalität und Gewissen. Als More dem Oberhaus die Gutachten der Universitäten in der Scheidungsfrage mitteilte, sagte er als Sprachrohr des Königs, daß dieser die Scheidung aus Gewissensskrupeln verfolge, nicht aus Liebe zu einer anderen Frau. Doch als jemand nach Mores eigener Meinung fragte, erwiderte er nur, er habe sie dem König wiederholt gesagt. Das war deutlich und loyal zugleich. Seine Loyalität bewies More auch, als er den Empfang eines persönlichen Briefes des Kaisers Karl mit der Begründung ablehnte, er würde ihn der Freiheit berauben, kühn mit dem König über die Dinge zu sprechen, die Karl und die Kirche beträfen. Der König konnte sich auf seinen Lordkanzler verlassen. Heinrich versuchte auch, More möglichst wenig bei Fragen zu benutzen, in denen Mores Gewissen nicht überzeugt war. Doch der Weg, den er einschlug, mußte notwendig zu der Kreuzung führen, an der es für den Kanzler kein Ausweichen mehr gab.
Der Lordkanzler hat sich redlich bemüht, den Zusammenstoß zu vermeiden. Er bat den Sekretär des Königs, Thomas Cromwell, der ein Jahr nach Mores Ernennung zum Kanzler Mitglied des Geheimen Rats geworden war, dem König immer zu sagen, was er tun müsse, nie, was er tun könne: »Denn wenn der König seine eigene Stärke kennte, wäre es schwer für jemanden, ihn zu lenken.« Aber der König kannte die eigene Stärke bereits zu gut und ließ sich nur zu gern von Cromwell, der, je länger je mehr, Heinrichs böser Geist wurde, in der Überzeugung bestärken, ihm zu widerstreben, bedeute, Gott zu widerstehen. Auch der Kanzler war als Kind seiner Zeit der Ansicht, daß Widerstand gegen geistliche Autorität ein todeswürdiges Verbrechen sei, wenn und weil er Unruhe und Bürgerkrieg errege. More war ein Feind jeder Ketzerei, nicht aus religiöser Bigotterie, sondern weil Ketzerei die staatliche Ordnung erschüttere. Er drückte in einem Brief unbefangen seine ungeteilte Freude über den Tod Zwinglis und Ökolampads aus: »Mit Recht dürfen wir uns freuen, daß zwei der furchtbarsten Feinde unserer christlichen Religion sterben mußten.«
Was More vom König trennte, war eine Gewissensfrage in zwei Dingen. Dem Kanzler ging Gerechtigkeit über alles, auch über die Staatsraison. Er sagte seinem Schwiegersohn: »Wenn die Parteien um Ge-

rechtigkeit bäten und mein Vater stände auf der einen, der Teufel auf der anderen Seite, dann sollte der Teufel, wenn seine Sache gut wäre, Recht haben.« Für den König aber war die Staatsraison das oberste Gebot. More lehnte die weltliche Suprematie über die Kirche aus innerster Überzeugung ab. Für Heinrich war sie das Ziel seines Handelns. Hier war die Kreuzung. Als 1532 die Bischofskonferenz in Canterbury den König als das Oberhaupt der Kirche anerkannte, war für More die Grenze erreicht. Am nächsten Tage bat er um seine Entlassung. Der König entsprach dem Gesuch. Auch er hatte erkannt, daß die Kluft zwischen ihm und dem Kanzler nicht zu überbrücken war. Heinrich hatte verlangt, eine Adresse der Geistlichkeit solle ihn als »Oberhaupt der Kirche und der Geistlichkeit von England« anerkennen. Er erklärte sich bereit, auch die Formel »Oberhaupt nach Gott« anzunehmen. Er fand sich schließlich, über die Schwäche seines Klerus lächelnd, mit der Fassung ab, die auf einem Kompromißvorschlag des Erzbischofs von Canterbury beruhte: »Oberhaupt, insoweit es nach Christi Gesetz erlaubt ist.« Aber More konnte sich auf solche Finasserien nicht einlassen. Sein Rücktritt versöhnt mit seinem Versuch, Unmögliches möglich zu machen. More war empfänglich für Heinrichs Charme, er hoffte immer wieder, der König werde auf einen besseren Weg zurückfinden, er hegte Heinrich gegenüber ein hohes Pflichtbewußtsein und hatte die denkbar reinsten Beweggründe für die Annahme seines hohen Amtes und das jahrelange Verbleiben in seiner Stellung. Aber insgesamt gesehen, war er als Lordkanzler ein Versager.

Das Band zwischen den beiden Männern war zerrissen. Doch der eigentliche Kampf begann erst. More drängte sich nicht zum Martyrium. Aber wie als Kanzler duldete er auch als Privatmann in den entscheidenden Fragen des Gewissens keinen Zwang. Heinrich ließ ihm keine Ruhe, seitdem More der Einladung, an der Krönung der Anna Boleyn zur Königin teilzunehmen, nicht gefolgt war. Bei der Ablehnung der Einladung erzählte More die Geschichte vom Kaiser Tiberius, der ein Mädchen wegen eines Verbrechens hinrichten lassen wollte, es aber nicht konnte, weil nach einem kaiserlichen Dekret keine Jungfrau hingerichtet werden durfte. Ein Rat, ein »biederer einfacher Mann«, fand den Ausweg: »Warum so viel Aufhebens, laßt sie uns entehren, dann mag man sie verzehren.« Es war ein ironisches Beispiel der Art, wie More sie gern erzählte, dafür, daß man seine eigenen Gesetze brechen und doch sein Gewissen rein halten könne. Wenn dem König diese Geschichte hinterbracht worden ist, wird er sie nicht gern gehört haben. Er war an seinem empfindlichsten Punkt getroffen.

Der ersten Anschuldigungen, die der König gegen More erheben ließ, konnte sich dieser ohne Mühe erwehren. Er sollte den »Neun Artikeln«, in denen Heinrich als Propagandist in eigener Sache seine zweite Ehe rechtfertigte, in einer Gegenschrift widersprochen haben, und er sollte ein Mitwisser der »Nonne von Canterbury« gewesen sein, einer merkwürdigen Heiligen, die geweissagt hatte, Heinrich werde nicht 6 Monate König bleiben, wenn er eine andere Frau heirate. Aber More unterschätzte den Argwohn und den Zorn, den er im König erregt hatte. Es war ein vergebliches Bemühen, daß er Heinrich brieflich bat, seiner ehrlichen Gesinnung zu glauben und an seiner Treue nicht zu zweifeln. »Ich bitte, nicht zuzulassen, daß ich auf Grund eines falschen Verdachts ermordet werde.«

Einen noch stärkeren Mangel an Psychologie zeigte More, als er ausgerechnet Cromwell, der am stärksten gegen ihn schürte, in einem langen Brief sein Herz ausschüttete. Aber es war charakteristisch, daß er wiederum – durchaus wahrheitsgemäß – betonte, er habe nie daran gedacht, ganz ungeachtet seiner eigenen Meinung, sich gegen die Ansichten des Königs zu äußern: »Ich mache nicht aus lauter Widerspenstigkeit Opposition gegen den König.«

Bei der dritten Beratung des zur Bestrafung des Hochverrats eingebrachten Sondergesetzes fragten die Lords an, ob More in der Sternkammer gehört werden sollte. Des Königs Ratgeber, die Mores Beredsamkeit und Eindruckskraft kannten, sagten, dann sei alles verdorben. Sie rieten dringend, Mores Namen von der Liste zu streichen, es werde sich bald eine geeignetere Sache finden. Man strich ihn von der Liste der Hochverräter. Eine »bessere« Sache fand sich schnell.

Im März 1534 erließ das Parlament – nach Mores Worten »Gott weiß was für eins« – ein Gesetz, das die Thronfolge auf die Nachkommen von Anna Boleyn beschränkte und eine Präambel enthielt, welche die Ehe Heinrichs mit Katharina für ungültig erklärte und die Suprematie des Papstes bestritt. Diese Bestimmungen sollten beschworen werden. Wieder gab es kein Ausweichen, Heinrich verlangte von seinen Untertanen, in den beiden für ihn entscheidenden Fragen, in der Nachfolge auf dem Thron und in der kirchlichen Suprematie des Königs, Farbe zu bekennen. Wer nicht für ihn war, war wider ihn und mußte die Konsequenzen ziehen. More erkannte das Recht des Königs und des Parlament an, die Nachfolge zu regeln. Er konnte den Ausschluß Marias, der Tochter Katharinas, bedauern, mußte sich aber fügen. So war er bereit, den Eid auf die Nachfolge abzulegen, aber nicht auf die kirchliche Suprematie des Königs. Er verweigerte die Eidesleistung und wurde in den Tower geworfen. Nur zwei Jahre waren ihm nach seiner Entlassung als Lordkanzler vergönnt gewesen.

Zwei Menschen suchten ihn zur Eidesleistung zu bewegen, der eine in wohlmeinender Freundschaft, der andere in liebender Sorge. Der eine war der Erzbischof Cranmer, der andere Mores Lieblingstochter, Margaret Roper. Cranmers Versuche abzuwehren, wurde More nicht schwer. Cranmer hatte, wie More seiner Tochter noch am gleichen Tage schrieb, das reichlich sophistische Argument gebraucht: da More die nicht verurteile, die den Eid leisteten, sei es für ihn offenbar zweifelhaft, ob man schwören oder nicht schwören solle; das Gewissen scheine da kein sicherer Wegweiser zu sein; es gebe aber eine Gewißheit, den Gehorsam gegen den König. »So gehorcht dem König und schwört!« More erkannte, daß diese Argumentation, so überzeugend sie klang, ins Absurde führte, und antwortete: »Nach meinem Gewissen ist das einer der Fälle, in denen ich meinem Fürsten keinen Gehorsam schuldig bin.«

In weiteren Briefen an die Tochter, die in liebender Sorge ihm zuredete, den Eid abzulegen, rechtfertigte er sein Verhalten: »Kein Mann hätte den Eid mit mehr Freude beschworen als ich, wenn ich eine Möglichkeit sähe, des Königs Willen zu erfüllen, ohne gleichzeitig Gott zu beleidigen ...« Margaret hatte selbst den Eid geleistet, aber mit einem Vorbehalt: soweit übereinstimmend mit Gottes Gesetz. Diesen Vorbehalt ließ man bei einer Frau zu, nicht bei dem früheren Lordkanzler. Im Laufe des köstlichen Dialogs zwischen Vater und

Tochter in der Gefängniszelle des Tower fragte Margaret: »Warum solltest du dich weigern zu schwören, Vater? Habe ich doch selbst geschworen.« More lachte: »Das war ganz wie Eva, denn sie selbst gab Adam keinen schlechteren Apfel, als sie selbst gegessen hatte.«
Die Briefe und Gespräche zwischen More und Meg gehören zu den literarischen Kostbarkeiten. Auf das Argument der Tochter, man könne doch mit der reservatio mentalis schwören, das eigene Gewissen nach dem anderer zu richten, antwortete More in der ihm eigenen Art mit der Geschichte des Richters in einem Kollegium von zwölf, das ein Urteil fällen soll; er allein ist anderer Ansicht. Als alle ihn beschwören, auf ihre Seite zu kommen, sagt er: »Wenn wir vor Gott stehen und er schickt euch in den Himmel, weil ihr nach eurem Gewissen gehandelt habt, und mich zum Teufel, weil ich gegen mein Gewissen gehandelt habe, und ich sage dann zu euch: Kommt jetzt um der guten Kompagnie willen mit mir, würdet ihr dann kommen?«
Cranmer hatte kein Verständnis für Mores verstiegenen Eigensinn. Aber er mühte sich, ihn zu retten. Nach seiner Art suchte er nach einem Kompromiß. Er schlug dem König vor, More sollte lediglich die Nachfolge beschwören, die Form des Eides sollte aber geheim bleiben. Heinrich war nicht abgeneigt, Cranmer, der ihm in allen Fragen zu Willen gewesen war, seinerseits einen Gefallen zu tun. Aber Anna Boleyn, die in More die Seele des Widerstandes gegen ihre Erhebung zur Königin erblickte, hetzte den König auf. Als More davon hörte, grollte er ihr nicht, er sah voraus, »in welches Elend die arme Seele bald kommen werde«. Der König ließ nun der »Gerechtigkeit« freien Lauf. Zunächst mußte ein Sondergesetz erlassen werden, das nachträglich den Eid legalisierte, für dessen Verweigerung More eingekerkert war. Doch dies Gesetz und ebenso die Sondergesetze gegen die beiden Eidverweigerer More und Bischof Fisher setzten als Folge der Eidesverweigerung den Verlust von Freiheit und Vermögen fest, aber nicht die Todesstrafe.
Erst als More schon fast ein Jahr im Tower saß, wurden zwei neue Gesetze erlassen, die Suprematsakte, die Heinrich gesetzlich zum Oberhaupt der Kirche machte, und das Hochverratsgesetz, das jeden des Hochverrats für schuldig erklärte, der von einem bestimmten

Datum an die Suprematie des Königs bestritt. Dieses Gesetz stieß auf Widerstand im Parlament, das sich erst dann einverstanden erklärte, als die Worte »in böser Absicht« eingefügt worden waren. Die ersten Opfer des neuen Gesetzes waren Karthäusermönche. Als sie durch Cromwell vernommen wurden, wandten sie ein: Wie könnte ein Laie Haupt der Kirche sein? So wollten sie, sagte boshaft der schlagfertige Cromwell, aus dem König einen Priester machen? Sie beteuerten ihre Unschuld, weil sie des Königs Suprematie aus Gewissensgründen, nicht »in böser Absicht« bestritten. Das Gericht erklärte, in offenbarer Verdrehung des Willens des Parlaments: wer die Suprematie leugne, tue es stets in böser Absicht; die Hinzufügung sei eine wirkungslose Beschränkung. Aber sie wagten nicht, das Todesurteil auszusprechen; erst aus Angst vor Cromwells massiver Drohung verurteilten sie die unglücklichen Mönche, die in grausamster Form hingerichtet wurden. Die Richter schämten sich, ihre Gesichter zu zeigen.

More erkannte als guter Jurist die Rechtslage. Den Eid auf die Suprematie zu verweigern, war nicht todeswürdig. Das Leben wurde erst verwirkt durch die positive Erklärung, daß der König nicht Oberhaupt der Kirche sei. Die Grenze war schmal und im Kreuzverhör leicht zu überschreiten. Aber More ließ sich bei den Verhören nicht fangen. In einem Brief schilderte er seiner Tochter sein erstes Verhör im Tower, bei dem Cromwell, der Kronanwalt, der Staatsanwalt Rich und zwei Beamte zugegen waren. Cromwell erklärte, More sei zwar zu ewigem Gefängnis verurteilt, werde aber dadurch nicht vom Gehorsam entbunden, sein Verhalten mache auch andere steifnakkig. Er versuchte Mores Schweigen zu brechen, aber dieser verweigerte nach wie vor die Angabe seiner Gründe.

Auf Fisher wurde der gleiche Druck ausgeübt. John Fisher, Bischof von Rochester, hatte als einziger den Mut gehabt, die Königin Katharina zu beraten, als Kardinal Wolsey alle bedrohte, die sich in des Königs »wichtigste Sache« mischten. Als 1529 in der Scheidungssache verhandelt und eine Liste aller Bischöfe verlesen wurde, die des Königs Auffassung bekräftigten, ertönte Fishers hohe silbrige Stimme; er bestritt seine Unterschrift. Als man 1534 den parlamentarischen Strafbeschluß, die schrecklichste Waffe der Tudor-Despotie, der die

Hinrichtung ohne Gerichtsverfahren möglich machte, gegen eine Reihe mißliebiger Männer einbrachte, strich man neben Mores Namen auch den Fishers von der Liste, weil man den Eindruck seiner Stimme vor der Sternkammer fürchtete. Als jetzt im Prozeß Drohung und Druck wiederum ohne Ergebnis blieben, griff der gewissenlose Rich zu einem Trick. Er versprach, Fishers Aussage nicht im Prozeß zu verwenden, sondern sie nur dem König mitzuteilen, der sie zur Beruhigung des eigenen Gewissens kennen möchte. Darauf sagte Fisher, der König sei nicht und könne nicht Oberhaupt der Kirche sein. Als die Hauptverhandlung gegen Fisher stattfand, berief er sich vergeblich auf die Zusicherung der Geheimhaltung. Das entlastete ihn um kein Haar, wurde ihm brutal erwidert. Es half ihm auch nicht, daß er die »böse Absicht« bestritt. Der fromme alte Mann wurde geköpft.

Mit More kam man auch beim zweiten Verhör nicht weiter, das in Gegenwart von Cromwell, Cranmer, des Lordkanzlers und zweier Herzöge stattfand. Als man ihm seine »widerspenstige und böse Gesinnung« vorwarf, erwiderte er: »Ich habe keine bösartigen Absichten und kann deshalb nichts in ›böser Absicht‹ leugnen.« Auf die Frage nach seiner Stellungnahme zu dem Suprematiegesetz, erwiderte er: »Mein Gewissen kann sich mit dem neuen Gesetz nicht einverstanden erklären – warum, das werde ich euch nicht sagen –, trotzdem äußere ich mich nicht gegen diese Bestimmung.« Befragt, ob er das Verfahren für gesetzmäßig halte, entgegnete er, auf diese Frage werde er nie antworten. Er verteidigte sich zäh und unangreifbar, entsprechend dem Grundsatz, den er seiner Tochter in einem Brief geschrieben hatte: »Ich biete mich nicht ohne weiteres dem Tode an. Vielleicht würde mich Gott für solche Anmaßung strafen. Ich will mich deshalb nicht vordrängen.«

In der Hauptverhandlung klagte man ihn an, er habe sich der Heirat des Königs widersetzt, und er habe bösartig und verräterisch dem König den Titel des Oberhaupts der Kirche abgesprochen. More stritt die erste Anklage ab, er habe nur auf ausdrücklichen Befehl des Königs mit ihm darüber gesprochen. Auch die zweite Anklage leugnete er, er habe sich zur Suprematie nie geäußert. Verrat liege nur in Wort und Tat, nicht im Schweigen: »Für mein Schweigen kann mich weder dies Gesetz noch irgend ein Gesetz bestrafen.« Die Sache der Staatsanwaltschaft stand nicht gut. Man brauchte Beweise, nicht dafür, wie More sein Schweigen rechtfertigte, sondern daß er es gebrochen habe. Für Heinrich war der Prozeß zu einer Prestigefrage geworden. Weil More der treueste Beamte und der edelste Mann Englands war, war er der gefährlichste Gegner. Doch Mores eigene Aussagen boten keine Handhabe.

Da rettete wiederum Rich die Lage für den König und die Staatsanwaltschaft. Da er More nicht mit einem Trick fangen konnte, griff er zur Lüge. Er sagte aus, er habe folgendes Gespräch mit More gehabt: »Rich: Nehmen Sie an, ein Gesetzesakt würde mich zum König machen; würden Sie mich als König annehmen? More: Ja; aber nehmen Sie einen schwierigeren Fall, ein Gesetz, daß Gott nicht Gott sein soll. Rich: Das ist ausgeschlossen, aber ich will einen mittleren Fall nehmen; Sie wissen, daß der König zum Oberhaupt der Kirche gemacht worden ist. Warum nehmen Sie ihn nicht ebenso an wie mich als König? More: Ein König kann vom Parlament ein- und abgesetzt werden, nicht das Oberhaupt der Kirche.« Das war die Erklärung, die man brauchte.

Auf Grund dieser falschen Aussage wurde More verurteilt. Falsch war sie ohne Zweifel. Das Gespräch hat stattgefunden, und sicher hat Rich die Frage gestellt: »Nehmen Sie an ...«, auch die erste Antwort klingt ganz nach More, aber es erscheint ausgeschlossen, daß er bei der zweiten Antwort gerade die Aussage gemacht haben soll, die er monatelang peinlich vermieden hatte und auf die allein es Rich ankam. More selbst bestritt lebhaft, dies gesagt zu haben. Ein Protokoll war nicht geführt. Die beiden Ohrenzeugen, die Rich mitgebracht hatte, wichen aus, sie hätten nicht so genau zugehört. So stand und fiel das Urteil mit dem Eid Richs. Er war der Typ des ehrgeizigen und bedenkenlosen Staatsanwalts, wie er als Major Henry im Dreyfus-Prozeß oder als lügnerischer Anwalt in anderen politischen Prozessen in Erscheinung treten sollte. More sagte ihm mit der Überlegenheit der Unschuld und des Christen: »Es tut mir um Ihren Meineid mehr leid, als um meine Gefahr.« In seinem Schlußwort sprach er offen aus, er werde auf Grund einer falschen Anklage und eines Gesetzes, das den Geboten Gottes zuwiderlaufe, verurteilt. Aber er sag-

te dem Gericht auch den wahren und eigentlichen Grund seiner Verfolgung durch den von Anna Boleyn aufgehetzten König: »Nicht für diese Suprematie sucht Ihr mein Blut, sondern weil ich der Ehe des Königs nicht zustimmen wollte.«
Am 6. 7. 1535 wurde er hingerichtet. Als er das Schafott bestieg, bat er den Offizier, der die Soldaten auf dem Hinrichteplatz kommandierte, ihm heraufzuhelfen, »wie ich wieder herunterkomme, überlassen Sie mir«! Den Henker mahnte er: »Mann, nimm deinen Mut zusammen und schlag nicht vorbei, mein Hals ist sehr kurz.« Die Umstehenden bat er, in dieser Welt für ihn zu beten, er werde dies im Jenseits für sie tun. Er empfahl den König ihrem Gebet, um von Gott zu erwirken, daß er Heinrich VIII. gute Ratgeber schicke. Er sterbe als treuer Diener des Königs, aber Gottes zuerst.
Nach Utopia zeigt sich der Wert eines Mannes daran, wie er stirbt. Diese Prüfung bestand More. Im Tode löste er die Frage, ob es über den Gesetzen des Staates ein moralisches Gesetz gebe, die er im Leben nicht hatte lösen können. Er hatte versucht, gleichzeitig erster Minister und Führer des Widerstandes zu sein, und war daran gescheitert. Er hatte in der Opposition gegen Heinrich VIII., der Machiavellis »Fürst« in der Praxis der Regierung war, Willkür und Unrecht, die er haßte und fürchtete, nicht abwenden können. Er hatte, um Menschen vor der Lawine zu schützen, den Bergen das 5. Gebot gepredigt. Das Problem aber, was dem Gewissen und was dem Staat geschuldet werde, ist ein ewiges.

9. KAPITEL

Servet und Calvin

Es gibt keine grausamere Tyrannei als jene,
die man ausübt im Schatten der Gesetze
und unter der Flagge der Justiz.
Montesquieu

Es hat vielleicht nur zwei echte Calvinisten im Sinne Calvins gegeben, Calvin selbst und Oliver Cromwell. Beide Helden des Glaubens und des Willens, beide durchdrungen von der Überzeugung, erwählt zu sein, von Gott berufen, schon hier auf Erden sein Reich zu errichten, der eine in der Gottesstadt Genf, der andere in der Gottesrepublik England, beide das Gesetz des alten Bundes stärker im Herzen tragend als die Liebesbotschaft des neuen Testaments, beide ihre Feinde gnadenlos als Feinde Gottes verfolgend, beide in ihrem irdischen Dasein von allzumenschlichen Fehlern entstellt und doch durch ihr Leben und ihr Wirken zu Bannerträgern der Freiheit des menschlichen Geschlechts geworden. Beide kennzeichnet die einzigartige Verbindung heißer Leidenschaft und kühler Vernunft, die Absage an alle irdischen Lebensfreuden, die Errichtung einer geistlich-weltlichen Diktatur.

Unter den Geistesherren des 16. Jahrhunderts war Calvin die stählernste Kraft, ein religiöser Reformator wie Zwingli und Luther, zugleich aber Staatsmann und Volkstribun. Seine »Institutio religionis Christianae« wurde zum klassischen Handbuch der Reformierten. In der stolzen alten Stadt Genf, die ihn vertrieben hatte und in die er wenige Jahre später triumphierend zurückkehrte, führte er ein unerbittlich hartes Regiment. Es war ein kranker, durch häuslichen Kummer gepeinigter, wider eine Welt von Feinden kämpfender Mann, der dort seine Gottesstadt errichtete. Die Tuberkulose, an der Calvin litt, bewirkte, wie vielfach bei solchen Kranken, bei denen die Krankheitsunruhe auf einen außergewöhnlichen Intellekt trifft, eine Dynamik für einzigartige Geistesleistungen, trug aber auch zu dem freudlosen, fanatischen Geist bei, den Calvins Werke atmen. Die Tuberkulose formte nicht sein Wesen und Werk, aber das Extreme, Unbeugsame und Unbarmherzige seines Charakters war Ausfluß seiner Krankheit. Calvin war zugleich, wie Savonarola und Robespierre, ein genialer Neurotiker, ein von gewaltigen schöpferischen Ideen durchglühter und von ihnen gepeitschter, titanischer Mensch, der Gottes Ehre auf Erden zu verwirklichen suchte. Balzac schrieb, Calvin habe alle Greuel Robespierres vorweggenommen. Wie dieser gehörte er zu den schrecklichen Tyrannen, denen das Bewußtsein, Gottes Werkzeug zu sein, ein gutes Gewissen schenkt. Stammt nicht alles Unheil der neueren Zeit daher, daß Menschen und Völker, Rassen und Religionen auserwählt und sendungsbeladen zu sein glauben?

Der von Natur schüchterne und empfindsame Mann strahlte eine sieghafte Kraft auf die Gemüter aus, sobald Gottes Ehre auf dem Spiel stand, und glich dann in der Gewalt seiner Rede und dem Fanatismus seines Tuns den Propheten des alten Testaments. Toleranz kannte er nicht, darin war er ein Kind seiner Zeit. Er war ein unbarmherziger Hexenverfolger, der sich in schwebende Verfahren einschaltete und der häufig die vom Rat der Stadt geplanten Strafen verschärft zu sehen wünschte. Ebenso war er als Ketzerrichter unerbittlich. In Ketzerprozessen fungierte das Konsistorium als »Inquisitionstribunal« und übergab die zu verurteilenden Personen dem Rat. Dieser hatte als Strafgericht auf Grund der peinlichen Gerichtsordnung Karls V., der Carolina, die in Genf als einer kaiserlichen Stadt Geltung hatte und für Ketzer den Feuertod vorsah, das Urteil zu fällen. Der bekannteste solcher Ketzerprozesse war der gegen den Arzt Michael Servet.

Servet war ein hochbegabter Arzt, der weitsichtigste Physiologe des Jahrhunderts, der Entdecker des kleinen Blutkreislaufs. Er hatte auch Jura studiert und dilettierte in vielen Wissenschaften, am liebsten in der Theologie. Schon mit 20 Jahren verfaßte er Schriften, in denen er die Dreieinigkeitslehre angriff. Die Reformatoren, Luther,

Zwingli und Oekolampadius, warnten vor dem »greulich bös Buch« und dem »frevlerischen Hispanier«. Der kecke Amateurtheologe gab trotzdem seine Thesen in Druck, mußte sich aber vor dem ausbrechenden Sturm in Sicherheit bringen. Servet verschwand, und Michel de Villeneuve tauchte auf, der auf vielen Gebieten Erstaunliches leistete. Ein kühner Geist, trotzig und selbstbewußt, wurde er ein beachteter Lehrer in Geographie und Astrologie, kultivierte weiter seine Vorliebe für die Theologie und entging nicht dem Neid der medizinischen Fakultät. Auf ihr Betreiben verbot ihm der Inquisitor, weiter Astrologie zu lehren. Von der Sorge geplagt, bei einer amtlichen Untersuchung könne die Identität Villeneuves mit dem Ketzer Servet aufgedeckt werden, verschwand er aus Paris und tauchte in Vienne wieder auf, in der ehrbaren Maske eines Leibarztes des frommen Erzbischofs von Vienne.

Wie es Amateuren häufig geht, war er am stolzesten auf seine Leistungen auf dem ihm fremdesten Gebiet. Die Gottesgelehrtheit ließ ihn nicht los. Er hielt sich für berufen, die Christenheit von alten Irrtümern, besonders von dem falschen Dogma der Dreieinigkeit, zu reinigen. In seinem ununterdrückbaren Drang, sich auszusprechen und mitzuteilen, wandte er sich an den Mann, den er für den radikalsten der Reformatoren hielt und von dem er das meiste Verständnis für seine noch kühneren Lehren erwartete. Er schrieb an Calvin. Daraus entwickelte sich eine Korrespondenz, die sich über ein Jahr hinzog und in deren Verlauf Servet etwa 30 Briefe an den Genfer Reformator schrieb. Aber die Korrespondenz nahm von beiden Seiten einen immer gereizteren Ton an. Servet wurde herablassend und ermahnte Calvin, von seinen Irrtümern zu lassen. Der Schweizer Reformator, der dazu neigte, Ansichten, die von seinen abwichen, als Zeichen von Denkschwäche oder sittlicher Unlauterkeit anzusehen, wurde des unfruchtbaren Briefwechsels mit dem theologischen Wirrkopf müde und verwies ihn auf das eigene berühmte Buch »Die Institutionen«. Aber Servet, voll unheilbarer Bekehrungssucht und kindlicher Vertrauensseligkeit, sandte dem Verfasser ein Exemplar, in dem er die »Fehler« am Rande vermerkt hatte. Er ahnte nicht, wie tief er Calvin dadurch verletzte. Servet ging noch weiter, er schickte dem Reformator den ersten Entwurf seines neuen Buches – »einen

dicken Band seiner Hirngespinste« nannte es Calvin – und bat um eine Unterredung. Calvin schrieb einem Vertrauten, er könne ihn nicht kommen lassen, »denn käme er und ich habe hier die Verantwortung, würde ich ihn nicht lebend fortgehen lassen«.
Hatte Calvin eine Institutio geschrieben, wollte ihn Servet mit einer Restitutio überbieten. Nur ein von allen guten Geistern verlassener Mensch konnte ein Buch herausbringen, das so schroffe Angriffe gegen alle Dogmen enthielt. Besonders war kein Wort ihm scharf genug, die Dreieinigkeit lächerlich zu machen. Das Buch mußte bei Katholiken ebenso verletzend wirken wie bei Protestanten. Der Inquisitor wurde mobil gemacht, Servet leugnete, der Verfasser zu sein. Aber es sah schwarz für ihn aus. Er rettete sich durch eine kecke Flucht. Auf dem Wege nach Neapel passierte er 1553 Genf. Es ist ein Rätsel, warum er ausgerechnet nach Genf ging, das durchaus nicht auf seinem Weg lag. Calvin hatte ihn unmißverständlich gewarnt, Servet wußte, daß Calvin sein Todfeind geworden war. Das Rätsel läßt sich nur lösen, wenn man annimmt, daß Servet über die damalige Lage in Genf halbrichtig orientiert war und auf Calvins Sturz hoffte. Ein großer Teil der Genfer war wieder einmal des strengen Kirchenregiments müde geworden. Die Libertiner, Calvins Widersacher, opponierten gegen die Zeloten und hatten die Mehrheit im Großen Rat gewonnen. Wenn er sich in den Straßen zeigte, klagte Calvin, hetze man die Hunde auf ihn. Sobald jedoch Calvin von Servets Aufenthalt in Genf hörte, ließ er den Arzt verhaften. Er wußte, welche Gefahr seinem Werke von diesem Manne drohte, der mit seinen hochfliegenden Plänen und verführerischen Irrlehren den Bau des Reformators unterhöhlen konnte und den die Libertiner im Kampf gegen Calvin auszunutzen suchten. Die Hilfe der Calvingegner wurde zum Verhängnis für Servet.
Bereits im August 1553 hielt ihm der Ankläger die von Calvin selbst verfaßten 38 Anklagepunkte vor. In Punkt 38 hieß es, Servet habe in lästernden Ausdrücken über Calvin und dessen Lehren gesprochen. Das war Majestätsbeleidigung. Calvin sagte später, er würde nicht auf Bestrafung wegen eines Kapitalverbrechens bestanden haben, wenn Servet »bescheidener« gewesen wäre. Aber gerade das war der Arzt nicht, er war trotzig und hochfahrend und gebrauchte gegen

Calvin maßlose Ausdrücke. Auf Grund der ersten Vernehmung beantragte der Ankläger, das Verfahren wegen Lästerung Gottes und seiner Diener einzuleiten. Das Verfahren vor dem Strafgerichtshof begann. Das Gericht bat Calvin, dem Angeklagten dessen Irrtümer zu beweisen. Der 17. August brachte eine endlose Debatte zwischen Calvin und Servet über die Dreieinigkeit. Beide wurden immer erregter und verstrickten sich in theologischen Zwirnsfäden. Ein von den Calvingegnern gestellter Antrag, das Verfahren einzustellen, wurde abgelehnt.

Der Generalstaatsanwalt trug eine neue Anklage vor. Die Lästerung Calvins wurde nicht mehr erwähnt. Die theologischen Streitpunkte traten in den Hintergrund. Der Staatsanwalt betonte, daß Servet, von je ein turbulenter Geist, durch sein unmoralisches Leben und seine ketzerischen Anschauungen die gesellschaftliche Ordnung erschüttere. Ein Brief Servets rief großen Eindruck im Gericht hervor, darin fand sich folgende Stelle: »Statt des Einen Gottes habt Ihr einen dreiköpfigen Cerberus, anstatt des wahren Glaubens ein erträumtes Schicksal« – das zielte auf Calvins Lehre von der Gnadenwahl –; »die guten Werke haltet Ihr für eine bloße Dekoration, den Menschen für einen passiven Klotz mit unfreiem Willen.« Im übrigen aber erwies sich die neue staatsanwaltschaftliche Tonart als Fehlschlag. Den Richtern war klar, daß hier vielleicht ein Ketzer, sicher kein Unruhestifter und Wüstling vor Gericht stand. Servet, der fest davon überzeugt war, daß seine Lehren, weil von den Katholiken verworfen, nicht von den Protestanten als Ketzereien angesehen werden könnten, und dessen Hoffnung, bald freigelassen zu werden, von seinen falschen »Freunden« genährt wurde, verpaßte über diesen Illusionen die Chance, sein Leben durch einen Schatten versöhnlicher Haltung zu retten. Eine Unterredung mit Calvin, der ihn im Gefängnis aufsuchte, führte nur zu verstärkter gegenseitigen Verbitterung. Durch seine Heftigkeit trug Servet dazu bei, daß die Richter ihn nicht so sahen, wie er wirklich war, ein aufrichtiger frommer Mann mit makelloser Lebensführung, ein Pionier auf vielen Gebieten geistigen Lebens, nur allzu selbstbewußt und rechthaberisch in seiner eigengewachsenen Theologie.

Er hatte auch sachlich gute Argumente. In einer Denkschrift bestritt er die Zulässigkeit eines Kriminalprozesses wegen Irrlehre; in der ersten Christenheit habe man niemanden wegen »Ketzerei« verklagt. Er gehöre nicht vor das Genfer Gericht, da er Ausländer und kein Friedensstörer sei. Tatsächlich war er selbst kein Genfer, und sein Buch war in Genf weder gedruckt noch »verbreitet«. Als Fremder bat er um einen Verteidiger. Über diese Frechheit erregte sich der Staatsanwalt besonders. Ketzer wurden von vornherein als Überführte behandelt. Man sperrte sie in ein dunkles Loch und gab ihnen keinen Verteidiger. Der Staatsanwalt war nicht gewillt, für den Spanier eine Ausnahme zu machen. Auch Calvin rang sich, je länger je mehr, zu dem Entschluß durch, diesen Mann zur Strecke zu bringen. Vier Wochen nach Beginn des Prozesses schrieb er einem Vertrauten: »Wenn die Papisten sich so eifrig und solchen Ernst für ihren Aberglauben zeigen, daß sie grausam das Blut Unschuldiger vergießen, ist es dann nicht eine Schande, daß christliche Obrigkeiten so wenig Herz bei der Verteidigung der gewissen Wahrheit zeigen?« Er hatte das Herz; er schloß den Brief: »Der Gefangene soll dem Schicksal, das wir ihm wünschen, nicht entgehen.« Es war echt Calvin, jeden, den die Katholiken verbrannten, als unschuldig, seine Opfer dagegen als Ketzer zu bezeichnen, die den Scheiterhaufen voll verdienten.

Zu gleicher Zeit beklagte sich Servet in einem verzweifelten Brief an den Rat, er verfaule im Gefängnis, die Läuse fräßen ihn bei lebendigem Leibe auf, seine Kleider zerfielen in Lumpen. Er bat, offenbar auf den Rat seiner liberalen Freunde, um Abgabe des Prozesses an den Großen Rat; in diesem hatten die Calvingegner die Mehrheit. Natürlich wurde der Antrag abgelehnt. Ohne auf Servets Beschwerde einzugehen, bat der Rat die Kirchen und Räte von Bern, Basel, Zürich und Schaffhausen um gutachtliche Äußerungen. Das war nicht nach Calvins Sinn, er war der Eidgenossen nicht sicher. Durch zahlreiche Briefe an seine Vertrauten in diesen Städten stellte er aber sicher, daß die Gutachten »richtig« ausfielen. Servet, der auf seine Beschwerde keine Antwort erhielt, verlor die Nerven und beging eine Unklugheit, die sich nur durch die hemmungslose Wut erklären läßt, in die der sensible, gepeinigte Mann geraten war. In einer förmlichen Anklage, in der er Calvin des Mißbrauchs der Amtsgewalt und falscher Anschuldigung bezichtigte, warf er ihm ausdrücklich vor, ihn bei den Katholiken in Vienne denunziert zu haben, und verlangte, daß Calvin gefangengesetzt würde, »bis der Handel mit seinem oder meinem Tode oder anderer Strafe entschieden sei«. Er schloß: »Meine Herren Richter, ich fordere von Ihnen Gerechtigkeit.« Das wiederholte er dreimal. Der Unglückliche merkte noch immer nicht, daß er den Mann, auf den es ausschließlich ankam und der sein Leben in der Hand hielt, unausgesetzt vor den Kopf stieß. Mit diesem Schriftsatz unterschrieb Servet endgültig sein Todesurteil.

Einen Monat brauchten die vier Städte zu ihrer Antwort. Die Gutachten stimmten darin überein, daß sie die Trinitätslehre für das Fundament der Kirche erklärten. Keine Stadt forderte ausdrücklich die Hinrichtung, aber da das in Genf gültige Gesetz für Ketzerei den Feuertod vorsah, gab es keinen Zweifel, was die Antworten bedeuteten. Sie besiegelten Servets Todesurteil. Das verstand Calvin, das verstand der Rat von Genf, nur Servet begriff es nicht. Drei Tage nach Verlesung des Gutachtens fällte der Rat das Urteil. Die Calvingegner waren nicht erschienen, nur der liberale Führer. Dessen Anträge auf Freispruch, auf Abgabe an den Großen Rat, auf eine gelinde Strafe, wurden nacheinander abgelehnt. Mit großer Mehrheit stimmte der Rat, dem Genfer Gesetz entsprechend, für den Feuertod. Das Urteil warf Servet, der das nie erwartet hatte, völlig um. Als er sich gefaßt hatte, bat er Calvin um eine Aussprache. Der entzog sich der peinlichen Bitte nicht. Servet bat ihn um Verzeihung, lehnte aber trotz langen Zuredens Calvins einen Widerruf seiner Lehre ab. Vergebens bat er das Gericht um eine mildere Todesart. Der hochbegabte Mann, der »aragonische Löwe«, den Ehrgeiz und Überhebung zum Starrsinn des Schwärmers verführt hatten, starb als frommer Christ. Es wird vielfach behauptet, Calvin habe alles unternommen, um für Servet die mildeste Todesart zu erwirken. Die Ratsprotokolle berichten hierüber nichts. Kurz vor der Hinrichtung schrieb Calvin: »Die Todesart versuchten wir zu ändern, aber vergeblich.«

Da über einen solchen Versuch in den Akten nicht das Geringste zu finden ist, hat er sich wohl um eine Milderung höchstens inoffiziell in Privatgesprächen bemüht. In seiner Rechtfertigungsschrift sagt

Calvin selbst, er habe »kein Wort über seine (Servets) Strafe geäußert«. Nachdem die Schuldfrage wegen Ketzerei bejaht worden war, konnte der nach dem Gesetz verwirkte Feuertod nur durch einen Gnadenakt abgewendet werden. Aber diesen Gefallen würden dem Reformator, auch wenn er sich wirklich darum gemüht hätte, selbst die Calvinanhänger wohl nicht erwiesen haben, seine Gegner erst recht nicht.

In Vienne war Servet bereits zum Feuertod verurteilt und in Abwesenheit verbrannt worden. Hätte man ihn leibhaftig verbrannt, wäre der »Fall« längst vergessen, genauso wie man an die anderen zahlreichen Opfer Calvins keine Erinnerung bewahrt hat. Vielleicht hätte man auch kein Aufhebens gemacht, wenn Servet mit dem Schwert hingerichtet worden wäre. Nur der von Rom übernommene und gegen einen Evangelischen angewandte Scheiterhaufen hat dem spanischen Arzt die traurige Berühmtheit verschafft. Der greise Melanchthon nannte den Feuertod »ein frommes denkwürdiges Vorbild«, er schien vergessen zu haben, was Luther einst über die Ketzerverbrennung gesagt hatte: »Ketzerei ist ein geistlich Ding; da kann man mit keinem Eisen hauen, mit keinem Feuer verbrennen . . .« Aber immer mehr Menschen besannen sich auf diese echt reformatorische Auffassung. Und immer mehr Menschen, darunter der große Rechtslehrer Bondin in einem aufsehenerregenden Gutachten und selbst Genfer Geistliche, stellten die rechtliche Grundlage des Urteils in Frage.

Calvin verteidigte sich. In der 1554 erschienenen Schrift »Defensio« ging er auf alle Einwendungen gegen eine gewaltsame Bekämpfung der Ketzerei ein, vom Rat des weisen Gamaliel an, den Fortgang einer neuen Lehre abzuwarten. Er kam zu dem Schluß: Wenn ein Wolf in die Herde dringt, schlägt man ihn tot; das Gesetz befiehlt, falsche Propheten zu steinigen. Für Calvin war das Alte Testament lebendig, der strafende Moses am Berge Sinai das Vorbild. Mit dieser Verteidigungsschrift rechtfertigte Calvin die Greuel der Inquisition und drückte allen Ketzergerichten eine Waffe in die Hand. Selbst Katharina von Medici hätte sich zur Rechtfertigung der Bartholomäusnacht auf ihn berufen können. Dabei hatte Calvin in der Institutio vor der Gefahr gewarnt, »daß wir aus der Kirche eine Hölle machen

und daß wir selbst aus Mahnern zu Henkern werden«. Unduldsam, dann aber auch bis zur letzten Konsequenz, war er nur gegen das, was er als Lästerung Gottes und vorsätzliche Zerstörung des Glaubens ansah. Gerade diesen Vorwurf hatte er aber gegen Servet erhoben. Und doch wurde er seines Sieges über diesen Gegner nicht froh. In einem Brief an Bullinger nannte er diesen einen Teilhaber »meines Fehlers, wenn es tatsächlich ein Fehler war«. Es war ungewöhnlich, daß der selbstbewußte Reformator die Verantwortung mit anderen teilen wollte und die Möglichkeit eines Irrtums zuließ.
Das Fehlurteil war nicht aufrechtzuerhalten. Aus ihm erwuchs eine Ehrung, die dem Opfer sonst nicht zuteil geworden wäre. Rund 200 Jahre nach dem Genfer Spruch nannte Voltaire den Servetprozeß einen Beweis dafür, daß die Protestanten ebenso unduldsam seien wie die Katholiken. Der Professor Vernier wollte den spottenden Kirchengegner widerlegen und bat den Rat der Stadt Genf um die Prozeßakten. Aber der Rat lehnte die Herausgabe ab: der Stadt und der Kirche werde damit nicht gedient, Calvins Verhalten sei nicht zu rechtfertigen. Erst 1884 wurden die Akten veröffentlicht. 1903 aber wurde auf der Richtstätte in Genf eine Denkmal errichtet, das unter ein schreckliches Kapitel den Schlußstrich zieht. Es trägt die Inschrift: »Michael Servet gewidmet. Als ehrerbietige und dankbare Söhne Calvins, die trotzdem einen Irrtum verwerfen, den er mit seinem Zeitalter teilte, und als treue Anhänger der Gewissensfreiheit nach den wahren Grundsätzen der Reformation und des Evangeliums haben wir dieses Sühnedenkmal errichtet.«

IV. BUCH

Die Macht vernichtet den, der sich ihr entgegenstellt.

Die Angeklagten in den Prozessen, die dieser Abschnitt schildert, berufen sich alle auf ihren legitimen Anspruch, Konradin und Maria, Karl, Maximilian und Strafford. Sie nehmen das Recht der Geburt in Anspruch, das Recht ihres Standes, die Wahl durch ein Volk. Sie sind von der Legitimität ihres Standpunktes überzeugt und werden vom Glauben an ihr gutes Recht in Kampf und Tod gestärkt und getragen.

Ihnen treten die Rivalen gegenüber, Karl von Anjou und Elisabeth I., Cromwell, Juarez und das englische Parlament. Auch sie berufen sich auf unveräußerliche Rechte, deren Wert verschieden sein mag; Elisabeths Recht besser als das des Anjou, das des Indianers besser als das Cromwells. Aber bei allen geht es um die Macht, und alle gleichen sich in der schonungslosen Unerbittlichkeit, mit der sie den Gegner unter dem Schein eines zweifelhaften Rechts vernichten und sich durch den Justizmord die Herrschaft sichern.

10. KAPITEL

Konradin und Karl von Anjou

Alles ist Schuld zuletzt, und alles muß Sühne sein.
Morgenstern

Der Schwabenherzog Konrad, dem zärtliche Mutterliebe den Kosenamen Konradin gegeben hatte und dessen Andenken unter diesem Namen die Jahrhunderte überdauern sollte, hatte, als er zur Welt kam, ein Erbteil mitbekommen, das zugleich bedrückend und beglückend, Gefahr und Gnade war. Er war im Mannesstamm der einzige lebende Enkel des größten unter den deutschen Kaisern, Friedrich II., den seine Bewunderer als Zierde und Leuchte des Menschengeschlechts gepriesen, seine Feinde als den Antichrist verdammt hatten. Konradin war der letzte Hohenstaufe, mit all den Eigenschaften ausgestattet, mit denen die Natur dieses Geschlecht verschwenderisch begnadet hatte, und verfolgt von dem Haß, den der Staufer Sonnenflug bei Neidern und Gegnern weckte. Alle zeitgenössischen Berichte stimmen in der Beschreibung seiner Schönheit, Anmut und Klugheit überein. Wie seinem Urahn, dem Barbarossa, und seinem Großvater flogen ihm die Herzen zu, die er gewinnen wollte, hielten ihm Freunde die Treue bis in den Tod.

Seine Vormünder, der Stiefvater, Graf Meinhard von Tirol, und der Herzog Ludwig der Gestrenge von Oberbayern, hatten ihm eine ausgezeichnete Bildung zuteil werden lassen. Er besaß ein ausgesprochenes poetisches Talent; die noch erhaltenen zwei Minnelieder, die von ihm stammen, weisen eine durchaus individuelle Note des jungen Dichters auf:

»Ich weiß nicht, Fraue, was die Minne sinnt;
Mich läßt die Liebe sehr entgelten, daß ich an Jahren noch ein Kind.«

Dieser hochbegabte liebenswürdige Junge besaß auch den hochfliegenden Mut und den unbeugsamen Stolz seines Geschlechts. Aufgewachsen in der Tradition, wie sie kaum eine andere Fürstenfamilie besaß, und in der Erinnerung an den Großvater, der als Fünfzehnjähriger durch seinen Ritt von Unteritalien nach Deutschland sich das Reich gewann, gewöhnt an die Kämpfe um sein angestammtes Herzogtum, das er den Königen zum Trotz einnahm und hielt, und um die Königswürde, die ihm des Papstes Drohung versagte, zweifelte er keinen Augenblick an seinem Rechtsanspruch auf das süditalienische Reich und an seiner Pflicht, die Ghibellinen gegen den Thronräuber, Karl von Anjou, zu schützen.

Friedrich hatte durch Testament seinen Sohn Konrad, Konradins Vater, zum Erben in Deutschland *und* in Sizilien eingesetzt. Das war der Ausgangspunkt für die Tragödie seines Hauses, die in der Enthauptung Konradins ihr Ende fand. Das sizilische Königreich war päpstliches Lehen. Friedrich hatte bei der Kaiserkrönung 1220 feierlich versprochen, daß Sizilien zu keiner Zeit mit dem Kaiserreich vereinigt werde. Der Bruch dieses Versprechens war die eigentliche Ursache der Kämpfe des Kaisers mit der Kurie. 1245 nahm der Papst das Lehen wieder an sich und vertrat seitdem das Recht, darüber frei zu verfügen. Friedrich dagegen betrachtete das Land als sein legitimes Erbe. Seine Söhne und seine Enkel waren von der Rechtmäßigkeit dieses Anspruchs überzeugt, der durchaus den deutschen Anschauungen über das Verhältnis eines Herrschers zu seinem Land entsprach. Auch politisch war der Standpunkt beider Parteien gerechtfertigt, da die Staufer auf Sizilien als Basis ihrer Herrschaft nicht verzichten, die Päpste nicht, durch die Umklammerung von Nord und Süd, die Kirche in die Abhängigkeit vom Kaisertum geraten lassen wollten.

Aber die Päpste hatten in ihrer Haltung gegenüber dem jungen Erben geschwankt. Sie hielten am Eigentumsrecht der Kirche an Sizilien fest, aber negierten die Erbansprüche der Staufer nicht vollständig. Der gewaltige Innozenz IV. sicherte Konradin den Schutz seiner Rechte in Sizilien zu. Die Eidesformel, die Siziliens Bewohner dem Papst schworen, enthielt den Zusatz: »Unbeschadet der Rechte des Knaben Konrad.« Der milde Alexander IV. schlug den Vormündern Konradins vor, seine Rechte in Deutschland sollten anerkannt werden, im päpstlichen Lehen Sizilien sollte, bis zu seiner Großjährigkeit, Manfred die Statthalterschaft übertragen werden. Erst als der hochbegabte, aber unbeständige Manfred sich in Palermo zum König krönen ließ, und sich damit über die Ansprüche seines Neffen ebenso wie über die des Papstes hinwegsetzte, sah sich Urban IV., der willensstarke Schustersohn, genötigt, ohne Rücksicht auf den Knaben in Schwaben über Sizilien zu verfügen und Manfreds Herrschaft zu zerschlagen.

Doch erst sein Nachfolger, Clemens IV., der letzte in der Reihe der großen Staufengegner auf dem Papstthron, der leidenschaftliche Kirchenfürst, der den Scharfsinn des Juristen mit der Geschmeidigkeit des Diplomaten verband, fand einen Prätendenten, der geeignet und entschlossen war, den Kampf um Sizilien aufzunehmen. Clemens IV. (1265 – 1268), vorher als Advokat Ludwigs XI. in Paris tätig, schloß am 30. 3. 1265 den Vertrag mit dem Anjou. Dem grenzenlosen Ehrgeiz Karls von Anjou, des Grafen der Provence, des jüngsten Sohnes Ludwigs VIII. von Frankreich, genügte die Provence nicht. Karl, mit breitflächigem, grobem Gesicht, eng beieinanderstehenden schwarzen Augen, schmalen an den Mundwinkeln nach unten gezogenen Lippen, scharf eingegrabenen Falten, brutalem Kinn und klobiger Nase, den nie jemand lachen sah, den niemand liebte, aber alle fürchteten, war ein kalter Utilitätspolitiker, dem das Eintreten für die Kirche mehr Verstandes- als Glaubenssache war, der in rücksichtslosem Machtstreben nur das Gebot der Staatsraison anerkannte, furchtbar seinen Widersachern, im Alten wurzelnd und doch modernen Forderungen zugänglich, ein tapferer Soldat und ein bedeutender Feldherr, eine Herrschergestalt, die imponierend wirkte und der jeder liebenswerte Zug abgeht. In erstaunlich raschem Zug überrannte er das süditalienische Stauferreich.

In der Schlacht von Benevent 1266 verlor der hochgemute Manfred Krone und Leben. Manfred sah die Gefahr kommen, aber nahm sie zunächst nicht ernst. Als Karl am 21. Mai 1265 mit nur 500 Rittern und 1000 Degenschützen in Ostia landete, versäumte Manfred den günstigen Zeitpunkt zum Angriff und verharrte tatenlos in Lucera. Für Karl und den Papst sah es schlimm aus. Verzweifelt schrieb Clemens im August: »... Unsere Anhänger sind ungehorsam, unser

Schatz ist versiegt . . . Sieh, in welcher Verwirrung der Erdkreis ist, und du erkennst den Grad unserer Hilflosigkeit!« Karl behielt die Nerven; auf Manfreds Botschaft antwortete er: »Sage dem Sultan von Lucera, ich werde ihn zur Hölle senden oder er mich zum Himmel.« Manfred nutzte die Gunst der Stunde nicht. Zu Beginn des Jahres 1266 wurde Karl in Rom gekrönt. Nicht lange darauf folgte sein Sieg bei Benevent.

Clemens IV. begnügte sich in seiner rücksichtslosen Feindschaft gegen das Drachengeschlecht, dem ein »giftiger Basilisk« entsprossen sei, »der schwäbische Knabe von zartem Alter, doch von frühreifer Bosheit«, keineswegs mit dem Sieg über Manfred. Er konnte nicht hindern, daß sich Konradins Erbrecht in seinem heimischen Herzogtum durchsetzte. Als aber die deutschen Fürsten daran dachten, statt der Ausländer, des Engländers Richard von Cornwall und des Spaniers Alfons von Castilien, den jungen Staufer zum König zu wählen, legte der Papst sein Veto ein. Seinem Günstling Karl empfahl der Papst bei der Eroberung des Stauferreichs eine Politik der Versöhnung und ließ es, als Karl den Rat nicht beachtete, an deutlichen Worten nicht fehlen: so arg habe es selbst Friedrich II. als Feind der Kirche nicht getrieben. Aber der Anjou fuhr fort, die Stauferanhänger zu verfolgen, entgegen der Mahnung des Diplomaten auf dem Papstthron, der klüger war als der Soldat. Was Clemens hatte verhindern wollen, trat ein. Immer mehr Ghibellinen trafen in Augsburg, der Residenz Konradins, ein und baten um Hilfe. Es waren auch einflußreiche Männer darunter, wie Manfreds tüchtiger General Konrad Capece, der von Tunis aus Karl in die Zange zu nehmen versprach. Verbindung mit Konradin nahm auch Heinrich von Kastilien auf, der jüngste Sohn der staufischen Beatrix, ein ehrgeiziger verwegener Abenteurer, der, ursprünglich mit Karl verbündet, sich von diesem betrogen fühlte, ihm Todfeindschaft schwur und sich in Rom zum Senator, d. h. zum eigentlichen Herrn der Stadt, wählen ließ. Alle Besucher waren sich darin einig, daß Konradin nicht warten dürfte, bis sich Karls eisernes Regiment gefestigt habe. Er habe nur Aussichten, wenn er bald zuschlüge.

Die Entscheidung fiel auf dem Hoftag, den der Vierzehnjährige, mündig geworden, 1266 in Augsburg abhielt. Im Vertrauen auf sein gutes Recht entschied er sich für den Kampf. Im Herbst 1267 brach er von Augsburg auf, begleitet von vielen Fürsten, darunter seinem Stiefvater, dem Tiroler Grafen, und seinem früheren Vormund, dem Bayernherzog. In einem Manifest rechtfertigte er seinen Schritt und klagte darin mit einer Klugheit, die der des Großvaters glich, nicht den Papst – »Wir betrachten ihn nach wie vor als Unseren Vater und Herrn« –, sondern nur Karl an, der ihm sein Erbland geraubt habe: »Gott im Himmel, der die Gerechtigkeit liebt und den Hochmut verabscheut, wird gerecht richten.« Im Oktober 1267 zog er umjubelt in Verona ein. Im Januar 1268 grüßte begeisterter Jubel Konradins Einzug in Pisa. Im März führte ihn ein kühnes Unternehmen, das in Verbindung von Wagemut und politischem Scharfblick den Taten der Ahnen ebenbürtig war, nach Pavia. Im Juli empfing ihn frenetischer Beifall in Rom.

Karl befand sich in gefährlicher Lage, Sizilien war abgefallen, die übrigen Teile des Königreichs standen in hellem Aufruhr. Er mußte die Entscheidungsschlacht suchen und zog Konradin entgegen. Dessen Heer war doppelt so stark und durch Heinrichs spanische Eisenritter stärker bewaffnet. Aber Karls Heer wurde einheitlicher und besser geführt. Er selbst kannte sein Handwerk. Zu Beginn der Schlacht wurde Karls gefangener Marschall Braiselve auf Befehl Konradins, der, von den Sizilianern bedrängt, diese Untat nicht verhindern konnte, enthauptet. Die Schlacht schien schon für Konradin gewonnen zu sein, die Spanier verfolgten den fliehenden Feind, das übrige Heer löste sich auf, plündernd und ruhesuchend. Da brach über die in trügerischer Sicherheit sich wiegenden Truppen wie ein Verhängnis Karl mit seiner letzten Reserve, einer Schar erlesener Ritter, herein. Weder Konradin noch Heinrich konnten die Panik steuern, noch das Schicksal wenden. Bei Tagliacozza erlebte das Geschlecht der Hohenstaufer, erlebte auch das Imperium der Deutschen den letzten Tag.

Statt sich mit dem Rest seiner Ritter sofort zur Küste durchzuschlagen, um nach Sizilien zu segeln, zog Konradin unschlüssig im Lande umher und ging erst an die Küste, als es zu spät war. Er wurde, ebenso wie Heinrich, gefangen genommen. Jetzt konnte die Vergeltung beginnen. Schon auf dem Schlachtfeld ließ Karl zahlreiche Edelleute enthaupten, ihnen die Füße abschlagen oder die Augen ausstechen. Als man ihn warnte, der Anblick der Verstümmelten werde in Rom Mißachtung gegen ihn wecken, ließ er sie in einem Hause zusammentreiben und verbrennen. Auch an Heinrich und Konradin wollte er ein Exempel statuieren. Als der Papst für Heinrich eintrat, blieb Karl ungerührt. Milde sei Schwäche, das Heil der Kirche, deren gehorsamer Sohn er sei, verlange ein unbarmherziges Strafgericht. Der Papst war sehr im Zweifel, ob der Anjou wirklich ein folgsamer Sohn der Kirche sei. Deshalb schien es ihm ratsam, einen Mann am Leben zu lassen, auf den man später vielleicht zurückgreifen könnte. Der tote Kastilier nutzte der Kurie nichts. Die Kirche, schrieb daher Clemens, könne nicht dulden, daß Karl das Recht verletze. Heinrich sei Glied des kastilischen Königshauses und in offenem Kampf gefangen genommen. Es sei nicht angängig, ihn wegen Hochverrats anzuklagen oder gar zu verurteilen. Er sei nicht gewillt, entgegnete Karl, über juristische Zwirnsfäden zu stolpern. Was der Papst an Rechtsgründen vorbringe, gelte für Konradin noch mehr als für Heinrich. Ob der Papst etwa wolle, daß auch der schwäbische Knabe geschont werde?

Das war der schwache Punkt in Clemens Haltung. Heinrich sollte leben bleiben, aber Konradin sollte sterben. Vita Conradini mors Carolo. Solange der Staufersproß lebte, war Karl gefährdet, war aber auch die Kurie in der alten schrecklichen Gefahr, von Nord und Süd umklammert zu werden. Nein, Konradins Tod wünschte der Papst ebenso sehnlich wie Karl. Nur konnte und wollte er ihn weder verlangen noch einem Todesurteil zustimmen. Aber Karl konnte aus den langen Verhandlungen den Schluß ziehen, daß der Papst ihm, wenn er Konradin hinrichten ließ, nicht in den Arm fallen werde. War Konradin aber tot, dann drohte von Heinrich keine Gefahr mehr. Das Leben des Kastiliers wollte er gern dem Papst schenken. Er werde, sagte er dem Papst, seinen Vetter in ritterliche Haft nehmen und über Konradin ein unabhängiges Gericht urteilen lassen. Heinrich verließ das Gefängnis erst nach 22 Jahren als gebrochener Mann. In Konradins Fall wollte Karl wenigstens den Schein des Rechts wahren.

So legte er die Frage, ob Konradin, ein fremder souveräner Fürst, der um sein Erbland kämpfte, als Hochverräter und Majestätsverbrecher angesehen werden könne, einer Versammlung von Juristen vor. Aber er ließ keinen Zweifel an seiner eigenen Meinung. Er benutzte das seitdem in vielen politischen Prozessen verwandte Mittel, schon vor dem Urteil den Angeklagten propagandistisch als überführt zu erklären und dadurch Gericht und öffentliche Meinung entscheidend zu beeinflussen. Die Tat, zu der er fest entschlossen und die im Grunde ein Gewaltstreich war, sollte durch das Gutachten einer Gerichtsversammlung mit dem Mäntelchen des Rechts umhüllt werden. Anfang Oktober verließ er Rom und zog nach Neapel, die Gefangenen in Ketten hinter sich herschleppend. In Neapel trat die Juristenversammlung zusammen. Sie war zwar kein Gericht, sie war aber mehr als ein Gremium privater Ratgeber. Sie war berufen, öffentlich in der entscheidenden Rechtsfrage ein Gutachten zu erstatten. Fiel es bejahend aus, dann war die Todesstrafe die notwendige Folge.

Die Versammlung bestand aus rechtskundigen Anhängern Karls. Sie waren voreingenommen gegen den Staufer, sie kannten den Charakter ihres Herrn, sie wußten, was er von ihnen erwartete. Es ist kein Wunder, daß das Gutachten erwartungsgemäß ausfiel. Es ist viel erstaunlicher, daß selbst in dieser Versammlung Bedenken sich erhoben, daß sogar hier, in Karls Hauptstadt, die Stimme des Rechts sich vernehmen ließ. Wir kennen weder die Namen aller Mitglieder der Versammlung noch die Einzelheiten der Verhandlung. Es existiert aber ein Bericht des Richters Jovanino aus der Umgebung Guidos von Suzara, der dem Kollegium angehört hatte. Nach diesem Bericht soll Guido gegen die Verurteilung gestimmt haben. Vielleicht ist er nicht der Einzige gewesen. Vielleicht hat auch Jovanino den Mut Guidos übertrieben. Jedenfalls sah man bis in die Reihen der Guelfen hinein die Verurteilung Konradins als Justizmord an. Auch andere Berichte lassen unzweideutig erkennen, daß in der Versammlung Widerspruch laut wurde.

Der Prozeß gegen Konradin, wenn man überhaupt von einem Prozeß sprechen kann, wurde ein »Vorgang«, auf den sich die englischen Kronjuristen beim Gericht über Maria Stuart in eingehender Begründung beriefen und der auch im Prozeß gegen Maximilian von Mexiko die schlagendsten Argumente lieferte. Für Karl war die Rechtsfrage zweitrangig. Entscheidend war für ihn lediglich die Politik. Nur um Haaresbreite war er dem Untergang entkommen. Er hatte gesehen, welche furchtbare Gefahr der junge Staufer für ihn und sein Reich bedeutete. Sollte er ihn freilassen gegen die Leistung eines Eides, in dem sich Konradin verpflichtet hätte, auf die Krone Siziliens zu verzichten? Solche erzwungenen Eide wurden erfahrungsgemäß nicht gehalten. Sollte er Konradin in lebenslängliche Haft werfen, wie die Lombarden Enzio, des Kaisers schönsten Sohn, und Karl selbst die drei Söhne Manfreds? Des Papstes Argument war durchschlagend: Vita Conradini mors Carolo. Auch im tiefsten Kerker noch hätte Konradin Karls Ruhe und Sicherheit gefährdet. Solange die Stauferanhänger den rechtmäßigen Erben der Krone Siziliens am Leben wußten, waren Karl und sein Königreich bedroht. Er hätte Konradin auch dann beseitigt, wenn die Juristenversammlung gegen den Tod gestimmt hätte. Ihr Votum war nicht die Voraussetzung für sein Handeln, aber eine erwünschte Drapierung des auf jeden Fall feststehenden Todesurteils.

Karl wartete nicht lange mit der Vollstreckung. Man erzählt, Konradin habe, als ihm das Todesurteil verkündet wurde, beim Schachspiel mit seinem Freunde Friedrich von Österreich gesessen und die Kunde des Todesboten ruhig entgegengenommen. Am 29. Oktober 1268, also fast genau ein Jahr nach Konradins Einzug in Verona, wurde er auf dem Marktplatz in Neapel vor einer dichtgedrängten Menschenmenge hingerichtet. Er starb gefaßt und würdig. Ihm folgten Friedrich von Österreich, dessen Aufschrei über den Markt hallte, als des geliebten Freundes blondes Haupt vom Block fiel, der Marschall Kroff von Flüglingen, der in der Schlacht bei Tagliacozza so unglücklich geführt hatte, und andere Große aus seiner Umgebung in den Tod. Seit 1847 ruht Konradins Leiche im Sockel des Denkmals von Thorwaldsen, das Maximilian II. von Bayern in der bald nach der Hinrichtung erbauten Kirche S. Maria del Carmine hat errichten lassen. Bismarck sah in dem Tod Konradins unter dem Beil eines französischen Eroberers, der im Bunde mit dem damaligen Papste stand, eines der Beispiele für den Machtstreit zwischen Königtum und Priestertum, den Streit, der so alt sei wie das Menschengeschlecht, den Streit, in dem Agamemnon in Aulis mit seinen Sehern lag, der ihm dort die Tochter kostete und die Griechen am Auslaufen hinderte, den Machtstreit, der die deutsche Geschichte erfüllt hat.

In der Nacht des Ostermontags 1282 wurden in Palermo 200 Menschen umgebracht, mit Dolchen und Säbeln, Knüppeln und all den zufälligen Waffen, die ein Volksaufstand bei der Hand hat. Frauen und Kinder wurden nicht verschont, auch Mönche wurden mit den langen sizilischen Messern erstochen, wenn sie das Wort ciciri mit französischem Akzent aussprachen. Kein Franzose sollte diese Nacht in Palermo überleben. Nach dem Osterfest flammte der Aufruhr an anderen Stellen der Insel auf. Sizilien empörte sich gegen Karl von Anjou, der damals gerade auf dem Höhepunkt seiner Macht stand. Er war im Begriff, Konstantinopel zu erobern. Der Sizilianische Aufstand vereitelte einen der großartigsten politischen Pläne des Mittelalters. Karl wurde kein Konstantin der Große.

Die »Sizilianische Vesper« machte dem Traum einer weltumspannenden päpstlichen Monarchie ein Ende. Dante bezeichnete in der »Göttlichen Komödie« als Ursache der Revolte von Palermo »mala signoria, che sempre accora li populi soggetti«, schlechte Herrschaft, die stets die unterdrückten Völker zur Verzweiflung treibt. Die schlechte Herrschaft war eine Gewaltherrschaft, die sich nur auf Terror stützen konnte. Die Hinrichtung Konradins trieb Karl immer tiefer in den Terror hinein. So war das Massaker in Palermo zugleich eines jener Schlüsselereignisse in der Geschichte, die nach dem Wort des englischen Historikers Steven Runciman »das Geschick von Nationen und weltweiter Einrichtungen entscheidend verändert haben«, und die notwendige Vergeltung für das Blutgericht von Neapel. Ein florentinischer Chronist sieht den Aufstand von 1282 als Gottesurteil über Karl und als das Wunder an, durch das Konradins Unschuld erwiesen worden sei.

War die Sizilianische Vesper wirklich ein Gottesurteil? Die Geschichte ist keine moralische Anstalt, in der jedes Unrecht eine sichtbare Sühne findet. Die Weltgeschichte erweist sich nicht immer als Weltgericht. Manchmal freilich kann man ihr Geschehen nur als Gericht deuten. Alles, was Karl und seine Nachkommen einmal im Besitz gehabt hatten, fiel den Habsburgern zu, die von Constanze, der

Tochter Manfreds, abstammten. Die Staufer siegten über die Anjous. Auch die Kurie wurde ihres Sieges über Konradin nicht froh. An die Stelle der Abhängigkeit von den Staufern trat die nicht weniger gefährliche von den Valois. Unter Clemens V. begann das Exil des Papsttums in Avignon. Der Höhepunkt der Knechtschaft wurde erreicht, als Clemens VII. von Philipp dem Schönen gezwungen wurde, am Templerprozeß mitzuwirken.
Von der Herrschaft der Staufer in Italien künden noch heute Dome, Burgen und Städte. Die Herrschaft der Anjous hat keine bleibenden Spuren hinterlassen. Karls Name wäre längst vergessen, bliebe er nicht verknüpft mit der Bluttat in Neapel. Sein ungerechtes Todesurteil hat einer rührenden Knabengestalt einen tragischen Glanz verliehen, der sie leuchten läßt durch die Jahrhunderte.
Die Enthauptung Konradins war eine revolutionäre Tat. Sie leitete die Tötung des als heilig und unverletzlich erachteten königlichen Geblüts ein und untergrub damit die Fundamente Alteuropas. Der Mönch von Lorenzo Cervella, der sich in gelehrten Studien mit dem Fall des Stauferprinzen befaßt hat, trat dafür ein, daß in Neapel ein zweiter Prozeß abgehalten wird, der die Unschuld des jungen Fürsten erweisen soll. Die siebenhundertjährige Wiederkehr des Tages der Hinrichtung auf der vor der Kirche gelegenen Plazza del Mereato wäre der geeignete Termin gewesen.

11. KAPITEL

Maria Stuart und Elisabeth

> Je höher ein Mensch steht, desto mehr steht
> er unter dem Einfluß von Dämonen.
>
> *Goethe*

Über anderthalb Jahrzehnte waren vergangen seit jenem Maitage im Jahre 1568, an dem die Schottenkönigin Maria Stuart auf der Flucht vor den schottischen Rebellen, die sie fast ein Jahr in Haft gehalten hatten, nach England kam und ihre »gnädige Frau und Schwester« um Beistand bat. Diese Jahre waren angefüllt gewesen mit zornigen und bittenden Briefen Marias, mit vorwurfsvollen und teilnehmenden Antworten Elisabeths, mit unzähligen Verhandlungen zwischen den Vertretern beider Königinnen, mit Hilferufen Marias an die katholischen Könige Europas, mit Heiratsplänen und Komplotten. Das Schloß, auf dem Maria gefangengehalten wurde, schien den Engländern die Zentrale aller Verschwörungen zu sein, die sich gegen Herrschaft und Leben ihrer Königin richteten. Die Sorge um die Sicherheit Elisabeths wurde immer größer, seitdem der Papst den Mord als rechtmäßige Waffe gegen einen ketzerischen König gebilligt hatte.

Das englische Parlament hatte schon 1570, als der Papst Elisabeth exkommunizierte und als Ketzerin der Rechte auf den englischen Thron für verlustig erklärte, der Königin eine Denkschrift vorgelegt, in der um die Tötung Marias und die Ächtung jedes Menschen, der ihre Rechte auf den englischen Thron anerkannte, nachgesucht wurde. Elisabeth hatte nicht gewollt. Jetzt aber war es mit der Geduld des Parlaments vorbei. Es erließ im November 1584 eine Akte »zum Schutz der erhabenen Person Ihrer Majestät und zur Erhaltung des Friedens im Reich«; darin wurde nicht nur allen, die das Leben der

Königin bedrohten, sondern auch jeder Person, *zu deren Gunsten* das geschah, die Todesstrafe angedroht, wenn die Schuld durch einen Gerichtshof erwiesen sei. Es war ein Sondergesetz, das sich gegen Maria richtete.

Marias in Schlüsselschrift geschriebene Briefe wurden heimlich geöffnet und entziffert, so daß die geheimsten Mitteilungen an ihre Anhänger den englischen Stellen zuerst bekannt wurden. Maria war nicht vorsichtig, zudem durch die lange Haft, die sie als schweres Unrecht empfand, tief gereizt, und ihre Korrespondenz war gerade in dieser Zeit mit ihren Parteigängern in Schottland, Frankreich und anderen Ländern sehr rege. Besonders belastend war ein Brief, den sie im Juli 1586 an einen Vertrauten, Antonius Babington, schrieb, und in dem Sätze wie die folgenden enthalten waren: »Ihr müsset auf das Genaueste in Betracht ziehen, wieviel Leute, sowohl Fußvolk wie Reiter, Ihr aufbringen könnt, und wer in jeder Grafschaft ihre Führung übernimmt ... Ich will versuchen, Schottlands Katholiken zu den Waffen zu rufen ... Ich möchte auch erreichen, daß in Irland eine Empörung angezettelt werde.« Mit Babington trat der Mortimer aus Schillers Drama auf, jung, reich, von vornehmer Abkunft und leidenschaftlich der Schottenkönigin ergeben. Er und seine Mitverschworenen leisteten einen Schwur, Elisabeth zu ermorden. Die Verschwörung ergriff weite Kreise. Der Sicherheitsdienst aber lag auf der Lauer. Jetzt wurde zugeschlagen.

Sir Francis Walsingham, Lord Burghleys begabtester Mitarbeiter, der Chef des Geheimdienstes, war durch Mittelsmänner und erbrochene Briefe genau über den geheimen Briefwechsel der Stuart mit ihren Verbündeten orientiert. Er wußte, daß sie sogar bereit war, dem eigenen Sohn, Jakob VI., der unter Elisabeths Aufsicht protestantisch erzogen wurde, Schottland zu entreißen und Elisabeths Erzfeind, Philipp II., zur Verfügung zu stellen. Über ihre Teilnahme an einer Verschwörung gegen Englands Sicherheit bestand kein Zweifel. Dagegen blieb fraglich, ob sie auch am Komplott gegen Elisabeths Leben beteiligt war.

Statt die Babington-Verschwörung im Keim zu ersticken, hatte Walsingham alles getan, sie sich steigern und ausbreiten zu lassen. Um das erforderliche Beweismaterial für einen Prozeß gegen Maria

Stuart in die Hand zu bekommen, mußte Walsingham drei Dinge erreichen: die Verschwörer mußten nachweislich ein Attentat gegen Elisabeth planen, Maria mußte von dieser Absicht verständigt werden und mußte – das war das Wichtigste und Schwierigste – dazu gebracht werden, den Mordplan zu bewilligen. Der Briefwechsel zwischen Babington und der Königin lief über einen Fuhrmann, der in dem Faß Bier, das er regelmäßig für die Diener Marias lieferte, eine verkorkte Flasche mitschwimmen ließ; der Kellermeister Marias fischte die Flasche, die Babingtons geheime Briefe enthielt, aus dem Bier und tat sie, mit den Botschaften der Königin gefüllt, wieder ins leere Faß. Der Fuhrmann, »the honest man«, wie er in der Korrespondenz genannt wurde, in Wirklichkeit eine Kreatur Walsinghams, lieferte sie erst an die Polizei, wo die Briefe geöffnet, kopiert und kunstgerecht wieder geschlossen wurden, dann an die Verschworenen. Unter den Freunden Babingtons fanden sich törichte junge Edelleute, die Heldentaten verrichten wollten, und katholische Fanatiker, die Elisabeth haßten. Die am stärksten auf die Ermordung der Königin drängten, waren agents provocateurs, die Polizeispione, die Walsingham in den Verschwörerkreis hineingeschleust hatte.
Diese Agenten drängten den unglücklichen Babington, nachdem die Königin in ihren ersten Briefen so großherzig ihr Vertrauen geschenkt habe, sie nun auch vertrauensvoll in seine geheimsten Absichten einzuweihen. Einen so schwerwiegenden Plan wie ein Attentat auf Elisabeth dürfe er nicht ohne die Zustimmung Marias unternehmen. Babington ging in die Falle und unterrichtete Maria über alle Einzelheiten. Die Erwartung Walsinghams, der mit der oft bewiesenen Unvorsichtigkeit Marias gerechnet hatte, ging auf. Es genügte ja schon, wenn Maria die Mordabsicht Babingtons zur Kenntnis nahm, ohne ihr zu widersprechen. Aber würde ihr feuriges Herz sie nicht treiben, dem Jüngling, der sich für sie opfern wollte, eine Ermutigung zukommen zu lassen?
Wußte Elisabeth von dem niederträchtigen Komplott, das ihre Leute gegen die Gefangene schmiedeten? Es gibt Zeugnisse dafür, daß sie die Machenschaften Walsinghams von Anfang an gekannt und gebilligt hat. Aber diese merkwürdige Frau handelte nie eindeutig, sie war weder gewissenlos noch ungroßmütig und liebte das Doppelspiel. So

spielte sie jetzt Walsingham einen Streich, ließ den französischen Gesandten rufen und sagte ihm, er verständige sich häufig mit der Königin von Schottland. Aber sie wisse alles, was in ihrem Königreich vorginge, sie wisse genau, welche künstlichen Wege Gefangene fänden, um Diener zu gewinnen und geheime Verständigungen zu erlangen. Damit hatte sie ihr Gewissen beruhigt. Sie hatte Maria gewarnt. Wenn die Rivalin nun Unvorsichtigkeiten beging, trug sie selbst allein die Schuld.

Der Gesandte warnte, aber Maria ließ sich nicht warnen. Ihr Sekretär Nan bat sie flehentlich, sich nicht schriftlich zu kompromittieren. Doch als ihr Babingtons Plan vorlag, nach dem die sechs jungen Edelleute Elisabeth in ihrem Palast niederstoßen würden, da ging das Herz mit ihr durch und sie antwortete: »Dann muß man also die sechs Edelleute ans Werk schicken und Auftrag geben, daß nach Erledigung ihres Unternehmens ich sofort von hier weggeschafft werde . . .« Das war's, Maria hatte den Mordplan ausdrücklich gebilligt. Maria hat diesen Satz ständig abgeleugnet. Das Original ihres Briefes wurde ihr im Prozeß nicht vorgelegt. obwohl sie es immer wieder verlangte. Ihr Sohn, König Jakob, scheint nach seiner Thronbesteigung auch diese Originalbriefe seiner Mutter vernichtet zu haben.

Maria wurde in strenge Haft genommen, alle ihre Truhen wurden durchsucht, man fahndete nach den eigenhändigen Entwürfen ihrer Briefe an Babington, fand sie aber nicht. Babington und 13 Mitverschworene wurden vor Gericht gestellt. Babington bestätigte durch Unterschrift die Richtigkeit der Briefe. Maria hat stets bestritten, derartiges geschrieben zu haben, und vor Gericht ihre Ankläger aufgefordert, ihr die Schriftstücke vorzulegen. Da dies nicht geschah, muß mit der Möglichkeit gerechnet werden, daß zum mindesten belastende Stellen in die Briefe eingefügt worden sind. Babington und die übrigen Angeklagten wurden zum Tode verurteilt und unter gräßlichen Martern hingerichtet. Nun endlich entschloß sich Elisabeth, das Schicksal der Maria Stuart zu einer Entscheidung und das seit 20 Jahren laufende »Verfahren« zu einem Abschluß zu bringen. Von jetzt ab ging es schnell. Am 6. Oktober 1585 wählte sie eine Kommission, die aus 36 Pairs, hohen Richtern und Mitgliedern des

Geheimen Rats bestand, um über Maria Gericht zu halten. Unter den Kommissaren Elisabeths befanden sich Männer, die, verräterischer Handlungen mit Maria verdächtig, jetzt um so unerbittlicher gegen sie auftraten.

Am 12. Oktober erklärte Maria bei ihrer ersten Vernehmung, als unabhängige Fürstin könne sie sich einer Gerichtsbarkeit der Königin von England nicht unterwerfen. Der große Lord Burghley selbst setzte ihr auseinander, daß ihr Vorrecht königlicher Majestät sie in England nicht davon entbände, antworten zu müssen. Er riet ihr, sich zur Verteidigung bereit zu erklären, um zu erfahren, was gegen sie vorgebracht werde. Sonst könnten und würden sie verhandeln, ohne sie zu hören. Maria erwiderte, sie sei kein Untertan und würde lieber 1000 Tode sterben, als sich als Untertan zu bekennen. Doch sei sie bereit, vor einem freien Parlament auf alles zu antworten, denn sie wüßte nicht, ob nicht diese Kommission lediglich dazu bestimmt sei, einem bereits gefällten Urteil die Farbe eines gerechten und legalen Verfahrens zu verleihen. Als sie sich über das ihr angetane Unrecht beklagte, unterbrach sie Burghley und rechnete ihr alle Freundlichkeiten Elisabeths vor. Maria ließ sich dadurch wenig beeindrucken. Über die Freundlichkeit ihrer »guten Schwester« hatte sie ihre eigene Ansicht.

Die Kommissare hatten es auch am nächsten Tage nicht leicht, die stolze Königin, die eine kluge und schlagfertige Frau war, dahin zu bringen, sich vor der Kommission zu verantworten. Immer wieder gab sie ihrer Besorgnis Ausdruck, die Königin Elisabeth habe sie bereits – ungehört – verurteilt. Es sei für sie daher zwecklos, der Kommission Rede und Antwort zu stehen. Wenn sie aber vor der Kommission erschiene, würde sie sich dadurch einem Gesetz unterordnen, das sie nicht anerkennen könne und das nur gemacht worden sei, um sie zu fangen. Kein Anwalt hätte bessere Einwände vorbringen können. Die Kommissare redeten ihr gut zu, sie möge das Vorrecht der königlichen Würde, das jetzt keinen Nutzen für sie habe, beiseite legen und ihre Unschuld beweisen. Sie blieb dabei, sie könne nur antworten, wenn sie nicht auf den Rang eines Untertans oder eines Verbrechers herabgewürdigt werde. Lord Burghley wurde ungeduldig. Sie würden auf alle Fälle morgen verhandeln, »auch wenn Sie abwesend sind und eigensinnig bleiben«. Maria ließ sich nicht einschüchtern. Sie erklärte sich nur einverstanden, vor der Kommission zu erscheinen, wenn ihr grundsätzlicher Einwand zu Protokoll genommen würde. Sie war ein guter Jurist. Für sie war es ein schwerer, wahrscheinlich verhängnisvoller Nachteil, daß sie sich nach anfänglicher Weigerung dazu bestimmen ließ, ihre unangreifbare Stellung aufzugeben und sich vor dem Gerichtshof, den sie dadurch anerkannte, zu verantworten. Hätte sie sich weiter geweigert, diesem Gerichtshof Rede und Antwort zu stehen, wäre es ihm schwerer gefallen, entgegen geltendem Recht eine fremde unabhängige Königin zu verurteilen, die gewaltsam in England gefangengehalten wurde.

In der Sitzung der vollzählig versammelten Kommission warf man ihr Verschwörung gegen die Königin von England vor. Sie wiederholte ihren Einwand. Er wurde nicht zugelassen, aber zu Protokoll genommen. Sie protestierte dann gegen das Gesetz von 1684, da es direkt und absichtlich gegen sie gerichtet sei. Der Vorsitzende antwortete, jeder in England sei an die Gesetze gebunden, die Kommission würde nach diesem Gesetz urteilen, ohne Rücksicht auf ihre Proteste. Das Babington-Komplott leugnete sie und verlangte, daß man ihr ihre eigene Unterschrift zeige. Als der Briefwechsel zwischen ihr und Babington verlesen wurde, verlangte sie den Beweis dafür, daß sie seine Briefe erhalten habe. Sie bestritt lebhaft und unter Tränen, gegen das Leben der Königin konspiriert zu haben.

Am Nachmittag hielt man ihr das Geständnis Babingtons und ihres Sekretärs und Stellen aus ihren Briefen vor. Sie verlangte die Gegenüberstellung mit ihren Sekretären: »Die Majestät und Sicherheit der Könige fällt zu Boden, wenn sie von den Briefen und Aussagen von Sekretären abhängt ... Ich kann nicht verurteilt werden als durch mein eigenes gesprochenes oder geschriebenes Wort.« Ihre Schlüsselbriefe an das Ausland bestritt sie nicht, sie sei gegen jedes Recht festgehalten worden, sie habe daher erlaubter Weise ihre Freunde um Hilfe angerufen, sie habe immer wieder der Königin offen mitgeteilt, daß sie ihre Befreiung suchen werde.

Am nächsten Tage verwahrte sie sich dagegen, daß ihre Unschuld von Aussagen abhinge, die aus Furcht vor der Folter oder in der

Hoffnung auf Belohnung und Straflosigkeit gemacht seien. Als Burghley sagte, die Kommission werde zu entscheiden haben, ob der positiven Aussage oder dem Leugnen mehr zu glauben sei, rief Maria: »O, Sie sind mein Feind!« Ja, sagte der Lord, ich bin ein Feind der Feinde der Königin Elisabeth. Sie blieb dabei, daß Babingtons und ihrer Sekretäre Aussagen keinen Glauben verdienten, sie hätten sie beschuldigt, um sich reinzuwaschen, in der Annahme, daß sie als Königin anders behandelt werden würde. Zum Schluß bat sie nochmals, vor dem ganzen Parlament gehört zu werden oder mit der Königin persönlich sprechen zu dürfen. Keinem ihrer Anträge wurde stattgegeben.

Maria hat bei ihrem Prozeß Fehler gemacht. Den einen Fehler haben wir schon genannt, daß sie sich aus ihrer unangreifbaren Stellung herauslocken ließ, sich darauf beschränkte, ihren Protest zu Protokoll zu geben und sich sachlich verteidigte. Hierbei nutzte sie ihre Möglichkeiten nicht aus. In dem Prozeß wurden elementare Rechtsbegriffe mißachtet. Babington und seine Gefährten wurden mit einer Schnelligkeit, die verdächtig war, hingerichtet und standen nun nicht mehr als Zeugen zum Kreuzverhör zur Verfügung. Der Briefverkehr zwischen Babington und Maria wurde nicht im Original, sondern in Abschriften vorgelegt. Maria hat sich zwar hiergegen verwahrt und hat auch den Richtern vorgeworfen, sie wollten gar nicht das Recht verteidigen, das Urteil sei längst abgekartet. Hätte man ihr aber eine Verteidigung zugebilligt, hätten rechtskundige Anwälte mit ganz anderem Nachdruck bei den offenkundigen Rechtswidrigkeiten einhaken können.

Maria wiederholte auch einen Fehler, den sie schon bei früheren Vernehmungen begangen hatte. Sie leugnete zu viel. Sie beschränkte sich nicht darauf, einzelne, besonders verdächtige Umstände in Abrede zu stellen, sondern sie bestritt alles. So leugnete sie hier am ersten Tage, Babington überhaupt gekannt zu haben. Es verschlechterte natürlich ihre Position, daß sie Dinge bestritt, die ihr allzuleicht nachgewiesen werden konnten. Am zweiten Tage mußte sie unter der drückenden Last der Beweise zugeben, daß sie am ersten Tage die Unwahrheit gesagt hatte.

Maria wurde ein Opfer ihres Stolzes. Sie wollte lieber unsinnig leugnen als vernunftgemäß bekennen. Deshalb lehnte sie auch das ihr in letzter Stunde gemachte Angebot Elisabeths ab, sie solle ihre Teilnahme an der Verschwörung ihr gegenüber eingestehen und sich lieber als Königin dem Urteil der Schwester-Königin unterwerfen als dem eines öffentlichen Gerichts. Maria wäre der Hinrichtung entgangen. Ein Geständnis tödlicher Schuld hätte sie wehrlos gemacht, und sie hätte im Dunkel weiterleben können. Aber das konnte und wollte Maria nicht. Sie hatte lebend keine Möglichkeit mehr, die Gegnerin zu schädigen, aber das eine Mittel, sie durch den eigenen Märtyrertod ins Unrecht zu setzen und zu beschämen.

Am 25. Oktober versammelten sich die Kommissare in der Sternkammer zu Westminster, mit Ausnahme von zwei Lords, die krank waren. Noch einmal wurden die Sekretäre unter Eid vernommen. Sie beteuerten erneut, daß alle Briefe echt seien und von Maria selbst stammten. Auf Grund dieses Beweismaterials und des Geständnisses von Babington fällte die Kommission den Spruch, daß Maria an verschiedenen Komplotten gegen das Leben der Königin Elisabeth als Mittäter und Anstifter teilgenommen habe. Einer der Sekretäre hat später nach dem Tod Elisabeths in einem Schreiben an König Jakob die Hauptanklagepunkte gegen seine frühere Herrin für falsch erklärt.

Das Parlament bestätigte einige Tage darauf den Spruch und bat die Königin, die Strafe entsprechend dem Gesetz sofort zu vollstrecken. Elisabeth wußte nicht, was sie tun sollte. Sie ließ noch einmal ihre Regierung an sich vorüberziehen, die von Anfang an mit der Stuart verknüpft gewesen war. Begonnen hatte der Kampf zwischen ihnen, als Maria den Dauphin von Frankreich heiratete und auf Anordnung des französischen Königs ihrem Titel einer Königin von Schottland den einer Königin von England hinzufügte. Der Anspruch Marias auf den englischen Königsthron gründete sich auf die Behauptung, die Ehe von Anna Boleyn, Elisabeths Mutter, mit Heinrich VIII. sei nichtig gewesen, Elisabeth sei daher ein Bastard und Usurpator. Als Maria, mit 18 Jahren Witwe geworden, nach Schottland zurückgekehrt war, hatte sie immer wieder von ihrer »Base« verlangt. Elisabeth solle sie als Erbin der englischen Krone anerkennen. Das aber rührte an die Grundlagen des Regierungssystems von Elisabeth, das auf dem mühsam erreichten und sorgsam zu wahrenden Gleichgewicht zwischen der katholischen und der evangelischen Partei beruhte. Die Anerkennung Marias, auf die sich die Hoffnungen der Katholiken richteten, hätte das Gleichgewicht gestört.

Als Maria noch in Frankreich war, hatten im Vertrag von Edinburgh ihre Gesandten die Anerkennung Elisabeths als legitime Königin von England zugestanden. Aber Maria zögerte ihre Unterschrift hinaus. Statt dessen fügte sie dem französischen Kronprinzenwappen die englische Königskrone zu. Es war nichts als eine törichte, eitle Geste, aber sie äußerte Zweifel am Recht der Königsherrschaft Elisabeths. Sie traf die Königin an ihrem verwundbarsten Punkt. Durch eine jugendliche Torheit machte sich Maria die mächtigste Frau Europas zur unversöhnlichen Feindin.

Hier war Elisabeth im Recht, aber sie setzte sich ins Unrecht, als sie Maria, die nach dem Tode des Königs Franz II. (1560) als Königinwitwe nicht in Frankreich bleiben, sondern in ihr eigenes Königreich Schottland zurückkehren wollte und die englische Königin um ein safe conduct, ein Durchreisevisum, bat, diese Bitte mit fadenscheinigen Gründen abschlug. Maria beantwortete diese überflüssige Unhöflichkeit mit leidenschaftlichem Zorn und mit einer Drohung, die sie dem englischen Gesandten gegenüber aussprach: »Ich verlange von ihr nichts als Freundschaft, ich beunruhige nicht ihren Staat, noch verhandle ich mit ihren Untertanen, und doch weiß ich, daß ihrer genug in ihrem Königreich wären, die meine Angebote gern vernehmen würden.« Das zielte auf den schwachen Punkt in Elisabeths Stellung und war unklug auf alle Fälle, ob eine geheime Absicht dahinter stand oder nicht.

Nun lebten sie als Königinnen in Nachbarländern, Maria, nicht bereit, Elisabeth als Königin von England anzuerkennen, und Elisabeth, ebensowenig gewillt, die Schottin als Nachfolgerin auf dem englischen Thron anzuerkennen. Denn das war sie, wenn Elisabeth kinderlos blieb. Hier lag wohl der wundeste Punkt in Elisabeths Leben. Die Nachrichten über eine physische Mißbildung sind zweifelhaft. Aber sicher hat eine Hemmung etwas in ihrem Frauentum zerstört und diese innere Unsicherheit der hochbegabten Herrscherin zur Folge gehabt, das eigentümlich Schwankende und Wetterwendische, das Unberechenbare und Hinterhältige, das rasche Umschalten von heiß auf kalt, die Koketterie und das Komödienhafte. Zuweilen brach ein echtes Gefühl aus dem schillernden Gewölk, so wenn sie bei der Nachricht von der Geburt des Sohnes von Maria ausrief: »Ich aber nichts als ein abgestorbener Strauch.«

Marias zweiter Mann, Henry Darnley (1545 – 1567), war ein Urenkel Heinrichs VII. Elisabeth hatte die Genehmigung zur Ehe, deren Darnley nach englischem Recht bedurfte, versagt. Die Ehe wurde trotzdem geschlossen. Anderthalb Jahre nach der Heirat wurde das Haus, in dem Darnley wohnte, in die Luft gesprengt. Maria machte sich der Teilnahme am Mord dadurch verdächtig, daß sie den Grafen Bothwell heiratete, den jeder in Schottland als den Mörder ansah, auch wenn Maria Entsetzen über den Mord zeigte, in ihrem Brief vom Februar 1567 an den Bischof von Glasgow den Mordverdacht von Bothwell abzulenken suchte und in einem Scheinprozeß seine Unschuld an den Vorgängen bei Darnleys Ermordung »beweisen« ließ. Elisabeth empfand diese Ehe geradezu als schamlos und schrieb mit gewohnter Offenheit: »Wie könnte eine Eurer Ehre abträglichere Wahl getroffen werden, als in solcher Hast einen Untertan zu heiraten, den, neben anderen allbekannten Mängeln, die öffentliche Meinung des Mordes an eurem weiland Gemahl beschuldigt hat.« Sie fand es ganz in Ordnung, daß die Schotten sich empörten und Maria gefangensetzten.

Als Maria aus der Gefangenschaft nach England entfloh, bat sie die »Schwester« um Beistand in »ihrem gerechten Kampf«, Elisabeth konnte als Königin von England nicht anders handeln, als die Unruhestifterin in Gewahrsam zu nehmen und den von ihr erbetenen Empfang abzulehnen, bis sich Maria von dem Verdacht der Mitschuld an Darnleys Tod gereinigt habe. Dazu gab Elisabeth ihr Gelegenheit, indem sie eine Untersuchungskommission einsetzte, vor der Maria alles zu ihrer Verteidigung vorbringen sollte. Dabei handelte es sich nicht um eine gerichtliche Verantwortung, »soweit ist es noch nicht«, schrieb Elisabeth mit trockener Deutlichkeit. Die Kommission konnte weder die Schuld beweisen noch die Unschuld eindeutig feststellen. Der Vorsitzende allerdings, der Herzog von Norfolk, ging mit fliegenden Fahnen zu Maria über, träumte von einer Ehe mit der Schottin, verstrickte sich in Hochverrat und mußte hingerichtet werden. Er war das erste Opfer der Zauberin, viele andere folgten.

Hatten Elisabeths Minister nicht recht gehabt, mit ihrem Rat, es sei besser, daß die eine – verderbte und verführerische – Frau sterbe, als daß, von ihr verzaubert, Hunderte von braven Jünglingen stürben oder gar das ganze Land in einen blutigen Bürgerkrieg verstrickt würde? Einmal hatte Elisabeth dem Regenten Schottlands nahelegen lassen, er solle um die Auslieferung Marias nachsuchen, und hatte sie unter der Bedingung versprochen, daß Maria gleich nach Betreten schottischen Bodens getötet würde. Das dunkle Geschäft zerschlug sich durch den Tod des Regenten. Aber Elisabeth konnte keine Reue empfinden, wenn sie an alle Verwicklungen dachte, die ihr danach die ränkevolle Gefangene bereitet hatte. Im November 1582 hatte Maria in dem längsten und beweglichsten Brief, den sie je an Elisabeth gerichtet hatte, sie angefleht, ihr zu gestatten, sich aus England an einen friedlichen Ort zu begeben ... »Menschenwesen meines Ranges und meiner Artung können nicht gewonnen werden oder bezwungen durch irgend eine Gewaltsamkeit.« Es war immer die gleiche Zwickmühle. Die Schotten wollten Maria nicht haben. In Spanien oder Frankreich hätte sie Schlimmes gegen England angestellt. Das Beste wäre ein festes Schloß auf englischem Boden gewesen, wo man die »Schutzhaft« in Form einer fürstlichen Hofhaltung aufziehen konnte. Nur Komplotte durfte sie nicht schmieden. Das aber gerade hatte sie getan. Der Babington-Prozeß brachte das Faß zum Überlaufen. Nun hatte ein ordnungsmäßig berufenes Gericht die Todesstrafe verhängt und das Parlament das Urteil bestätigt. Sollte sie es vollstrecken?

Vielleicht hätte sie doch die Gegnerin als nächste Erbin, die sie ja tatsächlich war, ausdrücklich anerkennen sollen und hätte dadurch den lebenslangen Kampf vermeiden können. Aber dazu war es jetzt 20 Jahre zu spät. Hatte sie nicht auch – Elisabeth konnte sich selbst gegenüber auch aufrichtig sein – persönliche Abneigung mit dem politischen Gegensatz vermischt? Ja, gewiß, sie war eifersüchtig gewesen auf die Jüngere, die ihr Leben in vollen Zügen genoß, auf deren Schönheit die Männer flogen und deren Anmut nicht nur die bezahl-

ten Hofpoeten priesen. Aber die Schottin hatte doch auch ein Leben geführt, von dem man sich nur mit Abscheu abwenden konnte.
Als Maria 1568 Elisabeth um Schutz bat, war der erste Impuls der Engländerin gewesen, sie als Königin an ihrem Hof in London zu empfangen. Aber ihr getreuer und allmächtiger Staatskanzler William Cecil, Lord Burghley (1520 — 1598) hatte gewarnt, damit würde sie Marias Anspruch auf Schottland anerkennen und sich verpflichten, gegen den Regenten Moray und die Lords, die Maria abgesetzt hatten, zu Felde zu ziehen. Nun entschloß sich Elisabeth, sie nicht bei Hof vorzulassen. Sie hat Maria in den 19 Jahren ihrer Gefangenschaft in England nie gesehen. Sie weigerte sich aber auch, Maria, als diese später immer inständiger um Freilassung aus England bat, zu entlassen. Das gewaltsame Festhalten war Elisabeths Fehler, denn es trieb Maria in den Kampf gegen die Rivalin mit immer schärfer werdenden Mitteln.
Jahr um Jahr häuften sich in der enttäuschten und gedemütigten Frau, die unentwegt verhandelt, vergeblich gehofft, verzweifelt konspiriert hatte, Zorn und Haß auf. Es bedurfte nur eines unbedeutenden Anlasses, um eine Flamme emporschießen zu lassen. 15 Jahre lang hatte Talbot Earl of Shrewsbury, ein wirklicher Edelmann und Ehrenmann, Maria auf seinem feudalen Landsitz in Elisabeths Auftrag überwacht. Lady Shrewsbury, eine ränkevolle Klatschtante, erzählte ihr gern Intimes über Elisabeth, aber umgekehrt beschuldigte sie auch die Gefangene bei Elisabeth, so einmal in einem Anfall hysterischer Eifersucht, eines zärtlichen Verhältnisses mit ihrem Mann. Die Königin glaubte kein Wort, ließ aber die Skandalgeschichte an den fremden Höfen verbreiten. Maria, tief gekränkt, schrieb der Rivalin einen Brief, in dem sie ihr alles heimzahlte. Sie teilte der lieben Schwester »freundschaftlich« mit, was ihr die Gräfin von Elisabeth erzählt habe, sie sei krankhaft eitel, zwinge das Hofgesinde zu den übertriebensten Bewunderungen und mißhandele es in ihren Zornesanfällen, mit ihrer Jugend sei es vorbei, sie verliere ihre Wochen, lasse aber nicht nach in ihrer Lust mit Männern, habe unzählige Male mit dem Grafen Leicester geschlafen, aber auch mit immer neuen Liebhabern, zu denen sie nachts, nur in Hemd und Überwurf, in die Kammer schleiche. Zum Schluß versetzte Maria der Gegnerin den

furchtbarsten Schlag: unzweifelhaft gehe es ihr nicht wie anderen Frauen, deshalb sei es auch eine Torheit, wenn Menschen von ihrer Heirat mit dem Herzog von Anjou sprächen, die sich doch nie vollziehen ließe. Sie schrieb, als ob Elisabeths tiefstes Geheimnis allen bekannt sei. Das war ein Tiefschlag. Nach diesem Brief konnte es keine Versöhnung geben. Elisabeth wollte die Rivalin vernichten. Nur wollte sie den Befehl nicht geben, sondern vor der Welt als die Großmütige erscheinen.

Das Furchtbare war aber, daß es auf sie, Elisabeth, allein ankam. Keiner konnte ihr die Entscheidung abnehmen, und auf keinen konnte sie die Verantwortung abwälzen. Sie wollte den Störenfried loswerden, aber sie wollte ein königliches Haupt dem Henker nicht überantworten. Konnte denn kein Mensch ihr aus diesem Dilemma heraushelfen? Sie fragte am 14. November 1586 das Parlament, ob es kein Mittel gebe, ihr Leben zu sichern, ohne Maria zu töten. Das Parlament verneinte die Möglichkeit mit eingehender Begründung, die alle Beispiele rechtmäßiger Tötung von Fürsten im alten Testament aufzählte und den Spruch des Papstes im Fall Konradins erwähnte: Vita Conradini, mors Carolo; mors Conradini, vita Carolo. Die Königin antwortete, es sei ihr innerster Wunsch, irgend ein anderer Ausweg möge gefunden werden, um die Sicherheit des Landes und ihre Wohlfahrt zu schützen; nachdem aber nun festgestellt sei, daß ihre Sicherheit nicht gewährleistet werden könne, außer durch den Tod der Schottin, habe sie ein tiefinnerliches Gefühl von Trauer. Sie bitte daher das Parlament, sich zunächst mit »einer Antwort ohne Antwort« zu begnügen.

Auch Frankreich und Spanien wollten ihr nicht in den Arm fallen. Sie protestierten, doch Elisabeth wußte, daß es nur Theaterdonner war. Sie antwortete nur mit gleichgültiger Gelassenheit. Am 4. Dezember 1586 unterschrieb sie das Urteil. Im Lande läutete man die Glocken und zündete Freudenfeuer an. Auf Vorstellung des französischen Gesandten bewilligte die Königin einen Aufschub von 12 Tagen. Nun ließ auch Marias Sohn, Jakob VI. von Schottland, gegen die Hinrichtung der Mutter protestieren. Elisabeth antwortete Jakob: »Ihr sehet ja wohl, was daraus entsteht, daß ich die Schlange schone, die mich vergiftet, denn alle geben zu, daß sie bezahlt wurden.« Ein heimlicher Vertreter Jakobs erschien, er müsse seiner Reputation wegen so heftig sein, die Königin möge das nicht »in ill parte« nehmen, nicht »übelnehmen«; er ließ durchblicken, der König werde keine Schwierigkeiten machen, wenn ihm nur eine Zusicherung für die Thronfolge in England gemacht würde. Es war kein feines Schachergeschäft, doch man einigte sich, der Sohn opferte die Mutter.

Beinahe ein halbes Jahr dauerte der innere Kampf Elisabeths. Dann faßte sie urplötzlich einen Entschluß. William Davison, der zweite Sekretär – Walsingham war kluger- oder glücklicherweise krank –, wurde am 1. Februar 1587 mit dem Todesurteil zur Königin bestellt. Sie unterschrieb und beauftragte Davison, das Urteil dem Kanzler zu überbringen und mit dem großen Siegel siegeln zu lassen. Am Schluß der Unterredung sagte sie, die »Membres of the association« hätten doch geschworen, jede Person zu töten, die sich an einem Attentat gegen die Königin beteiligt habe. Da der Gefängniswärter Poulet Mitglied der Association sei, könne er doch guten Gewissens Maria Stuart beseitigen. Er habe eigentlich die Pflicht, das zu tun, um seiner Königin das Odium einer Hinrichtung abzunehmen.

Da versuchten ihre Ratgeber noch einmal das häßliche Spiel, das sie vor mehr als 10 Jahren dem Regenten Schottlands zugemutet hatten. Sie forderten den Gefängniswärter Marias auf, die Gefangene heimlich umzubringen. Doch der Wärter, der strenge, aber rechtlich denkende Puritaner Poulet, schrieb, sein Leben stehe jeder Zeit der Königin zur Verfügung, doch sein Gewissen werde er nie durch solche Untat beflecken. Jetzt gab der Staatsrat auf eigene Verantwortung den Vollstreckungsbefehl. Am 7. Februar wurde Maria verkündet, daß sie am nächsten Tag hingerichtet würde. Sie versicherte nochmals, daß sie nie an einer Verschwörung gegen das Leben Elisabeths teilgenommen habe. In ihrem letzten in der Nacht vor ihrem Tode geschriebenen Brief teilte sie dem König von Frankreich, ihrem Schwager, mit, daß sie den Tod unschuldig erleide »um der katholischen Religion willen und des Festhaltens am gottgegebenen Kronrecht, das sind die beiden Gründe meiner Verurteilung«. Am 8. Februar wurde sie, ohne je die Fassung zu verlieren, enthauptet.

Als Elisabeth die Nachricht überbracht wurde, suchte sie, die Ver-

antwortung für die Vollstreckung auf ihren Staatssekretär abzuwälzen, der vorschnell gehandelt habe, und ließ ihn ins Gefängnis werfen. Der französische Botschafter Châteauneuf schrieb an seinen König, Elisabeth sei heftig erzürnt gewesen, als sie von der Hinrichtung erfuhr, habe sich über die Herren des Rats beklagt, insbesondere über den Staatssekretär Davison. Dieser, ließ sie dem König von Frankreich sagen, habe sie überrascht, sei jedoch an dem Ort, der ihm zukäme (dem Tower), »wobei sie ihren Schmerz großartig zur Schau stellte, sozusagen tränenden Auges«. An Jakob schrieb sie, sie sei an Marias Tod unschuldig. Sie flüchtete in diese Halbwahrheit aus der ausweglosen Situation, in der sie sich seit Jahren befunden hatte, daß sie Marias Tod wünschte, aber vor der unwiderruflichen Tat zurückschreckte und den Abscheu fürchtete, den sie an allen europäischen Höfen erregen würde. Das Volk aber feierte wiederum die Kunde durch Glockenläuten und Böllerschüsse.
Eine der Eigenschaften hysterisch angefärbter Naturen ist ihre Fähigkeit, nicht nur hervorragend und überzeugend zu lügen, sondern auch sich selber zu belügen. Als der alte Cecil der Königin die Nachricht von der Hinrichtung überbrachte, rechnete er mit dem Versuch der Herrscherin, diese als »Mißgriff untergeordneter Behörden« von sich abzuwälzen, und war darauf gefaßt, daß sich ein Gewitter über seinem Haupt entladen würde. Aber die Szene, die nun losbrach, war ohne Vorgang und Beispiel. Ihre Ratgeber hätten sie betrogen, verraten und wie Schurken an ihr gehandelt. Ihre Ehre sei vor der ganzen Welt unrettbar beschmutzt. Sie beleidigte Cecil mit so unerhörten Worten, daß der Getreue seine Demission einreichte. Die nahm sie natürlich nicht an, aber er durfte einige Zeit nicht mehr bei Hof erscheinen.
Doch zum eigentlichen Sündenbock wurde der arme Davison gemacht. In der Starchamber mußte gegen den »ungetreuen« Beamten Anklage erhoben werden. Die Staatsräte verrieten den Kameraden und retteten die eigene Haut. Er wurde zu 10 000 Pfund verurteilt, einer Summe, die er nie bezahlen konnte, und ins Gefängnis geworfen. Später hat man ihm heimlich eine Pension gewährt, aber seine Laufbahn war zerbrochen, und vor Elisabeths Augen durfte er nie wieder erscheinen.

Elisabeths Zornesausbruch war vorbereitet, wahrscheinlich sogar einstudiert, und da er zugleich eine Entladung wirklicher Wut war, wirkte er so echt, daß sogar die Schauspielerin selbst der phantasievollen Darstellung nachträglich Glauben zu schenken begann. Sie konnte aufrichtigen Herzens schwören, die Hinrichtung nicht befohlen, ja nicht einmal gewollt zu haben. In diese Selbstsuggestion hat sie sich mit solcher Leidenschaft hineingeredet, daß sie bei ihren Beteuerungen überzeugend wirkte. Es war halbe Wahrheit und halbe Lüge, aber echte Empfindung, wenn sie den französischen Gesandten beschwor, weder der Tod ihres Vaters noch ihrer Schwester habe ihr Herz so tief berührt, und dem Sohn der Maria den äußersten Schmerz über den »niederträchtigen Irrtum« beteuerte.

16 Jahre später sollte dieser Sohn, nach dem Tode Elisabeths, König von England *und* Schottland geworden, den Leichnam seiner Mutter feierlich in die Westminsterabtei überführen. Dort liegen die beiden Königinnen, die sich im Leben nie gesehen und sich Jahrzehnte hindurch alles erdenkliche Leid zugefügt haben, schwesterlich nebeneinander. Die Geschichte liebt seltsame Pointen.

In dem Prozeß gegen die blutsverwandte Maria war Elisabeth Kläger und Richter zugleich. Nur von ihr hing die Entscheidung ab. »Du selbst mußt richten, Du allein«, sagt in Schillers »Maria Stuart« der wackere Talbot. Wohl hatte sie ein Sondergericht bestellt, das über die schottische Königin urteilen sollte. Aber selbstverständlich richtete sich in der damaligen politischen und staatsrechtlichen Lage das Gericht in diesem besonderen Falle nach dem Willen der Königin. Es war nur berufen, dem politischen Entschluß das Souveräns eine rechtliche Stütze zu geben. Der Prozeß war »legal« nach damaligem englischen Recht. Elisabeth hatte, als sie das Todesurteil unterschrieb, die volle Unterstützung ihres Staatsrats, des Parlaments und der großen Menge des englischen Volkes. Diese drängten sogar die zögernde Königin zur Entscheidung. Aber Elisabeth hat sich nicht von Rechtsgründen bewegen lassen. Für sie waren allein staatspolitische Rücksichten maßgebend. Sie hatte manchen guten Grund für ihren Entschluß. Ihr Königstum war nicht so gesichert, wie es dem historischen Beschauer, der das Gesamtergebnis ihrer Regierung überblickt, nachträglich erscheint.

Die Tudor-Monarchie hatte noch keine festen Wurzeln im englischen Volk geschlagen. 1586 gab der spanische Gesandte am Pariser Hof den Rat, mit einem Schlage Elisabeth und alle britischen Minister ermorden zu lassen; 19 Jahre später wurde das in der »Pulververschwörung« tatsächlich versucht. Noch labiler war die Lage der von Heinrich VIII. inaugurierten, von seinem Sohn Eduard formell gegründeten, von Elisabeth nach dem Intermezzo der katholischen Maria wieder hergestellten Episkopalkirche, der High Church, die in ihrer Lehre der Reformation folgte, in Verfassung und Ritus aber der alten Tradition anhing. Noch hatte der katholische Glaube zahlreiche, zum Teil fanatische Anhänger. Auf der anderen Seite fing der Puritanismus an sich auszubreiten. Schon begannen sich die ersten presbyterianischen Gemeinden zu bilden. Die mit dem Königtum eng verbundene Hochkirche geriet in die Gefahr, zwischen den Mühlsteinen der Katholiken, die ihre Lehre verdammten, und der Puritaner, die ihren Kult als Götzendienst, als »alten papistischen Sauerteig«, ansahen, zerrieben zu werden. Der Bestand der Kirche wie des Tudorstaates war gefährdet, wenn sich der heimliche Widerstand gegen die Königin hinter einer Prätendentin sammeln und in ihr verkörpern konnte. Nur deren Tod befreite die Königin von dieser Gefahr. In Schillers Drama sind Elisabeth und ihre Ratgeber mit Recht von dieser Überzeugung durchdrungen: »Doch ewig wankt die Kron' auf meinem Haupt, solang' *sie* lebt.«

Zwei Momente verschärften die Gefahr, die von Maria drohte. Sie war Schottin. Noch war damals der Gegensatz zwischen Schottland und England so stark, daß die Schotten sich mit jedem Außengegner Englands verbanden. Im Hundertjährigen Krieg mit Frankreich war England immer dadurch gehemmt worden, daß es im Rücken Schottland als offenen oder heimlichen Bundesgenossen Frankreichs wußte. Der schottische Thronanspruch bedeutete daher stets die Gefahr des Eingreifens auswärtiger Mächte. Maria war ferner in den Augen vieler Engländer tatsächlich die rechtmäßige Erbin, als einziger legitimer Abkömmling Heinrichs VII., des Begründers der Tudor-Dynastie. Mindestens in den Augen der Katholiken war die Tochter der Anna Boleyn ein uneheliches Kind, ein Bastard. Die Anmut der Schottin hat immer wieder Männer dazu verführt, sich für ihre Befreiung zu opfern. Die Überzeugung, daß Elisabeth sich den Thron zu Unrecht angemaßt habe, hat Fanatiker zu dem Entschluß getrieben, England von der Usurpatorin zu befreien. Schiller gibt die Lage durchaus richtig wieder, wenn er Burghley sagen läßt: »Wenn wir nicht ewig für Dein kostbares Leben zittern sollen, so muß die Feindin untergehen.«

Der Prozeß gegen Maria stieß auf das schwere juristische Hindernis, daß sie der Souverän eines ausländischen Staates war und daher englischer Jurisdiktion nicht unterstand. Über diesen Einwand hat man sich hinweggesetzt. Der Rechtsgrund, daß sie durch ihre – später widerrufene – Abdankung ihr Königtum aufgegeben habe, konnte von den englischen Juristen nicht vorgebracht werden, da sie wußten, wie empfindlich ihre eigene Königin über der Heiligkeit königlicher Autorität wachte. Das zweite Argument, daß England eine – von Schottland immer bestrittene – Oberherrschaft besitze, konnte auch nicht geltend gemacht werden, weil es König Jakob wenig gefallen hätte. Aber Maria war nicht nur der Souverän eines fremden Landes, sie war der Erbe des Thrones von England. Darin lag die Anomalität, für die durch kein Gesetz Vorsorge getroffen war. Man hatte nur den »Vorgang« Konradin.

Aber der Einwand, daß ein fremder Souverän nicht Hochverrat gegen England begehen konnte, behielt auf alle Fälle beachtliche Bedeutung. Man mußte also Maria der Anstiftung oder der Beihilfe zur Ermordung der Königin überführen, um sie auf Grund des Sondergesetzes von 1684 verurteilen zu können. Zweifellos hat Maria sich an Verschwörungen beteiligt, die auf ihre Befreiung und Wiedereinsetzung in Schottland hinzielten. Ein Komplott gegen Elisabeths Leben dagegen konnte ihr nicht mit völliger Sicherheit nachgewiesen werden. Daß man über ihre feierliche Versicherung zur Tagesordnung überging und frisierte Schriftstücke zur Stützung der Anklage benutzte, macht diesen Prozeß so anstößig. Walter Scott, der als Schotte allerdings parteiisch war, hat über den Prozeß gesagt: »Die Beweisgründe, die man gegen Maria Stuart vorbrachte, hätten nicht einmal dem gemeinsten Verbrecher das Leben gekostet; die Kommission hingegen besaß Grausamkeit und niedrige Gesinnung genug, um Maria schuldig zu sprechen. Und das englische Parlament hat dies jeder Gerechtigkeit hohnsprechende Urteil gebilligt.« Fast noch schärfer war das Urteil von Voltaire: »Niemals war ein Gericht unzuständiger, niemals ist ein Verfahren unordentlicher durchgeführt worden.«

1587 wurde Maria hingerichtet, 1603 folgte ihr Sohn als Jakob I. der Königin Elisabeth auf den Thron und vereinigte Schottland und England. Seit rund 350 Jahren herrschen, über Jakobs Tochter Elisabeth von der Pfalz, die Häuser Hannover und Coburg, in ununterbrochener Folge die leiblichen Nachkommen der Maria Stuart über Großbritannien. Auch der letzte deutsche Kaiser war ihr Nachfahr.

12. KAPITEL

Strafford und das Parlament

That men may rise on stepping stones
Of their dead selves to higher things.
Tennyson

Als der preußische König Wilhelm I. den pommerschen Junker Otto von Bismarck zu seinem Ministerpräsidenten machte, fühlte sich dieser, der ein Kenner der Geschichte war und sich über die Gefährlichkeit seiner Lage keinen Illusionen hingab, in der Rolle des Grafen Strafford unter Karl I. von England. Der Vergleich war gut gewählt. Beide waren die begabtesten Männer ihrer Zeit, beide kämpften für das Königtum gegen das Parlament, beide hatten die Leidenschaft, sich in Amt und Kampf zu betätigen. Während aber der Pommer in einer von unerhörten Erfolgen erfüllten Laufbahn fast 30 Jahre an der Spitze der Regierung seines Landes stand, wurde der Engländer, nachdem er nur ein knappes Jahr das Staatssteuer in der Hand gehalten hatte, wegen Hochverrat vor Gericht gestellt und enthauptet. Eine seltsam dunkle, leidenschaftliche und schwermütige Gestalt mit glühendem Temperament und königlichem Ehrgeiz, mit einer blitzartigen Fähigkeit, eine Lage zu erfassen, und einer seltenen Kraft, Menschen zu bezwingen, mit kühner Phantasie und zugleich unerbittlich nüchternem Sinn, stand ein Jahr lang im Mittelpunkt des schweren Kampfes, der in England ausgefochten wurde.
Von allen gefürchtet, von wenigen geliebt – er sagte von sich selbst: »Es gibt nur wenige, die wissen, was für ein netter Bursche ich eigentlich bin« –, war er alles eher als ein Mann des Volkes. Er hatte die Verachtung Coriolans gegen »die Schuhflicker und frömmelnden und eifernden Kleinbürger«. Er war aber auch kein Hofmann. Er haßte »das Hofgeschmeiß«. In der ersten Rede, die er als Präsident

des Geheimen Rats von Nordengland hielt, bezeichnete er es als seine vornehmste Aufgabe, »die Armen und Unschuldigen vor den Stolzen und Frechen zu schützen«. Er rief dazu auf, »Privatinteressen bei Seite zu legen, Hände und Herzen zu vereinigen, auf daß wir wie ein Mann freudig vorwärts gehen zum Dienst des Ganzen«. Das war nicht die Sprache, die man sonst von royalistischer Seite hörte. Kein Wunder, daß dieser Mann von den Hofleuten abgelehnt, vom König gefürchtet wurde und bei der Königin, der Französin Henriette Maria, in hohem Maße unbeliebt war. Als junger Parlamentarier hatte er eine Resolution auf Freiheit der Debatte eingebracht, die König Jakob, Maria Stuarts Sohn, mit eigener Hand aus dem Protokollbuch des Parlaments riß. Später fiel er in Ungnade bei dem allmächtigen Günstling des Königs, dem Herzog von Buckingham, dem »englischen Alcibiades«.

Thomas Wentworth – so hieß er vor seiner Ernennung zum Earl of Strafford – war auf dem besten Wege, der Führer des Parlaments im Kampf gegen das Königtum zu werden. Er war der glänzendste Redner und der klügste Kopf der Opposition. Aber er war auch ein Einzelgänger, der sich nicht vor den Wagen einer Partei spannen ließ. Als Karl I. auf den Thron gekommen war, hielt Thomas zwei meisterhafte Reden, in denen er zwar Kritik an der Verwaltung übte, aber auch dafür eintrat, Vertrauen zum König zu haben. Dadurch geriet er in einen Gegensatz zu Eliot, dem Sprecher des Parlaments, der ihm das Abweichen von der klaren oppositionellen Linie verdachte. Karl, dem es wie allen Stuarts nicht an der Begabung fehlte, Möglichkeiten zu erspähen und rasch auszunutzen, vertiefte den Spalt in der Opposition. Er ernannte Strafford zum Lord und Ratspräsidenten, löste das Parlament auf und warf Eliot in den Tower. Als nach drei Jahren der alte Mann um die Freiheit bat, weil er durch die schlechte Gefängnisluft in lebensgefährliche Krankheit verfallen sei, schlug der König das Gesuch ab und ließ Eliot im Tower sterben. Strafford aber war mit dem Kainsmal des Verräters gebrandmarkt. Er, der die Hoffnung des Parlaments gewesen war, wurde der bestgehaßte Mann Englands und blieb in den Augen seiner alten Kampfgefährten der Renegat, der gefallene Erzengel.

Strafford stand einsam zwischen den Parteien, dem König wie den

Führern des Parlaments geistig überlegen – mit einer Ausnahme, dem noch verhüllt im Hintergrunde stehenden Oliver Cromwell –, von keinem ganz verstanden, mit seinem hochfahrenden Mut entschlossen, seinen eigenen Weg zu gehen. Im Mittelpunkt des Kampfes stand die Frage: Steht das Gesetz unter dem König oder der König unter dem Gesetz? Die Königin Elisabeth hatte 1601 in den Parlamentsverhandlungen offen zum Ausdruck gebracht: Unumschränkte Fürsten wie die englischen Monarchen seien eine Art von Gottheit; es wäre vergebens, die Hände der Königin durch Gesetze oder Verordnungen binden zu wollen, weil sie sie durch ihre lossprechende Kraft nach Belieben lösen könnte.

Unter den Tudors war eine solche unbeschränkte Macht des Königtums wohl nötig, um den Bestand des Staates in den Kämpfen nach außen, vor allem mit Spanien, und in den inneren Glaubenswirren zu sichern. Nach Elisabeths Tod waren die Vorbedingungen für den Absolutismus der Tudorzeit tatsächlich geschwunden. Aber obwohl die unmittelbare Macht des Königtums in England schwächer war als auf dem Festland, während die Machtstellung des Parlaments nach Recht und Überlieferung viel tiefer wurzelte, machten die Stuarts mit dem ihnen eigenen Mangel an Wirklichkeitssinn den königlichen Absolutismus zur Grundlage ihrer Staatsauffassung. Jakob I. sagte 1609 in der Thronrede: »Gott hat Gewalt, zu schaffen und zu zerstören, Leben und Tod zu geben. Ihm gehorchen Seele und Leib. Dieselbe Macht besitzen die Könige. Sie schaffen und vernichten ihre Untertanen, gebieten über Leben und Tod, richten in allen Sachen, selber niemand verantwortlich denn allein Gott. Sie können mit ihren Untertanen handeln als mit Schachpuppen, das Volk wie eine Münze erhöhen oder herabsetzen.«

Das war in nacktester Formulierung das »Königsrecht«, vor dem Samuel das Volk Israel gewarnt hatte. Hieran glaubte auch Karl I., Jakobs Sohn. Hiergegen kämpften im Parlament die Eliot, Hampden und Pym mit Glaubensleidenschaft, geborene Konservative, die der Zwang des religiösen Gewissens zu Revolutionären machte. Es war ja nicht nur ein politischer, es war ein religiöser Kampf. 100 Jahre vorher, zur Zeit Heinrichs VIII., als Cranmer nachgab und Morus starb, hatte die Politik über den Glauben gesiegt. Jetzt erhob sich der

Glaube, aber als Revolutionär. Der dem englischen Sinn gemäße Kompromiß war nicht möglich zwischen einem sich selbst vergötternden Despotismus und dem Rechts- und Freiheitsgefühl eines gläubigen Volkes.
Diesen Kompromiß suchte Strafford. Er lehnte beide Zwangssysteme ab, das der Stuarts, deren hochfahrende Einseitigkeit im Widerstreit zu seiner sozialen Einstellung stand, wie das der puritanischen Commons, deren Glaubenseifer seinem toleranten Indifferentismus widerstrebte. Aber bis zur völligen Festigung der Verwaltung glaubte er des »väterlichen Absolutismus« nicht entraten zu können. Strafford war der erste großartige Vertreter dieses Systems in einem Lande, in dem der König nicht aufgeklärt war und das Volk den Absolutismus nicht wollte. Es war Straffords Tragik, daß er nicht an den Platz berufen wurde, der seiner Begabung entsprach und an dem er seine Gedanken hätte verwirklichen können.
Er erlebte die Qual, abseits stehen zu müssen, während Krone und Parlament sich in einen immer verbisseneren Kampf verstrickten. Wäre er Führer des Parlaments gewesen, hätte er sich zugetraut, andere Lösungen zu finden. Diesen Weg hatte er sich durch seinen »Verrat« verbaut. Wäre er Karls leitender Minister gewesen, hätte er das Königtum nicht in einer ausweglosen Sackgasse sich festlaufen lassen. Aber in den 11 Jahren der parlamentlosen Regierung war er nicht an der Stelle, wo die Entscheidungen fielen. Die Gegner am Hof hielten ihn fern. Der König schickte ihn als Statthalter nach Irland. 6 Jahre regierte er dort und bewährte alle seine glänzenden Fähigkeiten. Er regierte wie ein König und wurde doch ohne Schwierigkeiten mit dem irischen Parlament fertig. Das Experiment, zu dem er nur schwer Karls Zustimmung erreicht hatte, glückte vollständig. Strafford aber lebte sich in den Glauben ein, auch das England Pyms, Miltons und Cromwells wie Irland beherrschen zu können.
Während sich Strafford auf dem Nebenschauplatz in qualvoller Ungeduld verzehrte, beging Karl eine der größten Torheiten seines Lebens. Sie war willkürlich und vermeidbar. Er versuchte, der schottischen Kirche eine Liturgie und das Common-Prayer-Book aufzuzwingen. Seine Vorliebe für klangvolle Schönheit spielte ihm einen

Streich. Eine »sinnlose Grille« nannte Strafford diesen aus echt Stuartschem Mangel an Verständnis für Imponderabilien erwachsenen Versuch. Die Schotten antworteten mit dem »Covenant«; eine Nationalversammlung ersetzte die bischöfliche Kirchenverfassung durch eine streng presbyterianische. Jetzt blieb Karl in der selbst verschuldeten, verfahrenen Lage nur der Weg der Gewalt. Strafford, der das schwierige Irland in Ruhe und Ordnung hielt, sah den Krieg gegen Schottland als Wahnsinn an und beschwor den König: »Da es ein Krieg mit E. M. eigenen, wenn auch rebellischen Untertanen ist, scheint es mir ein heikler Punkt, als erster Blut zu vergießen.« Doch der König hörte nicht, er überschritt den Rubikon, und erst, als nun niemand mehr Rat und Hilfe wußte, sandte er seinem treuesten und klügsten Diener die Berufung: »Kommen Sie!«

Roons Depesche an Bismarck rief ihn in schwierigster Lage in die leitende Stellung. Aber sie kam noch zur rechten Zeit. Karls Botschaft an Strafford kam zu spät. Elf Jahre hatte er auf den Platz gewartet, der ihm gebührte. Nur elf Monate des Wirkens waren ihm beschieden. An äußeren Ehrungen erhielt er übergenug. Jetzt bekam er als Earl of Strafford den Namen, unter dem er in die Geschichte eingegangen ist. Als Fürststatthalter von Irland war er dort mit fürstlichen Ehren empfangen und vom Sprecher des irischen Parlaments als »Solon und Lykurg« begrüßt worden. Aber Straffords Ehrgeiz genügten solche Ehren nicht. Ihm ging es darum, seine Ideen zu verwirklichen. Hier blieb ihm der Erfolg versagt. »Ich kann mir nichts Gutes von dieser Reise versprechen«, hatte er trüben Sinnes schon auf der Überfahrt nach England geäußert. Die Verhandlungen mit den Schotten scheiterten.

Strafford mußte einen Krieg führen, vor dem er dringend gewarnt hatte. Doch die königliche Autorität stand auf dem Spiel. Die Monarchie mußte gegen die Herausforderung des Covenants gerettet werden. Führte man aber Krieg, so konnte nur äußerste Energie zum Siege verhelfen. Doch es war, als hätte sich alles gegen Strafford verschworen. Er riet zu kühnem Angriff, aber seine Generale versagten. Er ließ sich selbst zum Oberbefehlshaber ernennen, wurde aber von schwerer Krankheit niedergeworfen. Während er auf dem Zuge nach Norden war, wurde das englische Heer geschlagen. »Niemals«, schrieb Strafford, »kam ein Mann in eine so verlorene Sache.« Er wollte die englische Armee, die in Irland stand, herüberholen, aber die Spanier landeten in Irland. Als Strafford, trotz allem ungebeugt, erneut zum Angriff riet, verlor Karl den Mut und schloß gegen seinen Rat Waffenstillstand.

Der Kampf mit dem Parlament ging nicht besser aus als der mit den Schotten. Nur kam es hier zu keinem Waffenstillstand. Für den Krieg hatte Strafford Geld gebraucht. Geld konnte nicht ohne Parlament aufgebracht werden. So wurde nach elfjähriger Pause das Parlament einberufen. Strafford wollte die beiden Kammern gegeneinander ausspielen. Aber durch ein grobes Versehen des Schatzkanzlers, Sir Harry Vane, wurde der Plan vereitelt. Das widerspenstige Unterhaus mußte wieder aufgelöst werden. Strafford riet dem König, das Parlament, dessen erneute Einberufung die Lords nach der Niederlage in Schottland forderten, nicht vor dem November einzuberufen, bis dahin hoffte er mit Hilfe des irischen Heeres auf einen militärischen Sieg. Der König folgte dem Rat, aber der Sieg war ausgeblieben.

Als am 3. November 1640 das Parlament eröffnet wurde, loderte der Zorn gegen den gescheiterten Verräter auf. Bismarck wäre es nicht anders gegangen, hätte er 1864 die Partie gegen Dänemark verloren. Freunde rieten Strafford, ins Ausland oder wenigstens nach Irland zu gehen. Aber Karl, der in Strafford den einzigen sah, der mit dem Parlament fertig werden könnte, bat ihn, nach London zu kommen, und garantierte ihm Sicherheit für Leib und Leben. Karl gab sein Königswort mit dem besten Willen, es zu halten, und in dem leichtfertigen Glauben, er werde es halten können. Strafford hatte es nie an Mut gefehlt. Er verwarf den Freundesrat und gehorchte des Königs Ruf. Durch Krankheit aufgehalten, traf er erst am 10. November in London ein. Er kam zu spät, um das Schicksal aufhalten zu können. Am 11. griff ihn Pym in leidenschaftlicher Rede an und erreichte, daß das Unterhaus die Anklage gegen Strafford beschloß. Ein Lord warnte Strafford, der beim König war. Doch der Graf entgegnete: »Ich werde meinen Klägern ins Gesicht sehen.« Er eilte ins Parlament, um vor Pym im Oberhaus zu sein. Aber Pym war eher da. Strafford wurde verhaftet und im Tower gefangengesetzt.

Es war eine eigentümliche Lage. Der leitende Staatsmann war unter dem Verdacht des Hochverrats gefangengesetzt, doch der König behandelte ihn weiter als seinen ersten Diener und fragte ihn ständig um Rat. Der Minister mußte für Dinge gerade stehen, für die nicht er, sondern Karl die Verantwortung trug. Am 30. Januar 1641 hörte er im Oberhaus das Anklagematerial: 9 allgemeine und 28 Sonderanklagen, von denen 16 seine irische Verwaltung, 2 seine »Feindschaft gegen Schottland« und 10 seinen Kampf gegen das Parlament betrafen. Die irische Verwaltung wurde in den Mittelpunkt gestellt, weil Strafford sich dort durch seine harte Gerechtigkeit, die auch vor Hochgestellten nicht Halt machte, viele Gegner geschaffen hatte. Pym hatte fleißig alles Material gesammelt. Die meisten Zeugen sagten aus persönlicher Feindschaft aus.
Man gewährte Strafford zwei Wochen für eine Antwort, angesichts des Umfangs der Anklage eine lächerlich kurze Frist. Seine Verteidigung wurde beeinträchtigt. Zwar erhielt er die Erlaubnis, Zeugen beizubringen und die Anklagezeugen ins Kreuzverhör zu nehmen, aber man teilte sie ihm erst drei Tage vor Beginn des eigentlichen Prozesses mit. Dadurch wurde sie praktisch wertlos. Zur Sicherheit schränkte man die Erlaubnis noch dahin ein, daß die Verteidigungszeugen nicht unter Eid aussagen durften, damit sie nicht für ihn zeugen könnten.
Am 24. Februar beantwortete Strafford im Oberhaus in Gegenwart des Königs die Anklage. Am 1. März veröffentlichte das Unterhaus die Anklageschrift, die wie ein Lauffeuer durchs Land flog. Straffords Rechtfertigung wurde unterdrückt. Man machte die öffentliche Meinung gegen den Angeklagten mobil.
Vom 22. März bis zum 13. April fand in Gegenwart des Königs der Prozeß vor dem Oberhaus statt. Noch einmal ließ Strafford alle Register spielen. Ihm standen die größten Redner und besten Juristen des Parlaments gegenüber. Sie konnten dem schwarzgekleideten Mann vor den Schranken nichts anhaben, der auf jede Frage eine schlagfertige Antwort hatte, der jede Lücke in des Gegners Rüstung erspähte und mit beißendem Sarkasmus zustieß. Er gratulierte einem Lord, der gegen ihn aussagte, daß er sich einer vor sieben Jahren abgegebenen Erklärung wörtlich erinnerte. Er zerpflückte die Anklage-

punkte: »Jeder Punkt behandelt einen neuen Hochverrat, von dem ich nie vorher gehört habe«, und zwang dadurch Pym zu der gewundenen Erklärung: »Die Gesamtanklage kommt auf etwas hinaus, das als ›konstruktiver Hochverrat‹ bezeichnet werden kann.« Man versuchte, Strafford und seine Freunde einzuschüchtern. Als das bei Strafford eine um so geharnischtere Gegenwehr hervorrief, bat die Anklagebehörde wiederholt das Gericht, dem Angeklagten zu verbieten, derart freche Ausfälle zu machen. Straffords Haltung und die offenbaren Ungerechtigkeiten des Verfahrens wirkten zu seinen Gunsten.

Am Schluß des Verhörs hatte man nichts bewiesen und versteifte sich tagelang auf einen Punkt, die Benutzung der irischen Truppen; immer wieder wurde Sir Harry Vane als Zeuge darüber vernommen, ob Strafford gesagt habe, die Truppen sollten hier eingesetzt werden, um dieses Königreich zu unterwerfen, oder dort, für jenes Königreich. Die Verbissenheit, mit der der Unterschied von »here« oder »there«, von »this« oder »that« zur entscheidenden Frage des Prozesses gemacht wurde, ließ erkennen, daß die Anklagebehörde selbst ihr Spiel verloren gab. Es war ein großer Tag für Strafford, als er am 13. April sein Schlußwort sprach und in glänzender Rede die Anklage ad absurdum führte. Er habe keinen Hochverrat begangen, er habe nie ein bestehendes Gesetz übertreten: »Leben wir nicht durch Gesetze, sollen wir strafbar durch sie sein, bevor sie gemacht sind? Diese Herren sagen, sie sprächen für das Gemeinwohl gegen meine willkürlichen Anordnungen; lassen sie mich sagen, daß ich für das Gemeinwohl gegen ihren willkürlichen Hochverrat spreche.« Zum Schluß trat Strafford leidenschaftlich für die Monarchie ein, für das richtige Verhältnis zwischen Freiheit des Einzelnen und Prärogative der Krone.

Der »willkürliche Hochverrat«, von dem Strafford sprach, war gefährlicher und dem Rechtsempfinden noch widersprechender als Pyms konstruktiver Hochverrat. Als Pym erkannte, daß Strafford kein Punkt des Hochverrat nachgewiesen werden könnte, griff man zum politischen Justizmord. Eine »Bill of Attainder«, ein Parlamentsgesetz, das für einen bestimmten zurückliegenden Fall anstelle des ordentlichen Gerichtsverfahrens eine strafrechtliche Entscheidung durch das Parlament vorsah, wurde im Unterhaus eingebracht, und erklärte die Absichten, die man Strafford unterstellte, nachträglich als Hochverrat.

Zweck und Bedeutung des Gesetzes konnten nicht besser gekennzeichnet werden als durch den Bericht von Sir John Coke vom 17. 4. 1641: »Keines der Strafford zur Last gelegten Vergehen fiel unter Artikel 25 des Statuts Edwards III., in dem der Begriff des Hochverrats bezeichnet wird. Wenn daher das Unterhaus fortfährt, von den Lords die Verurteilung Straffords zu verlangen, werden diese ihn zweifellos freisprechen, da es kein Gesetz gibt, das ihn des Verrats überführt. Deshalb sind die Commons entschlossen, von der Rechtsprechung der Lords abzuweichen und mittels der Attainder Bill gegen Strafford vorzugehen, damit er wegen erwiesenen Verrats zum Tode verurteilt werden kann ... Die Mitglieder haben darüber abgestimmt, daß die Strafford zur Last gelegten Verbrechen in der Absicht begangen worden seien, die grundlegenden Gesetze Englands umzustoßen und eine tyrannische Staatsreform einzuführen; *diese ihm unterstellte Absicht soll durch ein entsprechendes Gesetz* für Hochverrat erklärt werden.«

Coke selbst war ein Gegner des Gesetzes, er fügte seinem Bericht hinzu: »Es gibt eine alte Regel; ubi non est lex non est transgressio (wo kein Gesetz ist, ist auch keine Übertretung).«

Die Bill of attainder von 1640 war ein revolutionärer Akt. Er brachte zum Ausdruck, daß das alte Gleichgewicht zwischen Ober- und Unterhaus nicht mehr bestand. Weil das Oberhaus sich weigerte, der vom Haus der Gemeinen beschlossenen Anklage gegen Strafford Folge zu leisten, nahm sich das Unterhaus das Recht, über politische Fälle selbst zu Gericht zu sitzen.

Am 21. April fand die dritte Lesung statt. Mutige Abgeordnete widersprachen trotz des von der Mehrheit ausgeübten Drucks. Sir John Digby erklärte, Menschen dürften nicht durch ein Gesetz, das erst nach der Tat geschaffen sei, zu Tode gebracht werden: »Setzt das Zeichen an die Tür, wo die Pest ist, und wer dann durch die Tür geht, der möge sterben.« Ein anderer Abgeordneter sprach offen aus, »das Unterhaus sei im Begriff, mit dem Schwert der Gerechtigkeit einen Mord zu begehen«. Von 500 Abgeordneten waren nur 263 anwesend, 204 stimmten für, 59 gegen das Gesetz. Einer der Ja-Sager äußerte hinterher, viele hätten nur dafür gestimmt, aus Angst vor Pym und weil es im Oberhaus doch abgelehnt werden würde. Am 23. April schrieb der König einen Brief, er werde Strafford nicht an Leib, Ehre oder Gut leiden lassen. Pym aber ließ die Namen der 59 Neinsager drucken und verteilen. Der Mob wurde mobil gemacht. Die Wirkung blieb nicht aus. Als am 27. April die erste Lesung im Oberhaus stattfand, wurde sie von Straßentumulten begleitet. Diese wiederholten sich, als am 29. der Solicitor General für das Gesetz sprach.

Strafford sah, daß der König, wollte er nicht sich selbst oder die Königin in Gefahr bringen, nur noch die Möglichkeit hatte, ihn zu opfern. Am 4. Mai schrieb er den großartigen Brief an den König, in dem er Karl das gegebene Wort zurückgab; um dem König Gewissensbisse zu ersparen, fügte er hinzu: »Einem Mann, der einverstanden ist, wird kein Unrecht getan.« Am 8. Mai wurde die Bill of Attainder in 3. Lesung im Oberhaus verabschiedet. Nur 48 Peers waren anwesend, 37 stimmten für, 11 gegen das Gesetz. Es war kein Heldenstück.

Jetzt lag die Entscheidung allein noch beim König. Am 9. Mai setzte der Sturm des Pöbels in verstärkter Form ein. Karl befragte die Bischöfe. Von 5 Bischöfen rieten ihm nur 2, seinem Gewissen zu folgen. Karl folgte dieser Stimme nicht. Vom heulenden Pöbel bedrängt, unterzeichnete er. Am 11. schickte er seinen Sohn in das Parlament mit der Bitte um Gnade für Strafford. Es war vergebens. Am 12. wurde Strafford, gefaßt bis zum letzten Augenblick, hingerichtet. Genau ein halbes Jahr hatte das Verfahren gedauert. Nie war Strafford menschlich größer und rednerisch hinreißender gewesen als in den Tagen seines Prozesses. Der englische Historiker Trevelyan nennt diesen Prozeß eine gewaltige Tragödie, »die an menschlicher und historischer Größe in den Blättern der Weltgeschichte aller Zeiten kaum ihresgleichen findet«. Straffords Zeitgenosse Richelieu sagte: »Die Engländer sind so unsinnig, ihren weisesten Mann geschlachtet zu haben.«

13. KAPITEL

Karl I. und Cromwell

So wird die Welt dahingehen,
den Guten feindlich und den Bösen hold,
aufstöhnend unter ihrer eigenen Last.
Milton

Karl war ein echter Stuart, hochmütig, aber voller Charme, mit feinem Sinn für Schönheit und Kultur, von ungewöhnlicher Urteilskraft, doch ohne Humor und ohne Einfühlungsvermögen, tapfer aber unbeständig, in seinen Grundsätzen und Zielen starr und anpassungsunfähig, in seinen Mitteln und Methoden schwankend und unentschlossen. Er neigte zur Bewunderung für überlegene Naturen, aber fürchtete sie. Ohne Rückhalt hatte er nur für den Herzog von Buckingham geschwärmt, der unter seinem Vater und ihm eine glänzende, aber widerspruchsvolle Politik geführt hatte und in scharfen Gegensatz zum Parlament geraten war; daher ertötete dessen Ermordung etwas in Karl, das sich nicht wieder wecken ließ. Er verehrte die Königin, die französische Prinzessin, die von ihrem Vater Heinrich IV. Klugheit und Energie, aber nicht seine religiöse Toleranz geerbt hatte, aber er überwand nur schwer eine Scheu ihr gegenüber. Auch in Strafford hatte er die Überlegenheit gespürt und bewundert, sich aber auch viele Jahre vor ihr gefürchtet. Karl war alles andere als blutdürstig. Er besaß eine Zartheit des Empfindens, die ihm selten gestattete, etwas Hartherziges zu tun. Seine Unbarmherzigkeit gegen Eliot beruhte nur darauf, daß er in ihm den Mörder Buckinghams sah. Karl war kein religiöser Eiferer. Er hatte keine Abneigung gegen Rom und kein Verständnis für die Puritaner. Er war aber auch, so sehr die Königin für die katholische Religion eiferte, in keiner Weise »romhörig«. Was ihm am meisten geschadet hat, war die für ihn eigentümliche Verbindung von Eigensinn und Unentschlossenheit. Derselbe Mann, der stur war wie ein Maulesel, wenn es um eine Prärogative des Königtums ging, schwankte wie ein Rohr im Winde, wenn er den Kurs bestimmen sollte.

Sein großer Gegenspieler, Oliver Cromwell, nach Calvin selbst der zweite echte Calvinist, war unter den Staatsmännern und Soldaten des 17. Jahrhunderts die stärkste Kraft. Richelieu war der klügere Staatsmann, aber Oliver war zugleich ein Feldherr, vielleicht nicht mit dem gleichen Genie begabt wie Wallenstein und Gustav Adolf, aber er war – was die drei Zeitgenossen nicht waren – ein Agitator und Demagoge von unheimlicher Wirkung. Cromwell mußte seinen großen Gegner aus dem Weg räumen, weil er König war und weil ein König der Errichtung des Cromwellschen Gottesreichs im Wege stand. Menschlich hatte er zunächst keine Abneigung gegen Karl. Er wurde erst ein unversöhnlicher Feind des Königs, als er einen Brief Karls an die nach Frankreich geflüchtete Königin in die Hände bekam, in dem es hieß, der König habe »Cromwell nicht ein seidenes Handtuch, sondern einen hänfenen Strick bestimmt«. Das waren Worte, die nur ein Stuart dem geduldigen Papier anvertrauen konnte. Oliver hat nie einen Schatten von Reue über die Hinrichtung des Königs empfunden. Er hat nie eine Spur des Zweifels gehabt, daß er das Recht und die Pflicht hatte, des Königs Haupt auf den Block zu legen.

In dem langen Kampf zwischen König und Parlament war auf beiden Seiten ein gehäuftes Maß von Schuld. Karl hatte 1624 das Parlament aufgelöst und erst 1628 wegen seiner ständigen Geldverlegenheit das Unterhaus wieder einberufen, das dem König die von Sir John Eliot verfaßte und leidenschaftlich verteidigte Petition of Rights aufzwang. Zweimal beendigte der König die heftige Diskussion um strittige Punkte durch Vertagung. Als sich das Spiel 1629 zu wiederholen drohte, zwangen Eliot und acht andere Mitglieder mit Brachialgewalt den Sprecher, der die Sitzung aufheben wollte, in seinem Sessel sitzenzubleiben, und faßten eine Protestaktion gegen Karls Willkür. Nun erklärte der König, ohne Parlament regieren zu wollen, löste das Parlament auf und ließ die an der Revolte beteiligten Mitglieder, an der Spitze Eliot, in den Tower werfen. Er blieb ohne

Urteil in Haft und starb nach dreijähriger Gefangenschaft. Als seine Söhne den toten Vater in die Heimat holen wollten, schrieb Karl auf ihr Gesuch: »Lasset ihn in der Gemeinde begraben, wo er starb«, das hieß im Tower. Das Band zwischen König und Parlament war unwiderruflich zerrissen.

Das Parlament forderte Vergeltung wegen Eliot, der König sann auf Rache wegen Strafford. Eine Gewalttat erzeugte die nächste. Der König versuchte, die Führer des Unterhauses mit Gewalt zu verhaften, und mußte vom Sprecher eine berühmt gewordene Antwort hinnehmen, die dem König gegenüber die Rechte des Parlament wahrte. Karl kämpfte um seinen Thron, Oliver für die Religion. Solange Karl mit einem Sieg rechnete, lehnte er mit Stuartschem Hochmut Verhandlungen ab. Als er in Bedrängnis kam, weigerte er sich, einer Bestrafung seiner Anhänger zuzustimmen: »Drei Dinge gibt es, von denen ich mich nie trennen werde – die Kirche, meine Krone und meine Freunde.« Er brach Verhandlungen ab, als das Parlament 1645 den 70jährigen Erzbischof von Canterbury, William Laud, hinrichten ließ, weil er nächst Strafford Karls bedeutendster Anhänger gewesen war und neben das göttliche Recht des Königs das des Kirchenfürsten gestellt hatte.

Im Krieg waren erst die »Königlichen« überlegen gewesen, aber die Entscheidung im Bürgerkrieg kam, als Oliver das Parlamentsheer umgestaltete und nun nicht mehr Rundköpfe den Kavalieren entgegentraten, sondern die todesmutigen Eisenreiter Cromwells den Ausgang der Schlacht bestimmten. Als der König das Spiel verloren geben mußte – Strafford hatte sich umsonst geopfert –, ergab er sich 1646 den Schotten. Aber bei ihnen verfing der Stuartname nicht mehr. Wie die Burgunder Jeanne d'Arc, verkauften sie Karl gegen ein Blutgeld dem Parlament. Zwei Jahre war der König in Gefangenschaft, dauernd in Verhandlungen, ständig mit Fluchtplänen beschäftigt. Cromwell schwankte; er neigte eine Zeitlang der Auffassung zu, des Königs Tod könnte politisch doch ein Mißgriff sein, und wartete auf ein Zeichen. In seiner schweren Art, mit umständlichen und doch kraftvollen Worten legte er in einem berühmten Brief an einen Freund dar, »daß es Fälle gibt, in denen Widerstand gesetzmäßig ist«, und daß das »Prinzip des Duldens«, die Passivität, eine fromme Entschuldigung für Feigheit sei.

Die Verurteilung des Königs war nur möglich, wenn man annahm, daß es eine übergeordnete Autorität gab, das konnte nur das Parlament sein. Aber viele Gefährten Cromwells schreckten davor zurück, das Festhalten Karls an seinen Prärogativen für Hochverrat zu erklären. Cromwell selbst erklärte als echter Puritaner schon die Siege des Heeres für Bekundungen des göttlichen Willens, denen zu gehorchen Pflicht sei, und tat den König verächtlich ab: »Gutes durch diesen Mann, gegen den der Herr gezeugt hat?« So hatte er sich mit dem Widerstand gegen den König innerlich auseinandergesetzt. Aber es war noch ein schwerer Schritt bis zu dem Entschluß, dem König auf Tod und Leben den Prozeß zu machen.

Noch einmal schickte er Vermittlungsvorschläge an Karl. Der war wie Richard II. in Shakespeares Drama durch Leid und Haft zum wahren König gereift. Angesichts des Todes, den er, allen Illusionen entsagend, kommen sah, schrieb er seinem Sohn: »Wir vertrauten, daß ein anderes Parlament eingedenk sein würde, wie heilsam eines Königs Macht für seines Volkes Freiheit ist . . . Wenn Gott Euch Erfolg verleiht, so nutzet ihn in Demut und entratet der Rache.« Karl blieb sich aber auch im Unglück seiner Würde treu, der er nichts vergeben dürfe. Da der Überbringer der Cromwellschen Botschaft ein »Überläufer« war, lehnte Karl ab, ihn auch nur zu empfangen. Das war für Cromwell die Weisung des Himmels, die ihn seinen politischen Bedenken enthob. Nun war er entschlossen, verkündete seine Entscheidung und setzte sie mit seiner unerbittlichen Tatkraft durch.

Cromwell ließ sich nicht dadurch beirren, daß das Oberhaus der Resolution des Unterhauses, es sei Hochverrat seitens des Königs, gegen Parlament und Königreich Englands die Waffen zu ergreifen, die Zustimmung versagte. Es focht ihn nicht an, daß das Oberhaus die Beteiligung an dem vom Unterhaus eingesetzten Gerichtshof von 135 »Kommissaren und Richtern« ablehnte. Er strich die Lords und ließ an die erste Stelle den Namen des Armeeführers Lord Fairfax und den eigenen Namen setzen. Er ließ sich nicht dadurch beeindrucken, daß der englische Richterstand sich weigerte, mit dieser Gerichtsbarkeit etwas zu tun zu haben, und daß kein englischer Anwalt die Anklage aufsetzen wollte.

Einem Richter, der ihm sagte: »Erstens kann der König von keinem Gerichtshof abgeurteilt werden, zweitens kann kein Mensch von diesem Gerichtshof abgeurteilt werden«, erwiderte er, ohne auf die Vorstellungen wegen der Ungerechtigkeit des Verfahrens auch nur einzugehen: »Laßt es Euch gesagt sein, wir werden ihm den Kopf mitsamt der Krone abschlagen.« Den Abgeordneten, die nicht als Richter fungieren wollten, sagte er zürnend, daß eines Königs Vertrauensbruch strenger bestraft werden müsse als irgend ein anderes Verbrechen. Es kümmerte ihn nicht, daß auch von den durch Parlamentsakte ernannten 135 Richtern bei den Sitzungen im Höchstfall 80 zugegen waren und sogar Lord Fairfax es ablehnte, zu erscheinen. Und wenn keiner käme, er, Cromwell, werde zur Stelle sein und Gottes Willen erfüllen. Das Urteil über den König stand vor Beginn des Verfahrens fest, weil Cromwell es so wollte.

Als dem König die Anklage vorgelesen worden war, die ihn »einen Tyrannen, Mörder, Verräter und unerbittlichen, offenkundigen Feind des englischen Königreichs« nannte, bezweifelte er die Rechtsfähigkeit des Gerichtshofes: »Ich sehe hier keine Lords. Auch ein König wäre nötig.« Bevor er sich zur Anklage äußere, wolle er erfahren, auf Grund welcher gesetzlichen Machtvollkommenheit er hierher gebracht worden sei. Der Vorsitzende erwiderte: »Auf Grund der Machtvollkommenheit des Unterhauses und des gesamten Parlaments, namens des Volkes von England, welches Euch zum König erwählte.« Der erste Teil der Antwort war vorher formuliert, der Zusatz entschlüpfte dem Vorsitzenden in der Hitze des Gefechts. Karl sah die Blöße und stieß nach: »Nein, das bestreite ich. England ist nie ein Wahlkönigreich gewesen; es war ein erbliches Königtum seit jetzt 1000 Jahren.« Er wiederholte seinen Einwand gegen eine Autorität, die auf usurpierter Macht beruhe: »Zeigen Sie mir eine gesetzliche Autorität, die sich auf Gottes Wort, die Schrift oder die Verfassung des Königreichs gründet, und ich werde antworten.« Der Vorsitzende erwiderte kühl: »Wenn das, was wir über unsere Autorität Ihnen sagen, Ihnen nicht genügt, uns genügt es.«

Der König, der vor Gericht nicht ein einziges Mal stotterte, obwohl er sonst keinen Satz ohne Stottern herausbrachte, war nicht aus der Fassung zu bringen: »Meines Volkes Freiheiten sind mir anvertraut.

Ich stehe für die Freiheiten meines Volkes mehr ein, als irgendwer sonst, der hier als Richter sitzt.« Er werde erst Rede und Antwort stehen, wenn man ihm seine Frage beantwortet habe. Der Vorsitzende warnte ihn, er habe nicht Fragen zu stellen, sondern zu beantworten; das Gericht werde verhandeln, ob er sich verteidigen wolle oder nicht. Als Karl erwiderte: »Es ist ebenso große Sünde, einer gesetzlichen Autorität zu widerstehen, als einer tyrannischen oder in irgendeiner anderen Weise ungesetzlichen sich zu fügen«, applaudierten Londoner Bürger: »Gott segne Eure Majestät!« Die Soldaten aber riefen: »Gerechtigkeit!« Sie forderten des Königs Kopf. Der Vorsitzende vertagte.

Cromwell war mit dem Verlauf nicht zufrieden. Er tadelte den Vorsitzenden, der dem Angeklagten zu viel Freiheit gelassen habe. Der Vorsitzende habe die Autorität des Parlaments und des Gerichtshofes vor frechen Angriffen des Angeklagten zu schützen. Cromwell gab ihm genaue Anweisungen für sein Verhalten. Trotzdem verlief der zweite Verhandlungstag noch bewegter als der erste. Als Karl nicht nur das Recht des Gerichtshofes bestritt, ihn vorzuladen, sondern für Recht und Freiheit des englischen Volkes gegen rechtlose Gewalt eintrat, unterbrach ihn der Vorsitzende, er dürfe sich über die Autorität des Gerichtshofes nicht äußern. Karl erwiderte, er kenne zwar die Formen des Gesetzes nicht, aber er kenne das Gesetz »wie irgend ein anderer Edelmann Englands« und wisse auch, was Vernunft sei.

Wieder unterbrach ihn der Vorsitzende, das Gericht untersage ihm, seine Autorität anzugreifen, seine Einwände seien nicht statthaft. Der König beharrte: »Einspruch zu erheben gegen ein Verfahren, ist gesetzlich statthaft.« Der Vorsitzende verwies ihm nochmals jeden Einspruch und fuhr erregt fort: »Wir sind hier versammelt auf Grund der Machtvollkommenheit des Unterhauses, und diese Autorität hat Eure Ahnen zur Rechenschaft gezogen.« Das war wieder eine Blöße, die der König sofort ausnutzte: »Das bestreite ich. Zeigt mir einen Präzedenzfall.« Der Vorsitzende untersagte ihm die Unterbrechung, er habe diese Dinge nicht zu erörtern. Aber der König gab nicht nach: »Das englische Unterhaus war noch nie ein Gerichtshof. Ich möchte wissen, wie es zu diesem Amt gekommen sein soll.« Jetzt entzog ihm der Vorsitzende das Wort und ließ die Anklage verlesen, in der Karl »des Hochverrats und anderer schwerer Verbrechen und Verrätereien« beschuldigt wurde.

In der Anklage wurde der König nicht nur der Verbindung mit dem Papst und anderen auswärtigen Mächten, der Verschwörung mit Buckingham, der Aufwiegelung der irischen Rebellen, sondern auch so alberner Dinge bezichtigt wie des Versuchs, die Stadt London mit Feuer und Schwert zu vernichten. Als der König auch jetzt noch auf der Frage nach der Machtvollkommenheit des Gerichts bestand, befahl der Vorsitzende, ihn in den Gewahrsam zurückzubringen. Karl verlangte, die Gründe anführen zu dürfen, warum er nicht antworte, und erwiderte auf des Vorsitzenden Zurechtweisung, daß Gefangene nichts zu verlangen hätten: »Ich bin kein gewöhnlicher Gefangener.« Als der Vorsitzende wiederholte, seine Einwände gegen die höchste Gerichtsbarkeit dürften nicht angehört werden, entgegnete der König: »Gibt es eine höchste Gerichtsbarkeit, die nicht bereit ist, die Vernunft sprechen zu lassen?« Zornig erklärte der Vorsitzende, das nächste Mal würde er weitere Beschlüsse des Gerichtshofs und voraussichtlich das endgültige Urteil vernehmen. Karl ließ sich nicht beirren: »Nun, Sir, vergeßt nicht, daß es dem König untersagt wurde, um der Rechte und Freiheit seiner Untertanen willen seine Einwände zu verlautbaren.« Wieder riefen die Zuhörer: »Gott segne den König!« Wieder riefen die Soldaten dagegen: »Gerechtigkeit!«

Cromwell hatte an der Prozeßführung an diesem Tage nichts auszusetzen. Aber befriedigt war er nicht. Man mußte rasch zu Ende kommen. Der Gerichtssaal durfte nicht zu einer Bühne werden, von der aus der König für die Monarchie warb und gegen das Parlament agitierte. Er bemerkte ingrimmig, daß am dritten Verhandlungstag nur noch 70 Richter teilnahmen. Der König hielt an seiner Linie fest: er möchte wissen, ob er frei sprechen könne oder nicht. Ja, erwiderte der Vorsitzende, aber nur zur Anklage, nicht zur Zuständigkeit. Doch auf die Anklage, die er »gleich einem Wirbel Staub« erachte, ging Karl nicht ein. Er vertrete die Rechte des Volks von England. Gegen den »neuartigen Gerichtshof« verwahrte er sich erneut. Der Vorsitzende stellte fest, daß er zum dritten Male dem Gericht getrotzt habe; wie er die Rechte seiner Untertanen gewahrt habe, hätten seine Taten bewiesen. Er befahl, den Gefangenen abzuführen. Als Karl sich Gehör zu verschaffen suchte, er habe noch ein kurzes Wort zu sagen, unterbrach ihn der Vorsitzende, er müsse sich damit abfinden, als Angeklagter vor Gericht zu stehen. »Ich finde mich nur vor eine Macht gestellt«, entgegnete der König.

Der Prozeß hatte sich nicht günstig für Cromwell entwickelt. Karls Auftreten gewann ihm viele Herzen. Die Richterschaft wurde immer unruhiger. Bei den Abgeordneten mehrten sich die Einsprüche. Die Zahl der Richter war zusammengeschrumpft. Aber Cromwell blieb unbewegt. In einer Geheimsitzung wurde Karls Weigerung, zu antworten, für gleichbedeutend mit schweigendem Geständnis erklärt. Trotzdem wollte man Zeugen hören. Das Gericht setzte einen Ausschuß ein, vor dem 33 Zeugen vernommen wurden. Sie sagten meist nur aus, sie hätten den König in den Schlachten von Marston Moor und Naseby gesehen. Ein Zeuge bekundete, der König habe ihm während seiner Gefangenschaft auf der Insel Wight gesagt: er halte an der Gerechtigkeit seiner Sache fest. Dann prüfte das Gericht die Dokumente und fällte das Todesurteil; nur 46 Richter waren zugegen.

Dem Vorsitzenden gab Cromwell genaue Anweisungen für den vierten Verhandlungstag. Als sich das Gericht nach dieser dreitägigen Pause zur letzten Verhandlung versammelte, wurde es der dramatischste Tag des Prozesses. 68 Richter waren anwesend. Als der Vorsitzende zu sprechen begann, fiel ihm der König sofort ins Wort, er wünsche, daß man ihm ein Weniges Gehör schenke. Der Vorsitzende blieb ruhig, der König möge reden, wenn er an der Reihe sei. Aber Karl war hartnäckig, er wünsche vor dem Urteil gehört zu werden: »Ein übereiltes Urteil ist nicht so leicht rückgängig zu machen.« Der Vorsitzende versicherte ihm, man würde ihn vor der Urteilssprechung reden lassen. Als er dann in seiner unterbrochenen Rede fortfuhr, der Gefangene habe sich wegen der Beschuldigung des Landesverrats zu verantworten, die im Namen des Volks von England gegen ihn erhoben werde, wurde er zum zweiten Mal unterbrochen. Von der Zuschauergalerie schrie eine weibliche Stimme – es war die Lady Fairfax, die Frau des Oberkommandierenden –: »Nicht einmal der Hälfte, nicht einmal eines Viertels des Volkes,

Oliver Cromwell ist ein Schurke!« Der Vorsitzende ließ die Galerie räumen und gab dann bekannt, daß dem Angeklagten das Urteil gesprochen würde, da er für schuldig erkannt worden sei und sich nicht verteidigen wolle; doch vor der Urteilsverkündung sei ihm gestattet zu reden.

Der König bat in einer kurzen Rede, in der er betonte, daß ihm sein gutes Gewissen und die Ehre nicht habe genommen werden können, um die Erlaubnis, vor den Mitgliedern des Oberhauses und des Unterhauses sprechen zu dürfen. Würde ihm diese Freiheit nicht gewährt, dann sei es nicht weit her mit dem Drang nach Frieden und Gerechtigkeit. Der Vorsitzende, der auf diesen Antrag vorbereitet war, lehnte ihn ab; drei Tage habe man geduldig gewartet, daß es dem Angeklagten gefiele, sich zu verteidigen, er habe nicht gewollt; das jetzige Ersuchen sei nur ein Versuch, die Entscheidung zu verschieben und eine anders zusammengesetzte Gerichtsbarkeit anzurufen. Hier wurde die Verhandlung wieder unterbrochen, dieses Mal von einem der Richter, der, ohne sich von Cromwell beschwichtigen zu lassen, erklärte, er könne dem Urteil nicht zustimmen und wünsche, seine Gründe anzuführen. Der Vorsitzende mußte vertagen. Als die Richter unter sich waren, sagte der Protestierende, der König biete den Frieden an; man könne das Todesurteil nicht verantworten, ohne seine Vorschläge zu kennen. Cromwell fertigte ihn zornig ab, er kenne Karls Charakter nicht. Dann verlangte Cromwell von dem Gericht, sich nicht um einen einzigen Eigenbrötler zu kümmern, und schickte die Richter in den Verhandlungssaal zurück.

Nicht nur der protestierende Richter, sondern auch andere Mitglieder des Gerichts lehnten die weitere Teilnahme ab. Aber der Vorsitzende gab bekannt, das Gericht habe beschlossen, den Vorschlag Karls abzulehnen und das Urteil sofort zu verkünden. Der König unterbrach: »Ich kann die Macht nicht bestreiten, aber es wäre für den Frieden des Königreichs gut gewesen, wenn Sie sich die Mühe genommen hätten, mich von der Gesetzmäßigkeit dieser Macht zu überzeugen.« Der Vorsitzende fertigte ihn scharf ab: »Sie sprechen von Frieden. Taten müssen die Absichten erkennen lassen, doch Ihre Taten sind nach einer ganz anderen Richtung gegangen. Sie haben

sich aufgeführt und ausgedrückt, als wenn Sie dem Gesetz nicht unterworfen seien. Aber das Gesetz steht über Ihnen.«
Er begründete das Urteil in längerer Rede, in der er sich eingehend über Gesetz und König ausließ, sich auf die alten Gesetze Englands berief, das Parlament als den großen Damm der Freiheit des Volks bezeichnete und als Beispiele der Tyrannei auf Caligula, Nero und den Uriasbrief Davids hinwies. Er schloß mit der Verkündung der Todesstrafe »durch Abschlagen seines Hauptes von seinem Rumpfe«. Zweimal bat der König, ihn kurz anzuhören. Der Vorsitzende lehnte es ab: »Sie haben uns nicht als Gericht anerkannt. Das Gericht hätte Sie daher gar nicht zu hören brauchen. Denn wenn Sie das Gericht nicht anerkannten, hatten Sie kein Recht, vor ihm zu sprechen. Wir haben Ihnen zuviel Freiheit gelassen ... Den Schuldigen freizusprechen ist eine ebenso große Sünde, wie den Unschuldigen zu verurteilen.« Er befahl den Wachen, den König abzuführen. Als der König sagte, nach dem Urteil dürfe er doch wohl reden, gab der Vorsitzende scharfen Befehl, ihn hinwegzuführen. Während Karl hinausgedrängt wurde, rief er: »Man läßt mich nicht reden. Bedenkt, was dann andere Leute für eine Gerechtigkeit zu erwarten haben.« Cromwell hatte große Schwierigkeiten, die nötigen Unterschriften für das Todesurteil zu erlangen.
In dem Parlamentsbericht über den Prozeß findet sich die Rede, die der Anklagevertreter vorbereitet hatte und gehalten hätte, wenn der König sich nicht auf die Bestreitung der Zuständigkeit beschränkt, sondern zur Anklage sachlich plädiert hätte. In dieser Rede findet sich auch eine Antwort auf den erwarteten Einwand: gibt es einen Vorgang, daß ein Mann zum Tode verurteilt worden ist, ohne sich gegen ein geschriebenes Gesetz vergangen zu haben (nullum crimen sine lege)? Es ist der gleiche Einwand, der bereits im Prozeß gegen Strafford eine Rolle gespielt hatte. Die Replik der Anklage argumentierte wie folgt: »Lex« sei auch Gottes Gesetz und Naturgesetz; es brauche kein geschriebenes Gesetz zu sein; wegen Zauberei seien Menschen in England verurteilt worden, bevor es ein entsprechendes Gesetz gab.
Die Rede wurde nicht gehalten, da der König jeden Einwand außer dem der Unzuständigkeit des Gerichts verschmähte. Schon am zwei-

ten Tag nach dem Urteilsspruch, am 30. Januar 1649, wurde er hingerichtet. Karl ging mutig und würdig den letzten Weg. Eines seiner letzten Worte war, »daß ein ungerechtes Todesurteil, dessen Vollstreckung ich zugelassen habe, nun geahndet wird dadurch, daß auch mich ein ungerechtes Urteil trifft.« Nicht vor Cromwell und dem Gericht in Westminster, aber vor Gott und dem Schatten Straffords, den er in Not und Furcht verlassen hatte, bekannte Karl sich schuldig. Er wurde als ein »Tyrann, Verräter, Mörder und Feind des Gemeinwesens« enthauptet. An seinem offenen Sarg sagte Cromwell in ungewohnter Anerkennung: »Das war ein gesunder Körper, der ein langes Leben versprach.«

Cromwell hat nie einen Augenblick daran gezweifelt, daß Untertanen ein Recht hätten, den König zu richten, und daß Karl den verdienten Tod erlitten habe. Als der königliche Märtyrer selbst unter denen, die dem lebenden Tyrannen geflucht hatten, Bewunderer fand, erstand Cromwell ein Anwalt der Rebellion im größten Dichter der Zeit, in Milton. Die Republik ernannte den Dichter zum »lateinischen Staatssekretär«. Die »Defensio pro populo Anglicano«, sein berühmtestes Prosawerk, bei dessen Abfassung er sein Augenlicht opferte, wurde das politische Erbauungsbuch der Puritaner. Er verteidigte das Recht des Widerstandes gegen tyrannische Obrigkeit: »Daß ein Staat bestehe, ist Gottes Ordnung, die Wahl der Staatsformen aber ist in der Menschen Hand gelegt. Es ist mehr Göttliches in einem Volk, das einen ungerechten König entsetzt, denn in einem König, der ein unschuldiges Volk unterdrückt.«

Als nach Cromwells Tod die Zügel der Regierung am Boden schleiften, stritt Milton weiter für die Republik. Ein zurückkehrendes Königtum werde die schlimmste aller Gewaltherrschaften sein. Das Königtum kehrte zurück, verhängte das Gericht der Rache über die Rebellen, riß des Protektors Leiche aus dem Grabe und verbrannte öffentlich die defensio Miltons. Doch Karl II. dachte an seines Vaters letzten Brief. Er war ein Feind aller Härte in Religions- und Gewissenssachen: »Ich muß gestehen, ich bin des Hängens müde.« Er folgte des Vaters Bitte, der Rache zu entraten, und zügelte den hitzigen Eifer der Kavaliere, die gern auch dem greisen Milton noch einen Denkzettel versetzt hätten. Der blinde Dichter, der als »letzter der

Puritaner« allein zurückblieb, flüchtete in das Reich der Poesie und schuf das »Verlorene Paradies«, aus dessen Versen uns die Leiden und Kämpfe des Dichters und seiner Zeit entgegentreten: »So wird die Welt dahingehen, den Guten feindlich und den Bösen hold, aufstöhnend unter ihrer eigenen Last.«

14. KAPITEL

Kaiser Maximilian und Präsident Juarez

Es kommt im Menschen immer
unendlich mehr auf das Wesen an
als auf die einzelnen Handlungen.
Humboldt

Am 15. Juni 1867 fällte ein mexikanisches Kriegsgericht das Todesurteil über drei Angeklagte. Zwei von ihnen waren mexikanische Generäle, Staatsangehörige dieses Landes, die im Bürgerkrieg vom Sieger, dem General des Präsidenten Juarez, gefangen genommen worden waren. Der dritte war ein Fremder, der Bruder des Kaisers Franz Joseph, der Erzherzog Maximilian von Österreich, dem eine mexikanische Abordnung die Kaiserkrone dieses Landes angeboten und der zwei Jahre als Kaiser in Mexiko regiert hatte. In diesem Prozeß wurden alle die juristischen Argumente noch einmal erörtert, die vor 600 Jahren der Konradin-Prozeß aufgeworfen hatte und die vor 300 Jahren im Verfahren gegen Maria Stuart eine Rolle gespielt hatten. Wie in Neapel und in London drang auch in Mexiko der Angeklagte mit der Berufung auf seine Unverletzlichkeit als Souverän und mit dem Einwand der Unzuständigkeit des Gerichts nicht durch.
Maximilian war der zweite Sohn des Erzherzogs Franz Karl und der Erzherzogin Sophia von Bayern. Er war ein Enkel Kaiser Franz I., des »Franzl«, der aus der Ehe mit seiner Cousine Maria Theresia, Tochter Ferdinands I. von Neapel, drei Kinder hatte: Ferdinand I., der, Epileptiker und geistesschwach, ab 1835 als »Der Gütige« Kaiser war und 1848 zu Gunsten seines Neffen Franz Joseph abdankte, Marie Luise, Frau Napoleons I. und Mutter des Herzogs von Reichstadt, und Franz Karl. Es hat sich dauernd das Gerücht gehalten, Maximilians wirklicher Vater sei der Herzog von Reichstadt, der am

22. 7. 1832, also 16 Tage nach Maximilians Geburt, starb. Das Gerücht ist wohl daraus entstanden, daß sich die Erzherzogin Sophia des hübschen, einsamen Sohnes ihrer Schwägerin, also ihres Neffen, fürsorglich annahm. Die zärtliche Fürsorge der nur wenig älteren »Tante« könnte zur leidenschaftlichen Liebe geworden sein. Das Gerücht erhielt Nahrung durch Reichstadts Tod, der so merkwürdig mit der Geburt Maximilians zusammenfiel.

Läßt sich nicht mit Sicherheit feststellen, wer Maximilians Vater gewesen ist, so ist es wohl über jeden Zweifel erwiesen, daß er selbst Vater eines Sohnes gewesen ist. Seine 1857 mit der Belgierin Charlotte geschlossene Ehe war neun Jahre lang kinderlos gewesen. Im Juli 1866 trennten sich die Ehegatten. Charlotte fuhr nach Europa, um dort für ihren Mann und das Kaiserreich Mexiko zu kämpfen. Sie erkrankte im September 1866 in Rom an einer geistigen Störung, wurde auf ihr Schloß Miramare gebracht und von dort im Juni 1867 nach Belgien. Der Schweizer Robert Steuker, der als langjähriger Berater und Freund der griechischen, russischen und englischen Fürstenhäuser mehr über die Geheimnisse der europäischen Monarchien wußte, als irgend jemand sonst, sah es als feststehende Tatsache an, daß Charlotte im Januar 1867 Mutter eines Jungen wurde, und zwar des späteren Generals Maxime Weygand. Weygand, 1920 Sieger über die Bolschewisten bei Warschau, 1940 Oberbefehlshaber der französischen Armee und Kriegsminister unter Pétain, wurde am 21. Januar 1867 in Brüssel geboren. Ob Charlotte schon im Januar nach Belgien kam, um dort niederzukommen, oder ob Maxime in Miramare geboren wurde und Brüssel später als sein Geburtsort angegeben worden ist, läßt sich nicht mehr feststellen.

Das mexikanische Gericht hatte den drei Angeklagten bei ihrer Verteidigung keine Schwierigkeiten gemacht. Mehrere ausgezeichnete Anwälte Mexikos bemühten sich mit ehrlicher Hingabe um ihre Mandanten. Von ausländischen Gesandten war es vor allem der preußische Gesandte von Magnus, der sich den Weg bis zum gefangenen Kaiser bahnte und in zahlreichen Eingaben die mexikanische Regierung auf die Rechtslage hinwies und um Milde bat. Aber der Präsident Juarez konnte keine Milde walten lassen. Der Prozeß gegen Max war eine Etappe in der Unabhängigkeitsbewegung, die sich seit

Bolivar im spanischen Amerika vollzog. Ursprünglich war es ein Kampf zwischen Weißen, der grundbesitzenden Aristokratie, die seit Generationen im Lande lebte und unabhängig sein wollte, und der spanischen Beamtenschaft, die das Kolonialverhältnis aufrecht erhalten wollte. Der Freiheitskampf der weißen Aristokratie gegen Europa wurde durch die Bewegung der rein- und halbblütigen Indianer abgelöst, die sich gegen das weiße Blut überhaupt richtete.
Die mexikanische Unabhängigkeit wurde 1821 errungen, weniger durch einen mexikanischen Sieg, als durch Spaniens Unfähigkeit, die Kolonien der neuen Welt unter Kontrolle zu halten. Die dominierende Gestalt war Augustin de Iturbide, ein royalistischer Oberst, der sich 1822 zum Kaiser ausrufen ließ. Aber 1823 dankte er infolge eines Aufstands des Generals Santa Anna ab und ging ins Ausland. Als er 1824 zurückkehrte, wurde er erschossen. Santa Anna, eine düstere Gestalt, nannte sich selbst den Napoleon des Westens. Zwischen 1833 und 1855 regierte er elfmal in Mexiko. Er verschuldete den Abfall von Texas und die Aufgabe Kaliforniens. Auf ihn ist es zurückzuführen, daß Mexiko mehr als die Hälfte seines Gebietes an die Vereinigten Staaten verlor und von einer territorialen Vorrangstellung zu verhältnismäßig geringer Bedeutung herabsank.
Seit Beginn seiner Existenz als unabhängiger Staat pendelte Mexiko zwischen Konservativen (Großgrundbesitz und Klerus) und Liberalen (Intellektuellen und Indios) hin und her. Die bekannteste liberale Figur war Benito Juarez, ein asketischer Vollblutindianer mit einem fast mystischen Glauben an das Recht. Er war der Urheber von Reformmaßnahmen, die in die Verfassung von 1857 eingingen. Die Verfassung wurde von den mexikanischen Konservativen erbittert bekämpft und auch von Papst Pius IX. verdammt. Nach dem blutigen Bürgerkrieg 1857–1860 übernahm Juarez die Verwaltung des Landes, das dicht vor dem Bankrott stand. Die gesetzgebende Versammlung ernannte ihn 1861 zum Präsidenten. Da er seinen ausländischen Zahlungsverpflichtungen nicht nachkommen konnte, intervenierten die ausländischen Gläubigerstaaten.
Während aber England und Spanien sich mit Juarez einigten, führte Frankreich, dessen Mexikokrieg einen Teil der Expansions- und Prestigepolitik Napoleons III. bildete, den Kampf mit Juarez allein wei-

ter. In Europa trieben inzwischen die mexikanischen Emigranten eine undurchsichtige und oft recht eigennützige Politik. Don José Hidalgo, der als Emigrant in Frankreich lebte, gewann die Kaiserin Eugenie, die er als junger Diplomat im Hause ihres Vaters in Spanien kennengelernt hatte, für seine Idee, in Mexiko eine Monarchie zu errichten, den ihm verhaßten Präsidenten Juarez zu stürzen und so sein Vaterland für die Aristokraten und die Kirche zu retten. Es galt nur, für den mexikanischen Thron den richtigen Kandidaten zu finden. Nach längerem Schwanken richteten sich die Augen der mexikanischen Monarchisten auf einen Habsburger, den Erzherzog Maximilian, den jüngeren Bruder des Kaisers Franz Joseph. Max saß untätig in Miramare, während seine ehrgeizige Frau, die Belgierin Charlotte, nach einem Lande suchte, das er regieren könnte, denn »dazu ist er geschaffen und von der Vorsehung mit allem ausgestattet, was nötig ist, um ein Volk glücklich zu machen«. Charlotte hatte der Vorsehung nur flüchtig in die Karten gesehen. Max selbst aber hatte 1860 den Kaiser Pedro I. von Brasilien besucht und ihm gute Ratschläge gegeben; seitdem hielt er sich für einen kompetenten Sachkenner Mittel- und Südamerikas.

Max war in Österreich beliebter als der Kaiser; war er selbst doch ein echter Wiener, etwas oberflächlich, vertrauensselig, mit weiblichen Zügen, Herz und Phantasie waren stärker ausgebildet als Wille und Tatkraft. Er hatte stoßweise Anwandlungen überstürzter Energie: »Schritt ist Tod, Trab ist Leben, Galopp ist Seligkeit, mir ist es nicht gegeben, langsam zu reiten«, aber er besaß auch eine erstaunliche Zähigkeit im Festhalten an Lieblingswünschen. Er hatte einen lebhaften Tätigkeitsdrang, aber dem Habsburger Familienstolz und Ehrgeiz war nur fürstliches Herrschen gemäß. Als Statthalter in Venedig hatte der begabte Schöngeist versagt. Natürlich glaubte er, man habe ihm bitteres Unrecht getan. So oft in Europa davon gesprochen wurde, ein Land unabhängig zu machen, wurde sein Name genannt. Er war Thronkandidat in Ungarn, Polen, Venetien, Griechenland und Neapel. Da der Romantiker gern an Luftschlössern baute, nahm er mit Freuden eine nebelhafte Krone an, die unsichere Kantonisten ihm anboten. Bereits im Herbst 1861 arbeitete er ein Promemoria für die Emigranten aus, er wolle einem Volk nicht durch fremde Macht aufgedrängt, sondern nur mit Akklamation aufgenommen werden. Aber er verliebte sich immer mehr in den Gedanken seiner »Kulturmission«, freute sich über den Glückwunsch des Papstes, Pius IX., und führte mit Franz Joseph, der heimlich froh war, für den »freisinnigen« Bruder einen weit entfernten Wirkungskreis zu finden, detaillierte Verhandlungen über Anleihen und vor allem den künftigen Hofstaat. Die Mahnungen seines Schwiegervaters, des Belgierkönigs Leopold, des klugen Kaufmanns auf dem Königsthron, bei der Vorbereitung des Unternehmens äußerst vorsichtig zu Werke zu gehen, hielten bei Max nicht lange vor. Die gutgemeinte Warnung des Grafen Metternich, die »abenteuerliche Expedition« aufzugeben, schlug er in den Wind.

Wohl zweifelte und schwankte er, aber er fand nicht die Kraft, dem Wunschtraum endgültig zu entsagen, und folgte nur zu gern dem begeisterten Rat seiner Frau. Der Publizist Julius Fröbel schrieb, Max und Charlotte hätten beide einen Roman im großen Stil gespielt, einen Roman der Eitelkeit und des Ehrgeizes, in dem er sich die Rolle des heldenmütigen Retters einer Nation zudachte, und seien beide an der inneren Unwahrheit zu Grunde gegangen.

In dem Drama, das sich nun entwickelte, stand dem Habsburger eine der stärksten Gestalten, die aus der farbigen Bevölkerung Mexikos hervorgegangen sind, als Gegenspieler gegenüber. Juarez war ein Mann harten Willens und eiserner Energie und zugleich ein Staatsmann von Format. Er war nicht grausam, aber mitleidlos und fühlte sich den Weißen gegenüber als Rächer seines einst von Cortez überlisteten Volkes. Für den romantischen Idealismus des Erzherzogs hatte er kein Verständnis. Er achtete in ihm nicht den tapferen soldatischen Gegner, sondern haßte den weißen Usurpator, der, von einer landesverräterischen Minderheit gerufen, den heiligen Boden der Indianer betreten hatte und dafür büßen sollte. Er ließ von vornherein keinen Zweifel an seiner Haltung entstehen. Durch sein Dekret vom 25. Januar 1862 erklärte er jeden zum Verräter, der den intervenierenden Mächten Vorschub leistete.

Juarez, der bereits 1855 in der Regierung seines Vorgängers Justizminister gewesen und 1861 zum Präsidenten gewählt worden war, hatte immer einen großen Teil Mexikos in seinem Besitz und wurde von den Vereinigten Staaten unterstützt, deren Aktivität allerdings durch den 1861 beginnenden Bürgerkrieg gelähmt war. Der Freiherr von Richthofen, der in den 50er Jahren preußischer Ministerresident in Mexiko war, stimmte in keiner Weise der landläufigen Verurteilung zu, die Juarez einen blutdürstigen Tiger nannte.

Hinter den beiden im Vordergrund des Dramas agierenden Personen stand, Fäden ziehend und Schicksalsknoten schürzend, Europas Sphinx, der Franzosenkaiser Napoleon III., in dem Dämmerlicht, das seinem Charakter und seinem politischen Handeln entsprach. Nach seiner Überzeugung lag die Zukunft Lateinamerikas in einer engen Verbindung mit Europa. Für ihn galt es, den Süden des Kontinents vor dem wachsenden Imperialismus der Vereinigten Staaten von Nordamerika zu schützen. Mexiko sollte ein Bollwerk gegen die USA werden. Aber er wollte Frankreich nicht dauernd dort engagieren. Er brauchte jemanden, der ihm die Bollwerk-Aufgabe abnahm. Der österreichische Erzherzog kam ihm wie gerufen. Nahm der reine Tor die Berufung an, konnte Napoleon mehrere Fliegen mit einer Klappe schlagen. Denn er wollte ja auch Italien für sich gewinnen, aber ohne militärische Opfer Frankreichs, durch kampflosen Übergang Venetiens von Österreich auf Italien. Würden die Habsburger nicht bereit sein, auf Venetien zu verzichten, wenn die Kaiserkrone Mexikos winkte? Hier ging der listige Plan des Franzosen nicht auf. Franz Jospeh dachte nicht daran, seine italienischen Beziehungen gegen das im Monde liegende Kaiserreich seines Bruders aufzugeben. So sollte Max für die Franzosen nur die Kastanien aus dem mexikanischen Feuer holen.

Die Sache kam in Fluß, als die Franzosen im Juni 1863 in die Hauptstadt Mexikos einzogen. Max schrieb den Emigranten, er brauche das Votum einer großen Mehrheit. Der französische Befehlshaber ernannte eine Junta Suprema von 35 Notabeln, die sämtlich konservativ waren, und diese bildete eine »Nationalversammlung« von 215 ebenfalls konservativ Gesinnten. Sie beschloß die Monarchie und bot Max die Kaiserkrone an. Durch »Adhäsionsakte« sprachen sich eine Reihe von Ortschaften für den Kaiser aus. Es waren höchst fragwürdige »Plebiszite«. Ein Kenner meinte, sie kämen nur aus Ortschaften, die »von zwei Indianern und einem Affen bewohnt« seien.

Auch sonst fehlte es nicht an Warnungen. Jetzt aber war Charlotte, Maximilians Frau, Feuer und Flamme. Sie gewann sogar Vater Leopold für den Plan. Nach einer langen Unterredung mit ihm depeschierte sie ihrem Mann: »Entzückt. Alles vortrefflich.« Im Oktober 1863 empfing Max die Deputation unter Führung der unvermeidlichen Emigranten. Die Rede, die Max entworfen hatte, sollte beginnen: »Der Kaiser und ich, wir sind tief gerührt.« Franz Joseph verlangte, daß der Hinweis auf ihn gestrichen würde, er war nicht gerührt.

Juarez protestierte feierlich gegen die Wahl und erklärte, die Monarchie bestehe weder rechtlich noch faktisch, sie sei nur die Ausgeburt der Phantasie einiger Vaterlandsverräter, die im Auftrage Frankreichs die Wahlkomödie besorgt hätten. Selbst General Miramon, der letzte konservative Präsident vor Juarez und dessen erbitterter Gegner, äußerte sich bei einem Besuch in Paris, in Mexiko gebe es überhaupt keine monarchistische Partei. Die Regierung von Washington warnte, eine bewaffnete monarchistische Intervention müsse als Verhöhnung der auf dem amerikanischen Kontinent verbreiteten Regierungsform betrachtet werden, widerspreche der Monroe-Doktrin und werde früher oder später zu einem Konflikt mit den Vereinigten Staaten führen.

Die Stellungnahme Amerikas war das letzte Glied in einer Reihe von Maßnahmen, die durchaus nicht uneigennützig gewesen waren. Der Befreiung Mexikos von der spanischen Herrschaft, die 1810 mit dem wilden Indianeraufstand begann und 1822 mit der Ausrufung Iturbides zum Kaiser abgeschlossen wurde, folgten Bürgerkriege zwischen rivalisierenden Generälen und zwischen konservativ-kirchlichen und liberalen Gruppen. Als sich in Texas die zahlreichen anglo-amerikanischen Ansiedler 1836 ihre Unabhängigkeit erfochten hatten und Texas 1845 in die USA aufgenommen wurde, brach hierüber ein Krieg zwischen USA und Mexiko aus. Die Amerikaner annektierten in diesem Raubkrieg Neu-Mexiko, Arizona und Kalifornien. Mexiko verlor fast die Hälfte seines Staatsgebietes. Gegen die Eroberungspolitik Nordamerikas schaltete sich Napoleon ein, in Panama durch die Kanalpläne von Lesseps, in Mexiko durch die Wahl Maximilians zum Kaiser. Die USA putschten die Eingeborenen gegen europäischen Einfluß auf. Die Panama-Katastrophe war nicht nur, vielleicht nicht einmal in erster Linie, eine Folge der Malaria, sondern der Überfälle bewaffneter Indios und nordamerikanischer Intrigen. In Mexiko unterstützten die USA den liberalen Präsidenten Juarez im Kampf gegen Zentralisten und Klerikale, die, im Bürgerkrieg 1857–1860 besiegt, Hilfe im Ausland suchten. Max war nur ein kleiner Stein in der großen Auseinandersetzung zwischen Europa, zuletzt vertreten durch Frankreich, und den USA. Napoleon bekam kalte Füße. Es wurde höchste Zeit, daß ihm jemand die Last dieses Krieges abnahm. Der arme Erzherzog schwankte. Jeder gab ihm einen anderen Rat. Leopold bestand auf festen Abmachungen mit den Franzosen. Franz Joseph riet, sich nicht in völlige Abhängigkeit von Frankreich zu begeben, sondern auf einer englischen Garantie zu bestehen. Max selbst war schon so gebunden, daß er alle eigenen und fremden Bedenken fortargumentierte. Schließlich schrieb er Napoleon, er werde dem Ruf Mexikos folgen, wenn ihm Frankreich für die erste Zeit ausreichende militärische und finanzielle Hilfe zusicherte.

Das war Himmelsmusik für Napoleon. Bei den Verhandlungen in Paris überspielte der mit allen Wassern gewaschene Politiker den harmlosen Erzherzog. Charlotte ließ sich von Eugenie betören. Napoleon gab beruhigende Zusagen: »Die Hilfe Frankreichs wird dem neuen Reich nie fehlen.« Er dachte nicht daran, dieses Versprechen unbedingt zu halten, während Max Häuser auf das Wort des kaiserlichen Freundes baute. Bei der Anleihe Frankreichs an Mexiko wurde Max, der finanziellen Dingen hilflos wie ein Kind gegenüberstand, unbarmherzig übers Ohr gehauen. Er ahnte auch nicht, daß an den Wuchergeschäften des Kaisers Halbbruder, Graf Morny, persönlich beteiligt war. Am 14. April 1864 stach er in See. Auf der Fahrt verfaßte er als Vorbereitung für seine kaiserliche Aufgabe ein 600 Seiten umfassendes Hofzeremoniell.

Max kam mit den besten Vorsätzen und vielen Illusionen, ahnungslos, dafür aber mit einer unklaren Liebe zu »seinem Volk«, nach Mexiko. Nach Napoleons Rat wollte er als »liberaler Diktator« regieren. Als er die Reformgesetze des Juarez bestätigte, enttäuschte er Papst und Klerus. Als er auch Liberale in sein Kabinett holte und

Interesse für die einflußlosen Indios zeigte, stieß er die Konservativen vor den Kopf. Mit dem eigentlichen Beherrscher Mexikos, dem Marschall Bazaine, dem er Passivität und der ihm Humanitätsduselei vorwarf, überwarf er sich bald. Max mußte aber, als Bazaine auf »drakonische Maßnahmen« drang, schließlich nachgeben, da er von Frankreich abhängig war, und erließ das Dekret vom Oktober 1865, das gnadenlos allen die Todesstrafe androhte, die bewaffneten Banden angehörten oder die Guerillas unterstützten. Durch das Dekret verbrannte Max die Schiffe hinter sich. Bazaine verschärfte es noch durch den Befehl: Keine Gefangenen! Auf Grund des Oktoberdekrets sind schätzungsweise 8000–9000 Personen hingerichtet worden. Der Krieg zwischen Kaiserlichen und Juaristen nahm immer grausamere Formen an. Zu Juarez gab es keine Brücke mehr.

Die Stellung des Präsidenten verstärkte sich mit jedem Tage. Der Sieg der Nordstaaten in Amerika hob sein Prestige. Der Senat in Washington verurteilte mit betonter Schärfe den Usurpator in Mexiko. Juarez wartete auf seine Stunde. Die Frucht der Rache reifte. Derweilen unternahm Max Inspektionsreisen durch »sein« Land, grübelte über Plänen, wie er sein Volk beglücken könne, versuchte vergeblich, den General Porfirio Diaz, der, reinblütiger Indianer wie Juarez, bei einem Gefecht von den Franzosen gefangen genommen war, für sich zu gewinnen, und schrieb beschwörende Briefe an den Freund in den Tuilerien. Aber Napoleon beantwortete den Appell mit der bündigen Erklärung, der Schlußtermin für die französische Besetzung müsse endgültig festgesetzt werden, und gab entsprechende Befehle an Bazaine. Max wurde aus allen Illusionen gerissen. Als durch das Verbot Österreichs, Freiwillige für Mexiko zu werben, die letzte Hoffnung schwand, die französischen Truppen durch eine eigene »Armee« ersetzen zu können, entschloß er sich zur Thronentsagung. Da aber hielt ihm Charlotte mit flammenden Worten vor, Abdanken sei ein Fehler oder eine Feigheit. Max, der sich immer einem stärkeren Willen beugte, entschied sich zu bleiben und rief das Land zu energischer Tat auf. Doch Bazaine räumte weiter, und in das geräumte Gebiet rückten die Juaristen ein.

Die tapfere Frau fuhr nach Europa, um dem wankenden Reich Hilfe zu verschaffen. Aber für Napoleon war Königgrätz wichtiger als Mexiko. Als auch Pius IX. ihr sagen mußte, daß er nichts für sie tun könne, brach bei Charlotte die Geisteskrankheit aus, von der sie nicht wieder genas. Noch Jahrzehnte lang lebte sie, erst auf dem Märchenschloß Miramare, dann in Belgien, und träumte von Max als dem Weltenherrscher. Der entschloß sich, als die Nachrichten aus Europa keine Hoffnung mehr zuließen, erneut zur Abdankung. Doch nun erinnerten ihn die Konservativen, die Emigranten in Europa und die Juarezgegner in Mexiko, an seinen »Eid«. Max berief einen Rat. Von 25 Teilnehmern stimmten 11 für die Abdankung, 12 für Vertagung der Entscheidung. Aus der Abstimmung zog er den Schluß, seine Ehre als Habsburger und als Herrscher gebiete ihm, »die Stellung zu halten«, Als der von Napoleon zur Berichterstattung nach Mexiko entsandte General Castelnau und der Marschall Bazaine in ihn drangen, das Unvermeidliche zu tun, wurde er bockig und erließ eine Proklamation, er habe beabsichtigt zurückzutreten, aber der Minister- und Staatsrat habe dafür gehalten, daß das Wohl Mexikos sein Verharren im Amt erfordere; das Werk der Regeneration werde fortgesetzt.

Der preußische Gesandte von Magnus, dessen Berichte aus dieser Zeit in ihrer realistischen Nüchternheit ein gutes Bild der Lage geben, berichtete im August 1866, der Kaiser habe zwar häufig erklärt, daß er ausharren werde, aber es sei durchaus möglich, daß er sich von der Undurchführbarkeit seiner Aufgabe überzeugen werde. Zu dem Entschluß des Kaisers, in Mexiko zu bleiben, trug wesentlich der »Jesuitenpater« Fischer bei, der ihm vorhielt, es gehe gegen Ehre und Würde des Kaisers, die Flucht zu ergreifen. Fischer, ein Beispiel für Max' Mangel an Menschenkenntnis, war ein aus Schwaben stammender Scharlatan, der, in Deutschland von der Schule verwiesen, nach Amerika abgeschoben, dort Goldgräber und Winkeladvokat geworden war, wegen Unregelmäßigkeiten nach Mexiko flüchten mußte, hier konvertierte und in den Jesuitenorden eintrat. Diesen merkwürdigen »Pater«, der ein pfiffiger Bursche war, schickte Max sogar zu Verhandlungen mit der Kurie nach Rom. Zum Bleiben riet ihm auch der englische Gesandte, weil nach seiner Auffassung die englischen Forderungen nur geschützt waren, solange es ein mexikanisches Kaisertum gab.

Im September 1866 berichtete Magnus, bei dem unberechenbaren Charakter des Kaisers sei der Versuch, vielleicht sogar das Betreiben möglich, auf den österreichischen Kaiserthron erhoben zu werden. Tatsächlich liebäugelte Max mit dem Gedanken, Franz Joseph habe sich durch die Niederlage bei Königgrätz als Kaiser von Österreich unmöglich gemacht, und man werde ihn, den geliebten Max, nach Wien holen. Der frühere Chef seines Zivilkabinetts, der Belgier Eloin, kein Scharlatan, aber ein Narr, reiste in Europa herum und warb für diese Kandidatur. Er schrieb an Max, alle Sympathien gehörten ihm, das österreichische Volk verlange die Abdankung von Franz Joseph, und ähnlichen Unsinn. Der Brief fiel den Juaristen in die Hände, die ihn der amerikanischen Presse übergaben. Dadurch wurde Max die Abdankung erschwert. Nach Österreich konnte er nicht mehr zurück.

Aber er ließ weitere Seifenblasen steigen. Er machte sich mit dem Gedanken vertraut, erforderlichenfalls den Kaisertitel gegen den eines Präsidenten zu tauschen. Er träumte sogar davon, daß er einen Waffenstillstand mit Juarez schließen und sie beide die Entscheidung über Mexikos Staatsform und Staatsoberhaupt dem Nationalkongreß überlassen würden. Er schrieb dem Indianer einen Brief, der von schönen Worten überfloß; Max glaubte sogar, seinen Gegner durch handfeste Schmeicheleien gewinnen und durch das Anerbieten ködern zu können, ihn zum Präsidenten des Obersten Gerichtshofs zu ernennen. Natürlich lehnte Juarez jeden Kontakt mit »Landfremden« ab. Die Möglichkeit einer Einigung wurde endgültig dadurch verbaut, daß im Februar 1867 der republikanische General Escobedo nach einer Schlacht alle Gefangenen erschießen ließ und sich darauf berief, der kaiserliche General Miramon habe es nicht anders gemacht.

Magnus war nur in einem Punkt in seiner Berichterstattung ungerecht. Er beurteilte Bazaine zu ungünstig. Daß Max den Marschall nicht leiden konnte, war verständlich. Aber Magnus erhebt die gleichen Anklagen, Bazaine habe, aus welcherlei Gründen auch immer, den Kaiser schmählich im Stich gelassen und dadurch seinen Tod verschuldet. Dabei befolgte Bazaine nur die ausdrücklichen Befehle Napoleons, der ihm von Anfang an auf die Seele gebunden hatte,

Max anzuhalten, möglichst schnell eine eigene Armee aus Ausländern und Einheimischen aufzustellen. Als im amerikanischen Bürgerkrieg der Norden siegte, drohte Präsident Johnson, Napoleons mexikanische Politik werde zum Kriege zwischen Frankreich und den Vereinigten Staaten führen. Sofort versicherte Napoleon, der bereits angeordnete Abzug der französischen Truppen werde beschleunigt durchgeführt werden. Der schnelle Abmarsch entsprach Napoleons Befehl. Nur das Tempo war Bazaines Werk.

Bazaine gab den Kaiser als hoffnungslosen Fall auf. Er setzte – in stillschweigendem Einverständnis mit den Juaristen – die Räumung fort. Am 5. Februar 1867 rückten die Franzosen aus Mexiko ab. Max war verraten und allein. Juarez setzte zum Endkampf an. Das Ende kam schnell. 50—60 000 Juaristen standen den 16 000 Kaiserlichen gegenüber, die sich in der kaisertreuen Stadt Queretaro verteidigten. Max war tapfer, schonte sein Leben nicht und sorgte für seine Soldaten. Ein Feldherr wie sein Großonkel Karl war er nicht. Am 15. Mai wurde die Stadt durch den Verrat des Obersten Lopez, dem Max, bis zuletzt Illusionist, sein vollstes Vertrauen geschenkt hatte, erobert und der Kaiser gefangen.

Eine der letzten Illusionen war, er werde sich als Feldherr zeigen und dadurch einen herzstärkenden Anblick bieten. Er hatte ferner eine Thronentsagungsurkunde unterzeichnet, die im Falle seiner Gefangennahme sofort veröffentlicht werden sollte. Max glaubte dadurch erreichen zu können, daß die Hunderte tapferer europäischer Offiziere und Soldaten, die aus Anhänglichkeit an die Person des Kaisers kämpften, die Waffen niederlegen und ihr Leben retten würden. Aber der mexikanische Staatspräsident, in dessen Besitz sich die Urkunde befand, weigerte sich aus unbekannten Gründen, die Abdankung zu publizieren. Nach seiner Gefangennahme galten Erklärungen des Kaisers nichts mehr. Am unverständlichsten ist, daß er auch in diesen letzten Tagen noch Zukunftshoffnungen hegte und sein Augenmerk auf den polnischen Thron richtete, weil in Österreich einige Schwärmer das freie Polen wiederherstellen wollten und dabei seinen Namen nannten.

Der mexikanische Oberkommandierende setzte ein Kriegsgericht zusammen. Es bestand aus einem Oberstleutnant, zwei Majoren und vier Hauptleuten. Am 13. Juni sollte verhandelt werden. Max sandte zwei Telegramme an Juarez. In dem einen bat er um eine Zusammenkunft. Das lehnte der Präsident ab. Im anderen bat er, den Besuch durch die Gesandten Österreichs und Belgiens und zwei Rechtsanwälte zu gestatten. Dagegen hatte Juarez keine Bedenken. Er erlaubte auch, daß der preußische Gesandte, Baron Magnus, Max besuchte. Magnus erwirkte, daß die zur Vorbereitung der Verteidigung bewilligte Frist von 24 Stunden auf drei Tage verlängert wurde. Aber der Einwand gegen die Zuständigkeit des Kriegsgerichts und der Hinweis, daß die mexikanische Verfassung von 1857 die Todesstrafe abgeschafft habe, wurden abgelehnt.

Den Verteidigern und den Gesandten sagten der Präsident und die Minister in häufigen Besprechungen: Die Rettung des Vaterlandes und die nationale Gerechtigkeit erfordere eine exemplarische Bestrafung. Verzeihung würde alle Akte der Intervention rechtfertigen. Begnadigung würde gefährliche Unruhen erzeugen. Solange der Kaiser lebe, sei Mexikos Unabhängigkeit bedroht. Seit 50 Jahren experimentiere man mit Milde, die Folge sei Anarchie. Ein Gnadengesuch der Verteidiger gipfelte darin, daß die Regierung gleichzeitig Ankläger, Richter und Henker sei. Die Antwort besagte, das Gesuch könne erst geprüft werden, wenn das Urteil gefällt sei.

Als der mexikanische Außenminister dem Gesandten von Magnus auseinandersetzte, die Juarez-Regierung habe den Erzherzog stets als einen durch die französischen Bajonette eingesetzten Usurpator betrachtet, erwiderte der Preuße, Max sei in der festen Überzeugung nach Mexiko gekommen, daß ihn der überwiegende Teil des Volkes gerufen habe. Er wies ferner darauf hin, daß die Vereinigten Staaten gerade Jefferson Davis, den Präsidenten des Südens, freigelassen hätten; Max sei zweifellos weniger schuldig als Davis, der als eingeborener Amerikaner einen Aufstand angezettelt und einen Bürgerkrieg hervorgerufen habe. Der Mexikaner entgegnete, eine Begnadigung des Kaisers würde auch die Begnadigung der beiden mitangeklagten Generäle einschließen, sie müßten aber um der Sicherheit Mexikos willen erschossen werden.

Die Anklage bestand aus 13 Punkten. Die Geschichte der Kandidatur und der kurzen Kaiserherrschaft wurde abgerollt. Max wurde vorge-

worfen, sich zum Werkzeug der französischen Intervention gemacht und als »Rechtstitel« nur die bewaffnete Macht gehabt zu haben. Die »Notabelnversammlung« sei weder legitim noch Ausdruck des Volkswillen gewesen. Als Usurpator habe er eine schreckliche Zahl von Hinrichtungen verschuldet. Er habe das berüchtigte Oktoberdekret 1865 erlassen. Das mexikanische Gesetz von 1863 habe bereits bestanden, bevor er nach Mexiko kam. Der Einwand der Unzuständigkeit sei daher als Halsstarrigkeit anzusehen. Bei der Vernehmung über die einzelnen Anklagepunkte beschränkte sich Max auf die jedesmal wiederholte Antwort, alle Beschuldigungen seien politischer Natur, er könne einem Militärgericht Kompetenzen in seiner Sache nicht zugestehen. Da die Todesstrafe unvermeidbar war, wenn das Urteil sich auf das Gesetz von 1863 stützte, bestand die einzige mögliche Verteidigung darin, die Zuständigkeit des Gerichts zu bestreiten. Die erste Verteidigungsschrift vom 29. Mai schilderte die näheren Umstände, die zur »Thronbesteigung« geführt hatten, aus der Sicht des Kaisers. Er habe nach dem Beschluß der Notabelnversammlung unzählige Zustimmungsadressen erhalten und besitze Gutachten hervorragender Rechtsgelehrter, daß der Wille der Mehrheit auf legale Weise erwiesen sei. Er habe zwei Jahre friedlich regiert, und sich erst an die Spitze einer Armee gestellt, als man seine Absicht, den Kongreß einzuberufen, vereitelt habe. Er habe das gleiche getan, wie der Präsident der Südstaaten im amerikanischen Bürgerkrieg, aber man denke in Amerika nicht daran, den Präsidenten vor Gericht zu stellen. Er sei überdies von allen Nationen Europas und von Brasilien als legitimes Staatsoberhaupt anerkannt worden. Eine zweite Eingabe vom 6. Juni befaßte sich mit der Zuständigkeitsfrage. Die hier zu behandelnden Probleme seien zu kompliziert und delikat, um von untergeordneten Offizieren entschieden zu werden. Auch dürfe nach Art. 13 der Verfassung von 1857 niemand nach Sondergesetzen oder durch Ausnahmegerichte verurteilt werden.
An der Hauptverhandlung am 13. Juni konnte Max wegen Krankheit nicht teilnehmen. Die beiden mit ihm angeklagten Generäle, Indianer, die sich der kaiserlichen Partei angeschlossen hatten, waren zugegen. Die Verteidigung verwahrte sich feierlich gegen die Zulässigkeit des Verfahrens und die Zuständigkeit des Gerichts, ging aber,

um den Angeklagten nicht zu schaden, auch materiell auf die Anklagepunkte ein. Die Anklage verfälsche die Begriffe, es handele sich hier nicht um »Rebellion«. Die Verteidigung brachte geschichtliche Beispiele und berief sich auf den Tadel, den Juristen und Historiker wie Hallam und Macaulay an der Hinrichtung Karls I. ausgesprochen hätten. »Usurpation« sei kein Verbrechen, wenn der Usurpierende – irrtümlich oder zu Recht – die übertragende Stelle als legitim ansehe. Max habe an seine gute Sache geglaubt, auch als nach dem Abzug der Franzosen die republikanische Armee den größten Teil des Landes besetzt hätte.

Am 14. Juni nachts um 11 Uhr wurde das Urteil gesprochen. Eine Lesart besagt, das Gericht habe einstimmig auf Tod erkannt; eine andere, drei hätten für Tod, drei für Verbannung gestimmt, die Stimme des Vorsitzenden hätte den Ausschlag für die Todesstrafe gegeben. Max wurde nicht wegen des Oktober-Dekrets verurteilt, sondern auf Grund des Juarez-Gesetzes von 1863, das die Todesstrafe für Ausländer vorsah, die mit bewaffneter Hand und ohne Kriegserklärung eindrangen. Die beiden Generäle wurden auf Grund des gleichen Gesetzes verurteilt, da es auch für Mexikaner galt, die sich freiwillig einer Invasion von Ausländern anschlossen. Der Oberkommandierende bestätigte das Urteil am 16. Juni. Die Verteidiger legten neue Gnadengesuche vor. Draufhin wurde die auf den 17. früh festgesetzte Hinrichtung auf den 19. morgens verschoben. Der preußische Gesandte protestierte »im Namen der Menschlichkeit« gegen die Exekution. Kaiser Franz Joseph, die USA, selbst Garibaldi, der weder für Fürsten noch für Österreicher eine Vorliebe hatte, baten um das Leben von Max. Es war alles vergebens. Max selbst bat vergeblich darum, nur sein Leben zu nehmen, aber das der beiden Generäle zu schonen. Er wuchs in diesen letzten Tagen zu echt fürstlicher Größe empor. Er schrieb an Juarez: »Möge mein Blut das letzte sein, das man vergießt!« Er ging ruhig und gefaßt zum Richtplatz. Seine letzten Worte waren: »Ich sterbe für eine gerechte Sache, die der Unabhängigkeit und Freiheit Mexikos. Es lebe Mexiko!«

Max hat wirklich geglaubt, für eine gerechte Sache zu leben, zu kämpfen und zu sterben. Trieb ihn ursprünglich der Ehrgeiz, neben dem der Ernst der Aufgabe und das Interesse des mexikanischen Volkes, wenn auch oft und laut betont, in Wirklichkeit eine geringere Rolle spielten, so trat von Monat zu Monat der Ehrgeiz mehr hinter dem zurück, was er für seine Pflicht hielt. Es war ihm durchaus Ernst damit, wenn er in der Proklamation vom 1. 12. 1866 verkündete, das Wohl Mexikos erfordere sein Verharren im Amt. Er hat viele Fehler gemacht, an Illusionen festgehalten und ist Irrlichtern nachgejagt. Aber in allem Irren trat, je länger je mehr, die eigene Person hinter der Sache zurück, der er sich verschrieben hatte, der Freiheit und Unabhängigkeit Mexikos. Sein Unglück war, daß er vor eine Aufgabe gestellt wurde, die seine Fähigkeiten überstieg, die wahrscheinlich überhaupt nicht lösbar war; daß er sich nicht aus dem Abhängigkeitsverhältnis zu Frankreich befreien konnte und dadurch die Verantwortung für alle Grausamkeiten tragen mußte, die das Besatzungsregime in dreijährigen blutigen Wirren begangen hatte. Ob rechtlich der Prozeß gegen den Kaiser Maximilian anders zu entscheiden gewesen wäre, wird immer strittig bleiben. Aber wenn sich ein Fall für einen Gnadenerweis eignete, dann war es dieser. Der Präsident Juarez war ein achtunggebietender Gegner, aber er besaß nicht die menschliche Größe, um über seinen Schatten springen zu können.

Selbst den toten Kaiser fürchtete er noch. Es dauerte Monate, bis man die Leiche dem Admiral Tegethoff auslieferte, der im Auftrag des Kaisers Franz Joseph nach Mexiko kam. Erst Ende November wurde sie freigegeben, nachdem der österreichische Reichskanzler Graf Beust in einem Schreiben an den mexikanischen Außenminister den Kaiser als »Erzherzog«, die Regierung Juarez als die »mexikanische« Regierung bezeichnet und um die »liebenswürdige Vermittlung« bei dem »Staatsoberhaupt« gebeten hatte. Das hatte Juarez erreichen wollen. Am 18. Januar 1868 fand im Stephansdom in Wien die Trauerfeierlichkeit statt, mit allem düsteren Gepränge, das beim Tode eines Souveräns entfaltet wird. Der kaiserliche Bruder war zugegen, die Kaiserin Charlotte fehlte.

V. BUCH

Ein schuldhaftes System braucht Sündenböcke

Die Jagd nach dem Sündenbock, sagte Präsident Eisenhower, ist von allen Jagdarten die einfachste. Jedenfalls ist sie unter bestimmten Umständen höchst beliebt und meist erfolgreich. Es gibt kein prägnanteres Beispiel für diese Jagdart als die Verurteilung der drei zu ihrer Zeit berühmtesten Marschälle Frankreichs: Ney, Bazaine und Pétain.

Die Bourbonen, die sich am Tapfersten der Tapferen für die Revolution rächten, repräsentieren ebenso wie Mac Mahon und de Gaulle, die ihre alten Kriegsgefährten wegen Verrats an Frankreich anklagen und verurteilen ließen, ein System, das unter einer Niederlage leidet oder eine drohende Entmachtung fürchtet und Groll und Furcht auf einen Mann ausströmen läßt, den es sich zum Sündenbock erkoren hat.

Sehr verschiedene Charaktere werden in die Wüste gejagt. Die Marschälle Ney, Bazaine und Pétain sind sich aber darin ähnlich, daß sie durch Unzulänglichkeit und Fehler Schuld auf sich geladen haben, für die sie nun zu schwer büßen müssen. Sie erleiden ein ähnliches Schicksal: Ney wird hingerichtet, Bazaine und Pétain sterben in Exil und Gefängnis. Sie gleichen sich schließlich darin, daß ein System die Last der Fehler einer Epoche allein auf ihre Schultern zu wälzen sucht.

15. KAPITEL

Marschall Ney und die Bourbonen

Verrat, Majestät, ist eine Sache des Datums.
Talleyrand

28. Februar: Der Menschenfresser hat seine Höhle verlassen.
7. März: Der korsische Vielfraß ist im Golf Juan gelandet.
9. März: Der Tiger ist in Gaines angekommen.
11. März: Das Ungeheuer liegt in Grenoble.
16. März: Der Tyrann hat Lyon durchzogen.
17. März: Der Usurpator zeigt sich bereits 60 Meilen vor der Hauptstadt.
18. März: Bonaparte nähert sich mit großen Schritten, aber er wird nie in Paris einziehen.
19. März: Napoleon wird morgen unter unseren Wällen sein.
20. März: Der Kaiser ist in Fontainebleau angekommen.
21. März: Seine Majestät hat gestern Seinen Einzug in die Tuillerien gehalten inmitten Seiner getreuen Untertanen.

Diese berühmte Stufenfolge der Schlagzeilen, mit denen die Presse die Rückkehr Napoleons aus Elba begleitete und in denen sich ihr Gesinnungswechsel in geradezu klassischer Form dokumentierte, schließt die Stunde ein, in der der Tapferste der Tapferen, Marschall Ney, Herzog von Elchingen, Fürst von der Moskwa, den schwersten Kampf seines Lebens ausfechten mußte, den Kampf zwischen Eid und alter Treue, zwischen Gehorsam und eigener Verantwortung, den Kampf, der ihn das Leben kosten sollte.

Am 28. Juli 1815 zog Ludwig XVIII. zum zweiten Male in goldener, mit vier Schimmeln bespannter Karosse als König in Paris ein. In der Verbannung hatte er versprochen, eine Amnestie zu gewähren und keinen vor Gericht zu stellen, der in den 100 Tagen sich Napoleon zur Verfügung gestellt haben sollte. Aber Könige halten nicht immer ein, was sie als Thronanwärter versprechen, und sind darin den Usurpatoren nicht unähnlich. Ludwigs Anhänger verlangten von ihm den Akt der Vergeltung. Der Herzog von Berry, ein Sohn des Grafen von Artois, schrie: »Wir werden auf die Marschälle Jagd machen.« Seinen Bruder Artois, diesen Neffen und ihresgleichen, alle diese Fanatiker der Rechten, hatte Ludwig XVIII. im Auge, als er sagte: »Sie sind unversöhnlich.« Er selbst würde gern aus seinem Königtum einen Deich gemacht haben, der die Ströme von Blut aufgefangen hätte. Er würde auch Ney begnadigt haben. Aber er konnte sich nicht gegenüber seinen wilden Anhängern voll durchsetzen, er konnte nur etwas bremsen; sie hätten ihn selbst am liebsten, wie der König sagte, »der Säuberung unterzogen«.

Es war ein schmutziges Geschäft, die Regierung mit einem Wortbruch zu beginnen. Aber um dies Geschäft zu besorgen, war ein vorzügliches Werkzeug da, Napoleons Polizeiminister Fouché, der Herzog von Otranto, der die lange Reihe seiner Verrätereien mit dem letzten und größten Verrat gekrönt hatte, als er, der Mitmörder Ludwig XVI., der Minister des Konvents, der Republik, des Kaisers, dem Bourbonen den Treueid leistete und dafür die Garantie gab, dem König die Tore von Paris ohne Blutvergießen zu öffnen.

Ludwig, der klüger war, als das Geschichtsbild ihn zeichnet, hatte einen versöhnlichen Aufruf erlassen, der den »verirrten Untertanen« Verzeihung versprach und nur »einige Schuldige« der Strenge des Gesetzes preisgab. Fouché, der Polizeiminister, mußte in einem Rundschreiben bekanntgeben: »Es ist der Wille des Königs, daß über die gemeinsamen Verirrungen und Verfehlungen ein Schleier geworfen wird.« Bevor aber das Gesetz erlassen wurde, sollten die Hauptschuldigen benannt werden. Der Herzog sollte die Proskriptionsliste zusammenstellen. Selbst diesem Mann mit dem Herzen von Stein und der Elefantenhaut war der Auftrag peinlich. Er suchte ihn durch einen Trick zu parieren. Wollten wirklich diese von allen guten Geistern verlassenen Royalisten mit Verfolgung beginnen, nun gut, so sollten sie ihren Willen haben! Fouché setzte alle Namen derer auf die Liste, die sich in den 100 Tagen nicht als unbedingt bourbonentreu erwiesen hatten. Es wurde ein Band, der Hunderte von Namen enthielt. Alle oder keinen, forderte der Polizeiminister und war sicher, daß sich der seine Ruhe liebende König zu einem so umfangreichen Blutgericht nicht entschließen werde. Aber der Herzog von Périgord, Talleyrand, seinem Kollegen im Verrat gleich und an List ebenbürtig, wollte ihm den bitteren Trank nicht ersparen. Als Präsident des Kabinetts strich er die Liste auf ein paar Namen zusammen. Diese Liste war der König anzunehmen bereit. Fouché hatte die unangenehme Pflicht, seinen Namen darunter zu setzen.

So erließ der König zwei Dekrete: das erste, gegengezeichnet von Talleyrand, strich Ney aus der Liste der Marschälle, das zweite, unterschrieben von Fouché, nannte 20 der berühmtesten Namen Frankreichs, die Namen derer, die in den letzten zwei Jahrzehnten Ruhm über Frankreich gebracht hatten. Sie sollten vor ein Kriegsgericht gestellt werden. Zwei Namen standen an der Spitze: Carnot, der Organisator des Sieges, der Mann der »levée en masse«, und Ney, der Retter der Reste der französischen Armee in Rußland. Carnot flüchtete, Ney floh nicht, er ließ sich ohne Widerstand verhaften. Seine Verhaftung brachte den König, der die Popularität des Marschalls, aber auch den Haß der eigenen Anhänger gerade gegen diesen Mann kannte, in arge Verlegenheit. Alte Freunde trafen Vorkehrungen, Ney während des Transports zu befreien. Aber Ney weigerte sich: »Ich habe mein Wort gegeben, nicht zu fliehen.« Um des Vaterlandes willen konnte man sein Wort brechen, um der eigenen Rettung willen niemals.

Dem Polizeipräfekten von Paris sagte er beim ersten Verhör: Was hätte er tun sollen? Es war ein reißender Strom, den man nicht aufhalten konnte. Vielleicht habe er geirrt, aber ein Verräter sei er nicht gewesen. Der König bestellte ein Kriegsgericht und ernannte den Marschall Moncey zum Vorsitzenden. Der aber wies in einem Brief auf Neys Verdienste hin, die Ernennung bringe ihn in einen schrecklichen Konflikt zwischen Gehorsam und Gewissen, er könne das Amt nicht annehmen, wolle er nicht gegen den Grundsatz verstoßen: Alles mag verloren gehen, nur die Ehre nicht. Man schloß den aufrechten Mann aus der Pairskammer aus. Der König ernannte ein neues Kriegsgericht, als Vorsitzenden den Marschall Jourdan, als Mitglieder die Marschälle Moriter, Massena, Augerau und drei Generäle. Ney wußte, wie wenig günstig ihm viele seiner Berufskameraden gesinnt waren: »Die Kerle werden mich erschießen wie ein Kaninchen.« Er erhob den Einwand der Unzuständigkeit, nur die Pairskammer könne über ihn zu Gericht sitzen. Das Kriegsgericht, offenbar froh, dieser schweren Aufgabe enthoben zu werden, erklärte sich mit 5 gegen 2 Stimmen für unzuständig.

Nun kam die Sache vor die Pairskammer. Am 22. November 1815 fand im Palais Luxembourg die erste Sitzung statt. Der Präsident sagte dem Angeklagten »weiteste Verteidigung« zu. Die Anklage warf ihm vor, vorsätzlichen Verrat begangen zu haben, zum Feind übergegangen zu sein, als seine Truppen noch bereit waren, ihm gegen den Usurpator zu folgen, Krieg gegen den rechtmäßigen Souverän geführt und Blutvergießen unter Frankreichs Bürgern verschuldet zu haben. Zwei Tage lang wechselten Verteidigung und Anklage juristische Argumente, dann wurde eine Pause von 10 Tagen eingelegt, um Ney Zeit zu geben, den Beweis zu führen, daß er keinen Verrat geplant habe.

Aber auch die Pairs wollten Bedenkzeit haben. Es war eine schwere Entscheidung, die ihnen zugemutet wurde. Frankreichs Liebling und Nationalheld stand vor den Schranken des Gerichts. Doch hatte auch kein anderer in den 100 Tagen so gröblich und unter so schwerwiegenden Umständen den Treueid gegenüber den Bourbonen gebrochen wie Ney. Es gab für die Pairskammer nur die Alternative: Freispruch oder Todesstrafe. Beides war schlimm. Beides setzte die Richter jetzt und in Zukunft Mißdeutungen aus. Man mußte sich die Sache sehr genau überlegen. Die Pairs nutzten die 10 Tage, Leben und Werdegang des Marschalls, vor allem aber die Rolle, die er in den 100 Tagen gespielt hatte, sich noch einmal vor Augen zu führen. Soldat war Michel Ney, der »rote Peter«, wie ihn seine Leute nannten, Soldat von Natur, mit jeder Fiber seines Herzens, mit dem Mut gegenüber dem Feind und den eigenen Vorgesetzten, der den echten Soldaten kennzeichnet. 1769, im gleichen Jahr wie Napoleon, in Saarlouis geboren, entstammte er einfachsten Verhältnissen. Sein Vater war alter Soldat, dem es im bürgerlichen Leben schlecht ging, der sich dauernd beklagte, daß man nichts für die Kriegsveteranen tat, und der deshalb seinen aufgeweckten Jungen alles werden lassen

wollte, nur nicht Soldat. Wenn es sich mit Hilfe wohlwollender Gönner machen ließ, sollte er Jurist werden, der erste Akademiker der Neys. Aber Michel gab das Soldatenblut keine Ruhe. Mit 20 Jahren war er Husar, bald der beste Reiter und Fechter seines Regiments, mit 23 Jahren Unterleutnant. Als 1792 der Krieg ausbrach, der in mehr als zwei Jahrzehnten nur durch kurze Friedenspausen unterbrochen wurde, begann in schwindelndem Aufstieg Neys Laufbahn, die ihn zu einem der volkstümlichsten Generäle der Revolution und Napoleons, 1804 zum Marschall von Frankreich machte.
Ney verdankte sein Glück nicht seinem Herkommen oder irgend welcher Protektion, nur seiner Tapferkeit und seinem Können. Der Ruhm stieg ihm nicht zu Kopf. Er blieb einfach und bescheiden; auch in der Pracht seiner Marschallsuniform schämte er sich seiner Herkunft nicht. Ungerechtigkeit gegen andere machte er nicht mit. Aber er ließ auch nicht zu, daß man ihn selbst ungerecht behandelte. Er war ein unbequemer Untergebener; ältere Marschälle waren dem eigenwilligen Michel nicht grün. Mit Napoleon hatte er 1801 die erste Begegnung, sie gefielen sich. Ney war der jüngste von 14 Marschällen, die Napoleon 1804 ernannte. Als er 1805 durch den Sieg bei Elchingen die Einschließung Macks bei Ulm erreichte, wurde er Herzog von Elchingen.
1807 entschied er durch persönlichen Einsatz die Schlachten bei Eylau und Friedland. »Der Mann ist ein Löwe!« sagte Napoleon. Als der Kaiser im Herbst 1812 den Krieg mit Rußland begann, warnte ihn Ney, es sei zu spät, der russische Winter komme. Doch Napoleon traute seinem Stern. Nach dem Brande Moskaus führte Ney die Nachhut. Er wurde abgeschnitten, eingekesselt und zur Übergabe aufgefordert: »Ein Marschall von Frankreich ergibt sich nicht!« Mit wenigen zerlumpten, verhungerten und halb erfrorenen Soldaten schlug er sich durch 80 000 Russen durch. »Was für ein Soldat«, rief Napoleon aus, »Frankreich ist voll tapferer Männer, aber Ney ist der Tapferste der Tapferen.« Frankreich feierte ihn als seinen Nationalhelden.
Als 1814 die Alliierten vor Paris standen, sagte Ney, es wäre an der Zeit, ein Ende zu machen, der Kaiser dürfe nicht Frankreich ebenso zu Grunde richten wie die Armee. Aber Napoleon wehrte sich gegen

Neys nüchternen, klaren Einblick in die Lage und befahl den Marsch auf Paris. Ney blieb kaltblütig: die Armee werde nicht marschieren. Auf Napoleons zorniges Wort, die Armee werde *ihm* gehorchen, entgegnete Ney, die Armee werde ihren Generälen gehorchen. Seinen vielen Siegen fügte der Marschall den größten hinzu, den Sieg über Napoleon. Er verlangte und erreichte die Abdankung. Ludwig XVIII. bestätigte ihn in allen seinen Titeln. Doch als seine Frau von der Herzogin von Angoulême tödlich beleidigt wurde, zog sich Ney auf seinen Landbesitz zurück. Als Napoleon im März 1815 Elba verließ und in Frankreich landete, befahl das Kriegsministerium dem Marschall, eine Division zu übernehmen. Ney hatte nur *ein* Ziel vor Augen, Kampf zwischen Franzosen zu verhüten. In einer Audienz beim König sagte er, er hoffte, Napoleon in einem eisernen Käfig zurückzubringen.

Als Ney 1815 die Proklamation des Kaisers las, sagte er mit gewohnter Offenheit: das hätte der Graf d'Artois (Ludwig XVIII.) sagen sollen, aber das sei ein zu feiner Herr. Er selbst habe von Napoleon nichts zu erwarten, der habe ihm die Abdankung nie vergeben und würde ihm liebend gern den Kopf abschneiden. Der Kaiser rückte ohne Schwertstreich vor, die Truppen des Königs gingen zu ihm über, aus einem Kampf wurde ein Triumphzug. Der König floh. In der Nacht zum 14. März stand Ney vor der schwersten Entscheidung seines Lebens. Sollte er mit seinen 6000 Mann gegen Napoleons 14 000 einen aussichtslosen Bruderkampf aufnehmen und nutzlos das Leben von Franzosen opfern? Sollte er den Oberbefehl niederlegen und die ihm anvertrauten Soldaten ohne Führung lassen? Oder sollte er den dem König geleisteten Eid brechen? Für ihn war Richtschnur seines Handelns: Ich will keinen Bürgerkrieg. Daraus ergab sich für ihn die Entscheidung. Als seine Proklamation den Soldaten mitgeteilt wurde, brachen sie in wilde Begeisterungsstürme aus. Die wenigen Offiziere, die dem König treu blieben, ließ er unbehelligt ziehen. Napoleon ließ er ein Dokument überreichen, in dem es hieß: »Wenn Sie weiter als Tyrann regieren, werde ich eher Ihr Gefangener, als Ihr Anhänger sein.« Napoleon ging nicht darauf ein: »Der Prachtkerl wird verrückt.«

Der Kaiser gab ihm kein Kommando. Bei der großen Parade in Paris begrüßte er ihn sarkastisch: »Ach, mein lieber Ney, sind Sie auch hier? Ich dachte, Sie wären ausgewandert.« Der Marschall konnte nur erwidern: »Vielleicht hätte ich es tun sollen.« Erst vor der letzten Schlacht entsann sich Napoleon des Tapfersten der Tapferen. Aber auch Ney konnte das Geschick nicht wenden. Er führte bei Waterloo die kaiserliche Garde zum letzten verzweifelten Sturm, bis ihm ein Hieb das Bewußtsein raubte. In der Kammer der Pairs trat Ney für sofortige Verhandlung mit den Alliierten ein. Als ihn jemand erstaunt nach den Gründen für diesen neuen Stellungswechsel fragte, erwiderte der Marschall, er spreche nur für das Vaterland; zu seinem eigenen Heil sei es sicher nicht, wenn die Bourbonen zurückkehrten. Die von Davout als Kriegsminister abgeschlossene Konvention von Paris vom 3. Juli 1815 sah eine Amnestie für alle begangenen Taten vor. Die Royalisten legten sie so aus, »wie wir sie verstehen«, nicht gültig für »Verräter«. Ihre Hauptwut richtete sich gegen den Eidbrecher, den Nationalhelden, gegen Marschall Ney.

Als nach der zehntägigen Pause das Verfahren gegen ihn vor den Pairs wieder aufgenommen wurde, vernahm man als ersten und wichtigsten Zeugen der Staatsanwaltschaft den General Bourmont. Er hatte in den entscheidenden Tagen zu Neys Stab gehört. Der geschmeidige Herr war erst gegen Napoleon gewesen, hatte dann unter ihm die Führung einer Brigade übernommen, war aber rechtzeitig zu den Preußen desertiert. Er erklärte natürlich, er habe leidenschaftlich gegen die Proklamation Neys gesprochen. Auf die Frage der Verteidigung, warum er dann am 14. März mit zur Parade gegangen sei, entgegnete er: nur um zu sehen, was passieren werde. Zornig sprang Ney auf: Der General klage ihn an, um sich selbst reinzuwaschen, er fordere ihn vor Gottes Gericht. Sich zur Ruhe zwingend berichtete Ney dann, Bourmont habe ihn nicht gewarnt, vielmehr gesagt, er solle die Proklamation ruhig verlesen. Er habe keine Belehrung über seine Verantwortung gebraucht, wohl aber einen Rat oder eine Warnung, ob er richtig handle oder falsch.

Im Kreuzverhör nahm sich die Verteidigung den Zeugen gründlich vor: Warum er am Abend des 14. März am Festbankett teilgenommen habe? Er habe gefürchtet, der Marschall würde ihn verhaften lassen. Ney rief dazwischen, er habe niemanden verhaftet. Die Verteidigung fragte weiter: Wieviel Mann Napoleon gehabt habe? »5000 Mann.« Wieder griff Ney ein: Der General wisse doch ebensogut wie er selbst, das es 14 000 waren. Der Zeuge fühlte sich unbehaglich, und der Verteidiger bohrte weiter: Hätte der Marschall Widerstand leisten können? »Es kam auf den ersten Schritt an, ich kann aber nicht behaupten, daß Ney Sieger geblieben wäre.« Die Verteidigung gewann an Boden: Welche Schritte er unternommen habe, um die Wirkung der Proklamation zu verhindern? »Keine, es war keine Zeit.« Wie er dann habe wissen können, daß die Truppen für den König waren? Der Zeuge bekam einen roten Kopf: er könne darauf nicht antworten. Die Verteidigung ließ nicht locker: Was die Wirkung der Proklamation gewesen sei? »Die Soldaten schrien: Es lebe der Kaiser!« Der Verteidiger rasch: »Und riefen Sie: Es lebe der König?« Ein Pair griff ein, der General sei nicht auf der Anklagebank. Der Verteidiger verzichtete auf weiteres Verhör mit der Bemerkung, der Herr General sei ein ausgezeichneter Zeuge für die Verteidigung gewesen.

Dann wurde die Vernehmung des toten Lecourbe verlesen, der Neys Adjutant im März gewesen war. Frage: Hätte Ney erfolgreich Widerstand leisten können? Antwort: Nein. Frage: Würden die Truppen loyal geblieben sein, wenn Ney die Proklamation nicht verlesen hätte? Antwort: Ich glaube nicht; einige wenige hätten sich vielleicht einige Zeit dem Strom entgegengestemmt, aber sie wären bald fortgeschwemmt worden. Frage: Wer opponierte Ney und wie zeigte er es? Antwort: Es gab keine Opposition. Auch die anderen Zeugen mußten übereinstimmend zugeben, daß Ney bis zur Proklamation am 14. März loyal gewesen sei und sicherlich vorher kein Komplott geplant habe. Das einzige, was sie ihm vorwarfen, war die starke Sprache, die er nach dem 14. März gegen die Bourbonen geführt habe.

Als erster Verteidigungszeuge wurde der Marschall Davout vernommen, der Kriegsminister der 100 Tage. In der Nacht zwischen dem 2. und 3. Juli sei alles zum Kampf bereit gewesen. Die vorläufige Regierung habe ihm befohlen, mit den Alliierten zu verhandeln. Er habe in den Entwurf die Worte über die Sicherheit von Personen und Eigentum hineingesetzt und befohlen, die Verhandlungen abzubre-

chen, wenn sie nicht genehmigt würden. Der Verteidiger warf die Frage dazwischen, ob ernsthafter Widerstand möglich gewesen sei? Davout erwiderte, er habe 85 000 Mann und 4500 Kanonen gehabt und damit »alle Hoffnungen auf Erfolg, die ein General haben kann, der über Franzosen kommandiert.« Der Verteidiger fragte: »Was war der Sinn, den Sie und die vorläufige Regierung dem Artikel XII beilegten?« Die Staatsanwaltschaft erhob Einspruch. Die Konvention spreche für sich selbst – eine in solchen Prozessen besonders beliebte und oft gehörte Redensart. Die Verteidigung warf ein, das Entscheidende sei doch die Auslegung. Aber der Vorsitzende entschied für die Staatsanwaltschaft. Davout durfte die Frage nicht beantworten. Ney erklärte dazu, die Konvention sei ein Schutz gewesen, deshalb sei er nicht geflohen, er sei widerrechtlich verhaftet.
Als nächste Zeugen der Verteidigung wurden die beiden Unterhändler über die Konvention von Paris, Graf Bondy und General Guilleminot, vernommen. Sie sagten übereinstimmend aus, das Ziel der Konvention sei die öffentliche Ruhe, die Sicherheit von Paris und die Achtung für Leben und Eigentum gewesen. Die Amnestie sei für alle verlangt und bewilligt worden. Nur daraufhin habe die Armee die Waffen niedergelegt. Der Verteidiger fragte, ob neben militärischen auch zivile Vertreter beim Abschluß zugegen gewesen seien. Die Antwort: Ja, die Konvention habe sich ja auch auf beide, Militär und Zivil, bezogen.
Nachdem der Staatsanwalt im Sinne seiner Anklageschrift gesprochen hatte, wurde die Verhandlung auf den nächsten Tag vertagt. Die Verteidiger hatten in den Mittelpunkt ihrer Verteidigung die Konvention von Paris gestellt. Sobald aber dieses Thema berührt wurde, widersprach ein Pair. Die Kammer beschloß, daß die Konvention nicht in die Verteidigung einbezogen werden dürfe. Die Verteidiger mußten sich auf das Charakterbild des Marschalls beschränken: »Er war nur ein schlichter Soldat, wenn auch ein großer, er war kein Politiker«, auf seine Verdienste um Frankreich und auf seinen heißen Wunsch, zu verhüten, daß französisches Blut durch Franzosen vergossen würde.
Als der Verteidiger zum 3. Juli gekommen war, unterbrach ihn der Ankläger, die Verteidigung müsse sich im Rahmen der Anklage-

schrift halten. Der Verteidiger warf ein, das sei gar nicht möglich, so gehöre nach dem vor zwei Wochen unterschriebenen Friedensvertrag Saarlouis nicht mehr zu Frankreich und Ney sei nicht mehr Franzose. Der Marschall sprang auf: »Ich bin Franzose. Ich bin anderer Ansicht als mein ausgezeichneter Verteidiger. Ich bin Franzose und will als Franzose sterben.« Nachdem der Vorsitzende den lauten Beifall gerügt hatte, der sich im Saale erhob, fuhr Ney fort: Seine Verteidigung werde beschränkt; er danke den Verteidigern, aber er wolle lieber gar nicht als unvollständig verteidigt werden, er hasse eine Scheinverteidigung. Er sei im Widerspruch zu den Verträgen angeklagt und werde jetzt gehindert, sich auf sie zu berufen. So appelliere er an Europa, an die Nachwelt, an Gott. »Ein Juristentrick!« rief ein Pair. Ney ließ sich nicht aus der Fassung bringen: Es sei doch alles im voraus festgelegt. Er wolle lieber überhaupt nicht verteidigt werden, als daß seine Verteidigung von den Anklägern bestimmt würde. Der Präsident nahm von der Ausführung keine Notiz und gebot den Anwälten, in der Verteidigung fortzufahren. Er kannte den Marschall noch nicht hinlänglich. Der rief mit der hellen Kommandostimme, deren Klang man auf allen Schlachtfeldern Europas vernommen hatte: »Ich verbiete meinen Verteidigern zu sprechen, wenn sie nicht frei sprechen dürfen.« Die Verhandlung war zu Ende. Drei Fragen wurden den Pairs vorgelegt: Hat Marschall Ney in der Nacht zwischen dem 13. und 14. März bestimmte Emissäre empfangen? Hat Marschall Ney am 14. März auf öffentlichem Platz in Lons le Saulnier eine Proklamation verlesen, welche die Truppen zu Aufruhr und Abfall aufrief? War der Marschall eines Angriffs gegen die Sicherheit des Staates schuldig? Ney war durch königliches Dekret aus der Liste der Marschälle gestrichen worden. Aber so groß war die Achtung vor diesem Mann, den man in ganz Frankreich als »Marschall Ney« kannte und verehrte, daß die Pairs ihm den Rang nicht verweigerten. 111 Mitglieder der Kammer stimmten mit Ja, 47 mit Nein. Der Marquis d'Aligre begründete sein Nein: »Ich kann den Angeklagten nicht verurteilen, da sie ihm das Recht verweigerten, über die Frage der Konvention von Paris in Bezug auf seinen Fall zu sprechen.« Graf Lanjouinais fügte dem Nein hinzu: »Sie haben Michel Ney ein faires Verfahren verweigert.« Der Herzog von Broglie

vertrat den Standpunkt: »Es gibt kein Verbrechen ohne verbrecherische Absicht, keinen Verrat ohne Vorsatz und Absicht.« Diese Kritik der Minderheit kennzeichnete das Verfahren, bei dem über den wichtigsten Punkt nicht gesprochen werden durfte, als das, was es wirklich war, einen in die Form eines Rechtsverfahrens gekleideten Vergeltungsakt, der einen untadligen Mann, mochte er auch in seinem Gewissenskonflikt geirrt haben, zum Sündenbock für eine Epoche machte, in der die Restauration Fehler über Fehler beging.
Bei der Abstimmung über die Strafe mußte zweimal abgestimmt werden, um nach dem Ergebnis des ersten Durchgangs den Pairs zu ermöglichen, sich definitiv zu entscheiden. Im ersten Durchgang stimmten 17 für Verbannung, 142 für Tod, im zweiten 17 für Verbannung, 5 für ein Gnadengesuch an den König, 137 für den Tod. Unter denen, die für die Todesstrafe stimmten, waren die Marschälle Marmont, Kellermann und viele andere der Kriegsgefährten Neys. Tapferkeit im Kriege bietet keine Gewähr für Zivilcourage. Es kann auch nicht als Entlastung angeführt werden, daß die meisten Pairs bestimmt erwarteten, der König werde Ney begnadigen. Ludwig XVIII. schwankte. Er hatte sich 1814 auf Ney und Davout gestützt, weil die Anhänger der Bourbonen die schwächste Partei bildeten: Einfluß, Talent, Kriegsruhm, Erfahrung, alles war in den Händen der Bonapartisten. Es war ein Royalist, von dem das Wort stammte, der König sei von Männern umgeben, die zu allem oder die zu nichts fähig seien.
Jetzt forderten die zurückgekehrten Emigrierten ihr Recht. Wie sie unbekümmert um alles, was in 25 Jahren sich ereignet hatte, ihr Leben genau an der Stelle wieder anknüpften, wo sie es damals mit dem Exil vertauscht hatten, und ihre alten Kleider wieder aus der Mottenkiste hervorholten, zogen sie auch die alten Ansprüche und Anmaßungen wieder heraus und fügten als neues Requisit nur die Rachsucht hinzu. Der König mußte dieser Rachsucht ein Opfer bringen. Er war froh, daß es ihm gelungen war, die Zahl der »Kriegsverbrecher« auf 20 zu beschränken. Er konnte den nicht retten, der an der Spitze der Liste stand, auch wenn der Mann, der die Liste gegengezeichnet hatte, der Herzog von Otranto, Fouché, eher auf eine Verräterliste gehörte als der ehrliche Michel Ney, dem der König, wäre

es allein auf ihn persönlich angekommen, ein besseres Schicksal gewünscht hätte. Vergeblich schrieb Frau Ney an die Höfe der Alliierten und den Herzog von Wellington; sie begegnete der kühlen Ablehnung, man könne sich nicht in innere Angelegenheiten Frankreichs mischen. Vergebens suchte die arme Frau um eine Audienz beim König nach; man ließ sie nicht vor.
Der Marschall verzehrte nach Schluß der Verhandlung sein Essen mit bestem Appetit; er sei sicher, daß es Bellart, dem Staatsanwalt, nicht so gut geschmeckt habe. Das Todesurteil nahm er mit völliger Gelassenheit entgegen. Als man ihn fragte, welchen Priester er wünsche, sagte er, es sei einer wie der andere: »Ich werde vor Gott erscheinen, wie ich vor Menschen erschienen bin. Ich habe keine Furcht.« Beim Abschied von seiner Familie war er es, der die gebrochene Frau aufrichten und trösten mußte. Zu den Söhnen sagte er: »Ehrt den Namen Ney, Jungens, denn schließlich übergebe ich ihn euch in Ehren, und wenn Haß und Leidenschaft der Gegenwart vorbei sind, wird die Welt ihn wieder ehren.« Als er füsiliert wurde, ließ er sich die Augen nicht verbinden. Er gab selbst das Kommando zum Feuern, und zeigte, wohin die Soldaten schießen sollten, auf das tapfere Herz eines der größten Soldaten.
Dem König gelang es nicht, durch Neys Opfer die »Epidemie der Rache« einzudämmen. Die royalistische Kammer erweiterte die Schuldigenliste auf 12 000 Mann. In den ersten drei Monaten des Jahres 1816 wurden 70 000 Verhaftungen vorgenommen. Die furchtbare Plage der Angeberei begann, Frankreich zu verpesten. Wer selbst Dreck am Stecken hatte, rief am lautesten nach Säuberung.
Fouché war im September 1815 französischer Gesandter in Dresden geworden. Aber 1816 durch das Dekret gegen die Königsmörder verbannt, das im Parlament mit 334 gegen 32 Stimmen angenommen wurde, verlor er seine Güter in Frankreich, wurde zuerst aus Dresden, dann aus München ausgewiesen und fand nur dank der Fürsprache seines Freundes Metternich zunächst in Prag, später in Linz, zuletzt in einem alten Palais in Triest eine Wohnung. 1820 ließ ihm der König vorschlagen, er dürfe nach Frankreich zurückkehren und bekäme seine Güter zurück, wenn er dafür die in seinem Besitz befindlichen Geheimpapiere über das Schicksal des Dauphins, Ludwigs

XVII., herausgäbe. Fouché, der in allen Wechselfällen des Lebens seine Frechheit nicht verloren hatte, lehnte eine verstohlene Rückkehr nach Frankreich ab und verlangte eine triumphale Berufung. Er sagte dem Unterhändler, daß es allein von ihm abhänge, ob Ludwig XVIII. auf dem Thron bliebe oder nicht. Aber der Herzog von Otranto starb Ende des Jahres 1820.

In wenigen Jahren führte die Politik der Restauration, statt die Gemüter zu versöhnen, eine Bürgerkriegsstimmung herbei, die den Bourbonen den Thron kostete. Als Karl X., der bisherige Graf von Artois, der mehr Charme, aber weniger Verstand besaß als sein Bruder, der 18. Ludwig, und dessen Arroganz weltberühmt war, den Kurs noch verschärfte, fegte ihn die Revolution von 1830 zurück in die Verbannung nach England.

1842 wurde Franzisco Morazán, einer der Vorkämpfer und Märtyrer der nie erreichten Einheit Lateinamerikas, nach einer seiner Niederlagen in San José, der Hauptstadt Costa Ricas, gefangengenommen und an die Wand gestellt. Als sich später eine Reihe von Zwergrepubliken gebildet hatten, die man in Europa respektlos »Bananenrepubliken« nannte, erwachte der Nationalstolz und gebot, gemeuchelte Herren zu ehren. In seiner Geburtsstadt Tegucigalpa (Honduras) sollte Morazán ein Denkmal errichtet werden. Eine Kommission wurde nach Paris gesandt, um dort ein würdiges Monument fertigen zu lassen. Aber die Herren verloren sich und ihre Fonds in den unerhörten Freuden der Weltstadt. Ein listiger Pariser fand einen Ausweg aus ihrer Not. Auf einem Schrottplatz lag zwischen verrosteten Ankern, gußeisernen Gittern und prähistorischen Kanonenkugeln die ebenfalls von der Geschichte überholte Statue des Marschalls Ney, mit Dreispitz, Degen und Roß. Michel wurde blank geputzt und trat die Reise über den Ozean an. Seitdem stellt Ney im Herzen von Tegucigalpa den unglücklichen Morazán dar. Es war ein Scherz der Weltgeschichte nach Michels Herzen.

16. KAPITEL

Bazaine und Mac Mahon

Unentschlossenheit ist die größte Krankheit.
Goethe

Als 1815 Marschall Ney vor der Pairskammer stand, versagte ihm keiner seiner Richter die Achtung. Aber Mitleid hatte man nicht mit ihm, das hätte Michel Ney auch nicht ertragen. Für den gebrochenen Mann, der 1873 vor dem Kriegsgericht stand, fühlten die Richter mehr Mitleid als Achtung. Der Mann mit den schweren Tränensäkken unter den Augen, den hängenden Backen und der nur selten sich straffenden Schulterhaltung war der Marschall Bazaine, der Oberkommandierende der Rheinarmee 1870, der nach den blutigen Schlachten des August in Metz eingeschlossen wurde und am 27. Oktober mit seiner ganzen Armee kapitulierte. Auch seine Gegner erkannten des Marschalls persönliche Tapferkeit an, umstritten waren sein Charakter und seine Haltung in den Herbstmonaten 1870.
Bei Beginn des Krieges befehligte er, seit dem Krimkrieg und dem Mexikofeldzug neben Mac Mahon, Frankreichs bekanntestem General, eine der beiden Armeegruppen. Das Oberkommando hatte Napoleon selbst übernommen, aber der Kaiser, ein kranker und müder Mann, ohne Vertrauen zu sich und seiner Armee, gab nur zögernde und widerspruchsvolle Befehle. Die Niederlagen bei Weißenburg, Wörth und Forbach riefen in der französischen Öffentlichkeit eine furchtbare Erregung hervor. Dem Ruf »nur Bazaine kann uns retten« konnte sich der Kaiser nicht entziehen. Bazaine war der einzige Feldherr Frankreichs, der noch keine Niederlage erlitten hatte, und überdies bei der Linken und dem Mann auf der Straße beliebt. Ihm übergab Napoleon am 11. August den Oberbefehl über die Rheinarmee, so sehr sich der Marschall auch, in richtiger Erkenntnis seiner

Unzulänglichkeit, gegen die Übernahme sträubte. Als der Kaiser mit der Armee Mac Mahon bei Sedan gefangengenommen worden war, setzten die neuen Männer, Gambetta und Jules Favre, ihre ganze Hoffnung auf »unseren ruhmreichen Bazaine«. Noch am 27. Oktober, als ein Linksblatt in Paris behauptet hatte, Bazaine stehe in Kapitulationsverhandlungen, dementierten sie entrüstet, der »glorreiche Bazaine« denke nicht an Kapitulation.

Aber am 30. Oktober 1870 brachte L'Offiziel die Nachricht von der 3 Tage zuvor dementierten Kapitulation von Metz. Die Volkswut flammte auf und endete in der Kommune. Der Name Bazaines aber war ein für allemal mit der Niederlage verbunden, die Frankreich erlitten hatte. Gambetta ging noch einen Schritt weiter. Er trat seinen Marschall wieder an das Kaisertum ab und machte ihn zum Sündenbock auch für die Schlappen des revolutionären Frankreich. Er warf ihm in einer öffentlichen Proklamation »Verrat« vor. Der gleiche Vorwurf wurde im Dezember 1870 erst in einem offenen Brief, dann in einer Broschüre erhoben und Marschall Bazaine außerdem der Dummheit und Unfähigkeit bezichtigt. Er habe den Kaiser verraten, um selbst der große Mann zu werden; er habe Mac Mahon verraten, aus Haß gegen den Rivalen; er habe die Republik verraten, und den ruchlosen Gedanken einer kaiserlichen Restauration gefaßt. Als Verfasser sowohl des Buches wie des Briefes bekannte sich ein Oberst d'Andlau, ein ehrgeiziger Generalstäbler, politisch ein Orleanist, der schon in Metz versucht hatte, eine Empörung gegen den Marschall anzuzetteln.

Das Stichwort war gegeben. Für Gambetta war es von entscheidender Bedeutung, daß sein, Frankreich aufwühlender, Ruf »Bazaine hat uns verraten« bestätigt wurde. Allen, die sich verantwortlich für Unterlassungen und Fehler fühlten, kam das Andlausche Buch gelegen, das alle Schuld auf die Schultern *eines* Mannes wälzte. Am vorsichtigsten war Thiers. Den hatte Bismarck bei den Waffenstillstandsverhandlungen gefragt, was man denn mit einer Regierung und einem Volk machen solle, das den ersten seiner Generäle ohne Beweise und ohne Untersuchung in den Kot ziehe. Das hatte Thiers nicht vergessen. Noch 1872 erklärte er, er werde nie in eine Neuauflage des Prozesses Ney einwilligen. Es war Bazaines altem Waffengefährten, dem

Marschall Mac Mahon, der 1873, von einer antirepublikanischen Mehrheit gewählt, Präsident der französischen Republik geworden war, vorbehalten, diese Neuauflage in die Wege zu leiten.

Frankreich stand 1871 vor der gleichen Entscheidung, wie Preußen nach dem Kriege 1806/07. Die damals zur Untersuchung der Kapitulationen eingesetzte Immediatkommission erhielt die Direktive, »alles zu vermeiden, was dem Geist der Faktion, der Rache und der Verfolgung Raum geben könnte«. Diese weise Beschränkung machte aus dem Heer wieder das Instrument, das sich in den Freiheitskriegen 1813/15 so glänzend bewährte. Wollte man 1871 in Frankreich die Artikel des Militärstrafgesetzbuchs, die für die Kapitulation im freien Feld oder einer Festung grundsätzlich die Todesstrafe festsetzten, wirklich zur Anwendung bringen, dann mußte man viele Prozesse führen; Bourbakis Armee hatte sich in der Schweiz internieren lassen, Mac Mahons Armee hatte bei Sedan kapituliert, Paris hatte sich ergeben. Wollte man diese Prozesse vermeiden, dann brauchte man eine Amnestie. Man ging einen dritten Weg. Die unbesiegbare Armee ist ein Dogma, von dem ein besiegtes Land nicht lassen will. Die Niederlage ist daher nur durch Verrat möglich. In Frankreich wurde diese Anklage immer lauter und immer dringender, der zuerst von Gambetta ausgegebenen Parole folgend, gegen *einen* Mann erhoben, gegen Bazaine. Als der Marschall sah, wie sich die Wolken gegen ihn zusammenzogen, baute er vor. Er bat 1873 den Präsidenten Mac Mahon um eine Untersuchung. Der Leiter der Untersuchung, ein 77jähriger Marschall, kam zu dem Schluß, daß eine strafbare Kapitulation vorliege, da vorher nicht alle Mittel erschöpft worden seien. Mac Mahon berief ein Kriegsgericht.

Der Entschluß ist Mac Mahon, der ein ehrlicher und vornehmer Mann war, nicht leicht gefallen, um so weniger, als sein in den letzten Tagen des August 1870 unternommener Versuch, Bazaine zur Hilfe zu kommen, zu schweren gegenseitigen Vorwürfen geführt hatte. Zwischen den beiden Oberbefehlshabern war die Kette unzureichender Orientierung und schwer zu erklärender Mißverständnisse nicht abgerissen. Beide hatten sich als übervorsichtige Sicherheitskommissare erwiesen, denen es an Initiative und Phantasie fehlte. Mac Mahon hatte nur die am Vormittag des 1. September erlittene

Verwundung davor bewahrt, eine Kapitulation im offenen Felde abzuschließen, die der Kaiser selbst unterzeichnen mußte. Setzte sich der Präsident nicht dem Vorwurf aus, einen anderen für eigene Fehler büßen zu lassen? Oder mußte er, zur Klarstellung der Wahrheit, den Prozeß abrollen lassen, auf die Gefahr hin, dabei selbst einige Spritzer abzubekommen? Ließ er den Prozeß nicht zu, unterband er die einzige Möglichkeit für Bazaine, sich gegen den Vorwurf des Verrats vor der Öffentlichkeit zu verteidigen. Berief er aber ein Kriegsgericht, war es so gut wie sicher, daß Bazaine verurteilt werden würde.

Mac Mahon, wie Hindenburg ein tapferer und ehrenwerter Soldat, aber kein Politiker, hielt sich für verpflichtet, in dieser Frage nicht seinem soldatischen Gefühl, sondern seinen politischen Beratern zu folgen. Die Orleanisten hatten Mac Mahon zur Macht verholfen. Sie stempelten Bazaine zum Mann des Kaisertums und wollten durch seine Verurteilung das Kaisertum vernichtend treffen. Nur in dieser Frage waren sie mit den Anhängern Gambettas einig. Sie verlangten vom Präsidenten die Einberufung eines Kriegsgerichts. Die Zusammensetzung machte Schwierigkeiten, da von den sechs Marschällen Frankreichs allein drei unter Bazaines Befehl gestanden hatten.

Man mußte auf Generäle zurückgreifen. Der älteste General, Schramm, lehnte den Vorsitz ab. Der im Dienstalter nächste General, der Herzog von Aumale, ein Prinz von Orleans und Enkel von Philipp Egalité, hatte kein Kommando im Kriege gehabt. Er hatte seinen Rang nur seiner Abkunft zu verdanken und war schon mit 22 Jahren General geworden. Er war ein Theaterstratege, der kaum berufen war, über einen Marschall von Frankreich zu richten. Vielleicht glaubte er, nicht voreingenommen zu sein. Aber im Prozeß trat doch eine unerfreuliche Parteilichkeit zu Tage. Er mußte sich von dem Marschall Leboeuf als Zeugen sagen lassen, daß Operationen im Gelände nicht so leicht zu führen seien wie auf dem Papier. Da die Mehrheit des Gerichts ebenfalls orleanistisch war, bildete das Andlausche Buch, das die Dinge naturgemäß tendenziös und einseitig darstellte, die wichtigste Informationsquelle für das Gericht.

Die vom Gericht vernommenen Zeugen unterlagen weitgehend der bei solchen Prozessen besonders gefährlichen Versuchung, sich selbst zu rechtfertigen. Aber keiner der ernstzunehmenden Zeugen beschuldigte den Marschall, nicht einmal sein Stabschef, der General Jarras, obwohl Bazaine, vielleicht aus dem Mißtrauen des Troupiers gegen den Generalstab, ihn selten um Rat gefragt und keinen Kontakt mit ihm gefunden hatte. Der englische Feldmarschall Bourgoyne trat in einem offenen Brief an die Times mannhaft ein »für den tapferen Waffengefährten, dessen militärischer Ruf von politischen Gegnern in so ungerechter Weise kompromittiert worden ist.«. Bazaine selbst gab in den wochenlangen Verhandlungen auf alle Fragen eine klare, feste Antwort. Der Ankläger wagte nicht mehr, von Verrat zu sprechen. Er warf dem Marschall nur noch Unfähigkeit und egoistischen Ehrgeiz vor, der seine Handlungen – und Unterlassungen – in Metz diktiert habe.

Des Marschalls Leben und Charakter, seine Taten und Unterlassungen wurden eingehend durchleuchtet. Das Bild, das sich ergab, war ein zwiespältiges, das eines persönlich tapferen Mannes, den aber gerade die Tapferkeit und die Liebe zum Detail hinderte, das Wichtige zu sehen, und einer gern im Zwielicht bleibenden Persönlichkeit, die manche für einen schwerfälligen Bären, andere für einen intrigierenden Bösewicht, wieder andere für einen vertrauenswürdigen Mann des Volkes hielten. Alles war halbrichtig, sicher war, daß er kein Feldherr war, sondern ein vom Glück emporgetragener General, der sich in der Schlacht rücksichtslos selbst einsetzte, dem aber die Fähigkeit und das Selbstvertrauen zu raschen Entschlüssen fehlte, ein Mann des Zauderns und der halben Maßregeln, der gern die Verantwortung auf die Schultern anderer abwälzte. Sicher war auch, daß er einerseits nicht frei von persönlichem Ehrgeiz und einer Neigung zur Intrige war, daß er andererseits kein Verräter war, wenn man nicht Unfähigkeit als Verrat ansehen will.

Bazaine focht mit Auszeichnung auf der Krim, wurde nach Mexiko geschickt und mit 53 Jahren zum Marschall ernannt. In Mexiko trat er ins Licht der Öffentlichkeit. Sein Name verknüpfte sich mit der unseligen Episode des französischen Abenteuers in Mexiko. Über seinem Wirken hing ein unerfreuliches Zwielicht. Waren die militärischen Erfolge ihm zu verdanken – der Guerillakrieg lag ihm –, so gingen auch die Blutbefehle grausamer Kriegführung auf sein Konto.

In der Doppelrolle des Oberbefehlshabers und des politischen »Beobachters« hat er den Kaiser Maximilian betrogen und Napoleon wahrscheinlich auch. Aber der Kaiser ehrte ihn durch die Ernennung zum kommandierenden General der Garde.
Die Ankläger konnten nicht in Abrede stellen, daß Bazaine sich in den Augustschlachten 1870 persönlich rücksichtslos eingesetzt hatte. Aber sie drehten ihm aus der Tapferkeit einen Strick, er sei »zuviel galoppiert« und habe den Sieg nicht ausgenutzt. Bei St. Privat, wo er geschlagen wurde, galoppierte er nach Ansicht der Kritiker zu wenig und überließ alle Initiative den Unterführern. Ließ sich aber die Führung des Marschalls bis zum 18. August noch erklären, so sehr man sie auch als unentschlossen kritisieren mochte, von da ab schien eine Erklärung zu fehlen, wenn nicht die, daß Bazaine eben aus der Metzer Falle, in der er sich hatte fangen lassen, nicht heraus wollte. Wie denn? Eine Armee von 170 000 Mann muß sich einer schwächeren Einschließungsarmee ergeben, obwohl sie über reichliche Munitionsmengen verfügt und in den letzten zwei Monaten kaum ernstlich gekämpft und keine nennenswerten Verluste gehabt hat? Das ist so ungeheuerlich und so schmachvoll, daß man sich als Erklärung nur Gründe denken kann, die außerhalb des Militärischen liegen. Oder die Unfähigkeit des Oberbefehlshabers muß ein Ausmaß haben, das auch bereits ins Kriminelle fällt. Da man das bei einem Marschall von Frankreich ungern annimmt, griff man lieber zur ersten Theorie.
Blieb Bazaine in Metz, dann konnte er das Doppelspiel treiben, das er immer schon so liebte. Ging der Krieg gut aus, war er Napoleons loyaler und unbesiegter General. Wurde Napoleon gestürzt, würde der Marschall, den die Opposition ins Kommando gebracht hatte, der Mann derer sein, die die Macht ergriffen. Vielleicht sah er eine politische Katastrophe voraus und wollte nach der baldigen Beendigung des Krieges die entscheidende Rolle spielen. Dafür war die Existenz der Rheinarmee und der Ruf ihres Führers als ungeschlagener General die Voraussetzung. Bazaine, der seiner Feldherrnkunst selbst nicht traute, wollte seine Rheinarmee keinem Risiko aussetzen. Das etwa waren die Beweggründe, die alle Kritiker Bazaine unterstellten. Von ihnen ausgehend, beurteilte man Bazaines Verhalten nach dem 18. August.

Jedoch das Bild, das sich aus den Prozeßverhandlungen ergab, war anders. Bazaine verließ sich ungern auf die eigene Entscheidung und pflegte mit einem Kriegsrat die Lage eingehend zu besprechen. Ein Ende August abgehaltener Kriegsrat ergab als Ansicht der überwiegenden Mehrheit: Verlasse die Armee Metz, dann falle die wichtige Festung bald in die Hände der Deutschen. Bleibe die Armee bei Metz, bedrohe und fessele sie den einen Teil des deutschen Heeres, während der andere sich an dem befestigten Paris brechen müsse. Bei dem geringen Munitionsbestand werde bei einem Ausfall die Armee von den Preußen gehetzt werden wie »der Hirsch von einer Meute«. Wenn die Regierung zu einem Frieden gezwungen werden sollte, würde durch das Halten von Metz Lothringen für Frankreich gerettet werden. Selbst der Marschall Leboeuf, der für ein aktiveres Verhalten eintrat, votierte: die Rheinarmee intakt zu halten, sei der größte Dienst, den man dem Lande erweisen könne. Wenn Bazaine sich auf Grund dieses Kriegsrates entschloß, vorläufig wartend in Metz zu bleiben, 200 000 Mann des deutschen Heeres zu fesseln und Frankreich dadurch Zeit zu verschaffen, den Widerstand zu organisieren, so war das vielleicht kein heldenhafter, aber ein aus militärischen, wie aus politischen Gründen durchaus zu rechtfertigender Entschluß.
Als Bazaine am 10. September genauere Nachrichten über das Drama von Sedan erhielt, glaubte er an einen nahen Friedensschluß. Dann war seine Armee der einzige Rettungsanker für die Ordnung in Frankreich. Die Armee durfte nicht aufs Spiel gesetzt werden. Die Partie war für dieses Mal verloren, man mußte Frieden schließen und sich erholen, um in zwei Jahren wieder anzufangen. Ein von politischem Ehrgeiz erfüllter General hätte sich für eine der beiden Möglichkeiten entschieden, entweder sich für das Kaisertum auszusprechen und mit den Deutschen zu verhandeln oder den Kaiser zu verlassen und sich ausdrücklich der neuen Regierung anzuschließen. Bazaine tat beides nicht, er blieb neutral, schwieg und wartete.
In der Tragödie fehlte das Satyrspiel nicht. Wie in solchen Zeiten häufig Figuren auftreten, halb Schwindler halb Phantasten, denen es gelingt, eine vorübergehende Bedeutung zu gewinnen, erschien bei Bazaine ein Herr Régnier mit angeblichen Aufträgen der Kaiserin,

wies sich durch ein Autogramm des Prinzen Lulu aus und entwickelte interessante politische Ideen. Die Kaiserin wolle den Frieden, aber nur im Einverständnis mit dem Oberkommandierenden. Auch die Deutschen wollten verhandeln, aber nicht mit der neuen Regierung. Bazaine allein könne und müsse Frankreich retten. Menschenkenntnis war nicht des Marschalls Stärke. Er schickte seinen Jugendfreund Bourbaki nach England zur Kaiserin, der stellte fest, daß die Kaiserin nicht das leiseste von Régnier wußte.
Ohne das Ergebnis der Reise Bourbakis abzuwarten, schrieb Bazaine den Deutschen einen Brief, den der Überbringer, General Boyer, Bazaines »politischer« Berater, mitformuliert hatte. Bazaine kämpfte um die Erhaltung der einzigen noch existierenden alten Armee Frankreichs mit Argumenten, die für den Grafen Bismarck bestimmt waren. Die bürgerliche Gesellschaft werde in Paris durch eine gewalttätige Partei bedroht. Die Intervention einer fremden Macht in einer so nervösen Stadt wie Paris könne die Anarchie nicht meistern. Nur eine intakte französische Armee könne die Ordnung wiederherstellen und die Gesellschaft retten. Für Bismarck bedeutete Bazaines Gedankengang die Möglichkeit einer Restauration des Kaiserreichs oder ein Bürgerkrieg, in dem Frankreich sich selbst verzehrte. Das war einen Versuch wert. Er telegraphierte nach Metz, ob die Armee zu einer bonapartischen Proklamation bereit sei. Bazaine lehnte ab, das sei mit der militärischen Pflicht unvereinbar.
Die politischen Verhandlungen waren beendet. Jetzt konnte nur noch die militärische Lage entscheiden. Diese verschlechterte sich aber von Tag zu Tag. Die Lebensmittel gingen zu Ende, die Armee war erschöpft, die Soldaten starben wie die Fliegen. Bazaine hat sicherlich die im August für einen Ausbruch vorhandenen Möglichkeiten nicht mit der gebotenen Energie ausgenutzt. Er hat nicht die Initiative aufgebracht, um blitzschnell aus der Defensive in die Offensive überzugehen. Im Oktober aber hätte auch ein anderer Oberbefehlshaber das Schicksal nicht mehr wenden können. Der Oktober war angefüllt mit Sitzungen des Kriegsrats. Bazaine wollte sich nicht allein mit dem schmerzlichen Entschluß belasten, den er für unvermeidbar hielt. Immer wieder holte er, schriftlich oder mündlich, die Ansichten der Generäle ein. Jedesmal traten sie, bis

auf Leboeuf, für Verhandlungen ein. Sie waren, wie es der Ankläger im Prozeß formulierte, überzeugt, daß »jeder Ausfall von Mißerfolg begleitet sein würde und daß es daher wünschenswert sei, unnützes Blutvergießen zu vermeiden«. Ihr Standpunkt bestärkte Bazaine in seinem Entschluß, sich die »weiße Weste«, die Sauberkeit seines militärischen Rufes, nicht mit dem Blut von Tausenden tapferer Soldaten zu erkaufen. Auch Leboeuf hielt Kampf für aussichtslos, doch war er, um die Ehre zu retten, für Widerstand um jeden Preis. Gerade er trat aber im Prozeß besonders eindrucksvoll für Bazaine ein: irgendeine Aussicht auf Erfolg würde ein Widerstand nicht gehabt haben.

Der Oktober war auch angefüllt mit Hilferufen, die Bazaine aus Metz an die neue Regierung richtete. Es war eine der erstaunlichsten Feststellungen des Prozesses aus der an Rätseln reichen Geschichte von Metz, daß von den Depeschen des September die Regierung angeblich keine einzige erhalten hatte. Aber der aus England zurückgekehrte Bourbaki berichtete am 14. Oktober Gambetta in Tours, Widerstand sei nur noch 14 Tage möglich. Er wußte genau Bescheid und konnte sich auf den Tag ausrechnen, wann der Hunger zur Kapitulation nötigen werde. Am 27. Oktober war es so weit, das letzte Brot und das letzte Stück Pferdefleisch waren aufgegessen. Aber der lange Widerstand der Rheinarmee hatte weitgehend den Zweck erfüllt, den Bazaine davon erwartet hatte. Er band die Armee des Prinzen Friedrich Karl und gab Gambetta die Zeit, die neuen »aus der Erde gestampften« Armeen zu organisieren.

Der Marschall Bazaine entsprach nicht dem Bild, das man sich in der Öffentlichkeit von ihm entworfen hatte. Er war weder der Held, den man vor dem Kriege pries, noch der Verräter, den man nach dem Kriege verdammte. Er war ein kleiner Mann, aus dem man durchaus einen großen hatte machen wollen. Er war ein tapferer Divisionskommandeur, aber besaß nicht die Eignung zum Oberkommandierenden. Er wußte selbst, daß er keine Armee führen konnte. Die Schuld, einen unfähigen Mann zum Oberfeldherrn ernannt zu haben, trug das System, an dem der Krieg das Gottesgericht vollzog. Er hat aber auch keinen Seelenadel bewiesen. Er scheute Verantwortung, liebte Intrigen und war ein schwankendes Rohr, das sich dem

Sturm der Ereignisse beugte. Er ließ sich auf Trugbilder ein, die ihm seine ehrgeizige Phantasie vorspiegelte, er wollte als unbesiegbarer Feldherr den bald zu erwartenden Frieden erleben.
Doch der Marschall hat manches von dem, was er durch menschliche und militärische Unzulänglichkeit verschuldet hatte, durch die Haltung wieder gutgemacht, die er vor dem Gericht zeigte. Bazaine hätte als Angeklagter auf die wahren Gründe der französischen Niederlage hinweisen können, den vollständigen Mangel an jeder Organisation, die fehlende Ausrüstung der Armee, die Fehler des Kaisers bei Beginn des Feldzugs und die Fehler Mac Mahons bei Châlons. Bazaine brauchte nur den Kaiser zu beschuldigen, um selbst wesentlich entlastet zu werden. Er hätte damit Gambetta ebenso befriedigt, wie die Orleanisten, denen es auf die Bloßstellung des Kaisertums ankam. Bazaine aber wollte nicht seinen Freispruch durch Anklage gegen andere, auch nicht gegen den Kaiser, erkaufen.
Das Gericht konnte sich dem Eindruck dieser Haltung nicht entziehen. Der Ankläger, General Pourcel, faßte sich kurz. Er sprach nicht mehr von Verrat. Er hielt sich auch nicht lange bei den politischen Plänen auf, die Bazaine aus persönlichem Ehrgeiz gehegt haben sollte. Er stellte lediglich fest, daß der Tatbestand der Bestimmungen des Militärstrafgesetzbuchs erfüllt sei, da der Marschall nicht alle Mittel erschöpft habe, die Pflicht und Ehre ihm geboten. Der Verteidiger verteidigte den Marschall mit Wärme und Überzeugungskraft, beging aber einen schweren Fehler. Er verlas den Brief des Prinzen Friedrich Karl, in dem dieser anerkannte, daß sein Gegner, Marschall Bazaine, seine militärischen Pflichten pünktlich erfüllt habe. Ein solches »Führungszeugnis« beizubringen, war eine Takt- und Geschmacklosigkeit. Für Bazaine hatte sie die verhängnisvolle Konsequenz, daß das Gericht zweifeln mußte, ob der Marschall, wenn er das Verlesen dieses »Zertifikats« zuließ, das Ehrgefühl besaß, das man von einem Marschall von Frankreich erwarten konnte.
Bazaine gewann durch sein letztes Wort einen Teil der Sympathien wieder, die ihm seines Verteidigers Unbedachtsamkeit geraubt hatte. Er sagte nur: »Ich trage auf meiner Brust zwei Worte, ›Ehre und Vaterland‹, ich schwöre bei Christus, daß ich keinem untreu geworden bin.« Dem Gericht wurden vier Fragen vorgelegt. Die entscheidende

war: Hat der Marschall alle Mittel erschöpft, die Ehre und Pflicht ihm geboten? Das Gericht verurteilte ihn zum Tode. Der Herzog von Aumale hatte sogar Einstimmigkei erzielt, nachdem er den schwankenden Beisitzern erklärt hatte, aus politischen Gründen müsse ein Exempel statuiert werden. Zugleich aber hatte er sich damit einverstanden erklärt, daß ein vom gesamten Kriegsgericht unterzeichnetes Begnadigungsgesuch dem Kriegsminister vorgelegt wurde.

Die Verurteilung unter gleichzeitiger Vorlage eines Gnadengesuchs war ein schwächlicher Kompromiß. War Bazaines Vergehen so schwer, daß er strafgerichtlich verurteilt werden mußte, dann war ein Hinweis auf alle früheren Verdienste fehl am Platze. Dann mußte er erschossen werden. Oder aber die Richter mußten den Mut haben, ihn freizusprechen. Diesen Mut hatten die Richter nicht. Es waren schwache Männer, die ihren politischen Ruf durch das Todesurteil und ihr Gewissen durch das Gnadengesuch salvierten. Bazaine bewies die Tapferkeit, die er so oft auf dem Schlachtfeld gezeigt hatte, auch vor dem Gericht. Als man ihm das Todesurteil verkündete, sagte er nur: »Ich bin bereit, erschießt mich sofort.« Er verzichtete auf eine Berufung. Der Präsident, der Marschall Mac Mahon, wandelte die Todesstrafe in eine 20jährige Gefängnisstrafe um – Bazaine war damals 62 Jahre alt.

Noch einmal maßen sich die beiden alten Rivalen, Frankreichs berühmteste Marschälle, der wegen seiner Niederlage verurteilte, und der trotz seiner Niederlage zum Präsidenten Aufgestiegene. In dieser letzten »Konkurrenz« unterlag der Erfolgreiche. Mac Mahon wußte besser als jeder andere, daß Bazaine keine strafrechtlich zu ahndende Schuld begangen hatte. Hatte Mac Mahon aus Gründen der Staatsraison und um dem berechtigten Zorn Genüge zu tun, den ganz Frankreich gegen Bazaine hegte, den Prozeß zugelassen, so reichte die Verurteilung für diesen Zweck aus. Das Gnadengesuch des Gerichts gab ihm die Möglichkeit, Gnade walten zu lassen. Aber dann mußte es die volle Begnadigung sein. Die Umwandlung der Todesstrafe in eine 20jährige Haft war ein Hohn. Daß Mac Mahon nicht den moralischen Mut fand, über seinen Schatten zu springen, daß er, aus Furcht um die eigene Stellung oder aus welchen Gründen auch immer, den alten Kampfgefährten der öffentlichen Meinung opferte, daß er ihn als Sündenbock in die Wüste schickte, ist ein dunkler Fleck auf dem Bild dieses Mannes.

Bazaine erhoffte seine Rechtfertigung von der Zeit. Aber er wartete sie nicht ab. Mit der Flucht von der Insel St. Marguerite beging er einen Fehler. Nun war eine Revision des Prozesses nicht mehr möglich. Ein Grund für seinen Entschluß lag in der ihm mitgeteilten Absicht des Gefängnisdirektors, ihn kahlzuscheren und ihm Sträflingskleider anlegen zu lassen. Der verbitterte Marschall gab dem Drängen seiner jungen Frau nach, die er als 54jähriger in Mexiko geheiratet hatte. Sie hatte, als letzten Versuch vor der Flucht, in einer Audienz bei Mac Mahon den Präsidenten um Freilassung ihres Mannes gebeten. Der Präsident hatte ihr gesagt, daß er nichts tun könne, sie solle auf die Zukunft hoffen. Frau Bazaine führte den Fluchtplan mit äußerster Energie durch.

Als das Leben in Spanien, an der Seite eines gebrochenen alten Mannes ohne Zukunftsaussichten, ihren Ehrgeiz nicht befriedigte, verließ sie ihn. Bazaines Not wurde so groß, daß der verzweifelte Mann 1888 von Spanien aus Bismarck um Unterstützung bat. Der Kanzler gewährte ihm aus dem »Reptilienfonds«, den er aus dem beschlagnahmten Welfenvermögen gebildet hatte, eine jährliche Pension von 4800 Mark. Es war wirklich nur eine »Unterstützung«. Da Bazaine noch im gleichen Jahr starb, sind nur zwei Vierteljahresraten ausgezahlt worden. Es wäre falsch, die Zuwendung als »Dankesschuld für einen Verräter« anzusehen. Es war wohl nur die ritterliche Geste gegenüber einem unglücklichen Gegner. Bazaine starb, verarmt, vergessen und verlassen, im 78. Lebensjahr.

17. KAPITEL

Pétain und de Gaulle

Wenn wir für uns selbst täten,
was wir für unser Land tun,
was für Lumpen wären wir.
Cavour

Am 23. Juli 1945 begann im überfüllten Saal des Appellationsgerichtshofs in Paris der Prozeß gegen den 90jährigen Marschall Pétain, den Sieger von Verdun. Das Gericht bestand aus drei hohen Richtern und 24 Geschworenen, die je zur Hälfte Parlamentarier und Widerständler waren. Eine Verordnung vom 13. 11. 1944 bildete die Grundlage für die Tätigkeit dieses zur Ahndung politischer Verbrechen bestimmten Sondergerichtshofs. Im April 1945 war die Anklageschrift fertiggestellt worden, im Juli eine Ergänzung. Die Spannung im ganzen Land war noch größer als vor mehr denn 70 Jahren bei dem Prozeß gegen den Marschall Bazaine. Die Atmosphäre im Saal war mit Elektrizität geladen. Die Explosionen erfolgten, wenn einer der drei vorzüglichen Verteidiger Pétains, Payen, Lemaire und Isorni, einen Widerstandskämpfer ablehnte oder dem Generalstaatsanwalt Mornet und dem Vorsitzenden Voreingenommenheit gegen den Angeklagten vorwarf. Da hatte Mornet drei Monate vor Beginn des Prozesses der Presse eine Erklärung gegeben, die Regierung könne nicht umhin, bei den schwersten Straftaten die Todesstrafe zu verlangen: »Ich werde es tun!« Die Verteidigung beanstandete diese Erklärung als unzulässiges Mittel, die öffentliche Meinung zu beeinflussen. Als bei einer Erwiderung des Generalstaatsanwalts die Zuhörer murrten und Mornet rief: »Es gibt zu viel Deutsche in diesem Saal!«, erhoben die Zuhörer stürmischen Protest. Der Lärm wurde so stark, daß der Präsident den Saal räumen lassen mußte.

Die Verteidiger hatten Zusammenstöße mit dem Präsidenten, wenn dieser z.B. das Verhalten Pétains als eine Politik bezeichnete, die vom doppelten Spiel und von der Lüge gelebt habe. Sie beschränkten sich später bei ähnlichen Äußerungen auf die sarkastische Bemerkung: »Wir stellen wieder Ihre völlige Unparteilichkeit fest.« Von der Geschworenenbank tönte den Verteidigern der zornige Ruf »wir protestieren« entgegen, als sie die Energie hervorhoben, mit der Pétain einer Maßnahme der Besatzungsmacht entgegengetreten sei, und im Eifer der Argumentation die rhetorische Frage stellten, ob wohl viele Widerständler Ähnliches aufweisen könnten.

Nur einer wurde von der allgemeinen Nervosität nicht erfaßt, der Angeklagte. Nichts rief eine Reaktion auf seinem Gesicht hervor. In steinerner Ruhe, als sei er unbeteiligt, saß der Uralte auf seiner Bank. Er hatte im April 1945 aus Sigmaringen an Hitler geschrieben und um die Möglichkeit gebeten, vor dem französischen Gericht zu erscheinen. Er erhielt keine Antwort. In der zunehmenden Auflösung gelang es ihm, in die Schweiz zu entkommen. Von dort stellte er sich freiwillig dem Gericht. Zu Beginn des Prozesses gab er eine Erklärung ab, in der er an seine dem Land geleisteten Dienste erinnerte und den Waffenstillstand von 1940 als notwendig bezeichnete. Seine von allen ausländischen Staaten anerkannte Stellung habe er als Schild benutzt, um das französische Volk zu verteidigen. Er habe es für die kommende Befreiung am Leben erhalten wollen. Er sei ein Repräsentant französischer und christlicher Kultur. Er sei unschuldig und bitte nicht um Gnade. Da er das Gericht nicht anerkennen könne, werde er nicht antworten. Er hat an diesem Schweigen festgehalten. Aber es gab einige wenige Augenblicke, in denen ihn Erregung übermannte und er zu sprechen begann. So brach er nach der Vernehmung Weygands sein Schweigen: er sei taub und könne nicht alles mithören, aber Weygand habe er verstanden, dem könne man vertrauen; alles, was Weygand gesagt habe, finde seine vollste Zustimmung. Die altvertraute Soldatensprache war ihm in Ohr und Herz gedrungen.

In der ersten Sitzung erhob die Verteidigung den Einwand der Unzuständigkeit, wie die Verteidiger der niederländischen Grafen vor dem Blutgericht Albas und die des Kaisers Maximilians vor dem mexikanischen Kriegsgericht. Die Verfassung von 1875 sei noch gültig. Da-

nach könne nur der Senat über den Präsidenten der Republik zu Gericht sitzen. Diese Stellung habe der Angeklagte gehabt, da ihm die Nationalversammlung am 10.7.1940 alle Macht übertragen habe. In allen demokratischen Ländern sei der Senat zuständig zur Aburteilung des Hochverrats seiner Organe. Die Verordnung vom 13.11.1944 sei nicht von der Nationalversammlung erlassen und widerspreche der besten Tradition Frankreichs, vor allem auch dadurch, daß die Richter aus den Gegnern des Angeklagten gewählt würden. Der Einwand wurde abgelehnt. Über Ney hatte die Pairskammer geurteilt, über Bazaine ein Kriegsgericht, Pétain mußte sich vor dem Sondergericht verantworten, das unter dem bestimmenden Einfluß der Widerständler stand.
Wirft man einen Blick auf die Zeugen, die vom 23. Juli bis zum 10. August vernommen wurden – Politiker, Diplomaten, Generäle, Männer der Vichy-Regierung –, dann ist der erste Eindruck, daß die meisten nicht zum Prozeß aussagten, sondern ein Plädoyer in eigner Sache hielten. Die Politiker nahmen einen anderen Standpunkt ein als die Soldaten. Reynaud, Pétains Vorgänger als Ministerpräsident im Kriege, hatte noch nach dem Waffenstillstand einen Brief voller Verehrung an den Marschall gerichtet; jetzt erklärte er, er habe seinen Charakter erst später erkannt. Die Frage, ob Pétain Verrat begangen habe, bejahte Daladier mit der allerdings erstaunlichen Auslegung, der Begriff des Verrats habe verschiedene Bedeutung, Pétain habe wie Bazaine aus Unfähigkeit Verrat begangen. Lebrun, der letzte Präsident, beantwortete sie in einer würdigen, sich von jeder Gehässigkeit freihaltenden Aussage dahin, er könne nicht verstehen, daß der Marschall trotz bestimmter Vorkommnisse im Amt geblieben sei. Der Senatspräsident Jeanneney betrachtete den Waffenstillstand nicht als ein Verbrechen, aber als einen unverzeihlichen Fehler. Léon Blum erblickte einen Verrat in der Täuschung des französischen Volkes, dem der Waffenstillstand als etwas Natürliches und Ehrenhaftes hingestellt worden sei. André Trochu sagte, ein Staatschef und ein Außenminister hätten mitunter die Pflicht, ein Doppelspiel zu treiben. War Pétains pro-deutsche Politik richtig, ein Fehler oder ein Verbrechen? Voraussetzung für ein Verbrechen wäre, daß die Kollaboration darauf ausging, die Wiedererrichtung eines demo-

kratischen Systems unmöglich zu machen. Das waren Nuancen, die über das Leben und den Tod entscheiden konnten.
Weygand, der letzte Oberkommandierende, sagte mit militärischer Bestimmtheit, die militärische Lage habe 1940 nur zwei Möglichkeiten gelassen, Kapitulation oder Waffenstillstand. Die Politiker hätten die Kapitulation verlangt. Diese sei aber für den Soldaten eine entehrende Sache. Der ganze Prozeß drehe sich darum: Kapitulation oder Waffenstillstand. Nein, rief ein Geschworener, der Prozeß sei: »Verrat!« Dies Wort, erwiderte Weygand, werde er in bezug auf den Marschall nie aussprechen. General George unterstrich den Unterschied zwischen Kapitulation und Waffenstillstand: »Wir haben Bazaine nicht vergessen.«
General Herings Aussage, Bleiben und Gehen seien zwei sich ergänzende Handlungen, die, wie 1870 im Elsaß, so 1940 in Frankreich notwendig gewesen seien, führte zu einem Zusammenstoß mit dem Präsidenten. Als dieser erneut Pétains Lügen anprangerte, hielt ihm ein Verteidiger Churchills Wort vor: »Um den Feind zu täuschen, muß man bisweilen das eigene Land etwas täuschen.« General Lafargue bezeichnete das doppelte Spiel als die einzige Waffe im »Kampf des Wartens«. General Trochu sagte aus, die Atmosphäre in Vichy sei greulich gewesen; nur beim Marschall habe eine saubere Luft geherrscht. Als er Pétain gesagt habe, er sei mit dem Herzen bei de Gaulle, habe der Marschall ihm erwidert: »An Ihrer Stelle würde ich wahrscheinlich ebenso denken, aber wir ... wir müssen krumme Wege gehen.«
Professor Chevalier hatte dem Marschall die ihm von Halifax übermittelte Botschaft Englands überbracht. England habe ihn in seinem Bestreben des passiven Widerstandes ermutigt. Pétain sei mit der vorgeschlagenen »künstlichen Spannung« einverstanden gewesen. Der amerikanische Admiral Leahy bezeugte zwar dem Marschall Hingebung an das Wohl des französischen Volkes, die glühende Hoffnung, die Naziangreifer vernichtet zu sehen, und das Bewußtsein, verschiedenes gegen die Achse und zu Gunsten der Alliierten unternommen zu haben, kam aber zu dem Schluß, eine positive Weigerung, das Geringste auf Forderungen der Achse zu tun, wäre für Frankreich nicht ungünstiger gewesen.

Die Aussagen und Auffassungen gingen weit auseinander. Noch mehr unterschied sich das Bild, das die Anklage von Pétain entwarf, von dem, das die Verteidigung zeichnete. Emphatisch behaupteten die Verteidiger, die Anklage habe von Frankreichs größtem Soldaten ein scheußliches Zerrbild entworfen. Die Ankläger hielten der Verteidigung vor, sie suche einen ehrgeizigen Intriganten in einen Ritter ohne Tadel umzufärben. Mornet erklärte zwar, der Verrat beginne erst am 11.7.1940, der Waffenstillstand sei kein Anklagepunkt, unterließ es aber nicht, den Waffenstillstand Pétain zum schweren Vorwurf zu machen und sich eingehend mit den ihm voraufgehenden Vorgängen zu beschäftigen. Die Anklageschrift stellte es so dar, als ob der immer republikfeindliche Marschall, der stets mit Maurras und anderen Politikern der Rechtsopposition in Verbindung gestanden habe und von ihnen als der kommende starke Mann angesehen worden sei, die Niederlage Frankreichs freudig benutzt habe, um mit gleichgesinnten Verrätern über den Waffenstillstand an die Vernichtung der Republik zu gehen. Man warf ihm ein »Komplott« gegen den französischen Staat vor. Er habe den dreifachen Verrat begangen, der in der endgültigen Anerkennung der Niederlage, in der Erniedrigung des eigenen Volks vor der ganzen Welt und in der Hilfe an den Feind zum Ausdruck komme.
Die Gründe dafür, daß der Held von Verdun solchen Verrat begangen habe, erblickte der Ankläger in der Eitelkeit, mit der er erklärt habe, es gebe nur *ein* Vaterland, das *er* verkörpere, in seinem autoritären Instinkt und in seinen Haß gegen das demokratische Regime. Den Haß habe er durch einen Kultus des Mißvergnügens, durch seinen Eifer für einen autoritären Staat und durch die Kritik an dem zusammengebrochenen System unzweideutig bewiesen. Er habe die entehrenden Klauseln des Waffenstillstandes ohne Widerstand angenommen. Die Gesetze vom 11.7.1940, durch die er an die Stelle der Republik ein autoritäres System mit dem Staatschef an der Spitze gesetzt habe, seien ein Attentat gegen die Republik. Die Anklage warf dem Marschall vor, die ablehnende Haltung der Mehrheit des Volks gegenüber der Besatzungsmacht gekannt und trotzdem den Widerstand als Terrorismus bezeichnet zu haben. Sein Ziel sei nicht die Freiheit des Landes, sondern die Treue gegen den Staatschef gewesen. Deshalb habe er de Gaulle gehaßt.

Es war eine lange Liste von Handlungen, die den dreifachen Verrat bewiesen: die definitive Anerkennung der französischen Niederlage, die Politik des fortgesetzten Nachgebens, die Versenkung der Flotte in Toulon, die Nachahmung der Feindgesetze, das Judenstatut, die Verurteilung von Kommunisten und Widerständlern, das Gerichtsverfahren von Riem zur Feststellung der Verantwortlichkeit für den Krieg, das Bündnisangebot an Hitler nach Dieppe, die Rückgratlosigkeit, als die Deutschen 1943 den Waffenstillstand brachen, der Dolchstoß in den Rücken der Waffengefährten, die Politik in Syrien, die zum Kampf von Franzosen gegen Franzosen geführt habe, die Geheimbefehle an Darlan in Nordafrika mit dem Ziele, den französischen Widerstand zu teilen, die Parolen an die französischen Zwangsarbeiter in Deutschland: »Ihr arbeitet für Frankreich!« und an die französischen Legionäre in Rußland: »Ihr dient Frankreich durch die Teilnahme am Kreuzzug Europas gegen den Bolschewismus!« – es war eine Liste, die nach der Stimmung und Auffassung der damaligen Zeit das Wort des Kammerpräsidenten Herriot zu rechtfertigen schien, Pétain habe die »Grenzen« überschritten.
Die Verteidiger hatten es nicht leicht. Sie entwarfen das Bild des schlichten Soldaten, der keinen politischen Ehrgeiz gehabt habe. Jetzt beherrsche alles der politische Haß. 1940 aber sei der Waffenstillstand von der überwiegenden Mehrheit der Franzosen als Erleichterung empfunden worden. Churchill habe ihn Hitlers größten Fehler genannt. Im Mai 1945 habe de Gaulle in der Nationalversammlung gesagt: »Man soll sich einmal vorstellen, was die Entwicklung des Kampfes gewesen wäre, wenn die deutsche Armee über die französischen Besitzungen in Afrika hätte verfügen können!« Alle Franzosen konnten nicht fortgehen. Die meisten mußten bleiben. Wer in erster Linie als Schutz und Schild zu ihnen gehörte, war der Staatschef. Dann zerpflückte die Verteidigung die Theorien des »Komplotts«. Pétain war kein »Mann der Rechten«. Es war Pierre Cot, ein Mann der Linken, der ihn 1935 als Führer vorschlug. Im Sommer 1940 nannte ihn Admiral Leahy »eine der edelsten und größten Gestalten« der Weltgeschichte. Nach dem Waffenstillstand sei seine Politik gewesen: kein offener Widerstand, keine Attentate,

um nicht Repressalien hervorzurufen, aber stiller, zäher Widerstand. So sei er der Marschall »Immernein« geworden.
Natürlich habe er ein doppeltes Spiel treiben müssen, um die Deutschen zu täuschen, genau wie in der gleichen Lage Metternich, Scharnhorst, Thiers. Natürlich habe er zu manchem schweigen müssen, wie jetzt de Gaulle zu Maßnahmen der Engländer und Russen, die ihm nicht paßten, schweige. Aber inzwischen sammelte er Kriegsmaterial und stand in heimlicher Verbindung mit Churchill. Sein Ziel war, materielle Vorteile gegen moralische Konzessionen zu erringen, während die Widerständler moralische Vorteile gewinnen wollten. Den französischen Kriegsgefangenen, denen seine Hauptsorge galt, konnte er nicht helfen, ohne die Finte der Kollaboration. Pétain stand immer vor der Gefahr »des kleineren Übels«. Deshalb ließ er die Freiwilligen-Legion zu, der Verbrecher, Abenteurer, aber auch Idealisten angehörten. Deshalb verhandelte er, als Sauckel seine erschreckenden Forderungen auf Gestellung von Arbeitern stellte. In Belgien wurden 80% der Arbeiterschaft in Zwangsarbeit gebracht, in Frankreich nur 16%. Mit Recht konnte Pétain den Arbeitern in Deutschland sagen: Auch ihr arbeitet für Frankreich. Der Marschall war nicht gegen Widerstand, aber gegen Terror: »Ich will Ordnung, aber nicht Mord.« Ihm war es zu danken, daß die Organisationen der Elsässer erhalten blieben. Er versprach ihren Abordnungen, sie nie zu vergessen und sie in ihre Heimat zurückzuführen. Sah so Verrat aus?
Als für einen Deutschen 100 Geiseln erschossen werden sollten, bot sich der Marschall selbst als Geisel an und rettete die Bedrohten. War das persönlicher Ehrgeiz? Als die Alliierten in Afrika landeten, gab er den Geheimbefehl, keinen Widerstand zu leisten, wenn die Landung mit genügend Kräften erfolge, und desavouierte Darlan, als er Waffenstillstand schloß, stimmte ihm aber in geheimer Botschaft zu. Das war doppeltes Spiel, aber war es Verrat? Der Marschall gab den Befehl zur Versenkung der Flotte in Toulon, weil er England versprochen hatte, sie nicht in deutsche Hände fallen zu lassen, und ein Auslaufen nach Ansicht der Sachverständigen nicht möglich war. War das ein Dolchstoß in den Rücken der Kampfgefährten?
Der Schweizer Gesandte Stucki hatte bekundet, daß Pétain nie ernst-

haft an Kollaboration dachte und gegen die Deutschen Haß und Abneigung empfand. Deutschland beobachtete seine Tätigkeit nach Ribbentrops Ausdruck »mit wachsender Zurückhaltung« und setzte ihn schließlich, unter dem Gesandten von Renthe-Fink als Wärter, gefangen. Der Marschall hielt auch »diese letzte Viertelstunde« aus, um nicht noch zum Schluß den Deutschenfreunden Doriot, Darnand oder Henriot das Feld zu räumen. 1944 versuchte er, mit de Gaulle Verbindung aufzunehmen. Natürlich verlangte er, die Legitimität seiner Stellung anzuerkennen. Denn er wollte kein Rebell sein. Die andere Seite aber hielt den Waffenstillstand für ein Verbrechen und alle Handlungen Vichys für strafbar. Das war das ganze Unglück. Denn beide, Pétain und de Gaulle, waren gute Franzosen, die den gleichen Schmerz fühlten und das gleiche Ziel verfolgten, aber verschiedene Wege einschlugen. In beiden konnte Frankreich Offenbarungen der französischen Seele erblicken. Schon morgen, sagten die Verteidiger, werde sich Frankreich eine etwaige Verurteilung seines alten Marschalls zum Vorwurf machen. Es gehe um Gerechtigkeit, Dankbarkeit und Menschlichkeit.

Der Marschall erhielt das letzte Wort: Er brach das Schweigen und sprach: »Mein einziger Gedanke war, beim französischen Volk auf Frankreichs Boden zu bleiben, um seine Leiden zu mindern und zu versuchen, es zu schützen ... Urteilen Sie über mich nach Ihrem Gewissen! Meines wirft mir nichts vor. Denn während meines langen Lebens – ich versichere es, bei meinem Alter an der Schwelle des Todes angelangt – habe ich keinen anderen Ehrgeiz gehabt, als Frankreich zu dienen.«

Nach siebenstündiger Beratung verurteilte das Gericht den Marschall Pétain zum Tode, sprach aber mit 14:13 Stimmen den Wunsch aus, daß mit Rücksicht auf das Alter des Verurteilten die Strafe nicht vollstreckt werden möge. Nach einer 1964 von einem der Geschworenen in einer Zeitschrift veröffentlichten Darstellung schlug der Präsident Mongibeaux vor, Pétain zu 5 Jahren Verbannung zu verurteilen. Die Résistance-Helden seien sprachlos gewesen. Nach heftiger Debatte hatten 10 von den 24 Geschworenen dem Vorschlag zugestimmt. So sei Pétain mit 14 zu 13 Stimmen zum Tode verurteilt worden. Die Zeitschrift sprach die Vermutung aus, daß der Vorschlag nicht von den Richtern, sondern von de Gaulle stammte. Das Urteil schloß sich in allen Punkten den Ausführungen der Anklageschrift und des Generalstaatsanwalts an. Es hielt zwar den Beweis für das »Komplott« nicht für völlig ausreichend, aber für unzweifelhaft, daß Pétain Beziehungen mit Deutschland unterhalten habe in der Absicht, die Unternehmungen des Feindes zu fördern. Damit sei der Tatbestand des Hochverrats erfüllt. Das Urteil ging auf die Ausführungen der Verteidigung kaum ein, auch nicht auf die den Marschall entlastenden Zeugenaussagen. Es ist, als sei es schon vorher fertiggestellt worden.

Gericht und Staatsanwaltschaft hatten recht: für die Beurteilung des Waffenstillstandes und des Verhaltens Pétains am 10. Juli 1940 und während seiner Tätigkeit als Staatschef waren seine inneren Motive ausschlaggebend. War er ein schlichter Soldat, der »seine Person Frankreich« geopfert und dabei vielleicht Fehler gemacht hatte, oder war er ein politischer Ehrgeizling, der Frankreichs Niederlage ausnutzte, um die Republik durch ein autoritäres System zu ersetzen und sich an die Spitze zu stellen, und der deshalb mit dem Feind zusammenarbeitete? Wie im Falle Bazaine kam es weniger auf die einzelnen Handlungen als auf die Triebkräfte der Gesamtpolitik an. Nur stand hier nicht ein unentschlossener Schwächling vor Gericht, sondern ein ganzer Mann, der wußte, was er wollte. Mit 80 Jahren, sagte die Verteidigung, ändert der Mensch sich nicht mehr. Dann aber ging die Staatsanwaltschaft mit Recht in die Zeit vor dem 10. Juli 1940 zurück und durchleuchtete das Leben des Marschalls, um zu erkennen, was für ein Mensch er war, aufrichtig oder verlogen, ehrgeizig oder bescheiden, ein unpolitischer General oder ein reaktionärer Politiker. Nichts hat dem Marschall so geschadet wie die dithyrambische Lobpreisung durch seine Anhänger. Pétain glich in vielem Hindenburg. Schon 1934 sagte ihm jemand: Vielleicht sind Sie eines Tages unser Hindenburg. Er wurde es.

Pétain war 1914 mit 58 Jahren ein Oberst, dessen Laufbahn abgeschlossen zu sein schien. Mit 62 Jahren war er Marschall, mit 78 Minister, mit 82 Botschafter, mit 84 Staatschef, mit 90 Hochverräter – eine erstaunliche Laufbahn. Die Wende trat im 60. Lebensjahr ein, als er der »Retter von Verdun« wurde. Allerdings wurde ihm auch dieses Verdienst bestritten. Nach Ansicht Joffres, der es eigentlich wissen mußte, war Nivelle der wahre Retter. In den Jahren 1916–1918 zeigte Pétain das, was Clémençeau sein »negatives Temperament« nannte; als Gegner offensiver Strategie dämpfte er Fochs Offensivpläne, sein gesunder Menschenverstand glich Fochs stürmisches Temperament aus. Der mag kein genialer Stratege gewesen sein, aber er war in militärischen Dingen eine ernstzunehmende Autorität. Jedenfalls behielt er, nur noch von Jahr zu Jahr steigend, das gewaltige Prestige, das in der öffentlichen Meinung seit 1916 an seinem Namen haftete.

Der Ruf nach dem »starken Mann«, der in den Jahren zwischen den Weltkriegen in so vielen Ländern hörbar wurde, erhob sich in Frankreich nicht nur durch die Männer von rechts, wie Hervé und Maurras. In der Furcht vor dem Kommunismus erblickte das Bürgertum überhaupt im autoritären System die Rettung. Auf Pétain schwur die Rechte, aber auch Léon Blum nannte ihn den »edelsten und menschlichsten unserer Soldaten«. Der Marschall hatte am französischen Parlamentarismus viel auszusetzen; dem alten Soldaten ging der dauernde Wechsel der Regierungen und der Mangel an einheitlicher Leitung gegen den Strich. Doch wie er dachten viele Soldaten, auch de Gaulles späterer Standpunkt wich nicht wesentlich davon ab. Pétain war aber kein Boulanger, er wollte nicht Politiker sein. Als jemand erzählte, die Chinesen seien ein weises Volk, sie befaßten sich nie mit Politik, sagte Pétain: »Nie? Dann will ich Chinese sein.« Das kam ihm aus dem Herzen.

Der Ministerpräsident Reynaud nahm Pétain im Mai 1940 in sein Kabinett auf, weil ihm das Wasser bis zum Hals ging. Der Marschall sollte der Retter werden oder der Sündenbock für Fehler, die andere begangen hatten. Pétain, der vielleicht zum Pessimismus neigte, aber einen gesunden Blick für Tatsachen hatte, sah voraus, daß die Politiker ihn holen würden, wenn sie am Ende ihres Lateins wären. Mit der Auffassung, daß der Waffenstillstand die einzige für Frankreich mögliche Lösung sei, stand er damals nicht allein. Die Mehrheit der Generäle und der Politiker waren der gleichen Auffassung. 1940 hatte sein Entschluß ungeteilte Zustimmung, der Appell de Gaulles kein Echo gefunden. Der vorsichtige Taktiker und der kühne Neuerer

konnten nicht zusammenkommen. De Gaulle empfand einen verdrängten Haß gegen Pétain, dem er 1945 die Liebe des französischen Volkes zu entreißen suchte.
Als der Präsident Lebrun ihm auf Reynauds Vorschlag die Leitung des Kabinetts im Juni 1940 übertrug und die Präsidenten der Kammer und des Senats der Ernennung zustimmten, wußten sie alle, daß er alsbald um Waffenstillstand nachsuchen würde. Für Reynauds »geballte Energie« hatten von 535 Kammermitgliedern nur 268 mit Ja, 156 mit Nein gestimmt und 111 hatten sich der Stimme enthalten. Für die Machtübertragung an Pétain im Juli 1940, nach dem Waffenstillstand, stimmten von 667 anwesenden Mitgliedern der Nationalversammlung 569 mit Ja, 80 mit Nein, 18 enthielten sich der Stimme. 85 Prozent sprachen dem Marschall ihr Vertrauen aus. Es war ein überwältigendes Votum.
Wenn Pétain wirklich ein »Verräter« gewesen wäre, hätte er leicht bessere Bedingungen erhalten können. Er brauchte nur die Flotte zu einem Geschäft mit den Deutschen zu benutzen. Aber er hielt eisern an der Zusage fest, die er den Engländern gegeben hatte. Im vertrauten Kreis kennzeichnete er seine Haltung gegenüber den Alliierten dahin, er werde feuern, wenn sie mit 2 bis 3 Divisionen kämen, sie aber mit offenen Armen aufnehmen, wenn sie mit 20 kämen. Solches Doppelspiel mußte geschickt betrieben werden. Ein Achtzigjähriger hatte es schwer, auf der schmalen Grenze zu balancieren, die den Jasager, den Quisling, von dem Patrioten trennte, der im Widerstandskampf sich gezwungen sah, bisweilen nachzugeben. Im Gegensatz zu Laval, Doriot und Déat war Pétain »Attentist«. Aber Pétain tat mehr, er ließ das Land nicht zu einem Friedhof werden, dessen Befreiung nutzlos gewesen wäre, er rettete Frankreich vor dem Schicksal Polens. Frankreich brauchte damals beide, Pétain und de Gaulle, den Schild und das Schwert. Hätte der Krieg nur zwei Jahre gedauert, wäre der Marschall Frankreichs gefeiertster Bürger gewesen.
Das »doppelte Spiel« war für ihn die einzig mögliche Politik. Man erschwert seine Verteidigung, wenn man behauptet, der ehrliche Marschall habe niemals jemanden getäuscht. Wer Pétain von dem Vorwurf des Verrats freisprechen will, muß zugeben, daß er ein zu jeder Täuschung bereiter Diplomat war. Er mußte seine Landsleute täu-

schen, aber die Menge der Franzosen hat nie an ihrem Marschall gezweifelt. Er hat jahrelang die Deutschen getäuscht. Aber sie trauten ihm nicht über den Weg. Ribbentrop warf ihm beständigen Widerstand und Mangel »an gutem Willen« vor. Hitler hielt den Marschall für einen Gegner der Kollaboration. In der von Otto Abetz geschilderten langen Unterredung zwischen Pétain und Göring am 1.12.1941 war der Marschall so unnachgiebig, daß Göring ausrief: »Wer sind denn jetzt eigentlich die Sieger, wir oder Sie?« Doch die Deutschen brauchten ihn, wegen des Ansehens, das er in Frankreich genoß. Er selbst aber geriet immer mehr in ein Zwielicht, aus dem ihm der Vorwurf erwuchs, ein Verräter zu sein.

Im Januar 1942 sandte der deutsche Botschafter Abetz ein mit Benoist-Mechin zusammen redigiertes Telegramm nach Berlin: die Vichy-Regierung habe beschlossen, nach Regelung bestimmter Vorfragen den USA und England den Krieg zu erklären und an der Seite Deutschlands ohne Vorbehalt bis zum Endsieg zu kämpfen. Pétain hat einen solchen Kabinettsbeschluß kategorisch abgestritten. In dem Prozeß gegen Benoist-Mechin, der Staatssekretär in der Vichy-Regierung gewesen war, 1947 zum Tode verurteilt und später begnadigt wurde, spielte dieses Telegramm eine große Rolle. Der Richter sagte, die Absender hätten es offenbar ernster genommen als die Empfänger. Hitler und Ribbentrop warfen die Depesche in den Papierkorb.

Das Verhängnis für Pétain war, daß man ihn in einer Zeit aburteilte, in der in Frankreich Gerechte und Ungerechte, Helden und Schurken in einen Topf geworfen wurden, in der, wie Léon Blum sich ausdrückte, »verlängerte Ferien vom Recht bestanden« und der Gaullismus die merkwürdige Ehe mit dem Kommunismus einging. Die Kommunisten liefen gegen die Reaktionäre Sturm, die mit Hitler kollaboriert hätten, um ihre Klassenprivilegien auf Frankreichs Kosten zu erhalten. Das Bürgertum besann sich auf das alte Mißtrauen gegen autoritäres Führertum und auf das traditionelle Mißtrauen, das seit Boulanger und Dreyfus die Politiker gegen die Offiziere beseelte. Haß und Mißtrauen richteten sich vor allem gegen den Mann, der die Kollaboration, in den Augen der Widerständler den Verrat, verkörperte, gegen den Marschall.

Man hatte keine Zeit für komplizierte Gedankengänge und kein Verständnis für doppeltes Spiel. Man kehrte wie in den Tagen der großen Revolution zu einfachen Formulierungen zurück: »Verrat an Frankreich«, das verstand jeder. Wie die Zeit der Revolution, war auch die Periode der »Epuration« eine der blutigsten der französischen Geschichte. In den Jahren 1944/45 wurden von den eigenen Landsleuten viermal so viel Franzosen umgebracht, wie während der ganzen Besatzungszeit von den Deutschen. In der französischen Widerstandsbewegung, in der jugendliche Idealisten neben Verbrechern, rote Klassenkämpfer neben Offizieren französischer Eliteregimenter standen, gaben bei den Strafgerichten die radikalsten Stimmen den Ausschlag. Auch das Gericht, das über Pétain urteilte, stand unter ihrem Einfluß.

Es wäre Sache des Staatschefs gewesen, nach der Verurteilung den Gnadenakt vorzunehmen. General de Gaulle war im Kriege Pétains schärfster Gegner gewesen. Es hätte Mut dazu gehört, sich mit der Brandmarkung Vichys durch das Gerichtsurteil zu begnügen und den Marschall zu begnadigen. De Gaulle hat diese menschliche Größe nicht besessen. Er ließ den halbtoten Laval, an ein Brett gebunden, hinrichten, den General Dentz, den Verteidiger Syriens, im Gefängnis sterben und den 89jährigen Pétain auf Lebenszeit einkerkern. Er opferte den größten Soldaten Frankreichs dem Geschrei der Straße und dem unnatürlichen Bündnis zwischen Bolschewismus und Gaullismus. Wohl ließ er Frankreichs »großen alten Mann« nicht auf dem Schafott sterben, aber es war keine »Gnade«, daß er die Todesstrafe in lebenslängliche Haft umwandelte. Als de Gaulle Antikommunist geworden war, forderte er Pétains Freilassung. Aber ein politisches Urteil läßt sich nur schwer ändern. Erst als der Marschall nicht mehr im Vollbesitz seiner geistigen Kräfte war und Krankheit ihn ans Bett fesselte, ließ ihn 1951 Präsident Auriol aus dem Gefängnis in eine Privatvilla überführen. Vier Wochen später starb, noch immer auf der Strafgefangeneninsel d'Yeu, Marschall Pétain im Alter von 95 Jahren.

Pétain und de Gaulle waren seit Jahrzehnten eng miteinander verbunden. Der Marschall war des Jüngeren militärisches Idol, de Gaulle war Pétains Liebling und Protégé. De Gaulle bewunderte Pétain, der nicht nur bei der Verteidigung von Verdun, sondern vor allem 1917, als bei den damaligen Meutereien Frankreichs Schicksal am seidenen Faden hing, sich als Retter des Vaterlandes erwies. Noch mehr begeisterte de Gaulle, daß Pétain vor dem ersten Weltkrieg die im französischen Oberkommando vorherrschende Meinung vom »geringen Nutzeffekt« der schweren Artillerie scharf kritisiert hatte, deswegen kaltgestellt worden war und im Krieg glänzend gerechtfertigt wurde. Als mißliebiger militärtheoretischer Rebell war de Gaulle 1939 das, was Pétain 1914 gewesen war. Den Jüngeren beeindruckte ungemein, daß der Marschall, um den Preis geringeren Avancements, seinen Ideen treu blieb. Im ersten Krieg gefangengenommen, studierte de Gaulle im Lager Pétains Thesen; dessen Grundsatz »Vorrang des Materials« hatte sich als richtig erwiesen. Nach dem Kriege wurde der junge Offizier der erklärte Liebling des Marschalls. Der hielt de Gaulle für die Hoffnung seiner Generation und förderte ihn, wo und wie er nur konnte. De Gaulles Sohn wurde zu Ehren Pétains Philipp genannt. General Héring, der Kommandant der höheren Kriegsschule, sagte: »De Gaulle? Das ist eine Neuauflage Pétains.«

Beide waren sich ähnlich und doch wieder verschieden. Sie waren stolz, wenngleich jeder auf seine Art. Pétains Stolz beruhte auf Bauernschläue, de Gaulles Stolz hatte eine aristokratische Komponente. De Gaulle widmete dem Marschall sein erstes Buch und schrieb in der Widmung: »Nichts zeigt besser als Ihr Ruhm, in welchem Maße das Handeln durch klare Gedanken geadelt werden kann.« Als Pétain die Widmung las, strich er die Worte »als Ihr Ruhm« durch. General Héring stellte klar: »De Gaulle scheint unglaublich stolz zu sein. Beim Marschall ist das ganz anders. Er offenbart den vollendeten Stolz der Bescheidenheit.« Beide waren überdurchschnittlich intelligent und gebildet, doch mit de Gaulles Allgemeinbildung und unersättlicher Wißbegier konnte sich Pétain nicht messen. Der Marschall hatte seinen christlichen Glauben längst verloren, de Gaulle blieb ihm treu. Die unzähligen Amouren des eingefleischten Junggesellen Pétain, der gern schlüpfrige Geschichten erzählte, wurden mit Vergnügen kolportiert, de Gaulle verschmähte Zoten und führte ein vorbildliches Familienleben.

Die beiden nächsten Bücher widmete de Gaulle nicht dem Marschall, sondern der französischen Armee. Zwischen beiden Männern bahnte sich eine wachsende Entfremdung an. Pétain meldete de Gaulle gegenüber immer mehr Vorbehalte an, und de Gaulle, das geistige Kind des Marschalls, wurde zur Reinkarnation des Pétain von 1914, der bereits der Vergangenheit angehörte. Im Jahre 1934 hieß der wirkliche Pétain schon de Gaulle. War Pétain der einzig lebende Mann gewesen, den de Gaulle bewunderte, so bedrückte ihn um so mehr der allmähliche Verfall dieses illustren Geistes. Die Egozentrik wurde das Lebenselixier Pétains, für den die zunächst noch kurzen, dann aber immer länger werdenden »geistigen Leerstellen« typisch waren. Die Undankbarkeit, auch gegenüber den Getreuesten, nahm zu; einer seiner Vertrauten sagte, er habe die blauen Augen der Orleans, er habe auch deren Undankbarkeit. Pétains Begeisterung für de Gaulle ließ merklich nach; er meinte, de Gaulle werde sich rücksichtslos nach oben boxen. Dieser sagte, nichts und niemand könne den senilen Ehrgeiz des Marschalls noch zügeln.

De Gaulles militärische Ideen fanden wenig Anklang. Um so zahlreicher wurden seine Auftritte auf der politischen Bühne. Darüber entrüstete sich wieder der Marschall: »Das ist nicht die Aufgabe eines Soldaten. Das ist übersteigertes Geltungsbedürfnis.« Im Kriege vermochte auch de Gaulles Panzerdivision den Lauf der Dinge nicht aufzuhalten. Der Ministerpräsident Paul Reynaud ernannte den General, der ihm geschrieben hatte, das militärische System der Franzosen widerspreche völlig dem Gesetz des modernen Krieges, im Juni 1940 zum Unterstaatssekretär im Kriegsministerium. Nun saß de Gaulle neben dem zum Staatsminister ernannten Marschall. Den erfreute die Nähe seines alten Schützlings nur wenig. Beide Männer nahmen keine Notiz voneinander. De Gaulle sagte: »Der arme Marschall ist 1925 gestorben!« Als Pétain für sofortigen Waffenstillstand eintrat, schlug de Gaulles Patriotismus über die Stränge: »Der Marschall ist ein Verräter.«

Mit einigen Grundsätzen der nationalen Revolution war de Gaulle durchaus einverstanden. Er verachtete Demokratie und Parlamente nicht weniger als der Marschall. Aber er spottete über Pétains Devise Arbeit, Familie, Vaterland: »Das Vaterland? Der Retter von Verdun ist ein Verräter geworden. Familie? Er hat nie Kinder gewollt, er ist

ein alter Libertin. Arbeit? Seit langem hat er sie verlernt!« Das Alter trennte sie; mit 49 ist man de Gaulle, mit 84 ist man Pétain. Der Marschall seufzte: »Sie rufen mich immer nur bei Katastrophen.« Aber er wußte es zu schätzen, daß man ihn zur Hilfe holte. Den General Weygand erinnerte der Marschall irgendwie an die Haltung Erzbergers bei der Kapitulation 1918; der Deutsche habe sich durchaus würdig benommen, aber ein Zug in seinem Gesicht habe eine gewisse Befriedigung erkennen lassen, so als sage er sich: »Mich hat man gesucht, und keinen anderen, als das Vaterland im Unglück war . . . Ich bin es, der das Vaterland personifiziert!«
Der Marschall kam häufig auf de Gaulle zurück: »Er wird mir noch harte Schläge versetzen, wenn er kann. Er wäre sogar fähig, mich vor ein Gericht zu stellen.« In anderen Augenblicken meinte er: »Im gegebenen Augenblick werde ich mich mit ihm versöhnen. In der letzten Minute werde ich mich arrangieren . . .« Als de Gaulle zum Tode verurteilt wurde, sagte der kluge Pierre Laval: »De Gaulle zum Tode zu verurteilen, das ist der größte Dienst, den man ihm erweisen konnte.« Einige konsequente Elemente in Vichy waren entschlossen, im Ernstfall das Urteil zu vollstrecken. Für Pétain handelte es sich, wie London über Agenten erfuhr, um eine »reine Formsache«. Er schrieb an den Rand des Todesurteils von de Gaulle: »Dieses Urteil kann selbstverständlich nur prinzipiell sein. Ich habe nie beabsichtigt, es zu vollstrecken.« Als ein Bote aus London ihm Tag und Stunde der nächsten Flugreise de Gaulles mitteilte, – mit der deutlichen Absicht, diese »Jeanne d'Arc zu verbrennen« –, ging Pétain auf das Angebot nicht ein, er rettete de Gaulle das Leben. Beide hielten sich für die Inkarnation Frankreichs. Louis Ferdinand Célestine, der Arzt im Gefolge des Marschalls war, schreibt über Pétain: »Er war der letzte König Frankreichs. Die Statur, die Majestät, alles! Und er glaubte daran! . . . Man hätte Pétain den Kopf abschneiden können, er inkarnierte trotzdem!«
Der Marschall war ein Symbol. De Gaulle sagte – und war davon überzeugt –: »Frankreich, das bin ich.« Beide hatten ihr Evangelium. Der eine wie der andere war in diesem Religionskrieg Jesus Christus. De Gaulle zürnte: »Die Legitimität – ich allein erhalte sie.« Pétain antwortete: »Die Legitimität, die Verfassungsmäßigkeit,

das bin ich.« Aber der furchtbare Altersabbau, den der Marschall erlitt und den vor dem Kriege de Gaulle als erster enthüllt hatte, ließ sich immer weniger verbergen. Die ständigen Manöver, den Marschall einzuwickeln, die Momente der Schwäche ebenso wie die hellen Stunden auszunutzen, nannte man in Vichy schlicht »Greisenklau«. Diesen Mann mit der Maske eines Olympiers, dem Kopf aus Marmor und den porzellanblauen Augen erschütterten nur noch wenige Dinge, er war kühl bis ans Herz hinan, er war, wie einer seiner Vertrauten sagte, ein »egoistisches Monstrum« geworden. Derweilen stand de Gaulle stets in lodernden Flammen, er erschien vielen als größenwahnsinnig. In England gingen Gerüchte um, er höre Stimmen, er halte sich für Jeanne d'Arc. Aber in Zeiten großer Krisen einer Nation identifiziert sich ein Mann, wenn er auf den verantwortlichen Posten rückt, mit dem Vaterland, dann wird er wie die Jungfrau, die sich mit dem zerstückelten Königreich eins fühlte. Pétain war immer ein großer Schauspieler gewesen, er blieb es bis zuletzt, er war, wie de Gaulle sagte, »der größte Schauspieler unserer Tage, ein wahrer Künstler«. Das war ein Irrtum. Ein Franzose war ein noch größerer Schauspieler, das war de Gaulle.

Im August 1944 befahl Pétain, es solle mit de Gaulle Kontakt aufgenommen werden, mit dem Ziel, für das politische Problem Frankreichs eine Lösung zu finden. Pétain, so sah es de Gaulle, sank vor ihm in den Staub. Welch ein Ende! Welch Eingeständnis! Über den Mann, der einst sein Vorgesetzter und sein Beispiel war, sprach de Gaulle mit Pietät und Mitleid. Der Marschall hätte es nur nicht verstanden, sich zum richtigen Zeitpunkt zurückzuziehen. Er hätte sich keiner Selbstprüfung unterzogen. De Gaulle aber, das schwor er sich, werde sich einer strengen Regel unterwerfen und an dem Tage, an dem ihn sein ungeheures Gedächtnis verließe und er nicht mehr im Stande sei, eine Stunde oder anderthalb eine Rede auswendig zu halten, sich zurückziehen, was immer geschehen möge und was immer man ihm sage. Pétain hatte einen guten Rat nicht befolgt, und sich nicht zeitig genug in ein Schloß an der Loire zurückgezogen. Nun war er zum Exil in einem Schloß der Hohenzollern, in Sigmaringen, verdammt.

Von dort schrieb Pétain an Hitler: er dürfe die Welt nicht in dem

Glauben lassen, daß er in einem fremden Land Zuflucht gesucht habe, um sich der Verantwortung zu entziehen. Nur in Frankreich könne er über seine Taten Rechenschaft ablegen. Er bitte Hitler, ihm diese Möglichkeit zu geben. Der Deutsche nahm keine Notiz von ihm und antwortete nicht. Die Schweiz war bereit, dem Marschall Asyl zu geben. De Gaulle ließ Bern unter der Hand wissen, er wünsche, daß sein ehemaliger Chef in der Schweiz bleibe. Er wollte einen Prozeß vermeiden, und war verwirrt und enttäuscht, als die Schweiz nicht seinen Wunsch erfüllte, sondern den Pétains, nach Frankreich zurückzukehren. Auf dem Wege zur Rückkehr sagte der Marschall: »De Gaulle ist rachsüchtig. Großzügigkeit habe ich von ihm nicht zu erwarten. Glauben Sie, daß ich erschossen werde?«
Zu Beginn des Prozesses rollte ein erstaunliches Schauspiel ab. »Führen Sie den Angeklagten herein!« befahl der Vorsitzende. In einer kleinen Tür erschien die Gestalt eines uralten Mannes. Durch die Anwesenden ging ein magnetischer Schock. Sie waren diesem Mann, der des Verrats beschuldigt und mit Schande bedeckt war, feindlich gestimmt. Aber in einer einzigen Bewegung erhoben sie sich von ihren Plätzen. Sie erlagen dem Fluidum der Autorität, das von Pétain ausstrahlte und von dem man nicht genau sagen kann, worin es bestand. Léon Blum sagte: »Betrachtet dieses versteinerte Gesicht, ich begreife den Marschall schlecht. Es gibt in ihm ein Geheimnis, das ich nicht durchdringen kann.«
Während das Todesurteil mit 14 gegen 13 Stimmen zustande kam, fanden sich für das Gnadengesuch 17 Unterschriften. Zwei so markante Persönlichkeiten wie Pétain und de Gaulle konnten nicht über Jahre hinweg enge und vertrauliche Beziehungen unterhalten. Sie pflasterten verschiedene Stellen derselben Straße. Aber ein immer schärfer hervortretender Gegensatz hatte sie getrennt. Als General Héring de Gaulle an alles erinnerte, was der Marschall für ihn getan habe, sagte de Gaulle, er vergesse nichts, er habe dem Marschall den Rat gegeben, in der Schweiz zu bleiben, aber er wollte verurteilt werden, das sei geschehen. Aus Staatsraison habe er verurteilt werden müssen, es gebe keine Berufung. Für de Gaulle war damit der Fall erledigt. An eine Entlassung des Marschalls hat er, solange er die Möglichkeit dazu besaß, nicht gedacht.

Die Rede, die der französische Hohe Kommissar, François Ponçet, bei der Übernahme des Sitzes von Pétain in der Académie Française gehalten hat, schloß mit den Worten: »Viele Franzosen und die Mehrzahl der Ausländer sind und bleiben über das gegen den Marschall verhängte Urteil bestürzt. Es läßt auf jeden Fall das Problem, das es zu lösen versuchte, offen. Wo liegt die Ehre? Was befiehlt die Pflicht in der Niederlage? Das besetzte Land zu verlassen und draußen den Kampf fortzuführen oder im Lande zu bleiben, mit den augenblicklichen Herren zusammenzuarbeiten, in der Hoffnung, daß das Glück sich einmal wieder wende? Die Nachwelt und die späteren Geschichtsforscher werden darüber wie wir diskutieren, und jeder wird nach seinem Charakter diese schmerzvolle Frage beantworten.«

VI. BUCH

Die Kollektivschuld wird dem Einzelnen zum Verhängnis

Es gab weltgeschichtliche Prozesse, in denen es nicht um individuelle Schuld ging, sondern um eine Kollektivschuld. Der Einzelne wurde angeklagt und verurteilt, nicht so sehr, weil er etwas getan oder unterlassen hatte, sondern weil er einer verfemten Klasse, einer für schuldig erklärten Gruppe, einer verdächtigen Bewegung angehörte. Die an der Macht Befindlichen führten einen erbitterten Kampf gegen die Gefahr, die von solchem Kollektiv ausging, indem sie der Gewalt den Mantel der Justiz umwarfen und die Mitglieder einem unnachsichtigen Prozeß unterwarfen.

Der erste historische Prozeß dieser Art war das Verfahren, in dem ein französischer König und ein Papst in unheiliger Gemeinschaft den Templerorden zerschlugen und die Ritter verbrannten. Das zweite totalitätsbedingte Massenmorden war die Vernichtung aller Gegner in der französischen und der russischen Revolution. Wir bringen keine Beispiele für die Tätigkeit der französischen Revolutionstribunale, aber wir geben einen Überblick über die Schauprozesse Stalins, in denen der bolschewistische Zar jeden Widerstand gegen seine Herrschaft, auch den nur befürchteten potentieller Gegner, zerschlug und die Opfer dem Henker überantwortete.

Ebenso kam es Hitlers Mordrichter Freisler nicht allein auf die Verurteilung weniger am Attentat beteiligter Menschen an, es ging um mehr; wer zur Gruppe der Widerständler auch nur in leiser Beziehung gestanden, mit dem Gedanken einer Erhebung gespielt und einen Systemwechsel für möglich gehalten hatte, sollte gerichtet, der Widerstand sollte mit Stumpf und Stiel ausgerottet werden, ohne Rücksicht darauf, wie »schuldig« der Einzelne war. Der Prozeß sollte, auch durch die Art der Strafe, Furcht und Schrecken verbreiten.

Schließlich bringen wir einen Bericht über die Kriegsverbrecherprozesse. Auch bei ihnen kam es Anklage und Gericht nicht allein, vielleicht nicht einmal hauptsächlich auf Gerechtigkeit an, auf Bestrafung einzelner Schuldiger, sondern auf die Rache der Sieger. Das kam am deutlichsten dadurch zum Ausdruck, daß ganze Gruppen für schuldig erklärt wurden und die Zugehörigkeit des Einzelnen zur Gruppe bereits zu seiner Verurteilung ausreichte. Die Prozesse waren das in die Form eines Justizverfahrens gekleidete uralte »vae victis«. Deshalb gehören auch die Kriegsverbrecherprozesse in dieses Buch.

18. KAPITEL

Die Vernichtung der Templer

Von unserem Leben seht ihr nur die Borke, die draußen ist, doch ihr seht nicht die mächtigen Gebote im Innern.

Templerregel

Am 13. Oktober 1307 fuhr jähes Entsetzen durch ganz Frankreich. An diesem Tage ließ König Philipp, den man den Schönen nannte, in seinen Landen alle Ritter des stolzen Templerordens verhaften, an der Spitze den Großmeister Jakob von Molay, der bei seinem Besuch in Frankreich wie ein Fürst geehrt worden war und noch am Tag vorher bei der Beisetzung einer Schwägerin des Königs mit anderen Fürstlichkeiten einen Zipfel des Bahrtuchs getragen hatte. Es war ein Gewaltakt ohnegleichen, gerichtet gegen den von den Päpsten am meisten bevorzugten Orden, gegen die Ritter, die den bekanntesten Adelsfamilien angehörten und die noch der frische Ruhm der heldenmütigen Verteidigung Akkons umstrahlte, gegen den Großmeister, dem der König gerade noch besondere Ehrung erwiesen hatte und der ein Taufpate seiner Tochter war.

Der Templerorden war einer der drei im 12. Jahrhundert gegründeten Ritterorden. Aber die Templer waren stolzer, mächtiger und reicher als Deutschherren und Johanniter und waren im Unterschied zu diesen von Anfang an ein militärischer Orden. Sie bildeten die Garde unter den Ritterorden. An der Spitze stand der Großmeister, mit dem Sitz in Jerusalem, dann in Akkon, später auf Zypern. Der neue Orden wurde in den christlichen Ländern Europas eingerichtet und reich beschenkt. In Frankreich verlieh ihm Heinrich I. Ländereien in der Normandie und Ludwig VII. ein Stück Land außerhalb von Paris, das später als der »Tempel« bekannt wurde.

Die Templer spielten in den Kämpfen um das Heilige Land eine oft entscheidende Rolle. Als der letzte der Könige von Jerusalem aus dem Hause der Grafen von Bouillon, Balduin V., 1186 starb, setzte der vor zwei Jahren erwählte, etwas undurchsichtige Großmeister Gerhard von Ritfort den Fürsten Guy von Lusignan, der die verwitwete Mutter des jungen Königs, Sybille, geheiratet hatte, als König ein. Aber Saladin eroberte Jerusalem, nachdem in der entscheidenden Schlacht die Sarazenen einen vernichtenden Sieg errungen hatten; von 150 Johanniter- und Templerrittern retteten sich nur drei, darunter Gerhard. Als in dem daraufhin von Deutschland, Frankreich und England unternommenen 3. Kreuzzug Barbarossa und der Franzosenkönig Jerusalem wiedererobern wollten, in das Saladin 1187 eingezogen war, waren die Engländer, Heinrich II. und sein Sohn Richard Löwenherz, für einen Kompromiß. Auf dieser Seite waren auch die Templer. Richard verkaufte ihnen Zypern, das er 1191 erobert hatte, und als sie nicht zahlen konnten, gab er die Insel dem Exkönig Guy.

Von Akkon aus wurde der 5. Kreuzzug in die Wege geleitet, der sich gegen Ägypten richtete. Die Templer waren die Helden bei der Belagerung von Damietta, »die ersten beim Angriff, die letzten beim Rückzug« und retteten 1219 die christliche Armee vor der Vernichtung. Als Kaiser Friedrich II. in Akkon landete, weigerten sie sich, unter dem Banner eines gebannten Mannes zu kämpfen, und waren auch bei seiner Krönung in Jerusalem nicht zugegen. Sie waren auch gegen Friedrichs Verhandlungen mit dem Sultan von Ägypten, mit dem er, mehr auf diplomatische als auf militärische Erfolge vertrauend, einen 10jährigen Vertrag schloß. Sie waren nicht grundsätzlich gegen Verhandlungen. Die Templer hatten zwar von Anfang an in der vordersten Reihe gekämpft. Aber sie begriffen rascher und tiefergehend als die anderen die komplexe Situation im Orient. Sie suchten einen Ausgleich, sie stellten Sarazenen in der Truppe ein, sie schlugen sogar einzelne zu Rittern.

Bei ihren Auseinandersetzungen mit den Deutschrittern, die sie aus Akkon vertrieben, und den Johannitern, die sie in ihrer Burg belagerten, war die wesentlichste Ursache ebenfalls die Uneinigkeit in der Frage der Behandlung der »Ungläubigen«. Während die Johanniter mit den Ägyptern verhandeln wollten, zogen die Templer Verhandlungen mit dem Sultan von Damaskus vor. Den Streitigkeiten zwischen den Ritterorden machten erst die Gebote der Päpste Honorius III. und Gregor X., sich jeder Reiberei zu enthalten, ein Ende. Die Templer hatten mit ihren Verhandlungen Erfolg: 1244 schrieb der Großmeister Hermann von Perigord, nach einem Schweigen von 56 Jahren könnten die göttlichen Geheimnisse wieder in der Heiligen Stadt gefeiert werden.

In diesem Augenblick fielen die choresmischen Türken, eines der durch die Mongolen aus Innerasien vertriebenen Wanderhirtenvölker, in Palästina ein. Jerusalem wurde erobert, die Grabeskirche geschändet, die Heilige Stadt war seitdem der Christenheit verloren. In der Schlacht bei Gaza im Oktober 1244 wurde das christliche Heer vernichtet. Von 300 Tempelrittern überlebten nur 18, von 200 Johannitern nur 16. Im Kreuzzug König Ludwigs des Heiligen von Frankreich nahmen die Templer an dem Feldzug gegen Ägypten teil. In der Schlacht von Mansura 1250 fielen alle Ritter bis auf drei. Der König wurde gefangengenommen und verdankte seine rasche Freilassung nur der Großzügigkeit, mit der die Templer das Lösegeld vorschossen. Die letzten Jahrzehnte der Christen im Heiligen Land waren mit Kämpfen untereinander und mit der Verteidigung gegen die türkischen Angriffe angefüllt. Bei den kriegerischen Auseinandersetzungen zwischen Genua und Venedig unterstützten die Templer und Deutschritter die Venetianer, für die der Kampf erfolgreich endete, die Johanniter dagegen die Genuesen. Beim Kampf um die Krone von Jerusalem, die nur noch eine Illusion war, traten die Venetianer, Pisaner, Deutschritter und Templer für den minderjährigen König Hugo II. von Zypern ein, die Johanniter, Genuesen und Katalonier für Konradin, den sie als den rechtmäßigen Erben bezeichneten. Ehemalige Gegner Friedrichs II. waren zu Verfechtern der Hohenstaufen geworden.

Im Krieg der Ritterorden mit den Türken gewannen diese eine der christlichen Städte und Burgen nach der andern. 1263 erschien Baibar, der, als junger Sklave an den Sultan von Ägypten verkauft, in dessen Leibwache zum Anführer aufgestiegen war, sich zu einem der fähigsten mameluckischen Strategen entwickelt und schließlich nach Ermordung des letzten Nachkommen Saladins zum Sultan von Ägypten aufgeschwungen hatte, zum ersten Mal vor Akkon, brach aber den Kampf ab. 1265 eroberte er Caesarea und Haifa. 1266 griff er die riesige von den Templern 25 Jahre vorher erbaute Festung Safed an. Nach mehrwöchigem Kampf boten die Templer unter der Bedingung des freien Abzugs nach Akkon die Übergabe an. Baibar willigte ein, forderte aber die Templer, als sie die Burg verlassen hatten, zum Übertritt zum Islam auf. Als sie sich, 150 an der Zahl, weigerten, ließ er sie hinrichten. 1267 griff er Akkon zum zweiten Male an. Als der Angriff abgeschlagen wurde, ließ er die Zinnen der ehemaligen Templerburg Safed mit den Schädeln der Ermordeten bekränzen. 1268 eroberte er die Templerburg Beaufort und die größte und wohlhabendste Stadt des Heiligen Landes, Antiochien.

Den Christen blieben nur noch einige Hafenstädte übrig, mit Tripolis und Akkon. Ihre Lage schien sich durch den Tod Baibars 1277 zu bessern. Aber der Nachfolger setzte seine Politik gegenüber den Christen fort, mit dem Ziel, die christliche Herrschaft endgültig und vollständig zu liquidieren. 1289 wurde Tripolis erobert. 1290 fiel Akkon nach 40tägigem Kampf, verteidigt von 1000 Rittern und 14000 sonstigen Soldaten. Die Deutschritter fielen sämtlich, von den Templern konnten sich 10, von den Johannitern 7 retten. Der Großmeister der Templer, Wilhelm von Beaufort, gehörte zu den Opfern. Die wenigen Überlebenden segelten nach Zypern. Dort wurde 1295 Jakob von Molay zum Großmeister gewählt. Wenige Templer überlebten ihren Ruf ins Heilige Land. Auch von 22 Großmeistern fielen 7 im Kampf, 4 starben an ihren Wunden.

100 Jahre lang waren die Templer einer der einflußreichsten Faktoren europäischer Politik. Ihr Kampf im Osten bildete nur einen kleinen Teil ihrer ungeheuren Macht. Sie bekleideten hohe Stellungen in den Ländern Westeuropas. Sie nahmen an den großen Kirchenkonzilen teil. Sie besaßen 10000 Burgen, ihr riesiger Besitz verteilte sich von Dänemark bis Spanien, von Irland bis Zypern. Aber ihr Reichtum beruhte weniger auf diesem Besitz als darauf, daß sie die großen internationalen Finanziers und Bankiers waren. Der Pariser Tempel war das Zentrum des Geldmarkts der Welt, auf dem Päpste und Könige ihre Einnahmen deponierten und der Kredite gegen angemessene Sicherheit gab. Sie machten den Geldverkehr mit dem Osten

möglich. Ihre militärische Stärke sicherte Einlagen und Geldverkehr, ihr Ruf als Mönche garantierte ihre Unbestechlichkeit. Sie hatten keine staatliche Souveränität, wie die Johanniter in Rhodos und Malta und die Deutschritter in Preußen, aber ihre Privilegien und Immunitäten machten sie zu einer Kirche in der Kirche und – wenigstens in Frankreich – zu einem Staat im Staat.

Die Templer erkannten keine Obrigkeit über sich an als den Papst. Sie waren Schiedsrichter in eigener Sache, übten Gerichtsbarkeit aus, besaßen eigenen Klerus, eigene Friedhöfe und eigene Märkte, waren frei von Waffendienst und Steuern, übten Straßenpolizei auf den großen Handelswegen aus, sie bildeten einen Staat im Staat. Den Arabern verdankten sie die Kenntnis des Geldwesens und wurden, in Konkurrenz mit den italienischen Banken, die ersten modernen Bankiers mit Einlagekonten, Anweisungen, Wechseln und Schecks. Sie waren die Schatzmeister der Kirche und vieler Fürsten, in Sonderheit als »Kreuzzugsbankiers«, denen die Finanzierung dieser kostspieligen Unternehmungen oblag. Der »Temple«, die trotzige Ordensburg, in deren festen Türmen die Ritter Millionen an eigenen Geldern und Depots verwahrten, war, wie einst die griechischen Gottestempel, die sicherste Depositenbank. Die Pariser Templer führten für den französischen König Finanztransaktionen durch, waren zeitweise Generaleinnehmer der königlichen Einkünfte und borgten ihm viel Geld. Aber Philipps Bitte, Affiliierter des Ordens zu werden, lehnten sie ab.

Die Templer hatten viele Gegner. Dem Volk waren sie wegen ihres Hochmuts, den Fürsten wegen ihrer Macht, dem Klerus wegen ihrer ketzerischen Gedanken unheimlich. Tatsächlich hat, nicht dem letzten Hochmeister, aber größeren Vorgängern vorgeschwebt, sie könnten, da der Papst den Glauben, der Kaiser das Wissen verkörperte, das Zünglein an der Waage bilden, die vermittelnde Macht, die ausgleichend zwischen den beiden Gewalten steht. Der »Tempel Salomonis«, von dem sie ihren Namen herleiteten, war auch ein Heiligtum für Juden und Mohammedaner; die Idee des Tempels war höher und allgemeiner als die der Kirche. Innerhalb dieser »Leibgarde des Papstes« scheint es immer eine Gruppe gegeben zu haben, die geheime Machtziele, wie den großen Gedanken einer geistigen Verständi-

gung und politischen Union der europäischen Staaten, vielleicht auch Geheimlehren hatte.
Philipps Schlag gegen die Templer war nichts Neues. 1291 war er mit den lombardischen Bankiers, 1306 mit den Rabbinern ebenso verfahren. Aber die Templer waren schließlich etwas anderes. In den Augen des Volkes mußten sie für Ketzer und gottloser Sitten schuldig erklärt werden. Man mußte sie anklagen und gleichzeitig festnehmen. Waren sie ohnmächtig, konnte man ihnen den Prozeß machen. Philipp, der über die Kunst moderner Propaganda verfügte, verstand es, die Volksseele zum Kochen zu bringen. Um formal von Anfang an den Schein zu wahren, handelte er 1307 auf Verlangen des Großinquisitors von Paris.
Von den drei Männern, die in dem über Jahre sich hinziehenden Prozeß das Schicksal des Ordens bestimmten, war Philipp der wichtigste. Der König, eine der stärksten Persönlichkeiten auf Frankreichs Thron, starr rechtgläubig, innerlich kalt, leidenschaftslos abwägend, seit 1285 an der Regierung, wollte sein Land zu einem zentralistischen Staat aufbauen. Seine Leidenschaft war das Reich; um die höchste Machtentfaltung des Staates zu erreichen, verschmähte er keine Mittel, er sündigte für Frankreich. Persönlich anspruchslos, brauchte er viel Geld für seinen neuen Staat und nahm es, wo er es fand. Er hatte ursprünglich keine besondere Animosität gegen die Templer. Aber als Staat im Staat waren sie ihm ein Dorn im Auge. Als reichste Geldmacht reizten sie seinen Appetit. Die Ablehnung seines Antrags, ihnen beizutreten, ärgerte ihn. So kamen ihm die Mitteilungen, die ein aus dem Orden ausgestoßener Ritter de Floyran, über das »Templergeheimnis« und schlimme Schandtaten des Ordens machte, wie gerufen. Philipp glaubte dem Verräter nicht, aber er nutzte dessen Anklagen. Zunächst rechtfertigten sie dem Papst gegenüber das von ihm beabsichtigte Vorgehen gegen die Templer.
Bertrand de Got, glänzend begabt, Schüler von Albertus Magnus, kein Schwächling, aber ein bedenkenloser Karrieremacher, war mit 32 Jahren Bischof, mit 36 Kardinal. Als Kandidat für die Tiara mußte er sechs Punkte unterschreiben: fünf entschieden Zwistigkeiten mit Bonifaz VIII. rückwirkend zu Gunsten Philipps, der sechste war ein Blankoscheck. Seit 1305 auf dem päpstlichen Thron, war Clemens V.

ein tüchtiger Kanonist, ein geschickter Diplomat, ein Mann, der kritisch gegen die Inquisition eingestellt war und dem ein Zug zur Milde nicht fehlte, bei dem aber das Handeln dem Willen nicht entsprach und dem es an Mut zum Märtyrertum gebrach. Sein ständiger Versuch, seine Ziele durch Zaudern, Zögern und alle nur denkbaren Kniffe zu erreichen, verstrickten ihn in ein Lügennetz. Unter ihm riß eine böse Unordnung in Gelddingen und ein schlimmer Nepotismus an der Kurie ein. Er ebnete der zügellosen Liederlichkeit der Renaissancepäpste den Weg und untergrub die moralische Autorität der Kirche, als er den Machtmißbrauch Philipps sanktionierte. Dante verstößt ihn in den tiefsten Höllengrund zu den Anhängern der Simonie. Von Philipp abhängig, wurde Clemens der Vollstrecker des Unrechts an den Templern. Im Sommer 1307 trafen sich Papst und König in Poitiers. Philipp brachte die Anschuldigung gegen die Templer zur Sprache. Clemens ordnete, mit Zustimmung Molays, eine Untersuchung an. Im August 1307 schrieb er dem König, er werde in Sachen des Ordens tun, »was nach Lage der Sache billigerweise angezeigt sei«, der König möge ihm sein Material schicken. Philipp dachte nicht daran. Er traute dem Papst kein energisches Handeln zu. Ihm genügte es, daß Clemens – wenn auch mit Vorbehalt – sich mit einem Vorgehen gegen die Templer einverstanden erklärt hatte. Er führte seinen eigenmächtigen Gewaltcoup durch und ließ das Verfahren sofort mit vollen Touren anlaufen.

Der Großmeister Jakob von Molay hatte als junger Ritter seinen Großmeister getadelt, weil der, wie der Hohenstaufe Friedrich II., des Ordens Besitz im Heiligen Land durch Verhandlungen statt durch Kampf sichern wollte. Molay lag Diplomatie nicht, er war ein Mann, bei dem rasches Aufbrausen mit Verzagtheit wechselte, eine Petrusnatur, dem das Schwert lose saß und das Zorneswort schnell von den Lippen sprang, den aber auch die lähmende Furcht anwandelte, wenn die Woge des Schicksals sich drohend erhob. Er war ein kindlich gläubiger Mann mit einem naiven Vertrauen zum Papst, als dessen verschworene Streitmacht er den Orden ansah. Bei den Rittern stand der persönlich untadelige Großmeister in hohem Ansehen. Gegenüber den Mißbräuchen im Orden war er nicht blind. Bei einer Sitzung des Ordenskapitels in Zypern wies er mit allem Ernst

auf reformbedürftige Schäden hin. Aber er war nicht die herrschgewaltige Persönlichkeit, deren der Orden in stürmischer Zeit bedurft hätte, um den allgemeinen Hang zur Weltseligkeit zu zügeln und Auswüchse rücksichtslos zu bekämpfen.
Den Templern warf man gewisse anstößige Bräuche bei ihrem Aufnahmeritus vor. Der Orden hatte Geheimnisse und scheint zwei Arten von Aufnahmen gehabt zu haben; die erste war ohne Anstoß, die zweite wurde nur wenigen zuteil und war sehr geheim. Im Orden existierte eine Geheimorganisation, die an der alten Alternative der Gnostiker festhielt – entweder war Jesus Gott und konnte nicht sterben, oder er war tot und konnte nicht Gott sein – und »auf das Kreuz spuckte«. 1780 wurde in den Archiven des Vatikans ein Pergament entdeckt, das neben der Ordensregel die geheimen Statuten und Zeichen enthielt. Aus ihnen gingen religiöser Relativismus, Okkultismus, geheime Erkennungszeichen bei Bauten u.ä. hervor. So hat man auch die Freimaurerei mit den Templern in Verbindung gebracht. Im Prozeß warf man ihnen vier Vergehen vor: die geheimen Aufnahmezeremonien, die Auslassung des Segens bei der Messe, Homosexualität und Verehrung eines Götzenbildes. Die Geschichten von der weitverbreiteten Unzucht zwischen Männern wurden auch in der Umgebung des Königs nicht geglaubt, man nahm sie in die Anklage nur auf, um ihr im Volk mehr Gewicht zu verleihen. Allerdings hatte auf dem Konzil von Troyes 1128, auf dem die Templer ihre Ordensregel erhielten, der Bischof Johann II. von Orléans präsidiert, der den bezeichnenden Beinamen »Flora« hatte und ein Sodomit gewesen sein soll. Aber das war fast 200 Jahre her. Im Prozeß gestanden auch unter der Folter nur verhältnismäßig wenige Ritter, sich in dieser Richtung vergangen zu haben. Das Götzenbild hieß »Baphomet« (das provençalische Wort für Mohammed). Gerbert d'Aurillac, der Erzbischof von Reims, den Otto III. zum Papst Silvester II. machte, war der größte Gelehrte seiner Zeit und stand deshalb im Ruf, ein Zauberer zu sein und bei seinen Zaubereien den Baphomet benutzt zu haben. Die Templer hielten sein Andenken hoch und betrauerten »die Kirche des wahren Christus in den Zeiten von Papst Silvester«.
Unter der Folter wurden viele Geständnisse gemacht, die nichts wert

sind. Aber schon Papst Innozenz III. schrieb 1208 an den Generalvisitator: »Die Verbrechen deiner Brüder bereiten mir tiefen Schmerz ... Die Ritter betreiben Teufelskult. Ihr Gewand ist nichts als Heuchelei«. Rund 50 Jahre später warnte Clemens IV.: »Die Templer mögen sich hüten, meine Geduld zu erschöpfen ... die strafwürdigen Taten, die bis zum heutigen Tag mit allzu viel Nachsicht geduldet wurden.« Während des Prozesses gestanden Ritter, z.B. in England, auch ohne Folter das gotteslästerliche Aufnahmezeremoniell ein. Die Anklagen gegen die Templer beruhten also nicht nur auf »Mönchsgeschwätz«, aber sie rechtfertigten Philipps Vorgehen nicht.

Den Templern war durch zahlreiche päpstliche Bullen zugesichert, daß der Papst ihr einziger Richter sei. Daß sie von jeder anderen geistlichen und weltlichen Gerichtsbarkeit ausgenommen waren, war einer der Hauptgründe für ihren Hochmut und ihre Unbeliebtheit. Des Königs Juristen fanden einen kniffligen Ausweg. Die Kompetenz des Papstes, so argumentierten sie, umfasse nur den Orden, der einzelne Ritter dagegen unterstehe in Glaubenssachen dem Inquisitor. So wurde nun im Einvernehmen zwischen Philipp und dem französischen Inquisitor, der zugleich des Königs Beichtvater war, die Voruntersuchung, die die »Beweise« für die Schuld der Ritter beibringen sollte, durch königliche Kommissare durchgeführt. Die Instruktion für sie lautete: Papst und König seien durch glaubwürdige Zeugen über Ketzereien informiert. Die Templer würden Verzeihung erhalten, wenn sie die »Wahrheit« (das Eingeständnis des Verlangten) bekennten. Man solle sie – wenn nötig, mit der Folter – ausfragen, bis man die »Wahrheit« aus ihnen herauszöge. Damit schloß sich um die unglücklichen Ritter der bei Hexen- und Inquisitionsprozessen übliche Teufelskreis. Der Verdacht wurde dem Verbrechen gleichgesetzt, die Folter zugelassen, der Widerruf eines Geständnisses galt als Rückfall und wurde mit dem Feuertod geahndet. Das konfiszierte Gut fiel an den Staat. Hier lag Philipps Interesse am Prozeß.

Am 24.10.1307 wurde der Großmeister vor zahlreichen Zuhörern vernommen. Er gestand, er habe bei seiner Aufnahme als Probe für bedingungslosen Gehorsam Christus verleugnen und auf das Kreuz

spucken müssen. Die Furcht vor der Aufhebung des Ordens und vor dem Verlust ihrer Ehre habe sie bisher vor einem Geständnis zurückgehalten. Er bat um Verzeihung für das Ärgernis und schrieb an die Ordensritter in Frankreich, sie wüßten, daß die Neuaufgenommenen zur Ableugnung und Bespeiung, manchmal auch zu anderen Greueln, »alias enormitates«, gezwungen würden. Er befahl ihnen, kraft seiner Ordensgewalt, die Wahrheit zu sagen.
Wahrscheinlich hat der König dem Großmeister für den Fall eines »offenen Geständnisses« zusagen lassen, der Prozeß werde für ihn persönlich und für den Orden glimpflich ausgehen. Da die kitzlige Frage nach den in Männerbünden häufigen erotischen Ausschweifungen ihm nicht gestellt wurde, läßt sich der Schluß ziehen, daß ihm versprochen worden war, sein persönliches Leben, das vielleicht in dieser Beziehung nicht von jedem Tadel frei war, nicht bloßzustellen. Molay scheint die mißdeutbaren Bräuche bei der Aufnahme in der Hoffnung gestanden zu haben, dadurch seine Ehre und das Leben der Ritter zu retten. Möglicherweise hat der Großmeister, dessen Charakter nicht der Größe entbehrte, sich allein als den für die Bräuche im Orden Verantwortlichen zum Opfer bringen wollen. Dabei hat in seiner stolzen und gequälten Seele der Gedanke eine Rolle gespielt, daß der Papst für ihn der allein zuständige Richter sei und daß er vor ihm sein Geständnis widerrufen oder erklären könne. Molay mußte von einem Tag zum anderen die Stellung eines der mächtigsten Fürsten mit der bedrohlichen Lage eines wegen schwerster Verbrechen Angeklagten vertauschen und kam ohne Übergang aus fürstlichem Dasein in die strenge Haft im dunklen Verließ. Der Schock wird gerade bei einem Mann seiner Art so niederschmetternd gewesen sein, daß er in den ersten 14 Tagen seiner Haft noch zu keinem klaren Entschluß kommen konnte. Jedenfalls hat er durch sein ständiges Schwanken, das mit dem Geständnis begann, dem Orden unendlichen Schaden getan.
Vom 19. Oktober bis 24. November 1307 wurden 138 Templer vernommen. Man stellte teuflische Suggestivfragen. Die Ritter waren dieser Taktik nicht gewachsen. Fast alle gaben die Verleugnung zu, einige auch andere Punkte der Anklage. Bestimmend für die Geständnisse waren das Beispiel des Großmeisters, die Furcht vor der

Folter und die Wirkung der Folter. Man muß die schärfsten Grade angewandt haben. Denn 61 Ritter, 36 in Paris, 25 an anderen Orten Frankreichs, starben an ihren Folgen. Der oberste Richter über die Templer, der Papst, war zornig darüber, daß Philipp behauptete, im Einvernehmen mit ihm zu handeln. In einem Schreiben an den König vom 27. Oktober 1307 protestierte er lebhaft gegen das Verfahren, das eigenmächtig und ungesetzlich sei. Aber Philipp ließ sich nicht abhalten, die Vernehmungen weiterlaufen zu lassen und dadurch unwiderrufliche Tatsachen zu schaffen. Um wenigstens in anderen Ländern die verlorene Kompetenz wieder in die Hand zu bekommen, ordnete Clemens in der Bulle vom 22. November 1307 an, alle Templer in Europa zu verhaften.

Philipp ließ sich durch die Bulle nicht aus der Ruhe bringen. Seine Antwort an den Papst vom 24. 12. war an sich ein diplomatisches Meisterstück. Er stellte die Angeklagten den Kardinälen für Papst und Kirche zur Verfügung, den Besitz aber lasse er »im Interesse des Heiligen Landes« verwalten. Auf der Reise nach Paris zur Übernahme der Gefangenen erfuhren die Kardinäle zu viel über die Folter. Der Papst erfuhr, wie grausam die königlichen Beamten vorgegangen, daß über 100 Ritter zusammengebrochen waren und alles zugaben, was man von ihnen hören wollte. Der Papst suspendierte daraufhin alle Verfahren, berief den französischen Generalinquisitor ab und schrieb dem König, nach gründlicher Prüfung halte er jetzt die Templer für unschuldig. Philipp konnte nicht zulassen, daß die Templer, die seine Todfeinde geworden waren, freikamen. Als ein Gutachten der Pariser Universität, das er angefordert hatte, seinen Wünschen nicht entsprach, entfesselte er eine Campagne gegen den Papst, in der diesem vorgeworfen wurde, er habe sich von den Templern bestechen lassen.

Im Mai 1308 berief er die Generalstände nach Tours. Sie waren der Meinung, die Templer seien des Todes schuldig, und der König tue ein gottwohlgefälliges Werk, wenn er sein Land von dieser Pest säubere. Gestützt auf diesen Beschluß, verhandelte er in Poitiers mit Clemens. Der Papst verlangte Auslieferung der Templer und Übergabe der Ordensgüter; selbst wenn die Schuld französischer Ritter erwiesen sein sollte, sei damit der Beweis für die Schuld des Gesamtor-

dens nicht erbracht. Philipp ließ es an massiven Drohungen nicht fehlen. In den Verhandlungen spielte die Rücksicht auf die Wahl des deutschen Kaisers eine Rolle. Clemens unterstützte den Luxemburger Heinrich, Philipp trat für seinen Bruder Carl von Valois ein. Schließlich setzte der Papst seinen Kandidaten durch und opferte dafür die Templer. Er hob das Verbot der Inquisition wieder auf und verzichtete darauf, den Prozeß an sich zu ziehen. Im Vergleich von Poitiers gab der König formal nach, war in der Sache aber Sieger. Gegen die einzelnen Templer sollte in den Diözesen verhandelt werden, über die Würdenträger durch den Papst, gegen den Orden, über den ein Gesamtkonzil entscheiden sollte, durch päpstliche Kommissionen. Es konnte nicht ausbleiben, daß durch diese Teilung ein Gemisch widersprechender Aussagen und Entscheidungen entstand. Die neue Anklage in den Diözesenprozessen enthielt 127 Artikel, die z.T. absurd waren. In den Diözesen, in denen Philipp ausreichenden Einfluß besaß, ließ er weiter Templer vernehmen und verbrennen. Über die Vernehmung der Großwürdenträger erstatteten die damit beauftragten Kardinäle einen schriftlichen Bericht; er bestätigte die »anstößigen Bräuche«, hob aber des Großmeisters »Reumütigkeit und Zerknirschung« hervor. Molay war, wie immer, ehrlich und hochfahrend, ließ sich zu einem Kompromiß herbei, verlor den Kopf und wagte nur schüchterne Worte für die Ritterbrüder.
Am wichtigsten war die Tätigkeit der päpstlichen Kommission in Paris. Sie sollte den Schein eines Rechtsverfahrens retten. Sie zeigte den Angeklagten eine gewisse Milde, versuchte auch unparteiisch zu sein, war aber nicht unabhängig. Sie trat erst im Herbst 1309 zusammen und vertagte sich, da damals niemand sich zur Verteidigung des Ordens zu melden wagte, auf Frühjahr 1310. Vorher aber vernahm sie noch einmal den Großmeister. Das Auftreten Molays war wieder durch Halbheit und Unentschlossenheit, unterbrochen durch aufbrausende Heftigkeit, gekennzeichnet. Als man ihm den Bericht der Kardinäle über seine Vernehmung in Chinon vorlas, flammte er auf: bei den Türken schnitte man »solch heimtückischen Lügnern« den Kopf ab. War Molay zu Beginn der Sitzung als hochfahrender Fürst aufgetreten, so stand den Kommissaren am Schluß ein konfuser alter Mann gegenüber, der bis zum Überdruß wiederholte, er könne nur

dem Papst Eröffnungen machen, und die Verdienste des Ordens bei der Bekämpfung der Ungläubigen hervorhob. Als die Kommissare erklärten, das helfe nichts, wenn der rechte Glaube fehle, sagte Molay, er glaube ja an alles, was die Kirche lehre. Der unglückliche Großmeister wirkt fast rührend in seiner Offenherzigkeit, seiner Frömmigkeit, seinem kindlichen Vertrauen auf den Papst und in der Naivität seines Verteidigungsversuchs, nicht die Unschuld des Ordens zu behaupten, sondern seine Verdienste zu rühmen.

Die Protokolle dieser Kommission sind ehrlich. Sie enthalten nicht bloß Geständnisse, sondern auch Beschwerden und Widerrufe. Im November 1309 hielten sich die Verteidiger des Ordens noch zurück. Im Frühjahr 1310 trat ein völliger Umschwung ein. Es hatte sich in den Gefängnissen »herumgesprochen«, daß hier ein Silberstreifen aufzublitzen scheine. Es ging wie ein Sturm der Begeisterung durch den Orden. Zu Hunderten meldeten sich die Ritter als Verteidiger ihres Ordens. Sie wollten es nicht glauben, daß ihr Großmeister den Orden nicht verteidigte und sie im Stich ließ. Bei seiner vierten Vernehmung im März 1310 hielt Molay halsstarrig daran fest, er bitte nur darum, baldmöglichst vor den Papst gebracht zu werden, und lehnte jedes sachliche Eingehen auf die Anklage gegen den Orden ab. Um so mannhafter war das Gros der Ritter. Über 600 traten ohne Einschränkung für den Orden ein. In den ersten Apriltagen gaben sie zwei von Montroyal und Peter von Bologna verfaßte Erklärungen ab, in denen sie gegen die Rechtlosigkeit des Verfahrens protestierten. Die falschen Aussagen seien nur durch die Folter erzwungen. Sie verlangten Enthaftung, die Möglichkeit der Verteidigung aus den Mitteln der Ordensgüter und die Durchführung von Verfahren gegen alle Templer, die durch ihren Lebenswandel Anstoß erregt hätten. Vom 11. April bis 12. Mai 1310 wurden zahlreiche Ritter als Verteidigungszeugen für den Orden gehört. An die Stelle der verzagten Geständnisse des Herbstes 1307 traten jetzt mutige Beteuerungen der Unschuld und scharfe Beschwerden über unwürdige Behandlung.

Nie war Philipps Werk so bedroht wie im Frühjahr 1310. Da schlug er zum zweiten Mal zu, noch härter und rücksichtsloser als im Oktober 1307. Am 10. Mai teilten die Wortführer des Ordens der Kommission mit, bei den Templern gehe das Gerücht um, daß der Pariser

Erzbischof de Martigny beabsichtige, gegen die Verteidiger des Ordens abschreckend vorzugehen. Die Kommission gab den Bescheid, sie habe Mitleid, aber kein Recht, sich in das Vorgehen des Erzbischofs einzumischen. Am 12. Mai beschloß das Pariser Provinzialkonzil, 54 Templer als rückfällig zu verbrennen, weil sie ihre im Inquisitionsprozeß gemachten Aussagen im Verfahren vor der Kommission widerrufen hatten. Die Kommission bat um Aufschub, Martigny nahm keine Rücksicht, noch am gleichen Tag wurden die Ritter verbrannt, darunter Montroyal, der Verfasser der Verteidigungsschrift. Der Hauptsprecher der Templer, Peter von Bologna, gehörte nicht zur Diözese Paris, man konnte ihn daher nicht mitverbrennen, sondern brachte ihn in das Gefängnis zurück, aus dem er entfloh.

Das Pariser Verfahren machte Schule. Insgesamt wurden im Frühjahr 1310 130 Templer verbrannt. Dem Templerprozeß blieb es vorbehalten, unbequeme Verteidigungszeugen dem Feuertod zu überantworten. Das Auftreten der Zeugen vor der Kommission am 13. Mai war erschütternd. Sie flehten nur darum, zu verhüten, daß ihre Aussagen dem Pariser Erzbischof bekannt würden. Ein Ritter rief, er fürchte, er würde, wenn vom Feuertod bedroht, alles beschwören, was man von ihm verlangte, sogar daß er Gott selbst umgebracht habe. Die Kommission vertagte sich bis zum November. Als sie ihre Verhandlungen wieder aufnahm, fand keine ernsthafte Verteidigung mehr statt. Sie schleppten sich noch bis in den Juni 1311 hin, aber waren zur Farce geworden.

Als die Untersuchung im Sommer 1311 abgeschlossen wurde, war das Ergebnis, daß von allen Anklagepunkten nur die »Verleugnung« als ernstzunehmendes Delikt übrig blieb. Aber wenn sie wirklich bei Neuaufnahmen gefordert sein sollte, war es nur gelegentlich vorgekommen, keinesfalls als allgemeiner Brauch.

Das Ergebnis der Verhandlungen gegen die einzelnen Ritter war in den Diözesen außerordentlich verschieden. Am ungünstigsten war es in Frankreich. Aber selbst hier wurden in der Pyrenäen-Diözese, die kirchlich zu Narbonne, politisch zu Aragon gehörte, alle 25 Templer, die freilich ohne Folter vernommen wurden, von sämtlichen Anklagen freigesprochen. Auch die Könige von Aragon, Kastilien, Portugal und England wandten die Folter nicht an, obwohl der

Papst sie aufgefordert hatte: »Die Gerechtigkeit erfordert, um über die Templer gesicherte und augenscheinlichere Wahrheit zu erhalten, daß man sie der Folter unterwerfe . . .«

In Aragon sprach man ebenfalls die Templer frei. Das Konzil von Salamanca entschied, die »spanische Zunge« sei von jedem Verdacht rein. In Portugal erklärten Bischöfe und König den Orden für unschuldig. Der König verhandelte jahrelang mit der Kurie und setzte dann die Templer unter dem neuen Namen »Ritter Christi« in ihre Güter wieder ein.

In England wurden die Templer zunächst nur in Ehrenhaft genommen. Erst auf scharfe Weisung des päpstlichen Delegaten brachte man sie in Gefängnissen unter. Der Erzbischof von York schrieb in einem Zirkular mit britischer Ironie zur Folter: »Muß man die Templer, da sie gar nichts gestehen, foltern, obwohl das in England niemals geschehen ist? Und wenn man in ganz England keinen Folterknecht findet, muß man sich etwa solche vom Festland verschreiben?«

In Italien sagte der fromme Erzbischof Reginald von Ravenna: »Die Tortur oder die Furcht vor ihr erpreßt Geständnisse gegen die Wahrheit.« Unter seinem Einfluß beschloß das Provinzialkonzil der Romagna: die Schuldigen sollten bestraft, die Unschuldigen entlassen, der Orden als Ganzes erhalten werden; als unschuldig sollten aber auch alle gelten, die ein Geständnis aus Furcht vor der Folter abgelegt, jedoch widerrufen hätten.

In Zypern wies man alle Anklagen gegen den Orden entrüstet zurück. Der greise Bischof von Beirut bezeugte, seit 30 Jahren verkehre er mit den Templern und wisse nichts Schlechtes von ihnen zu berichten.

In Deutschland ordnete nur der Erzbischof von Magdeburg die Verhaftung der Ritter seines Bezirks an. Diese flüchteten sich in ihre Burg Beyernaumburg, leisteten Widerstand und fanden Unterstützung bei weltlichen Fürsten und dem Halberstädter Bischof. In Mainz und Trier wurden die Ritter, entgegen päpstlichem Befehl, nach gründlicher Vernehmung freigesprochen. Dort hatte der rheinische Komtur, der Wild- und Rheingraf Hugo, sich erboten, sich dem Gottesgericht mit glühendem Eisen zu unterwerfen.

Insgesamt ist, da man die französischen Protokolle wegen der dort angewandten Methoden nicht als historische Beweismittel gelten lassen kann, als festgestellt wohl nur zu betrachten: Hochmut, Schroffheit, an manchen Stellen sittliche Laxheit, vereinzelt zur Prüfung des Prinzips des absoluten Gehorsams vorkommende Frivolitäten. In kaum einem einzigen Fall kann ein Verbrechen als erwiesen gelten, das nach damaligem Recht des Todes würdig war. Auf keinen Fall durfte der Orden aufgelöst werden. Gerade das aber geschah in Brienne.

1311 begann dort das Konzil, das über das Schicksal des Gesamtordens entscheiden sollte. Der Papst, der, um seine Nachgiebigkeit gegenüber Philipp vor der Welt – und vor sich – zu rechtfertigen, die Templer verurteilt sehen wollte und deshalb zur Folter gedrängt hatte, setzte mit der Unerbittlichkeit des Schwachen, der mit dem Rükken an der Wand steht, sein schmähliches Verhalten fort, indem er von dem Konzil verlangte, die Templer ungehört zu verdammen. Aber in der von ihm eingesetzten Sonderkommission verlangten die Vertreter von Italien, Spanien, Deutschland, Dänemark, England, Schottland und Irland, daß die Templer sich in eigener Sache verteidigen sollten. Ein Bischof bat, die neun Verteidiger zu hören, die im April 1310 eine Denkschrift übergeben hatten, und nannte die Anklagen »plumpe Lügen«. Das Konzil war offenbar geneigt, zu einem Freispruch zu kommen. Das war ein für Philipp unerträglicher Gedanke. Er forderte vom Papst, er solle den Orden aufheben, einen neuen errichten und ihm das Templervermögen übertragen. Er hatte einen Trumpf in der Hand. Er wollte auf die von ihm wieder geforderte und von Clemens verzögerte post mortem-Verurteilung seines Vorgängers Bonifaz VIII. verzichten, dafür sollte der Papst ihm in der Templerfrage zu Willen sein. Clemens zögerte monatelang, da er sich einer Majorität im Konzil gegenübersah, die eine Verurteilung des Ordens nicht billigen würde. Da griff der König zu dem bewährten Mittel der Einschüchterung. Er machte das Volk mobil. Die nach Lyon berufenen Generalstände forderten stürmisch die Austilgung der Templer.

Jetzt fand der Papst eine seiner Art und der Lage gemäße, teuflischkluge Lösung: der Orden könne nicht wegen Häresie verurteilt werden, aber er sei schwer verdächtig, ein »Gegenstand des Abscheus«. Am 3. April 1312 verkündete er in großer Sitzung, ohne den Orden zu verurteilen, seine Aufhebung, »lediglich auf dem Wege der Fürsorge und der päpstlichen Machtvollkommenheit«. Die Entscheidung über Personen und Güter behielt er sich vor. Im Mai überwies er, unter Vorbehalt für Spanien, das Templervermögen den Johannitern. Sie mußten dem Papst für diese Entscheidung 200000 Gulden und Philipp für seine Auslagen riesige Summen zahlen. Trotzdem dankte der Vertreter der Johanniter, seit den Tagen Konstantins sei keine größere Schenkung gemacht worden. In Deutschland beklagten sich freilich die Johanniter noch 1318, daß die Templer noch immer auf ihren Gütern säßen. Philipp dagegen hatte alles erreicht, was er haben wollte.

Wegen der Personen entschied Clemens, die Ordensmitglieder sollten von den Provinzialsynoden gerichtet werden, nur die Würdenträger vom Papst. Gehört hatte man sie nicht. Es gehört zu den Rätseln des an Unbegreiflichkeiten so reichen Templerprozesses, daß das Konzil, das vor Monaten noch so kampflustig gewesen war, schweigend und widerspruchslos den päpstlichen Entscheidungen lauschte. Drei Kardinälen gab der Papst Weisung, den Prozeß zu prüfen und auf Grund des Materials ohne nochmaliges Verhör »zu verdammen oder zu lösen«. Erst nach zwei Jahren, am 11.3.1314, las ein Kardinal in großer Versammlung in Paris vor vielen Tausenden das lange Sündenregister der seit 6½ Jahren eingekerkerten Großwürdenträger vor, das auch ihre Geständnisse enthielt. Da sie ihre Schuld eingestanden hätten und von Herzen Reue zeigten, habe der Heilige Vater Milde walten lassen und sie sämtlich nur zu lebenslänglichem Gefängnis verurteilt.

Was nun folgte, war wohl die größte Überraschung dieses an Wechselfällen nicht armen Prozesses. Zu aller Staunen erhob sich der alte Ordensmeister. Nach über 6 Jahren des Irrens und Schwankens fand Jakob von Molay zu seinem besseren Selbst zurück, wurde er wieder der Held von Akkon. Erschütternd klang sein Bekenntnis: »Auf der Schwelle des Todes, wo auch die leiseste Lüge schwer wiegt, gestehe ich, im Angesicht des Himmels und der Erde, daß ich große Sünde gegen mich und die Meinigen begangen und mich des bitteren Todes schuldig gemacht habe, weil ich, mein Leben zu retten und dem Übermaß der Martern zu entgehen, zugleich durch Schmeicheleien des Königs und des Papstes verlockt, gegen meinen Orden mich erhoben habe. Jetzt aber, wiewohl ich weiß, welches Los meiner harrt, will ich keine neue Lüge zu den alten häufen, und indem ich erkläre, daß der Orden sich stets rechtgläubig und rein von Schandtaten erhalten hat, verzichte ich freudig auf mein Leben.« Durch diesen Widerruf sprachen sich Molay und ein zweiter Würdenträger, der sich ihm anschloß, das Todesurteil. Aber der Eindruck, den des Großmeisters mutiges Bekenntnis hervorgerufen hatte, war so stark, daß die Kardinäle den Befehl zur Verbrennung nicht zu geben wagten. Sie behielten sich die Entscheidung vor und ließen Molay in das Gefängnis zurückführen.

Zum dritten Mal griff Philipp ein. Die gefährliche Stimme des alten Ordensmeisters durfte nicht noch einmal gehört werden. Obwohl dieses Verfahren ausdrücklich dem Papst vorbehalten war, gab der König den Verbrennungsbefehl. Noch am gleichen Tag endeten Molay und sein Leidensgefährte ihr Leben auf dem Scheiterhaufen. Sie starben tapfer und wurden als Märtyrer verehrt. Das Volk erzählte sich, der Großmeister habe vom Scheiterhaufen den Papst binnen 40 Tagen, den König binnen eines Jahres vor Gottes Richterstuhl gefordert. Ungerührt sagte Philipp: »Wir haben einen Fehler gemacht, wir hätten ihm vorher die Zunge ausreißen lassen müssen.« Dann wäre die Geschichte des Untergangs der Templer um eine Pointe ärmer gewesen. Denn tatsächlich starb der Papst am 20. April, der König am 29. November 1314.

Die Meinung, ob die Templer in Bezug auf die ihnen vorgeworfenen Verbrechen schuldig oder unschuldig seien, ist lange geteilt gewesen. Der größte ihrer Zeitgenossen, Dante, hielt sie für unschuldig. In neuerer Zeit kam eine gewisse Leidenschaftlichkeit in die Debatte, da man die Frage mit dem Parteienstreit zwischen Katholiken und Protestanten, zwischen Freimauerei und Kirche verband. 1813 erschien Raynouards brillante Verteidigung der Templer. Die Antwort war der Versuch von F. von Hammer-Purgstall, durch einen Aufsatz in den »Fundgruben des Orients« (1818) zu beweisen, daß in den Tempelbauten obszöne Darstellungen gnostischer Zeremonien und mystische Symbole zu finden seien. In der »Geschichte des Tempelordens« (1826) sprach sich auch W.F. Wilcke für das Vorhandensein einer Geheimlehre aus, die aber nicht auf Gnostizismus, sondern auf dem Monotheismus des Islams beruhte. Wilhelm Havermann erklärte sich in der »Geschichte des Ausgangs des Tempelherrenordens« (1846) für die Unschuld des Ordens. Ihm schlossen sich eine Reihe von Gelehrten in Deutschland, England und Frankreich an. Dagegen bestand Hans Prutz in »Entwicklung und Untergang des Tempelherrenordens« (1888) darauf, daß der Brauch, Christus zu verleugnen und auf das Kreuz zu spucken, oft und in einigen Ordensprovinzen allgemein als eine – etwas rohe – Gehorsamsprobe angewandt worden sei. Prutz wies in der »Kulturgeschichte der Kreuzzüge« darauf hin, daß das Scheitern der Kreuzzüge den absoluten Glauben, wie er in der mittelalterlichen Kirche zum Ausdruck kam, geschwächt habe.

In seiner Geschichte der Inquisition (1888) kam H.C. Lea zu dem Schluß, daß die Templer unschuldig gewesen sind. In dem glänzend geschriebenen Werk »Papsttum und Untergang des Templerordens« (1907) wies Professor H. Finke auf Grund neuen Materials, das vor allem aus aragonesischen Archiven stammte, die Unschuld des Ordens unwiderlegbar nach. Aber in der Zeit des Prozesses war die Existenz der Mitglieder des Ordens vernichtet, auch wenn sie dem Scheiterhaufen oder der lebenslänglichen Haft entgingen.

Von den Templern starben in Frankreich viele in den Kerkern, einige wurden noch verbrannt, manche gingen über See oder wanderten – eine erschütternde Landplage – als Vagabunden durch Europa. Einige traten in andere Orden ein, so vor allem in Portugal und Deutschland, viele vegetierten weiter als Rentenempfänger, wie in Aragon, wo sie in Gruppen auf ihren alten Besitzungen lebten. Nicht wenige heirateten, so daß der Papst mit der Entscheidung eingreifen mußte, daß das alte Gelübde sie noch immer binde. Den Johannitern, die 1310 Rhodos erobert hatten, wurde der Antritt der reichen Erbschaft nicht leicht gemacht. Sie stritten sich mit dem französischen König um die riesige Gegenrechnung, die Philipp aufgemacht hatte. Auch in Deutschland ging der Streit um das Templervermögen noch durch Jahrzehnte. Da die Johanniter auch die Ver-

pflichtung übernommen hatten, für die freigelassenen Templer zu sorgen, hieß es, der Johanniterorden sei durch die Erbschaft nicht reicher, sondern ärmer geworden.
Bis in die neueste Zeit hat sich das Gerücht erhalten, der »Schatz« der Templer sei noch immer irgendwo versteckt. Mehrere von den päpstlichen Kommissaren vernommene Ritter sagten aus, am 12. Oktober 1308 hätten drei Wagen und 50 Pferde mit dem ganzen Schatz des Ordens unter Leitung von zwei Rittern den Temple verlassen. Die Namen der beiden Ritter finden sich auf einer Liste der Entflohenen. Das sicherste Ziel für den Schatz war England. Auf dem Weg dorthin liegt die alte Burg Gisors, die seit dem 12. Jahrhundert die Templer in Besitz hatten. Dort will ein alter Gärtner einmal eine Kapelle unter der Burg entdeckt und in ihr viele Kisten gesehen haben. Daran knüpfen sich die üblichen Schatzgräbererzählungen.

19. KAPITEL

Die Schauprozesse Stalins

Die Menschengeschichte ist eine Geschichte der Schauprozesse
V. Savarius

Im Dezember 1922 warnte Lenin in seinem berühmten Testament vor der Gefahr eines Konflikts zwischen »den beiden fähigsten Mitgliedern des Zentralkomitees«, zwischen Trotzki und Stalin. Er gab eine gute Charakteristik der beiden Antipoden und wog ab, wer als sein Nachfolger vorzuziehen sei. Die im Januar 1923 verfaßte Nachschrift »Stalin ist zu rüde, dieser Fehler wird untragbar in der Stellung eines Generalsekretärs . . . ich schlage vor, Stalin aus dieser Stellung zu entfernen«, war ein geheimes Todesurteil. Vier Monate nach Lenins Tod wurde das Testament im Zentralkomitee verlesen. Es war ein Donnerschlag. Stalin stand Qualen der Angst aus. Sinowjew rettete ihn mit einer Rede, in der er Lenin Weihrauch streute, aber seine Befürchtungen wegen Stalin für grundlos erklärte. Sinowjews Antrag, das Testament nicht zu veröffentlichen, wurde mit 40 zu 10 Stimmen angenommen.

Nach Lenins Tod kam die Troika an die Macht, Trotzki als Führer der Armee, Sinowjew als Leiter der Internationale, Stalin als Haupt der Partei. Er verband sich mit Sinowjew gegen Trotzki, später würde er gegen den Bundesgenossen vorgehen. Stalin, der Taktiker und Organisator, war dem großem Demagogen Sinowjew in einem Punkt überlegen. Er hatte das Geheimnis des Apparats entdeckt. Durch ihn wurde wieder der Tschin – der Dienstrang – das Maß aller Dinge, nur war es nicht mehr der Rang auf der bürgerlichen Staatsleiter, sondern in der Partei. Auch für Stalin war die Partei die lenkende Kraft im System, aber eben nur als Instrument ihrer hierarchischen Spitze. An diese Verstaatlichung der Partei, an den Ausbau des von einer Stelle aus zu lenkenden Apparats setzte Stalin, schweigsam und unauffällig im Hintergrund bleibend, seine stählerne Energie. Von hier aus manövrierte er Trotzki aus.

Natürlich hatte sich Trotzki Hoffnungen auf Lenins Nachfolge gemacht. Mit seinen Verdiensten um die Sicherung der Republik gegen äußere Feinde und mit seiner blendenden Intelligenz und Dialektik konnte sich keiner messen. Trotzki glaubte an den Marxismus und war Optimist; er vertraute auf einen Appell an das Volk. Stalin war Pessimist; für ihn gab es keine Dogmen, an die er glaubte, sondern nur Realitäten, denen er sich anpaßte. Ihm war nicht der Klassenkampf das wichtigste, sondern die Diktatur des durch die Funktionäre vertretenen Proletariats. Die Ideologie durfte nicht Resultat einer Diskussion sein, sondern wurde von oben diktiert. Für Trotzki war der Kitt der gemeinsame Glaube, für Stalin die Angst und das Geld. Er begann früh, die Partei zu terrorisieren und zu korrumpieren. Der »brillante« Trotzki, der es nicht lassen konnte, öffentlich zu brillieren, und immer in Opposition war, zog den Kürzeren gegenüber dem verschlagenen Georgier, der auf Glanz verzichtete und immer mit der Majorität stimmte. Stalin hatte es nicht schwer, im Flüstergespräch zu verbreiten, Trotzki sei der Napoleon der Revolution. Er verkleinerte Trotzkis Rolle in der Revolution und stellte dessen Lehre von dem Vorrang der Weltrevolution seinen »Sozialismus in einem Land« entgegen. Das lag dem russischen Volk. Stalin hatte ein feines Gefühl für psychologische Unterströmungen. Trotzki mußte sich geschlagen geben.

Gestützt auf den rechten, von Bucharin geführten Flügel, rechnete Stalin mit der Linken ab. Jetzt half es Sinowjew nichts mehr, daß er ein düsteres Bild von Stalins Charakter entwarf, ihn als Sadisten und als machtbesessen bezeichnete und die Mißerfolge seiner falschen Außenpolitik kritisierte. Stalin hatte durch den von ihm beherrschten Apparat bereits solche Macht, daß er Sinowjew und Trotzki 1926 aus dem Politbüro entfernen, 1927 aus der Partei ausstoßen konnte. Trotzki wurde deportiert, Sinowjew mußte »abschwören«. Der linke Flügel war besiegt. Mit einer der überraschenden Kehrtwendungen, durch die er sich als »Diktator der goldenen Mitte« erwies, wandte er sich nun gegen den rechten Flügel und brach den

Rechtsoppositionellen das Rückgrat. 1929 war er Sieger auf der ganzen Linie und begann eine zweite Revolution. Aber er hatte kein Glück.

Die Ausrottung der Kulaken, der rasche Übergang zum Kollektiv und die überstürzte Industrialisierung riefen Hunger und Not hervor. Die verfehlte Außenpolitik trug zu Hitlers Aufstieg bei. Memoranden über Stalins Absetzung zirkulierten. Aber der Widerstand hatte kein Haupt. Die Veteranen warteten, gedemütigt, gebrochen und leise schimpfend. Die Jungen waren aktiver, aber ohne Plan und Programm. Stalin schwankte zwischen einer Politik der Mäßigung und der harten Hand, wie Molotow sie empfahl. Die Ermordung Kirows im Dezember 1934 beendete den halbliberalen Kurs, den Stalin gesteuert hatte. Die Säuberung, die große »Tschistka« hub an, die 10 Millionen Opfer fordern sollte.

Kirow, der den dritten Posten im Land einnahm, ein besonderer Günstling Stalins war und von vielen als der künftige Erbe des allmächtigen Generalsekretärs angesehen wurde, hatte sich geweigert, seinem Herrn blindlings zu folgen. Er gehörte zu den Führern des Flügels, der sich für Milde gegenüber der Opposition einsetzte, und wurde als Vorkämpfer der Gemäßigten angesehen. Sie hatten mit der Wahl Kirows in das vierköpfige Parteisekretariat ihren größten Erfolg zu verzeichnen. Der Kongreß hatte ihm eine Ovation dargebracht, die der für Stalin gleichkam. Die Eifersucht und der Argwohn Stalins wurden wach. Der gefährliche Nebenbuhler, der gewagt hatte, gegen den Stachel zu löcken, mußte verschwinden. 1956 bezeichnete Nikita Chruschtschow die Umstände, unter denen Kirows Mord erfolgte, als »unerklärlich und geheimnisvoll«. Unerklärlich waren sie nicht, geheimnisvoll sind sie geblieben. Stalin selbst bemühte sich mit rasendem Eifer, den Verdacht auf andere zu lenken. Alle die unseligen NKWD-Männer, die an der Beseitigung Kirows beteiligt waren, wurden nach Chruschtschows Bericht 1937 liquidiert, »um die Spuren der Organisatoren des Mordes an Kirow zu verwischen«. An Kirows Stelle im Sekretariat trat Jeschow; er wurde zugleich Leiter der Kontrollkommission, die mit der Säuberung der Partei beauftragt wurde. Zu seiner Unterstützung bestimmte Stalin einen jungen Gefolgsmann, Malenkow.

1935 hatte sich Stalin noch mit »Schuldbekenntnissen« und Deportationen begnügt. 1936 ging er daran, den Marxismus, wie Dostojewskis Großinquisator das Christentum, durch Zwang und Terror zu »vollenden« und hätte, wie jener, den Stifter der Lehre bedenkenlos als gefährlichsten Gegner vernichtet. Die Partei durfte nicht denken, das Politbüro nicht widersprechen, das Zentralkomitee mußte blind gehorchen. Kritik an Stalin war Sabotage an der Partei und Verrat an Rußland. Alle Verdächtigen waren von einem engmaschigen Spionagenetz fest umstrickt. Die ständige Bespitzelung durchdrang Familie und Betrieb. Der russische Drang, sich auszusprechen, erleichterte den Spionen das Geschäft. Fluten von Denunziationen gingen ein, selbstgerecht oder rachsüchtig. Tonnen von Dossiers wurden in ungezählten Büros sortiert, studiert, klassifiziert, registriert. Keiner konnte sich der Verstrickung entziehen. Man konnte weder aus der Partei »austreten« noch das Land verlassen. Stalin löste seine Probleme genauso, wie Iwan IV. und Peter der Große: er ließ Köpfe rollen.

Seit 1934 wurden Millionen »sozialgefährlicher Personen« in den Tod oder ins Straflager geschickt. Grundlage war die »Lex Kirow«. Sie verschärfte die Lage des Angeklagten. Er erhielt die Anklage erst 24 Stunden vor der Gerichtsverhandlung. Ihm brauchte kein Verteidiger gegeben zu werden. Es konnte auch in seiner Abwesenheit verhandelt werden. Es gab keine Berufung. Dieses Gesetz wurde erst 1956 aufgehoben. Von 1937 an waren auch Folterungen an der Tagesordnung. Dazu gehörte es auch, wenn man den Angeklagten nicht schlafen oder an der weißen Wand stehen ließ, ihm im Wasserbad elektrische Schläge versetzte und in überraschendem Wechsel von der harten zur »sanften Methode« überging. Dann wurde der Unglückliche von einem verständnisvollen, humanen Menschen vernommen, der ihm zusagte, sie wollten seinen Fall gemeinsam überlegen, »und morgen machen wir weiter«. Aber das morgen kam nicht. Der Angeklagte wartete und hoffte vergeblich. Man ließ ihn »schmoren«. Es kam vor, daß der mitfühlende, menschenfreundliche Vernehmer die Methode beherrschte, Schuldgefühle zu suggerieren, für die ein falsches Geständnis die rechte Sühne war.

Der Ausgangspunkt war der Mord an Kirow. Um diesen Kern webte man die Legende von einem weitreichenden trotzkistischen Terrorplan. Die Angeklagten hätten, so lautete die Beschuldigung, sich seit 1932 verschworen, Stalin und sieben andere Führer zu ermorden, und in Kirows Fall sei das gelungen. Im ersten Prozeß, dem »Prozeß der 16«, standen an der Spitze der Liste Sinowjew, Kamenew und Smirnow. Sie, wie die meisten anderen Führer der »Verschwörung«, befanden sich bereits wegen früherer Vergehen im Gefängnis oder in der Verbannung und waren daher in den Augen der Allgemeinheit diskreditiert. Trotzdem versetzte die öffentliche Klageerhebung gegen diese bahnbrechenden Bolschewisten im August 1936 das russische Volk in Bestürzung und weckte die Verwunderung der übrigen Welt. Der Schock verstärkte sich, als alle Angeklagten verwickelte und detaillierte Geständnisse ablegten, die jede Anwendung mildernder Umstände ausschlossen. Entsprechend dem Antrag Wyschinskis, der als öffentlicher Ankläger für die »tollwütigen Hunde« die Höchststrafe forderte, verurteilte das aus drei Mann bestehende Militärkollegium des Obersten Gerichtshofs alle Angeklagten zum Tode. Aber der Prozeß war als Propagandawaffe ein Fehlschlag. Die inneren Widersprüche waren zu zahlreich und die objektive gegenseitige Bestätigung zu dürftig. Wer sich außerhalb von Stalins Reichweite befand, in erster Linie Trotzki, brandmarkte diese Schauprozesse in der Arena der Öffentlichkeit. Und sogar Leute, die von Skepsis kaum berührt wurden, konnten den Prozeß nicht als einen Sieg Stalins ansehen. Obwohl – oder gerade weil – sich also der Prozeß propagandistisch als Mißerfolg erwies, wurde eine zweite Runde unvermeidlich. Der NKWD hatte hierfür Bucharin, Radek und Rykow vorgesehen. Aber ihr Chef, Jagoda, hatte Hemmungen, noch ein solches Schauspiel zu riskieren. Er entließ, während Stalin seine Ferien am Schwarzen Meer verbrachte, im September 1936 Bucharin und Radek aus der Haft. Das hatte eine Explosion zur Folge. Stalin erklärte dem Politbüro, Jagoda habe endgültig seine Unfähigkeit bewiesen, den Block der Trotzkisten zu entlarven. Er wurde durch Jeschow ersetzt und fand sich im dritten großen Schauprozeß selbst auf der Anklagebank.

Der zweite Prozeß, der »Prozeß der 18«, sah im Januar 1937 Pjatakow, den Vertreter des Kommissars für Schwerindustrie Ordschonikidse, das ehemalige Mitglied des Zentralkomitees Radek und den stellvertretenden Kommissar für Auswärtige Angelegenheiten Sokolnikow an der Spitze der Angeklagtenliste. Der unermüdliche Pjatakow hatte sich bei seinem Chef unentbehrlich gemacht; dieser setzte sich für ihn ein und erhielt von Stalin die Zusicherung der Begnadigung für den Preis eines vollen Geständnisses verräterischer Beziehungen zu Trotzki. Pjatakow zahlte, aber Stalin brach sein Wort. Bei dem Geständnis Pjatakows ereignete sich ein Betriebsunfall. Er berichtete über einen geheimen Flug, den er mit einem Privatflugzeug im Dezember 1935 von Berlin nach Oslo unternommen habe, um dort zwei Stunden mit Trotzki zu sprechen. Aber der Direktor des Osloer Flugplatzes erklärte, zwischen dem 19. September 1935 und dem 1. Mai 1936 sei dort kein ausländisches Flugzeug gelandet. 14 Angeklagte wurden zum Tode verurteilt. Unter den vier, die mit Freiheitsstrafen davonkamen, war Radek. Er hatte die Aufgabe übernommen, umfangreiche Geständnisse für sich und seine Mitangeklagten auszuarbeiten, die den Anforderungen Jeschows entsprachen. Er gewann sich damit das Leben und einen Platz in der Geschichte, etwa in der Mitte zwischen Judas und Scheherezade. Die Vertreter des diplomatischen Korps und der Weltpresse, die diesmal im Gegensatz zum ersten Prozeß zuhören durften, lauschten voller Staunen den haarsträubenden Geschichten von Verrat, Sabotage und Mordversuchen, die die Angeklagten vor einem verblüfften Publikum aussprachen.

Wäre Stalin nicht, wie Chruschtschow sich später ausdrückte, »krankhaft argwöhnisch« gewesen, so hätte er die Geschichte von einer Verschwörung mit den Deutschen durch eine Gruppe russischer Generäle schwerlich geglaubt. Jeschow, der das Militär als den einzigen Teil der Bevölkerung betrachtete, der der absoluten Kontrolle des NKWD nicht unterworfen war, schürte Stalins Furcht vor der Armee als der Organisation, die allein noch fähig wäre, die Macht an sich zu reißen. Im Juni 1937 wurden Tuchatschewski und sieben bekannte sowjetische Generäle erschossen, weil sie mit der Reichswehr korrespondiert hätten, um das Sowjetregime zu stürzen. Man ist heute allgemein der Ansicht, daß sie niemals ein Geständnis abgelegt haben, wahrscheinlich sind sie ohne Verfahren hingerichtet worden.

Die folgende Massenvernichtung, deren Opfer die Armee wurde, erreichte katastrophale Dimensionen. Der Oberste Kriegsrat verlor drei seiner vier Mitglieder; 80 Prozent der Marschälle, 62 von 83 Korpskommandeuren, mehr als die Hälfte der Divisions- und Brigadekommandeure, rund 25 Prozent der 6000 höheren Offiziere gerieten in den Säuberungsstrom. Die jämmerlichen Leistungen der russischen Armee gegen die Finnen zu Ende des Jahres 1939 waren zu einem erheblichen Teil die Folge dieses riesigen Aderlasses.

Der dritte Schauprozeß, der »Prozeß der 21«, in dem im März 1938 Bucharin, Rykow, Krestinski, Jagoda und andere Angeklagte, die sich in der Geschichte des Bolschewismus einen Namen gemacht hatten, ihre Todesurteile erhielten, war Jeschows seltsamste Aufführung. Die Anwesenheit Jagodas auf der Anklagebank gab dem Verfahren eine Atmosphäre des Paradoxen. Denn die Anklage bezeichnete ihn zusammen mit Sinowjew und Kamenew, deren Prozeß er betrieben hatte, als Verschwörer. Die Schlange begann sich selber aufzufressen. Da Stalin dabei war, die Geschichte umzuschreiben, war er auch entschlossen, nicht auf halbem Wege stehen zu bleiben. Zusätzlich zu den üblichen Anklagepunkten, die die bisherigen Prozesse charakterisiert hatten, wurden nun die Hauptangeklagten verräterischer Umtriebe in Verbindung mit ausländischen Mächten bis zurück zum Jahre 1921 beschuldigt. Bucharin habe sogar schon 1918 konspiriert, Lenin, Stalin und andere bolschewistische Führer zu ermorden. Aber Bulganin setzte sich zur Wehr. Er war bereit, für seine Opposition gegen Stalin zu sterben, aber er wollte nicht zulassen, daß seine glanzvolle Vergangenheit in den Schmutz gezogen wurde, und leugnete daher hartnäckig die Verschwörung gegen Lenin. Es war einer der wenigen Fälle, in denen es weder Wyschinski noch Jeschows Verhörapparat gelang, bei einem Angeklagten das gewünschte Geständnis zu erreichen.

Noch dramatischer war die Vernehmung Krestinskis. Er widerrief am ersten Tage das Geständnis, er sei Trotzkist gewesen und habe Beziehungen zum deutschen Geheimdienst gehabt. Im Gerichtssaal verbreitete sich Bestürzung. Trotz aller Vorhaltungen Wyschinskis hielt Krestinski an seinem Widerruf fest. Die Nacht über hielt die Presse den Atem an. Den ganzen nächsten Tag blieb Krestinski stumm, man rief ihn nicht auf und er meldete sich nicht zu Wort. Als er aber am Abend Aussagen gehört hatte, in denen er trotzkistischer Umtriebe bezichtigt wurde, gab er den Widerstand auf und bekannte sich erneut schuldig, sogar als Geheimagent des deutschen Generalstabs seit 1921. Allgemein wird angenommen, daß Krestinski durch einen nächtlichen »Wiederholungskurs« von seinem Fehltritt abgebracht wurde. Vereinzelt wird aber auch behauptet, Stalin habe den Widerruf mit Absicht über die Bühne gehen lassen, um ausländischen Kritikern zu beweisen, daß in seinen Gerichtshöfen nicht alle Angeklagten wie Automaten geständen.

Die großen Prozesse wurden von einer Welle von Massenverhaftungen vorbereitet und hatten weitere Verhaftungen im Gefolge. Stalin gab die Losung aus: Wachsamkeit! Die G.P.U. suchte nach Spionen und Verschwörern, nach konterrevolutionären Agenten und Verrätern und verhaftete wahllos Millionen. Die Initiative übte Stalin selbst aus durch das Parteisekretariat unter Shdanow, das Privatsekretariat unter Malenkow und die Staatsanwaltschaft unter Wyschinsky. Im Offizierskorps des Sicherheitsdienstes traten in diesen Jahren an die Stelle der primitiven Terroristen die raffinierten Techniker der Macht. »Ich glaubte«, sagte ein alter Bolschewist, »daß in diesem Apparat die besten Revolutionäre saßen, aber was ich traf, war die reine Inquisition.«

Jeder Kommunist wurde gefragt: Wieviel Volksfeinde hast du schon angezeigt? Um nicht selbst in den Verdacht konterrevolutionärer Gesinnung zu geraten, zeigte er an. Der Schneeball wuchs, bis schließlich im Dezember 1938 Jeschow abgesetzt wurde und Berija an seine Stelle trat, der nun die »Säuberer säuberte«. Auch Jeschow wurde angeklagt und verschwand. Die Außenwelt konnte nur schwer begreifen, daß die Moskauer Urteile in ein paar sorgfältig ausgesuchten Fällen, von denen der in der zweiten Märzwoche 1938 gegen die alte Garde Lenins durchgeführte Prozeß der sensationellste war, nur eine Fassade waren, hinter der sich die an Millionen verübten Greuel berghoch türmten. Die Geständnisse waren Märchen für ausländische Idioten. Diese waren auch von der Objektivität der Sowjetrechtsprechung überzeugt und verstanden erst spät, daß der Zweck der bolschewistischen Rechtsprechung gar nicht Gerechtigkeit ist, sondern Verteidigung des Regime gegen wirkliche oder vermeintliche Gefahren. Von 138 Mitgliedern des Zentralkomitees blieben nach der Säuberung nur 20, von 757 Mitgliedern des Zentralexekutivausschusses nur einige Dutzend übrig. Gerade die ältesten und bekanntesten Bolschewisten, die berühmtesten Revolutionskämpfer klagte man an, sie hätten Stalin ermorden, den Kapitalismus wiederherstellen, die militärische und wirtschaftliche Macht der Nation zerstören wollen, und sie hatten nichts anderes zu erwidern, als ein volles Geständnis. Sie alle, Sinowjew und Radek, Kamenew und Bucharin gaben ihre »Verbrechen« zu, bekundeten ihre Reue und beschuldigten sich gegenseitig.

Als der Volkskommissar Ordschonikidse sich hinter seinen Vertreter stellte – ein seltener Fall der Zivilcourage –, starb er einige Monate später an einem »Herzanfall«, an den keiner glaubte. Das russische Volk hatte den Glauben an Krankheit oder Unfall als Ursache für den Tod führender Männer völlig verloren, genauso wie unter der Hitlerherrschaft das deutsche Volk mit Recht die amtlich bekanntgegebene Todesursache bei Udet und Jeschonnek für Schwindel hielt und nun auch die amtliche Version nicht glaubte, wo sie stimmte, wie bei Prien, Mölders, Dietl u.a.

Stalin mußte einen Preis für seine Verbrechen zahlen. Die Säuberung schwächte sein Land. Die Industrie wurde von Lehrlingen geleitet, die Armee von einem winzigen Bruchteil ihrer ehemaligen Elite. Da er in keiner Weise darauf vorbereitet war, allein einen Kampf gegen die Nazis aufzunehmen, schloß er im August 1939 den Pakt mit Hitler. Die Furcht, die von der Säuberungsaktion ausging, brachte Gehorsam hervor, aber keine Zustimmung; die deutschen Angreifer wurden 1941 in vielen Teilen der Sowjetunion begeistert als Befreier empfangen. Überzeugte Kommunisten begannen, an ihrer Sache zu zweifeln. Bei Münzenberg, dem Verfasser des »Braunbuchs« über den Reichstagsbrand, erschütterten die Säuberungsprozesse den Glauben an die Partei. Seine Absagen auf dringende Aufforderungen, nach Moskau zu kommen, entfernten ihn von der Sache, der er so begeistert und so gut gedient hatte. Auch die Einstellung Oppenheimers, des »Vaters der Atombombe«, zum Kommunismus wurde durch die Säuberungsprozesse schwer erschüttert.

Wie war es möglich, daß die alten Revolutionäre, die oft genug dem Tod ins Auge geblickt hatten, sich durch Selbstzerfleischung verächtlich machten? Denn nicht alle, die in den öffentlichen Prozessen auftraten, sahen aus, als ob sie körperlich gefoltert worden seien. Das erste Mittel seelischer Tortur war die Isolierung, die den Verhafteten von der Außenwelt und den übrigen Gefangenen abschloß und ihn in völliger Ungewißheit ließ über das, was man ihm vorwarf und was mit ihm geschehen würde. Das zweite waren die Beschimpfungen »trotzkistischer Bandit, faschistischer Hund« u.ä., mit denen die Verhöre begleitet wurden. Ein alter General brach zusammen, als er verhöhnt und der Spucknapf über ihn geleert wurde, und machte ein Geständnis, das alle Erwartungen übertraf. Das dritte Mittel war das mit allem Raffinement geführte Verhör, das nachts um 10 Uhr begann, in dem stundenlang dasselbe geschrien, tagelang die gleichen Fragen gestellt wurden und der Angeklagte systematisch zermürbt wurde. Zum Verhör gehörten auch die gefälschten Protokolle, die seine Angaben nicht direkt unrichtig, aber gefärbt und so wiedergaben, daß man durchaus Beschuldigungen herauslesen konnte. Dann kam der zermürbende Kampf um jedes Wort des Protokolls, bis der Unglückliche, nachdem er unter unendlichen Mühen einige Korrekturen erreicht hatte, in völliger Erschöpfung seinen Namen darunter setzte, und damit sein und das Todesurteil anderer unterschrieb.

Hatte ein Angeklagter diese wochen- und monatelangen Qualen überstanden, ohne ein Geständnis abzulegen, dann wurde er dem pausenlosen Verhör, dem »laufenden Band«, unterworfen, bei dem sich die Untersuchungsrichter nach 4–5 Stunden abwechselten. Das Opfer war binnen kurzem zu allem bereit, wohin ihn seine Peiniger bringen wollten. Keiner dieser Menschenjäger wollte seine Jagdtrophäe hergeben. Sie hatten eine teuflische und geradezu wissenschaftliche, jedem Erbarmen verschlossene Lust daran, an den ihnen ausgelieferten Menschen psychologische Experimente zu machen und die Widerstandskraft der Opfer zu prüfen. Waren sie körperlich fertig, wurden sie für plötzliche Zeichen der Milde und des Verständnisses zugänglicher. »Wenn wir sehen, daß du durch ein aufrichtiges Geständnis den Willen zeigst, wieder ein Sowjetmensch zu werden, ebnen wir dir den Weg . . .«. Den 16 Angeklagten des ersten Prozesses versprach Stalin das Leben, wenn sie ihre Schuld bekennten. Noch beim dritten Prozeß wandte Stalin das gleiche Mittel an. Es sagte bei aufrichtigem Geständnis die Umwandlung der Todesstrafe in Verbannung zu. Noch häufiger und mit unfehlbarer Wirkung wurde den Gefangenen als Belohnung für reuiges Schuldbekenntnis das Leben ihrer Frauen, Kinder, Eltern versprochen. Die Zusage der Begnadigung wurde natürlich nie eingehalten.

Aber gerade die alten Bolschewisten hatten für die dem Ausland unbegreiflichen Geständnisse noch einen anderen tiefer liegenden Beweggrund. Der Bolschewismus war keine Partei nach westlichen Begriffen. Er war ein Orden, für den man sich opferte, er war eine Kirche, die niemals irren konnte. Mochte der einzelne sterben, die Kirche mußte siegen und bleiben. Man glaubte ohne Einschränkung an die Partei, um ihr Handeln begreifen und ihre Behauptungen als objektive Wahrheit annehmen zu können. Man war bereit, die Schuld für Unglücksfälle, für Sabotage und Schlamperei, auf sich zu nehmen. Denn ein Schuldiger mußte ja gefunden werden, das System konnte und kann nicht schuld sein. Diese Opferbereitschaft wurde mit allen Mitteln seelischer Tortur geradezu nach Freud'schen Methoden herbeigeführt. Ständig wurde von den Vernehmungskünstlern und in Gemeinschaftszellen von Agenten die Argumentation vorgebracht: Der NKWD verhaftet keinen Menschen, der nichts getan hat, oder er kann es jedenfalls nicht zugeben; also etwas muß man schon zugestehen; ein alter Bolschewist kann nicht mit den bürgerlichen Begriffen von Wahrheit und Lüge operieren; es gibt eben politische Notwendigkeiten, denen sich Parteileute fügen müssen; der Untersuchungsrichter ist in dem Kampf der Sowjetmacht um ihre Sicherheit gewissermaßen der Kommandeur, dem man gehorchen muß. Solche Argumente waren gerade für »alte Kämpfer« eine psychologische Rechtfertigung ihrer Schwäche. Die Phrasen von Parteipflicht und Treue zur Sache beruhigten die zuckenden Nerven und waren Balsam für gebrochene Seelen. So wurden auch die härtesten Kämpfer weich wie Ton in des Töpfers Hand, ohne daß körperliche Torturen angewandt wurden. Der ungarische Bolschewist Laszlo Raik war fanatisch parteitreu und hatte für die Partei zahllose Opfer liquidiert; nun brachte er sich selbst zum Opfer und ließ sich als Verräter hinrichten; niemand in der Partei glaubte an seine Schuld.

War der Angeklagte zusammengebrochen, dann mußte er ein Geständnis fabrizieren. Er durfte nicht etwa sagen: Also her mit dem Geständnis, ich unterschreibe, was Sie wollen! Solche Geständnisse nahm der Untersuchungsrichter nicht an. Sollte nicht die Qual von vorn beginnen, mußte der Angeklagte eine Schuld erfinden. Natürlich kamen Regiefehler vor, so sehr sich der NKWD bemühte, die falschen Geständnisse hieb- und stichfest zu machen. Ein Angeklagter gestand, sich 1932 mit Trotzki in Kopenhagen im Hotel Bristol getroffen zu haben. Es war wahrscheinlich das einzige Hotel, das er in Kopenhagen kannte, aber es existierte seit 1917 nicht mehr. Einer hatte ein geheimes Waffenlager gestanden, jeder »gab es weiter«, es landete bei einem ehrlichen alten Revolutionär, der sich weigerte, einen neuen »Schuldigen« zu belasten. Schließlich benannte er einen Toten, aber der Untersuchungsrichter war zufrieden. Das richtige Geständnis zu finden, war eine Kunst, die einfache Leute oft nicht beherrschten. Für seine Gemeinde schrieb ein alter Pope das Geständnis jedes Einzelnen. Ende 1937 begannen die Dämme zu brechen. Nachdem die großen Oppositionsführer dem Druck des Systems nachgegeben hatten, war die Widerstandskraft der Masse total zerstört. Es ergriff die Angeklagten so etwas wie ein Taumel. Die Selbstbezichtigung wurde zur Epidemie.

Der Widerruf eines Geständnisses wanderte in den Papierkorb, das Geständnis blieb. Wagte allerdings ein Angeklagter in öffentlicher Sitzung einen Widerruf, dann wandte man schonungslos auch diejenigen Zwangsmittel an, die man sonst im allgemeinen vermied. Im Gerichtssaal selbst konnte man nichts unternehmen, aber in den Kellern hinterher konnte man dem Aufsässigen die Knochen brechen. In den großen Schauprozessen haben nur zwei Angeklagte widerrufen. Am nächsten Tage widerriefen sie den Widerruf. Der Regiefehler war in der Nacht in Ordnung gebracht worden.

Ganz auf das Geständnis verzichtete man im Generalprozeß. Tuchatschewski, ein alter zaristischer Offizier, hatte sich 1918 der Partei angeschlossen, wurde der »Dämon des Bürgerkriegs«, der Sieger über Koltschak und Denikin, der bedeutendste militärwissenschaftliche

Führer in der neuen Militärperiode. Aus doppeltem Grund war er Stalin unheimlich. Im Polenkrieg führte er die Westfront, bei Segorow, dem Führer der Südfront, war Stalin politischer Kommissar. Wegen Lemberg kam es zum Streit zwischen den beiden Armeen, Stalin hatte Jegorow falsch informiert, schob aber die Schuld für die Niederlage auf Tuchatschewski. Zwar war dieser einer der fünf von Stalin neu ernannten Marschälle, aber Stalin grub 1935 den alten Streit wieder aus. Da die Reformen der Jahre 1934/36, durch die in der Armee wieder die alte Disziplin hergestellt wurde, in erster Linie Tuchatschewski zu verdanken waren, verkörperte sich in Stalins Augen in dem früheren Zarenoffizier die Gefahr eines bonapartischen Staatsstreiches. Schon im Dezember 1936 faßte er den Entschluß, auch die Armee zu säubern. Tuchatschewski genoß in der Armee noch großes Ansehen, von Parteikreisen wurde er bereits gemieden. Er hat keinen Aufstand gemacht, aber er konnte einen machen. Vielleicht hat er auch einen Staatsstreich geplant, jedenfalls ging man bei der Verhaftung vorsichtig und bei der Hinrichtung eilig vor. Am 1. Mai 1937 stand er bei der Parade auf dem Roten Platz noch neben Stalin. Am 12. Mai wurde er bereits verhaftet. Am 12. Juni wurden er und verschiedene andere Generäle von einem geheimen Kriegsgericht unter dem Vorsitz von Woroschilow als deutsche und japanische Spione verurteilt. Tuchatschewski zeigte keine Reue und gestand nichts. General Gorbatow sagte bei der Verurteilung des Marschalls: »Die Klassenzugehörigkeit läßt sich eben nicht verleugnen.«
Da es gefährlich war, Generäle zu liquidieren, und schwer, sie zu Geständnissen zu bringen, hatte man rechtzeitig eine unheimliche Intrige in die Wege geleitet. Man suggerierte dem Chef der deutschen Gestapo, Heydrich, durch einen GPU-Mann, der desertiert zu sein behauptete, den teuflischen Plan, die Rote Armee zu »enthaupten«. Heydrich fabrizierte den kompromittierenden Briefwechsel zwischen Tuchatschewski und deutschen Generälen und informierte den Präsidenten Benesch über diese Beziehungen. Alles ging programmgemäß. Benesch warnte Stalin vor Tuchatschewski. Jeschow bekam das gefälschte Beweismaterial. Heydrich war stolz, den roten Generalstab vernichtet zu haben. Es war ein schwerwiegender Irrtum Heydrichs. Chruschtschow aber hat später von den Schaupro-

zessen nur den Tuchatschewski-Prozeß für verbrecherisch erklärt. Stalin hatte bei der Säuberungsaktion seinen gefährlichsten Gegner nicht vergessen. 1936 wurde auf Norwegen, wo sich Trotzki damals aufhielt, Druck ausgeübt, ihm das Asyl zu versagen. Trotzki ging freiwillig nach Mexiko. Er griff Stalin weiter heftig und dauernd an. Ein Moskauer Tribunal verurteilte ihn in Abwesenheit zum Tode. Alle seine Kinder starben unter geheimnisvollen Umständen. Er selbst wurde am 28. August 1940 ermordet, als er an der Stalin-Biographie arbeitete, die alle seine Anklagen gegen den erfolgreichen Nebenbuhler zusammenfassen sollte und nie vollendet wurde. Stalin verfolgte den toten Gegner noch über das Grab hinaus durch die ungeheuerliche Geschichtsfälschung, Trotzki sei schon 1923 ein faschistischer Agent gewesen.

Die Fälschung der Parteigeschichte war nötig, um das jahrelange Morden im Lichte der neuen Zeit zu beleuchten. Der Bolschewismus kannte, genau wie der Nationalsozialismus, längst die Idee der »beiden Wahrheiten«, die eine für die Massen und die Außenwelt bestimmt, die andere für die Parteigetreuen, die Eingeweihten, den inneren Kreis. Die neue Geschichtsschreibung diente nur der ersteren. In Rußland hatte die Entlassung Jeschows im Dezember 1938 eine entscheidende Wendung gebracht. Das Dunkel lichtete sich, man prügelte nicht mehr, in Lagern und Gefängnissen erwachte die Hoffnung. Wie im Templerprozeß nach der Einsetzung der päpstlichen Kommissare, kamen jetzt viele Widerrufe. Sie retteten vielen Angeklagten das Leben. Aber die alte Garde war tot. Übrig blieb als Führer der Partei und des Landes Josef Stalin. Man hat die Säuberungsaktion mit der französischen Revolution verglichen. Manche Ähnlichkeiten liegen auf der Hand. Während aber in Frankreich sich die Armee immer stärker als Machtfaktor in den Vordergrund schob, um schließlich in Napoleon den Vollender und Überwinder der Revolution hervorzubringen, wurde in Rußland die Rote Armee in die Säuberung mit einbezogen und aller bonapartistischen Gefahren entkleidet. Während in Frankreich Robespierre selbst ein Opfer des von ihm entfachten Terrors wurde, blieb in Rußland der Robespierre der bolschewistischen Revolution am Leben und an der Macht.

Damit ist man bei der am schwersten zu beantwortenden Frage, warum Stalin die Große Tschistka in diesem Umfang aufgezogen und durchgeführt hat. Sicherlich hat persönlicher Antagonismus eine Rolle gespielt, vor allem im Verhältnis zu Trotzki, der ihn überstrahlte, zu Sinowjew, der ihn in schwacher Stunde gesehen und gerettet hatte, und zu Tuchatschewski, der um seinen Fehler und seine Lüge im Polenkrieg wußte. Aber das genügt ebenso wenig zur Erklärung wie die Auffassung, Stalin habe die Revolution gegen ihre Feinde sichern müssen. Tatsächlich gab es für die Revolution keine ernste innere Gefahr. Die innere Opposition war durch die Schläge, die ihre Führer in dem vergangenen Jahrzehnt erhalten hatte, so gelähmt, daß sie keine Bedrohung darstellte. Doch von außen sah Stalin dunkle Wolken am Horizont aufziehen. Hitler bedeutete die große Gefahr für ihn. Für den Fall einer anfänglichen Niederlage im Kampf mit Deutschland durfte es keine innere Opposition geben. Natürlich waren die Anklagen in den Schauprozessen schamlose Erfindungen, aber sie enthielten einen wahren Kern. Die Angeklagten wollten Stalin in einer Krise stürzen, er warf ihnen vor, sie hätten versucht, die Krise herbeizuführen. Keiner wurde einer Tat bezichtigt, alle nur einer Absicht, einer Gedankensünde; die Angeklagten würden vielleicht im Kriege Verhandlungen mit dem ausländischen Feind aufnehmen, sie durften nicht als Oppositionelle verurteilt werden, sonst wären sie Märtyrer geworden, sie mußten als Verräter sterben.

Stalin war kein Blutsäufer oder Ausbund an Grausamkeit. Er war überzeugt, durch sein Vorgehen der heiligen Sache der Revolution zu dienen. Er wollte die Männer vernichten, die eine Gegenregierung bilden könnten. Jeder von ihnen hatte eine Menge Freunde, Anhänger, Untergebene. Deshalb mußte er auch die potentiellen Rächer vernichten. Auf der Vernichtungsliste standen nicht nur die Namen der Oppositionsführer, sondern auch die Namen derer, von denen man in Zukunft eine Opposition erwarten konnte. Daher schützten auch Männer wie Bela Khun oder die deutschen Kommunistenführer Remmele und Naumann ihre früheren Verdienste um den Kommunismus nicht vor dem Tod. Stalins Mißtrauen war unbegrenzt. Nicht nur die potentiellen Gegner mußten weg, sondern alle, die als Anhänger einer noch so begrenzten Freiheit verdächtig waren.

Es klingt unglaubhaft und ist doch nur logisch, daß Stalin in seinen Direktiven an Jeschow über die zu vernichtenden Gruppen lückenlos alle aufführte, die ihm unter Umständen gefährlich werden konnten, die alten Bolschewiki, die Leute mit Beziehungen zum Ausland und die heimgekehrten Emigranten, die ausländischen Kommunisten und die Auslandsagenten der GPU, die Angehörigen nationaler Minderheiten und die religiösen Sekten, alle, die aus der Partei ausgeschlossen waren oder sonst Unrecht von ihr erfahren hatten, die Parteiführer, die sich vor der großen Tschistka entsetzten, und die Tschekisten, die sie organisierten. Hier war nichts vergessen, dies war eine wirklich umfassende Einleitung eines Kollektivprozesses, ohne zweites Beispiel in der Weltgeschichte. Als Stalin im März 1939 die Säuberung für beendet erklärte, konnte er vor dem Parteikongreß mit »berechtigtem Stolz« erklären: »Zweifellos werden wir es nicht mehr nötig haben, zur Methode von Massensäuberungen zu greifen.«
Aber seit 1937 träumten die russischen Generäle von einem Tag der Rache. Sie gedachten, wenn die Zeit gekommen, mit der Geheimpolizei abzurechnen. Die Stunde kam, als Stalin starb. Nun erzwang die Armeeführung die Vernichtung der Spitze des MWD. Kein großer Schauprozeß wurde abgehalten. Nur Berija und 6 Komplicen wurden gerichtet. Den Vorsitz des Sondergerichtshofs hatte Konjew, einer der populärsten Kriegsmarschälle. Der Prozeß wurde nach dem Dekret von 1934 durchgeführt, nach dem Berija Unzählige hatte hinrichten lassen. Am 24. Dezember 1953, zur gnadenreichen Weihnachtszeit, wurde das Urteil vollstreckt. Es hatte mit Recht nichts zu tun. Erwägungen der Gerechtigkeit und der Gnade kennt auch der heutige Moskauer Kurs nicht.
Herbert Wehner hat in den »Notizen«, die er 1945 verfaßte und in denen er seine Erfahrungen und Enttäuschungen als Funktionär der kommunistischen Partei schildert, eindrucksvoll die Erschütterung beschrieben, die in der Zeit der großen Prozesse alle in Rußland Lebenden ergriff. Eine hysterische Angst vor einer ungreifbaren und doch so gut wie unentrinnbaren Gefahr breitete sich damals aus. Niemand wollte engere persönliche Beziehungen zu einem Verhafteten gehabt haben. Da aber jeder jederzeit verhaftet werden konnte,

beschränkte man persönliche Beziehungen zu anderen auf das notwendige Minimum und war bestrebt, sich von den anderen in einem sicheren Abstand zu halten. Dafür waren in den Parteiversammlungen alle darin einig, die schonungslose Ausrottung der Volksfeinde zu fordern und sich gegenseitig mangelnder Wachsamkeit zu bezichtigen. Auch Wehner vermochte in den sich überstürzenden und überschneidenden Maßnahmen des NKWD kein System zu entdekken; alles machte den Eindruck des blindwütigen Waltens eines unpersönlichen Apparats.

In den Massenverhaftungen, Verurteilungen und Liquidierungen konnte auch ein gläubiger Kommunist keine Linie entdecken. Es gab keine Kritik am NKWD. Die gefürchteten Chefs, Jagoda und Jeschow, konnten zwar selbst eines Tages vor Gericht gestellt und abgeurteilt werden. Aber an der Allmacht des NKWD änderte sich nichts. Die Opfer, die unter Jagoda oder Jeschow zur Strecke gebracht worden waren, wurden nicht rehabilitiert. Nur die Argumentation, mit der man die Terrormaßnahmen zu erklären oder sogar zu verteidigen suchte, machte eine Entwicklung durch. Ursprünglich hielt man an der Behauptung fest, der NKWD irre sich nie. Als die Verhaftungen Dimensionen erreichten, die unübersehbar waren, gab man zu, es könne vorkommen, daß Unschuldige getroffen würden, aber es sei besser, tausend Unschuldige müßten eine Zeitlang leiden, als daß ein Volksfeind unentdeckt bliebe.

Nur in wenigen Schauprozessen erhielt man eine Urteilsbegründung. Die Motivierung der meisten Urteile wurde niemals öffentlich bekanntgegeben. Die deutschen Kommunisten wurden besonders unerbittlich verfolgt. Wehner gibt Beispiele von überzeugten Parteimitgliedern, die der Verhaftung nicht entgingen. Eine Frau packte man bei ihrer Treue und Ergebenheit zur kommunistischen Partei. Die enthusiastische Genossin ging auf den Vorschlag ein, sie solle unterschreiben, in Verbindung zu deutschen Agenten gestanden zu haben, mit diesem Geständnis könnten die Sowjetbehörden ihren Druck gegen die Nazibehörden verstärken. Sie erhielt fünf Jahre. Die Frauen und Kinder von Verhafteten lebten unter unerträglichen Verhältnissen und glichen oft gehetzten Tieren. Eine verzweifelte Frau, der man jede Auskunft über das Schicksal ihrer Söhne verweigerte – der eine war, bei den Rotarmisten in Spanien kämpfend, vermißt, der andere wurde als Jungkommunist verhaftet –, rief auf ihren vergeblichen Gängen von einer Stelle zur anderen, sie und ihr Mann hätten ihr ganzes Leben lang für Gerechtigkeit gekämpft, sie verlange nun auch für sich Gerechtigkeit: »Wenn die Arbeiter in Berlin wüßten, was man mit uns macht!«

Nach Wehners Bericht schickten in den Jahren 1939 und 1940 Organe des NKWD deutsche Flüchtlinge, die in der Sowjetunion Asyl gesucht hatten, zum deutschen Konsulat. Es ging damals eine umfangreiche, nicht an die Öffentlichkeit gelangende Abschiebung Deutscher vor sich. Darauf, daß sie in Deutschland verhaftet werden würden, nahm man keine Rücksicht. In der Atmosphäre aus Mißtrauen und Angst belasteten die deutschen Emigranten sich gegenseitig. Wehner weist als »Beispiel für Schonungslosigkeit« auf Walter Ulbricht hin. Ihn selbst erschüttert das, was er erlebt hat, aufs tiefste. Er wendet auf das Verhältnis der Herrschenden zu den Opfern der »Reinigungsmaßnahmen« das Dichterwort an: »Ihr laßt die Armen schuldig werden, dann überlaßt ihr sie der Pein.«

20. KAPITEL

Freislers gefilmter Prozeß

Wo große Höhe ist,
da ist auch jähe Tiefe.
Seneca

Roland Freisler, den als Staatssekretär im Justizministerium sein Minister Gürtner »Orlando furioso« zu nenne pflegte, war ein Bolschewist. Er hatte sich in jungen Jahren bei den Sowjets die bolschewistische Weltanschauung zu eigen gemacht. An ihr hielt er fest, als er in Deutschland Nationalsozialist wurde. Bei keinem der bekannten Nationalsozialisten hat sich die innere Verwandtschaft beider Systeme so deutlich gezeigt wie bei dem Manne, der, zum Präsidenten des Volksgerichtshofs ernannt, alle Feinde Hitlers aufzuspüren und gnadenlos dem Henker zu überantworten, als seine Lebensaufgabe ansah.

Ein Mensch scharfen Verstandes, ein glänzender Dialektiker, ein erregbarer Redner mit schauspielerischer Begabung, nutzte er seine guten juristischen Kenntnisse nicht als Mittel, um das Recht zu finden, sondern als Waffe in der Hand der Staatsmacht wider ihre Gegner. Ein klarer Fall war für Freisler langweilig. Dann führte er einen Schauprozeß nach Art der Sowjetprozesse vor, setzte sich selbst in Szene und beschimpfte die Angeklagten. Interessant waren für ihn nur die Grenzfälle, in denen der Angeklagte jede Schuld bestritt, Dokumente und Zeugenaussagen nicht völlig zur Verurteilung ausreichten und es einer neuen Theorie und seiner Dialektik bedurfte, damit das Todesurteil ausgesprochen werden konnte.

Ursprünglich hatte Hitler an einen öffentlichen Monsterprozeß gedacht, mit Film, Rundfunk und Presse. Aber Himmler und Goebbels sprachen sich gegen eine propagandistische Ausschlachtung der

Prozesse aus. Sie befürchteten eine gegenteilige Wirkung. Man schrieb das Jahr 1944. Man nahm im Volk nicht mehr begeistert alles hin, was oben gesagt und befohlen wurde. Himmler wurde durch den SD über die wahre Stimmung, die unten herrschte, genau unterrichtet. Der kluge Goebbels brauchte diese Informationen nicht. Beide waren der Ansicht: wenn die Attentäter offen sagen dürften, weshalb sie den Führer hatten töten wollen, würde sich kein Abscheu erheben, sondern ein immer lauter werdendes Gemurmel der Zustimmung und des Beifalls. Hitler ließ sich überzeugen.

Also kein öffentliches Verfahren, im Gegenteil, mit diesen Leuten mußte kurzer Prozeß gemacht werden. Sie durften auch nicht vor ein Kriegsgericht kommen. Da saßen ja ihre Helfer, die ebenso dachten und sich mühen würden, den Prozeß zu verschleppen. Nein, die Verbrecher sollten aus der Wehrmacht ausgestoßen werden und vor den Volksgerichtshof kommen. Sie sollten keine ehrliche Kugel bekommen, sondern wie gemeine Verräter gehängt werden. Vor allem aber, sie durften keine Zeit zu langen Reden haben. »Aber das wird der Freisler schon machen. Das ist unser Wyschinski.« Freisler rechtfertigte Hitlers Erwartungen. Hitler sah sich jeden Abend gierig die Filmaufnahmen an, die täglich aus dem Gerichtssaal in die Reichskanzlei gebracht wurden. Himmler und Goebbels aber sahen ihre Sorgen bestätigt. Wenn das deutsche Volk den Schauspieler in der roten Robe hätte schreien hören und die Angeklagten gesehen hätte, die gefoltert und gedemütigt vor ihm standen – es war nicht auszudenken, was da hätte passieren können! Aber es war Freislers große Zeit. Jetzt konnte er demonstrieren, wie meisterhaft er das Recht zu manipulieren verstand.

Zunächst aber galt es, die Offiziere der Zuständigkeit des Kriegsgerichts zu entziehen und vor das Forum des Volksgerichts zu bringen. Im Jahre 1943 mehrten sich die Fälle von Witzeleien über die Größen der Partei. Die Verschlechterung der militärischen Lage trug dazu bei, eine »miesmacherische Stimmung« aufkommen zu lassen. Um dieser Entwicklung vorzubeugen, schuf man für die »Zersetzungsfälle«, für die § 5 der Kriegsstrafrechtsverordnung normalerweise die Todesstrafe vorsah und nur in besonders gelagerten Fällen eine Freiheitsstrafe zuließ, einen Sondersenat beim Reichskriegsgericht, der nur mit drei Richtern besetzt war, einem Juristen und zwei Offizieren. Die Urteile sollten Hitler zur Bestätigung vorgelegt werden. Unter den ersten sieben war kein einziges Todesurteil. Hitler tobte, ließ den Reichsjustizminister Thierack kommen und übergab ihm die Urteile zur Begutachtung. Thierack, der feige und bösartig war, erklärte, die Urteile seien »unmöglich«. Jetzt wollte Hitler nicht nur den Sondersenat, sondern das ganze Reichskriegsgericht aufheben. Der Präsident des Reichskriegsgerichts, der Admiral Bastian, der im September 1939 den hochgeachteten ersten Präsidenten, den General der Artillerie Heitz, abgelöst hatte, konnte Hitler nicht beschwichtigen. Nur dem eindringlichen Ernst, mit dem der Chef der Wehrmachtsrechtsabteilung Hitler warnte, die Aufhebung werde eine Vertrauenskrise der Wehrmacht zur Folge haben, war es zu verdanken, daß das Reichskriegsgericht am Leben blieb.

Aber diese Vorgänge brachten Hitler zu dem Entschluß, die Attentäter des 20. Juli überhaupt keinem Militärgericht zu überweisen, sondern durch den Volksgerichtshof aburteilen zu lassen. Nun unterstanden aber alle Offiziere, auch bei strafbaren Handlungen, die keine militärischen Vergehen waren, von Rechts wegen einem Kriegsgericht. Was immer man einem Offizier vorwerfen konnte, in jedem Fall war das Verfahren gegen ihn eine Angelegenheit des allein zuständigen Militärgerichts. Über diesen rechtlichen Tatbestand setzte sich Hitler bedenkenlos mit einem Trick hinweg, den man nur als »schmutzig« bezeichnen kann. Er berief einen »Ehrenhof« mit dem Befehl, diejenigen Offiziere aus der Wehrmacht auszustoßen und damit der Ziviljustiz zu übergeben, bei denen nach dem Ergebnis der Voruntersuchung eine Verurteilung zu erwarten war. Die Voruntersuchungen führten Kaltenbrunner, als Nachfolger Heydrichs Chef des Sicherheitsdienstes, und Heinrich Müller, Chef der Gestapo. Sie boten Gewähr dafür, daß ein richtiges Ergebnis vorlag. Die Gewalt tarnte sich hier nicht mit dem Mantel der Justiz, sie bedeckte die Blöße kaum mit einem jämmerlichen Lappen.

Den Vorsitz im Ehrenhof übernahm der Feldmarschall von Rundstedt. Ihm waren Feldmarschall Keitel, Generaloberst Guderian, die Generäle Schroth, Specht und Kriebel sowie als Protokollführer die Generäle Burgdorf und Meisel beigegeben. Die Angeklagten wurden nicht persönlich gehört. Über die Voruntersuchung berichteten ausschließlich Kaltenbrunner und Müller, die an den Sitzungen des »Ehrenhofs« teilnahmen, vielleicht um zu kontrollieren, ob auch alles nach Wunsch verlief. Die Kontrolle war nicht nötig, es lief alles am Schnürchen. Alle Angeklagten wurden aus der Wehrmacht ausgestoßen. Nun waren sie Freisler auf Gnade und Ungnade preisgegeben. Ein »Nein« der Mitglieder des »Ehrenhofs« hätte an dem Schicksal der Angeklagten nichts geändert. Es ist bedauerlich, daß sich Offiziere bereit fanden, sich an dieser Farce zu beteiligen. Sie dürften gehofft haben, durch ihre Teilnahme etwas für die Angeklagten tun zu können. Der Atlantiksender hat am 5. 8. 1944 berichtet, Rundstedt habe sich in der ersten Sitzung des Ehrenhofs in dramatischer Weise für Witzleben eingesetzt, seine Soldatenehre sei unberührt, er habe das Beste für sein Vaterland gewollt und sich nur in der Wahl der Mittel vergriffen. Die übrigen Mitglieder des Ehrenhofs hätten sich jedoch Rundstedts Ansicht nicht angeschlossen.

Freislers Theorie war einfach. Wer, auch nur theoretisch, die Möglichkeit einer Änderung in der politischen Führung Deutschlands in Erwägung zog, war dem Tode verfallen. Es war durchaus nicht erforderlich, daß er an ein Attentat oder an eine sonstige gewaltsame Änderung dachte. Es genügte, im Kriege an eine militärische, im Frieden an eine politische Niederlage zu glauben. Wenn an jemanden die Frage gerichtet wurde, ob er gegebenenfalls bereit sein würde, in einem neuen Kabinett einen Posten zu übernehmen, war er als Hochverräter des Todes schuldig, gleichgültig, ob er die Frage bejaht oder sie zwar verneint, aber den Fragesteller nicht zur Anzeige gebracht hatte.

Es war das auf die Spitze getriebene Verbrechen der »laesae majestatis«, der Verletzung des Majestätsbegriffes, begangen nicht durch eine Tat, nicht einmal durch eine geplante Tat, sondern nur den Gedanken, daß auch der Majestät ein Ende gesetzt sein könne. Diese Gedankensünden waren es, nach denen Freisler unermüdlich forschte. Den Gedanken der Tat, den potentiellen Täter dem wirklichen gleichzustellen, war den schlimmsten Epochen der Inquisition und den Stalin'schen Säuberungsprozessen vorbehalten gewesen. Aus diesen Prozessen griff der ihrem Urheber geistig verwandte Freisler die

Grundidee der allumfassenden Strafjustiz auf. Er war gewillt, jede Kritik an Hitler zum Majestätsverbrechen zu machen, da der Zweifel an der Unfehlbarkeit ebenso strafbar sein mußte wie der Zweifel an der Ewigkeitsdauer. Denn in der Kritik lag bereits ein Mangel an Glauben, ein beginnender Abfall, der sich fortlaufend steigern und schließlich in Widerstand enden werde.

Für Freisler war das erste leise Wanken in dem bedingungs- und grenzenlosen Glauben an Hitler bereits todeswürdiger Hochverrat. Er würde ohne weiteres Speer und Rommel lediglich wegen der von ihnen Hitler überreichten Denkschriften, in denen sie den Krieg für verloren erklärten und dieser Lage entsprechende Maßnahmen forderten, dem Henker überantwortet haben. Er hätte sich gerade auf diese beiden Fälle als Beweis dafür berufen können, daß er mit seiner Theorie recht habe. Als Speer, einer der treuesten Gefolgsmänner Hitlers, erfahren mußte, daß Hitler seine Denkschrift nicht beachtete, in seiner Zerstörungspolitik fortfuhr und die Existenzberechtigung des deutschen Volkes verneinte, zog er den einzigen für ihn noch möglichen Schluß: er suchte einen Schädling zu beseitigen. Am 15. Juli 1944 richtete Rommel von der Invasionsfront das berühmte Blitzfernschreiben an Hitler, das die Lage an der Front mit kurzen harten Sätzen wahrheitsgemäß beschrieb und mit den Worten schloß: »Die Truppe kämpft heldenmütig, jedoch der ungleiche Kampf neigt dem Ende entgegen. Ich muß Sie bitten, die Folgerungen aus dieser Lage unverzüglich zu ziehen. Ich fühle mich verpflichtet, als Oberbefehlshaber der Heeresgruppe dies klar auszusprechen.« Rommel gab Hitler die letzte Chance; wenn dieser keine Konsequenzen zöge, wollte er handeln. Als Rommels letzte Warnung beiseite gefegt wurde, blieb ihm als Patrioten und Soldaten nur der Weg in die aktive Widerstandsbewegung übrig.

Bei verantwortungsbewußten und tatkräftigen Männern mußte sich aus wachsender Kritik schließlich der Widerstand entwickeln. Freisler ist nie auf den Gedanken gekommen, daß es einen anderen und näherliegenden Weg gab, die Kritik nicht zum Widerstand werden zu lassen. Der, an den sie gerichtet war, brauchte sie nur zu berücksichtigen und Fehler abzustellen. Gab Freisler aber diese Möglichkeit zu, hätte er ja selbst die Majestät nicht für allmächtig, allwissend und allweise gehalten. Er war so stark im bolschewistischen Denken befangen, daß dieser unbedingte Autoritätsglaube für ihn eine Selbstverständlichkeit war. Das Unfehlbarkeitsdogma der katholischen Kirche war in einer der Übersteigerungen, in denen der Treppenwitz der Weltgeschichte sich gefällt, zu einem politischen Glaubenssatz geworden, der in den autoritären Staaten die Herrschaft eines politischen Papstes festlegte, an dessen Worten zu deuteln und an dessen Taten zu zweifeln die unverzeihliche Sünde wider den Geist des Systems war.

Freisler war kein blutdürstiger Schlächter. Aber er war völlig gnadenlos. Einen wegen des Majestätsverbrechens Verurteilten zu begnadigen, wäre bereits wieder ein Verbrechen gewesen. Man hätte in sentimentaler Schwäche Menschenleid und -not über die Idee gestellt. Er stand der Erbarmungslosigkeit der radikalsten Verfechter des Revolutionsgedankens, Robespierre und St. Just, nahe. Für ihn beschränkte sich der Kreis der zu Überwachenden nicht etwa auf »Opposition«. Wie für Stalin gerade seine ältesten Mitkämpfer die gefährlichsten Gegner waren, konnte auch im Hitlerreich der Zweifel gerade die anwandeln, die in Kampfjahren neben ihm gestanden hatten. Freisler wußte, daß aus enttäuschten Anhängern der entschlossenste Feind werden konnte. Für ihn freilich gab es diese Gefahr nicht, weil für ihn das Unfehlbarkeitsdogma der Inbegriff seines politischen Glaubens war. Er konnte nicht enttäuscht werden.

Weil er aber die potentiellen Gegner nicht nur bei Kommunisten oder der Widerstandsbewegung suchte, war ihm das Gefühl menschlicher Feindschaft gegenüber seinen Opfern fremd. Wenn er sie in rüdester Form beschimpfte, so war das dieselbe »Mache«, die auch in den Schauprozessen Sowjetrußlands der Vorsitzende anzuwenden pflegte, wenn er die Zeit dazu für gekommen hielt. Freisler konnte ebensogut einem Angeklagten mit ausgesuchter Höflichkeit begegnen. In dem Prozeß gegen den Minister Popitz merkte man es ihm an, welche Freude ihm der geistige Zweikampf mit einem intellektuell und dialektisch mindestens ebenbürtigen Gegner machte. Freisler hatte, soweit er persönlicher Empfindung fähig war, Popitz gegenüber ein Gefühl der Hochachtung und Zuneigung, das ihn nicht hinderte, das Todesurteil zu sprechen.

Diesem Mann lagen Foltermethoden nicht. Er traute es seinem Geschick zu, jeden Angeklagten ohne solche Methoden zu überführen. Aber als Mensch ohne Herz und Mitleid untersagte er ihre Anwendung nicht, wenn die Voruntersuchung sie nötig zu haben glaubte. Er betrachtete sie nicht als Verbrechen am Mitmenschen, sondern, wenn der Vergleich erlaubt ist, nur als unwaidmännisches Verhalten eines Jägers gegen Wild. Es war zwecklos, diesem Mann die Gewissenskämpfe zu schildern, aus denen der Zwang zum Widerstand erwachsen war. Die Empfindungen eines Soldaten, der dem Dilettanten an der Spitze die Schuld an der kommenden Niederlage beimaß, waren ihm unverständlich, das Rechtsgefühl, das sich gegen Unrecht und Willkür zur Wehr setzte, war ihm verächtlich; die religiöse Überzeugung, die eine im tiefsten Grunde gottlose Bewegung verabscheute, war ihm lächerlich. Er hatte für die Männer, die diesen Gründen für ihr Verhalten Ausdruck gaben, nur Hohn und Spott und sparte nicht mit rohen Beleidigungen. Da die ersten Prozesse nach dem 20. Juli gefilmt wurden und es sich um Angeklagte handelte, deren Tat einwandfrei feststand, hatte Freisler in diesen Verfahren nur das Interesse, sich in gehöriges Licht zu setzen.

Doch es ist am wirkungsvollsten, Freisler selbst zu hören. Am aufschlußreichsten ist wohl die Sitzung des Volksgerichtshofs am 7. und 8. August 1944, die erste Sitzung, die nach dem 20. Juli stattfand und bei der gegen den Feldmarschall von Witzleben und 7 andere Offiziere verhandelt wurde. Freisler führte einleitend aus: »Diese Anklage, Angeklagte, ist die ungeheuerlichste Anklage, die in der Geschichte des deutschen Volks je erhoben worden ist. Es gibt Taten derartig grausigen Verrats, daß vor ihnen alles, was jemand im Leben vorher begangen hat, verlöscht. Falls sich herausstellen sollte, daß Sie solche Taten begangen haben, ist es möglich, daß uns Ihr weiteres Vorleben dann gar nicht mehr interessiert.«

Bei der Vernehmung des Generals Stieff: »Meinen Richterkameraden genügt und uns genügt, daß jemand wagt zu erklären, was er auch denken möge, es könne eine Lage geben, wo es historische Pflicht deutscher Generalstabsoffiziere sei, sich an einem Attentat auf den Obersten Befehlshaber der Wehrmacht, auf den einmaligen Obersten Befehlshaber, unseren Führer, zu beteiligen. Hier gibt es nur eins: Gehorchen, siegen, sterben können, kein rechts und links. Wir wollen darüber nichts weiter von Ihnen hören.« Als Stieff im Laufe der Vernehmung wieder auf seine Erklärung verwies, rief Freisler: »Verweisen Sie, soviel Sie wollen. Hier gilt eins, das, wovon Sie behaupten, daß Sie sich dazu bekannt hätten, nationalsozialistische Mannestreue.«

Stieff: »Dem deutschen Volk gegenüber!« Freisler: »Führer und Volk sind immer eins. Was ist das für ein jesuitisch-reaktionärer Vorbehalt, den Sie da machen. Was glauben Sie, was geschehen wäre, wenn einer der letzten Goten am Vesuv einen solchen Vorbehalt gemacht hätte?« . . .

Freisler: »Ist es richtig, daß der General Lindemann sich an Sie mit defaitistischen Sorgen wandte?« Stieff: »Mit Sorgen über die Lage hat er sich mehrfach an mich gewandt. Ich lehne den Ausdruck ›defaitistisch‹ ab.« Freisler: »Sie können den Ausdruck ›defaitistisch‹ ablehnen. Das können Sie tun. Was Sie ablehnen, interessiert uns ebensowenig wie die perverse Neigung eines geschlechtlich Homosexuellen den gesunden deutschen Mann interessiert, denn Sie sind ja auf politischem Gebiet, wenn Sie nicht einsehen, daß das tollster Defaitismus ist, ebenfalls pervers. Hier gilt nur die nationalsozialistische Anschauung, die heißt: Mit dem Führer durch dick und dünn bis zur letzten Minute und darüber hinaus, dann kommt der Sieg. Nichts anderes gilt. Alles andere ist Defaitismus, von dem wir nichts hören wollen.« Stieff: »Herr Präsident, dann hätte ich meine Stellung nicht ausgefüllt.« Freisler, schreiend: »Schluß! Schluß! Ihre Stellung konnten Sie nur ausfüllen, indem Sie, wenn Sie schon ein Schlappschwanz sind, starben wie die letzten Goten, die in uns nunmehr weiterleben.«

Als der Assessor und Oberleutnant d. Res. von Hagen, der angeklagt war, über Attentatsabsichten Stauffenbergs keine Meldung erstattet zu haben, bei seiner Vernehmung aussagte, daß er sich zum Nationalsozialismus bekannt, aber in keiner der Parteigliederungen aktiv mitgearbeitet habe, griff Freisler das auf: »Es war also ein Bekenntnis mit Einschränkungen . . . Nun, wer nicht für uns ist, der ist wider uns.« Hagen sagte über ein Gespräch aus, das er an der Afrikafront mit Stauffenberg gehabt hatte: »Mir ist lediglich aufgefallen, daß er

mir sagte, die Mängel, die wir zu sehen glaubten, lägen nicht an der Führung in Afrika, am Korps oder an der Armee, sondern sie lägen höher.« Freisler: »Also da kann man nur sagen, wenn einer solche Gespräche führt, geht das schon über das Schimpfen, das jeden einmal befreit, hinaus; denn Gespräche dahingehend als Oberstleutnant einer im aktiven Kriegseinsatz befindlichen Truppe zu führen – die Mängel, die wir spüren, liegen nicht in Afrika, kurz gesagt, sondern höher –, ist allerdings schon allerhand.«
Als die Vernehmung Hagens beendigt war, bat sein Verteidiger, Dr. Gustav Schwarz, den Angeklagten zu fragen, ob er sich über die Frage der Anzeigepflicht keine Gedanken gemacht habe. Freisler: »Ihr Herr Verteidiger ist ebenso erstaunt wie wir. Ich nehme an, daß dem die Frage entspricht. Ihr Herr Verteidiger sagt sich: Es ist doch unfaßbar, daß sich ein Mann im Offiziersrang über so etwas nicht Gedanken macht: Muß ich das nicht melden? Hier ist das Leben meines Führers in Gefahr! ... Haben Sie Bedenken gehabt, Verbrecher dingfest zu machen?« Hagen: »Ich war nicht davon überzeugt, daß es Verbrecher seien.« Freisler: »Ach so, wie haben Sie es eigentlich fertig gebracht, das Assessorexamen zu bestehen? Bisher habe ich von Ihnen immer nur von ›Charakterlump‹ gesprochen. Wenn Sie das nun auch noch sagen, dann sind Sie geistig ein Esel, wenn Sie auch die juristischen Prüfungen bestanden haben.« Hagen blieb dabei, eine Anzeigepflicht würde nur dann bestanden haben, wenn er mit der begründeten Möglichkeit eines Attentats hätte rechnen müssen. Aber Freisler schnitt ab: »Ich glaube, es langt jetzt auch Ihnen, Herr Verteidiger!« Überraschenderweise gab sich der Verteidiger nicht zufrieden, sondern bat, den Angeklagten noch zu fragen, ob er sich durch sein Untergebenenverhältnis nicht gehindert gefühlt habe. Freisler: »Aber Herr Verteidiger, dann wäre er ebenfalls pervers.« Die über Hagens Leben entscheidende Debatte schloß Freisler mit den Worten: »Wissen Sie, die Frage ist nicht die, ob Sie begründete Kenntnis hatten, die Frage ist die, ob Sie das Attentat mitbegangen haben; weil Sie als Offizier nichts dagegen getan haben, ist es genau so, als ob Sie es mitgetan hätten. Das ist die eigentliche Frage, nicht die, ob Sie genügend begründete Sicherheit, genügend sichere Gründe hatten.«

Bei der Vernehmung des Generalfeldmarschalls von Witzleben wurde ein Gespräch erörtert, das er mit Generaloberst Beck über die militärische Lage und darüber, daß Leute, die etwas könnten, zum Schaden der Kriegführung ausgeschaltet würden, gehabt hatte. Freisler: »Haben Sie sich auch Gedanken darüber gemacht, wer es besser machen könnte?« Witzleben: »Ja.« Freisler: »Wer sollte es denn besser machen können?« Witzleben: »Alle beide!« Freisler: »Alle beide! Sie beide! Da muß ich allerdings sagen: Das ist ein Hochmut, wie er noch nicht dagewesen ist. Ein Feldmarschall und ein Generaloberst erklären, sie könnten es besser machen als der, der unser aller Führer ist, der die Grenzen des Reiches, die Sicherheit des Reiches an die Grenzen Europas gelegt hat. Sie bekennen sich dazu, das gesagt zu haben?« Witzleben: »Jawohl!« Freisler: »Sie werden verstehen, daß man so etwas mit dem Wort ›Ehrgeizling‹ belegen kann. Dazu zucken Sie die Achseln. Gut, das ist auch eine Antwort.«
Später, Freisler: »Also Sie wollten sich des Führers bemächtigen?« Witzleben: »Und zwar habe ich mir das nicht gedacht in der Form dieses Attentats.« Freisler: »Wie haben Sie es sich gedacht?« Witzleben: »Es sollte ein Stoßtrupp gebildet und der Zeitpunkt abgewartet werden, wo der Führer möglichst unter geringer Begleitung irgendwo auf der Reise war.« Freisler: ». . . damit man seiner habhaft werden könne.« Witzleben: »Ich war mit Olbricht zusammen der Meinung, daß das viel mehr hilft, als wenn er dabei zu Schaden käme.« Freisler: »Sie waren der Meinung, er würde Ihnen lebend sehr viel mehr helfen . . . Wer sollte denn diesen Stoßtrupp führen?« Witzleben: »Irgendeiner. Die Leute mußten erst gesucht werden.« Freisler: »Das glaube ich. Die Leute mußten erst gesucht werden. Sie finden sich nämlich nicht im deutschen Volk. Demnach haben Sie sogar das Ersterfindungsrecht gegenüber Badoglio. Melden Sie dieses Patent in der Hölle an! . . . Sie haben geglaubt, wenn wir den Führer in Händen haben, dann muß er, wie wir wollen.« Witzleben: »Das ist richtig.« Freisler: »Das ist richtig! Das ist diese hundsgemeine Felonie, dieser hundsgemeine Verrat des Lehnsmannes gegenüber dem Lehnsherren, des Soldaten gegenüber dem ersten Soldaten, des Deutschen gegenüber dem Führer, gegenüber unserem Herzog.«
Freisler: »Jetzt schildern Sie, was Sie in der Bendlerstraße erlebten.«

Witzleben: »Beck hat mir zuerst erklärt, warum er den Putsch ausgelöst hatte.« Freisler: »Warum denn?« Witzleben: »Er hielt es für unbedingt die letzte Stunde.« Freisler: »Er hielt es für die letzte Stunde. Er war ein derartig feiger Defaitist, daß er meinte: dies ist der Ausweg aus dem Kriege. Wir haben so ein paar schleimige Kurfürstendammintellektualisten vor dem Volksgerichtshof gehabt, die genau dieselbe Idee hatten . . . Nun, Verräter gehen bald in der Geschichte unter. Als Verräter behalten ihren Namen nur die, die es nie gegeben hat. Von Ephialtes liest man viel, ihn hat es nie gegeben. Über den Verräter Witzleben werden Volk und Geschichte schweigen, weil unser Volk ehrlich, rein und anständig sein will . . .« Freisler: »Sie wollten ja gegen das Volk regieren. Das stimmt doch?« Witzleben: »Wo steht denn das?« Freisler: »Gegen das Volk wollten Sie regieren.« Witzleben: »Nein.« Freisler: »Doch! Das werde ich Ihnen beweisen.« Freisler hielt ein Plädoyer und schloß: »Alle diese Dinge zeigen, daß der im Verhälntis zu Ihnen allen schmählich zu Unrecht schlechtgemachte Metternich ein Progressist war. Sie sind ja die Ultrareaktion gewesen; denn was Sie taten, heißt allerdings: eine kleine Clique schamloser Verräter nimmt dem Volk seine ihm eigene Lebensart, unseren Nationalsozialismus.« Aber er mußte sich von dem Feldmarschall noch sagen lassen: »Sie können uns dem Henker überantworten. In drei Monaten zieht das empörte und gequälte Volk Sie zur Rechenschaft und schleift Sie bei lebendigem Leib durch den Kot der Straßen.«
Freisler zu Generaloberst Hoepner: »Am 19. 7. 1940 hat Sie der Führer zum Generaloberst befördert. Nachher sind Sie wegen Ungehorsam in den Ruhestand versetzt worden.« Hoepner: »Jawohl.« Freisler: »Das paßt ja nicht zusammen: Soldat des Führers, im Reichstag zum Generaloberst befördert, und dann – ich habe das zweite vorhin nicht gesagt – in Wirklichkeit wegen Ungehorsams und Feigheit in den Ruhestand versetzt. Sie haben nämlich eine Stellung nicht gehalten, die Sie nach dem Befehl halten sollten, sondern haben gesagt: Ich kann auch ein paar Kilometer zurückgehen.« Hoepner: »Darf ich dazu etwas bemerken?« Freisler: »Das wollen wir hier nicht untersuchen. Das hat der Führer entschieden, und wir haben kein Wort dazu zu sagen. Jedenfalls ist es so.«

Über ein Gespräch nach der Sizilienlandung fragte Freisler: »Ihre Kritik ging schon ziemlich weit. Stimmt das? Sie meinen, das ist Geschmacksache, ob man das ›weitgehen‹ nennt!« Hoepner: »Es kommt darauf an, in welchem Kreis und vor welchen Leuten man sich äußert.« Freisler: »Je näher man dem Führer gestanden hat und je mehr das, was man kritisiert, Sache des Führers ist, desto weniger kritisiert man es. Schließlich waren Sie ein wegen Feigheit herausgeworfener Offizier. Sie hatten wahrhaftig nichts zu kritisieren . . .«
Die Vernehmung Hoepners schloß mit der Schilderung der letzten Stunden des 20. Juli. Hoepner: »Da sagte Fromm: ›Hoepner, ich weiß jetzt nicht, was ich tun soll; wollen Sie denselben Weg gehen wie Beck (der sich erschossen hatte)? Sonst muß ich Sie verhaften.‹ Darauf sagte ich: ›Fromm, ich fühle mich nicht in dem Sinne schuldig und als Schweinehund, daß ich mich selbst richten muß; ich will das, was ich getan habe, auch vor meiner Familie verantworten.‹« Freisler: ». . . Sagen Sie einmal: welche zoologische Charakterisierung hätten Sie nun als die richtige für das angesehen, was Sie getan haben, wenn Sie diese ablehnen?« Hoepner: »Esel!« Freisler: »Nein, denn Esel ist eine Sache des Intellekts; Schweinehund ist eine Sache des Charakters nach unserem Sprachgebrauch.«
In die Vernehmung eingeschoben wurde die Aussage des einzigen vom Gericht vernommenen Zeugen, der Wirtschafterin des Generalobersten Beck. Freisler wollte von ihr wissen, ob Beck eine starke feste Persönlichkeit oder ein Mann war, der sich in Sorgen und Unentschlossenheit wand. Sie wollte sich kein Urteil erlauben. Freisler drängte, zum Beispiel morgens könne man vielleicht doch sehen, ob Spuren des Sichherumwälzens da waren. Jetzt sagte die Zeugin, ihre Vertreterin habe ihr erzählt, in den letzten 14 Tagen, als sie auf Urlaub war, habe er nachts furchtbar geschwitzt und sei sehr aufgeregt gewesen. Freisler stieß nach: »daß also morgens, wenn er das Bett verließ, das Bett klatschnaß war!« Ja, sagte die Zeugin, die nichts davon miterlebt hatte. Triumphierend sagte Freisler: »Das spricht nicht dafür, daß er ein Mann besonderer Stärke war«, und entließ gnädig die Zeugin, sie brauche keinen Eid zu leisten, das Gericht glaube ihr in gleicher Weise, ob mit oder ohne Eid.
Graf Yorck von Wartenburg sagte bei seiner Vernehmung, dauernd

von Freisler unterbrochen, über eine Besprechung mit Stauffenberg im Juni aus, in der dieser die militärische Lage dahin skizziert habe, daß seine Erwartungen noch nach der schlechten Seite übertroffen seien. Es sei nicht gelungen, die Invasion abzuwehren. Freisler rief dazwischen: »Na es ist sehr fraglich, ob sie gelungen war.« – Stauffenberg habe ihm das Ehrenwort abgenommen, über den Inhalt der Unterredung zu schweigen, und sich dann deutlich ausgesprochen, daß er selbst vor einer Beseitigung des Führers nicht zurückschrekken werde. Freisler: »Nun, Sie hatten ein Ehrenwort gegeben. Was haben Sie für einen Gedanken gehabt, als Sie das gehört hatten?« Yorck: »Herr Präsident, ich habe bereits bei meiner Vernehmung angegeben, daß ich mit der Entwicklung, die die nationalsozialistische Weltanschauung genommen hatte ...« Freisler (unterbrechend): »... nicht einverstanden war! Sie haben, um es konkret zu sagen, ihm erklärt, in der Judenfrage passe Ihnen die Judenausrottung nicht, die nationalsozialistische Auffassung vom Recht hätte Ihnen nicht gepaßt.« Yorck: »Das Wesentliche ist, was alle diese Fragen verbindet, der Totalitätsanspruch des Staates gegenüber dem Staatsbürger unter Ausschaltung seiner religiösen und sittlichen Verpflichtung Gott gegenüber.« Das gab Freisler Anlaß zu einer längeren Philippika für den Nationalsozialismus. Aber er enthielt sich grober persönlicher Beschimpfungen Yorcks, dessen Vernehmung er bald abschloß.

Es gab kaum eine Möglichkeit für die Angeklagten, die Motive ihres Handelns darzulegen, unter der Verhandlungsführung eines Vorsitzenden, der ständig unterbrach und die Erörterung der Motive mit der Begründung ablehnte: »Es gibt keine ehrenhaften Motive, die nicht deutsche, d.h. nationalsozialistische sind.« Als Graf Schwerin von Schwanenfeld, der am 8. September 1944 vor dem Gericht stand, von den politischen Erfahrungen sprach, die er in Westpreußen bei der Behandlung des Polenproblems durch die Deutschen gemacht habe, unterbrach ihn Freisler: »Jedenfalls, ist das Hin und Her etwas, was Sie dem Nationalsozialismus zur Last legen können?« Schwerin: »Ich dachte an die vielen Morde ...« Freisler: »Morde?« Schwerin: »Die im In- und Ausland ...« Freisler (schreiend): »Sie sind ja ein schäbiger Lump. Zerbrechen Sie unter der Gemeinheit? Ja oder nein, zerbrechen Sie darunter?« Schwerin: »Herr Präsident . . .« Freisler: »Ja oder nein, eine klare Antwort!« Schwerin: »Nein!«

Der tapfere Chefredakteur Hermann Maaß, einst Führer der sozialdemokratischen Jugend, versuchte eine ausführliche Darstellung seiner Motive. Aber schon nach den ersten Worten: »Ich glaube es mir, aber auch der Sache, schuldig zu sein, wenn ich hier vor Gott und meinem Gewissen erkläre . . .« unterbrach ihn Freisler: »Sie erklären hier nichts vor Gott. Sie erklären hier nur etwas vor dem Volksgerichtshof des Großdeutschen Reiches!« Als dem Angeklagten noch ein zweites Mal in die Parade gefahren wurde, verzichtete er voller Verachtung und setzte sich.

Doch nicht immer konnte Freisler verhindern, daß seine Opfer ihm mit einem trotzigen Wort erwiderten und eine kühne Rechtfertigung ihres Handelns gaben. Der Legationsrat von Haeften antwortete auf Freislers Frage, warum er dem Führer verbrecherisch die Treue gebrochen habe: »Weil ich den Führer für den Vollstrecker des Bösen in der Geschichte halte.« Schulenburg, der »rote Graf«, den Freisler stets mit »Schurke Schulenburg« anredete und der, als der Präsident versehentlich einmal Graf Schulenburg sagte, spöttisch korrigierte: »Schurke Schulenburg, bitte!«, hatte 1937 die Stelle des stellvertretenden Polizeipräsidenten von Berlin mit der Mentalreservation angenommen: »Ich hatte mich zu entscheiden, ob ich meinen Dienst quittieren oder der Fouché Hitlers werden wollte und habe das zweite gewählt.« Auf die Frage Freislers, was er »sich eigentlich bei dem Staatsstreich gedacht habe«, erwiderte er: »Warten Sie drei Monate. Die Situation, die Sie dann erleben, ist die, von der wir in unseren Überlegungen und Entschlüssen ausgegangen sind«, und fügte am Schluß seiner Vernehmung hinzu: »Wir haben diese Tat auf uns genommen, um Deutschland vor einem namenlosen Elend zu bewahren. Ich bin mir klar, daß ich daraufhin gehängt werde, bereue meine Tat aber nicht und hoffe, daß sie ein anderer in einem glücklicheren Augenblick, um uns vor dem Chaos zu bewahren, durchführen wird.«

General Fellgiebel sagte Freisler nach der Urteilsverkündung: »Beeilen Sie sich mit dem Aufhängen, Herr Präsident, sonst hängen Sie eher als wir.« Als Freisler den Rechtsanwalt Wirmer, einen Zentrumspolitiker, den er als besonders gefährlichen Mann ansah, beschimpfte: »Bald werden Sie in der Hölle sein«, entgegnete der ungerührt: »Es wird mir ein Vergnügen sein, wenn Sie bald nachkommen, Herr Präsident.« Oberstleutnant Cäsar von Hofacker, im Kriege unter General von Stülpnagel der eigentliche Kopf der Pariser Widerstandsbewegung, stand trotz schwerer Mißhandlungen zu seinem Verhalten: »Ich bedauere, nicht an der Stelle meines Vetters Stauffenberg – (beider Mütter waren Gräfinnen Uxkull, Schwestern des ebenfalls als Attentäter hingerichteten Obersten Graf Nikolaus Uxkull) – gewesen zu sein, der durch eine schwere Kriegsverletzung verhindert war, die Tat zu vollenden.« Als Freisler ihm das Schlußwort gab, erklärte er: »Sie sollten jetzt schweigen, denn jetzt geht es um meinen Kopf, in einem Jahr um den Ihren.«

Vom 9.–11. 9. standen acht Angeklagte vor dem Volksgerichtshof. Graf Helmuth von Moltke, der Leiter des »Kreisauer Kreises«, der Pater Delp, der Redakteur Nikolaus Groß, der ehemalige bayrische Gesandte Franz Sperr, Dr. Theodor Haubach, ein führender Sozialdemokrat, und Dr. Andreas Hermes, der frühere Reichsfinanzminister, wurden zum Tode, Dr. Franz Reisert, Fürst Fugger von Glött und Dr. Eugen Gerstenmaier, der spätere Bundestagspräsident, zu Freiheitsstrafen verurteilt. Graf Moltke war bereits seit Januar 1944 in einem Konzentrationslager und konnte daher gar nicht am 20. Juli beteiligt gewesen sein. Auch alle Anklagen gegen Pater Delp waren, wie er selbst in einem seiner letzten Briefe schrieb, »nur Kulissen, schäbige Flitter, hinter denen der nackte Haß kaum getarnt war«. »Es ging«, wie B.M. Kempner in seinem Buch »Priester vor Hitlers Tribunalen« schreibt, »um die letzte Offensive des Terrorregimes gegen die christliche Existenz.« Besonders gegen Moltke und Delp richtete sich der abgrundtiefe Haß Freislers.

Gegen Moltke ereiferte er sich: »Sie und dieser Jesuit, der Herr Graf Arm in Arm mit einem Jesuiten . . . und als Dritter im Bunde der Herr Konsistorialrat Dr. Gerstenmaier . . . und kein einziger Nationalsozialist, kein einziger. Und da will ich doch nur sagen: Nun ist aber das Feigenblatt ab . . . Kein Deutscher kann doch einen Jesuiten auch nur mit der Feuerzange anfassen –.« Als Pater Delp, der seine Wohnung ab und zu für Besprechungen Moltkes und seiner Freunde zur Verfügung gestellt hatte, bemerkte, er selbst sei nicht zugegen gewesen, schrie Freisler: »Gerade dadurch dokumentieren Sie ja, daß Sie genau wußten, daß da Hochverrat getrieben wurde, aus dem Sie gern das Köpfchen mit der Tonsur, den geweihten heiligen Mann heraushalten wollten. Der ging wohl in die Kirche, um dafür zu beten, daß das Komplott auch in Gott wohlgefälliger Form gelinge?« Delp ließ sich durch das Geschrei Freislers nicht einschüchtern, er antwortete auf alle Ausfälle in dem gleichen beherrschten Tonfall. Ein Passus aus der Verhandlung:

Freisler: »Sie Jämmerling – Sie pfäffisches Würstchen – und so was erdreistet sich, unserm geliebten Führer ans Leben zu wollen ... Eine Ratte – austreten, zertreten sollte man sowas. – Jetzt sagen Sie mal, was Sie als Priester dazu gebracht hat, die Kanzel zu verlassen und sich mit einem Umstürzler wie dem Grafen Moltke und einem Querulanten wie diesem Protestanten Gerstenmaier in die deutsche Politik einzumischen. Los, antworten Sie!«

Delp: »Ich kann predigen, soviel ich will, und Menschen geschickt oder ungeschickt behandeln und wiederaufrichten, solange ich will. Solange der Mensch menschenunwürdig und unmenschlich leben muß, solange wird der Durchschnitt den Verhältnissen erliegen und weder beten noch denken. Er braucht die gründliche Änderung der Zustände des Lebens ...«

Freisler: »Wollen Sie damit sagen, daß der Staat geändert werden soll, damit Sie anfangen können, Zustände zu ändern, die das Volk aus den Kirchen fernhält?«

Delp: »Ja, das will ich damit sagen.«

Der Oberbürgermeister Goerdeler, vielfach als das Haupt der Opposition bezeichnet, hatte sich, als er verhaftet werden sollte, auf die Flucht begeben und wurde erst in seiner westpreußischen Heimat aufgegriffen. Er hat am stärksten und längsten in der Vorstellung gelebt, er könne durch eine Darstellung der Gründe des Aufstandes vielleicht sogar noch bei den Machthabern eine Einsicht und Umkehr erreichen. Deshalb hat er, als er am 8. September 1944 zum Tode verurteilt worden war, in der Pause bis zu seiner Hinrichtung am 2. Februar 1945 im Gefängnis neben seinem politischen Testament noch Denkschriften verfaßt, vor allem über Wirtschaftspolitik und Verwaltungsreform, von denen er eine Wirkung erhoffte. Merkwürdigerweise begegnete sich die Absicht Goerdelers mit der Kaltenbrunners. Der hatte seinen Beamten die Weisung gegeben, es müsse Hitler ein schonungsloses Bild von den Gründen gegeben werden, die zum Attentat führten. Dazu müßten die wahren Motive herausgeschält werden, die so viele Männer großen Formats in die Verschwörung verwickelt hätten. Ob nun Kaltenbrunner, wie manche annehmen, Hitler durch einen Schock zu notwendigen Veränderungen veranlassen wollte oder nicht, jedenfalls geben seine täglichen Berichte, die Hitler jeden Abend begierig verschlang, ein erstaunlich genaues und zutreffendes Bild der Hintergründe des Attentats. Auf diesem Wege gelangten die Ausführungen der Angeklagten, die Freisler ihnen im Prozeß nicht gestattete, über den Gestapochef zu Hitler.

Am 20. August hat Kaltenbrunner seinem Tagesbericht eine Anlage »Stimmungsmäßige Auswirkung der Verhandlung vor dem Volksgerichtshof gegen die Attentäter des 20.7.1944« beigefügt. Das starke Interesse der Bevölkerung an dem Prozeß wird hervorgehoben. Auch die Verhandlungsführung durch den Vorsitzenden habe im größten Teil der Bevölkerung einen starken Eindruck hinterlassen. Aber dann heißt es weiter: »Freilich fehlt es auch nicht an Stimmen, die an die Verhandlungsführung des Vorsitzenden kritische Betrachtungen knüpfen. So wird, insbesondere im Kreise der Intelligenz und der Rechtswahrer, darauf hingewiesen, daß die Art und Weise, wie der Prozeß aufgezogen und in breiter Form in der Öffentlichkeit besprochen worden sei, an frühere sowjetische Schauprozesse erinnere. Die ›billige Art‹, in der der Vorsitzende – so wird gesagt – die Angeklagten, die eigentlich schon gerichtet wären, beschimpft und lächerlich gemacht habe, entspreche nicht ganz der Würde des höchsten deutschen Gerichtshofes ... Andere Volksgenossen weisen darauf hin, daß es sich bei einigen der Angeklagten doch um Persönlichkeiten handele, die wegen ihrer Verdienste und ihrer Tüchtigkeit gerade im nationalsozialistischen Staat zu höchsten Ehren und Auszeichnungen gelangt seien. Es sei doch seltsam, daß diese Männer, die noch vor nicht allzulanger Zeit vom Führer selbst befördert und deren Taten in der Presse als Heldentaten gefeiert worden seien, nun als töricht, vertrottelt und unentschlossen dargestellt würden ... Gewisse Bedenken werden auch aus der Tatsache hergeleitet, daß die Prozeßführung offenbar eine freie Entfaltung der Geständnisse der Angeklagten über ihre wahren Motive verhindert hatte.«

Das war deutlich. Zwar machte sich Kaltenbrunner diese Kritiken nicht zu eigen, es heißt stets »so wird gesagt, Volksgenossen weisen darauf hin«, aber er hält diese Hinweise doch für so beachtlich, daß er sie in seinen Bericht an Hitler aufnahm. Dafür wurde er denn auch gelegentlich wieder gestreichelt. So heißt es in dem Bericht über das Urteil vom 13. 11. 1944, das den früheren Oberpräsidenten Freiherrn von Lüninck, den Schriftleiter Letterhaus und den Großlandwirt Wentzel-Teutschental zum Tode, den Major a.D. Schaumburg zu 5 Jahren Zuchthaus verurteilte und den Landwirt Dr. Schröder freisprach, über den Vorsitzenden: »Dr. Freisler war in bester Form. Er ließ alle seine bekannten Register vom Pathos bis zu schneidender Ironie spielen. Er brachte seine umfassende allgemeine Bildung ebenso zur Geltung wie seine Erlebnisse in Rußland und vor dem Staatlichen Gerichtshof. Er gab den Beschuldigten sehr weitgehend Gelegenheit, sich zu äußern, hatte aber trotzdem die Führung der Verhandlung völlig eindeutig in der Hand.« Oder kann man zwischen den Zeilen lesen, daß die »bekannten Register« auf den Schauspieler, die Ausführungen über Bildung und Erlebnisse auf das Geltungsbedürfnis, die feste Zügelhaltung auf die Neigung des Vorsitzenden hinweisen sollen, den Angeschuldigten ständig ins Wort zu fallen?

Auf Hitler machte diese Kritik keinen Eindruck. Die Verhandlungsführung durch Freisler entsprach seinen Wünschen. Daß den Angeschuldigten die fundamentalsten Rechte entzogen wurden, war sein Wille. »Noch nie in der deutschen Rechtsgeschichte«, schrieb der Gerichtsstenograph Peter Vossen, der ein Augenzeuge war, »sind Angeklagte mit einer derartigen Brutalität, mit einer derart fanatischen Rücksichtslosigkeit behandelt worden wie in diesem Prozeß. Wie gemeine Mörder wurden sie – ohne Kragenbinde und Hosenträger – in den Gerichtssaal geführt.« Das begann schon bei der Vorentscheidung durch den »Ehrenhof«.

Keiner der beschuldigten Offiziere wurde gehört. Nur auf Grund

der Ermittlungsakten wurde entschieden. Ohne Möglichkeit der Verteidigung wurde den Beteiligten ein Fundamentalrecht genommen, die Aburteilung durch das für sie zuständige Gericht. Das hatte zur Folge, daß auch alle Wehrmachtsangehörigen als Strafe nicht die Kugel, sondern den Strang erhielten. Napoleon ließ den Herzog von Enghien wegen der Beteiligung an einem Komplott gegen das Leben des Kaisers verurteilen, aber er ließ ein Kriegsgericht das Urteil sprechen, und der Herzog wurde erschossen.
Die Angeklagten durften sich ihre Verteidiger nicht wählen. Es wurden ihnen aus einer Liste der beim Volksgerichtshof zugelassenen – und schon dreifach gesiebten – Anwälte Offizialverteidiger zugeteilt. Die Pflichtverteidiger waren in der Theorie unbeschränkt. Aber für die Fälle des 20. Juli waren ihnen entscheidende Einschränkungen auferlegt. So durften sie die Angeklagten erst sprechen, wenn ihnen die Anklageschrift zugestellt war. Zwischen Zustellung und Termin lag meist nur eine Frist von drei Tagen. Das genügte nicht, um Zeugen zu laden. Die Verteidiger durften nicht auf die ideellen Motive der Angeklagten hinweisen. Sie durften nur zur Tat sprechen. So konnten die Angeklagten die Absichten und Motive nicht darlegen, die sie zum Attentat getrieben hatten. Versuchten sie es einmal, wurden sie sofort unterbrochen. Freisler beschimpfte sie dann mit gemeinsten Ausdrücken. Es lag System darin, sie ostentativ zu erniedrigen und aller Würde zu entkleiden.
Am 20. Oktober 1944 standen die Sozialdemokraten Gustav Dahrendorf, Dr. Julius Leber, Dr. Adolf Reichwein und Hermann Maaß vor Gericht. Die Anklageschrift erhielten sie erst am 19. abends, 14 Stunden vor dem Termin. Beweisanträge zu stellen, war nicht mehr möglich. Die Verteidiger sprachen höchstens 1½ Stunden mit den Angeklagten. Während der Verhandlungen konnten sie sich nicht verständigen. Die der Anklage zugrunde liegenden angeblichen Tatbestände wurden von Freisler in aggressiven Formulierungen vorgelesen. Kein Angeklagter durfte sich zusammenhängend äußern. Die Verteidigung beschränkte sich auf das Plädoyer. Als der Verteidiger von Adolf Reichwein in längeren Ausführungen die menschlichen Qualitäten seines Mandanten darstellen wollte und um ihre Berücksichtigung bat, wurde er sofort von Freisler unterbrochen. Der

Verteidiger von Julius Leber sagte nur einen Satz: »Mein Mandant ist sich über die Schwere seines Verbrechens im klaren; ich bitte um ein entsprechendes Urteil.« Das hatte mit Recht nichts mehr zu tun. Das war nackte Willkür.

Es ist kein Wunder, daß diese Pflichtverteidiger in der Sorge, durch ein offenes Wort die eigene Haut zu gefährden, wenn sie nicht sogar das Todesurteil als die allein dem Verbrechen gemäße Strafe bezeichneten. Der Verteidiger Witzlebens sagte geradezu: »Es gibt in diesem Falle nichts zu rechtfertigen, es gibt nichts zu mildern. Die Tat des Angeklagten steht, und der schuldige Täter fällt mit ihr.« Aber dann deutete er doch leise auf Punkte hin, die zu seinen Gunsten vorgebracht werden könnten. Er habe als körperlich ausgebrannter kranker Mann die volle Tragweite seiner Handlungsweise nicht erkannt. Er habe die gleiche erschütternde Instinktlosigkeit wie die übrigen Angeklagten gezeigt, die völlige Verständnislosigkeit für die Probleme, die der zweite Weltkrieg über die Welt gebracht habe.

Der Verteidiger Hoepners faßte sich kurz. Da es für die Urteilsfindung kaum entscheidend darauf ankommen dürfte, ob der Angeklagte in vollem Umfang von den Plänen seiner Mittäter Kenntnis hatte oder ob er »bis zu einem gewissen Grade vielleicht sozusagen in die ganze Sache hineingeschliddert« sei, sei es dem Verteidiger nicht möglich, im Sinne einer Verteidigung das Wort zu ergreifen.

Der Verteidiger Stieffs, Justizrat Neubert, betonte zwar, daß nach seiner Überzeugung die Voraussetzungen für die Verurteilung wegen Hoch- und Landesverrats gegeben seien, bat aber doch das Gericht, sich mit der Frage auseinanderzusetzen, ob bei diesem Angeklagten subjektiv von Landesverrat gesprochen werden könne; denn er habe in seiner Stellung das dringende Interesse gehabt, daß die Front Truppen bekam, und habe sich in seiner Verblendung von seinem Vorgehen eine Stärkung der militärischen Kraft versprochen, »wenn wir dem Glauben schenken dürfen, was er hier mündlich nicht hat ausführen dürfen, aber in seiner schriftlichen Aussage niedergelegt hat, aus der ja der Herr Präsident den Schluß vorgetragen hat«. Eine ganz leise Kritik an der Verhandlungsführung ließ sich vernehmen.

Die übrigen Verteidiger beschränkten sich nach kurzen Bemerkun-

gen auf die Bitte an das Gericht, ein Urteil zu finden, das der Sachlage entspräche. Nur der Verteidiger Hagens, Dr. Gustav Schwarz, ließ trotz des Mißfallens, das Freisler an seinem Eintreten für seinen Klienten offen gezeigt hatte, nicht locker. Er fand den Mut, deutlich auszusprechen: »Ich bin im Gegensatz zu dem Herrn Oberreichsanwalt der Ansicht, daß der Tatbestand der Mittäterschaft am Hoch- und Landesverrat bei dem Angeklagten von Hagen nicht mit einem für eine höchstrichterliche Entscheidung ausreichenden Grad von Sicherheit festgestellt werden könne.« Die unerwartete Selbständigkeit eines Verteidigers erregte Freislers Zorn. Schwarz mußte sich eine Rüge des Präsidenten gefallen lassen, aus der deutlich eine Drohung klang. Der Verteidiger habe psychologische Ausführungen gemacht, bei denen der Präsident die Rücksicht darauf vermißt habe, daß der Angeklagte geständig gewesen sei. Den juristischen Ausführungen habe Freisler nicht ganz folgen können.
Er begann seine Belehrung des Verteidigers damit, er habe ihn nicht unterbrechen wollen, um nicht den Eindruck hervorzurufen, als ob eine »absolute Verteidigung« nicht möglich sei! Ja, sie war möglich, solange der Verteidiger »geständig« war und in der Beurteilung der Tat mit Freisler übereinstimmte. Die Grenzen der absoluten Verteidigung waren eng. In einer längeren Auseinandersetzung zwischen Schwarz und Freisler beschwor Freisler den deutschen Rechtsgeist, der das Empfinden und den Rechtsgedanken des deutschen Volkes durchleuchte. Schwarz war zäh und ließ sich von dem Rechtsgeist nicht durchleuchten, er könne sich Freislers Auffassung nicht anschließen. Schwarz, der sich um seine Schutzbefohlenen ehrlich bemühte und dem viele zu Dank verpflichtet waren, gelang der Versuch nicht, Hagen das Leben zu retten.
Der Verhandlungsmethode entsprach das Urteil. Auch die Urteilsbegründung strotzte von Beschimpfungen. »Feige dachten sie, dem Feinde unser Volk auf Gnade und Ungnade auszuliefern, es selbst in dunkler Reaktion zu knechten ... Ein Schurkenwerk, das alle Schranken sprengt und jedes Maßes spottet, ist geschehen ... Wir haben nun heute acht von jenen Lumpen vor uns, die an diesem Schurkenwerk beteiligt waren ... Von Ehrgeiz zerfressen suchte Witzleben den Generaloberst Beck auf, dessen Entschlußunfähigkeit

ihn unmöglich gemacht hatte ... Sie stellten in unfaßbarer Überheblichkeit fest: wir beide könnten es sicher besser machen ... Hierin (in Witzlebens Befehlen) vereinigte sich der ganze Haß der Reaktion mit ihrer unfähigen Dummheit, Volksfremdheit und Volksfeindschaft ... Aber Dummheit ist auch keine Entschuldigung. Dummheit verpflichtet als Ausgleich wenigstens zum Charakter, den er auch nicht hat.« So geht es weiter. Bei Hoepner wird der Geistesblitz mit dem Esel und dem Schweinehund wiederholt. Bei Yorck heißt es: »Wir haben ihn gesehen, wie aus seinem Gesicht, aus seinen Reden der Haß, der wirklich abgrundtiefe Haß der Reaktion neben ihrer Dummheit uns entgegengrinste.«

Die Angehörigen erhielten zwei Mitteilungen. Die erste war ein Schreiben des Oberreichsanwalts folgenden Wortlauts: »Der ... ist vom Volksgerichtshof des Großdeutschen Reichs wegen Hoch- und Landesverrat zum Tode verurteilt. Das Urteil ist am ... vollstreckt. Die Veröffentlichung einer Todesanzeige ist unzulässig.« Die zweite war die Kostenrechnung. Sie enthielt: Die Gebühr für die Todesstrafe in Höhe von 300,–, die Postgebühr 1,84, die Gebühr für den Pflichtverteidiger 81,60, für die Strafhaft – pro Tag 1,63 –, die Kosten der Vollstreckung 158,18, das Porto für die Übersendung der Kostenrechnung 0,12 RM. Man war bei Aufstellung der Kostenrechnung sehr genau.

Freislers gefilmte Prozesse glichen Stalins Schauprozessen. Es gab praktisch keine Verteidigung. Es wurde in der Haft, wo es erforderlich schien, jedes Mittel der seelischen und körperlichen Tortur verwandt. Der Tatbegriff wurde ins Ungemessene ausgedehnt. Der Zweifel am Sieg, die Gedankensünde, die mit der Möglichkeit einer Änderung des Regimes rechnete, wurde ebenso bestraft wie das Komplott gegen das Regime. Der Pfarrer, der sich geweigert hatte, das Beichtgeheimnis zu verletzen, unter dem ein Verschwörer ihm seine Absicht mitgeteilt hatte, oder der die an ihn gerichtete Frage, ob die Kirche Tyrannenmord billige, nicht angezeigt hatte, wurde gehängt wie der Verschwörer. Der Angeklagte wurde systematisch diffamiert. Freisler hatte eine satanische Freude daran, die Offiziere, die er besonders haßte, oder Männer, die wie Yorck einen geschichtlich bekannten Namen trugen, zu geistig und sittlich minderwertigen, »perversen« Schwächlingen zu stempeln. Der Gipfel der Diffamierung war die Schmach der Urteilsvollstreckung, das Hängen. In ihren letzten Worten baten die Angeklagten des 8. August vergeblich um den Tod durch Erschießen.

Albrecht Haushofer, ein Sohn des Geopolitikers Professor Haushofer, gehört zu den Opfern des 20. Juli. Er wurde in den letzten Tagen des Krieges von der SS erschossen. In seiner Haftzeit schrieb er die wunderbaren »Moabiter Sonette«. In einem von ihnen steht der Vers:

»Es gibt wohl Zeiten, die der Irrsinn lenkt!
Dann sind's die besten Köpfe, die man hängt . . .«

Das trifft für die Attentäter des 20. Juli nur zu sehr zu. Aus der Liste der Toten des Aufstandes am 20. Juli 1944 seien nur die bekanntesten Namen hier wiedergegeben:

Die Generäle Beck, Canaris, Fellgiebel, v. Hase, Hoepner, Lindemann, Rommel, Stieff, v. Stülpnagel, Thiele, Frhr. v. Thüngen, v. Tresckow, v. Witzleben, Ziehlberg;

die Diplomaten Graf Bernstoff, v. Hassell, Kiep, Werner Graf Schulenburg, Trott zu Solz;

die Beamten Bolz, v. Dohnanyi, Goerdeler, Hamm, Graf Helldorff, Kempner, Frhr. v. Lüninck, Planck, Popitz, Sack, Fritz Graf Schulenburg, Sperr, Graf Yorck;

die Rechtsanwälte und Professoren Bonhoeffer, Haushofer, Jessen, Langbehn, Graf Moltke, Wirmer;

die führenden Sozialdemokraten Leber, Leuschner, Reichwein;

freie Berufe: v. Kleist-Schmenzin, Lejeune-Jung, Frhr. v. Plettenberg, Graf Schwerin-Schwanenfeld, Wentzel-Teutschenthal.

Mit dieser Liste bleibt Freislers Name verbunden. Das Blut der Ermordeten kommt auf sein Konto. Ohne seine Erbarmungslosigkeit wäre mancher mit dem Leben davongekommen. Er verurteilte z.B. einige Angeklagte wegen Unterlassung einer Anzeige zu einer Haftstrafe, warum dann den Oberleutnant von Hagen zum Tode? Weil der adlig war oder Offizier oder sich zu mannhaft verteidigte oder weil sein Verteidiger für ihn eintrat? Was mag der tiefere Grund für Freislers gnadenlose Härte gewesen sein? Er durfte vor Hitler nicht »weich« erscheinen. Denn er hatte in seiner Vergangenheit schwarze

Punkte, die er überkompensieren mußte. Freisler ging immer noch der Ruf nach, in seiner Jugend Bolschewist gewesen zu sein; und es gab Kreise in der Partei, z.B. Göring, die ihm das verdachten. Aber es gab noch einen anderen Punkt, der näher lag und gewichtiger war. Das war sein Bruder Oswald.

Oswald Freisler, Rechtsanwalt wie Roland, war nicht so begabt wie dieser, dafür aber lebenslustiger und verschwenderischer. 1933 wollte er seine Praxis nach Berlin verlegen, aber Roland war davon nicht begeistert. Er kannte seinen Bruder und hatte Sorgen, daß die eigene Karriere Schaden leiden könnte. Doch ein paar Jahre später übernahm Oswald die Praxis Dr. Werthauer »Unter den Linden« und spezialisierte sich als Verteidiger katholischer Laienbrüder, die wegen § 175 angeklagt waren. Er trug bei diesen Verteidigungen das Goldene Parteiabzeichen. Als Hitler davon hörte, ordnete er seine Entfernung aus der Partei an. Nun scheint Oswald undurchsichtige Geschäfte übernommen zu haben. Er wurde beschuldigt, eine Angestellte der Staatsanwaltschaft bestochen zu haben. Während die Erhebungen noch im Gange waren, nahm er sich das Leben. Hitler konnte es nicht leiden, daß ein Parteimann oder ein naher Verwandter eines führenden Mitglieds etwas mit der Justiz zu tun hatte. Er nahm Roland das Mißgeschick Oswalds übel. Der überlebende Bruder hatte viel zu tun, den zürnenden Zeus zu besänftigen. Der 20. Juli bot ihm eine einzigartige Gelegenheit, die Gunst Hitlers wiederzugewinnen.

Er mußte härter, mitleidloser, skrupelloser sein als alle Konkurrenten. Er mußte noch tönendere Phrasen dreschen als Göring, noch dickeren Weihrauch streuen als Goebbels, noch unbedingtere Treue schwören als Himmler. Die erste Urteilsverkündung in seinem gefilmten Prozeß schloß er mit den großsprecherischen Worten: »Wir kehren zurück in das Leben, in den Kampf. Wir haben keine Gemeinschaft mit Ihnen. Das Volk hat sich von Ihnen befreit, ist rein geblieben. Wir kämpfen. Die Wehrmacht grüßt: Heil Hitler! Wir alle grüßen: Heil Hitler! Wir kämpfen mit unserem Führer. Ihm nach für Deutschland! Wir haben die Gefahr jetzt abgeschüttelt, wir marschieren mit totaler Kraft hin zum totalen Sieg!« Höher geht es nicht. Das war Musik in Hitlers Ohren. Er wurde verherrlicht, die

Attentäter wurden diffamiert. Freisler wurde wieder in Gunst und Gnade genommen.

Die letzte Verhandlung, die Freisler führte, war die am 3. Februar 1945 gegen den glaubensstarken Kleist-Schmenzin, der stolz und ungebrochen dem Vorsitzenden entgegenhielt, er habe immer und mit allen Mitteln gegen Hitler gekämpft und diesen Kampf als ein von Gott verordnetes Gebot angesehen. Wenige Tage darauf traf Freisler anläßlich einer Gerichtsverhandlung bei einem Fliegerangriff ein niederstürzender Balken. Er wurde in ein Krankenhaus gebracht. Die Diakonisse, die ihn dort in den letzten Stunden seines Lebens pflegte, war eine Schwester des Grafen Bernstorff, eines der Opfer der damaligen Justiz.

21. KAPITEL

Kriegsverbrecherprozesse

Zivilisierte Nationen bekennen sich
seit langem zu dem Grundsatz,
daß niemand für die Fehler
eines anderen bestraft werden darf.
Roosevelt 1941

Einer der Söhne des Präsidenten Roosevelt erzählt in einem Buch, wie Stalin in Teheran 1943 vorschlug, 50000 führende Deutsche nach dem Siege über die Klinge springen zu lassen, wie Churchill entrüstet widersprach und Roosevelt scherzend den »Vermittlungsvorschlag« machte, es bei 49500 bewenden zu lassen. In diesem Punkt setzte Churchill seinen Willen durch, Kriegsverbrecher dürften nur in einem Rechtsverfahren abgeurteilt werden. Am 1. November 1943 sprachen die Alliierten ihren Entschluß aus, die von Offizieren, Soldaten, Hitleristen und Hunnen begangenen »Greuel, Massaker und kaltblütigen Massenhinrichtungen« zu bestrafen. Das war ein begrenzter Tatbestand.

Über die endgültige Festlegung des Begriffs der »Kriegsverbrechen« und das anzuwendende Verfahren fanden lange Verhandlungen statt. Das Ergebnis war das Londoner Statut vom 8. August 1945, das die Satzung des Gerichtshofs enthielt, seine Zusammensetzung, das Verfahren und die materiallen Normen regelte, nach denen er zu urteilen hatte. In einer besonderen Liste wurden die Tatbestände aufgeführt, die als Verbrechen anzusehen waren. Für die übrigen Nürnberger Prozesse war das Kontrollratsgesetz Nr. 10 vom 30. Dezember 1945 maßgebend. Zu den vier Haupttatbeständen, der Verschwörung, dem Friedensbruch, den Verbrechen gegen die Kriegsgebräuche und den Verbrechen gegen die Menschlichkeit kam im Kontrollratsgesetz als besonderer strafbarer Tatbestand noch das Organisationsverbrechen hinzu, die Zugehörigkeit zu einer der im Hauptprozeß für verbrecherisch erklärten Organisationen. Damit gingen Statut und Kontrollratsgesetz weit über die ursprüngliche Erklärung hinaus.

Auf Grund dieser Bestimmungen haben zahlreiche Kriegsverbrecherprozesse stattgefunden, aber nur einer, der »große« Nürnberger Prozeß, war ein interalliiertes Verfahren, an dem Russen, Amerikaner, Engländer und Franzosen sich beteiligten. Alle übrigen fanden vor nationalen Gerichten der alliierten Mächte statt. Am zahlreichsten waren die Prozesse vor amerikanischen Gerichten. In Nürnberg wurden 12 Prozesse durchgeführt. Im Hauptprozeß wurden zum Tode verurteilt und gehängt: Ribbentrop, Keitel, Kaltenbrunner, Rosenberg, Frank, Frick, Streicher, Jodl, Sauckel, Seyss-Inquart, Göring, der dem Gehängtwerden durch Selbstmord entging, und Bormann, der abwesend und wahrscheinlich schon tot war. Zu lebenslänglichem Gefängnis wurden Heß, Funk und Raeder verurteilt, zu 20 Jahren Speer und Schirach, zu 15 Jahren Neurath, zu 10 Jahren Dönitz, Papen, Schacht und Fritsche wurden freigesprochen. Die zu Freiheitsstrafen Verurteilten verbüßten ihre Strafe in Spandau. Funk, Raeder und Neurath wurden später krankheitshalber entlassen, Speer, Schirach und Dönitz nach Verbüßung ihrer Strafe, Heß sitzt als einziger noch in Haft. Todesstrafen wurden, abgesehen vom großen Prozeß, im Ärzte-, Pohl- und Ohlendorf-Prozeß verhängt und vollstreckt. Einige Todeskandidaten wurden begnadigt. 1951 wurden eine Reihe lebenslänglicher Haftstrafen in Zeitstrafen umgewandelt und Zeitstrafen herabgesetzt. Im Juristenprozeß, in dem Richter und Staatsanwälte angeklagt waren, sich willkürlichen Anforderungen des Regimes gefügt und den Vorsitz in Volks- und Sondergerichten geführt zu haben, wurden 4 Angeklagte zu »lebenslänglich«, 3 zu Zeitstrafen verurteilt. 1951 wurde auch hier die lebenslängliche Haft in Zeitstrafen umgewandelt und die Zeitstrafen wurden herabgesetzt.

In den drei Industrieprozessen, in denen der Großindustrielle Flick und verschiedene seiner Mitarbeiter, führende Männer der I.G. Farben und Alfried Krupp (in Vertretung seines Vaters) mit mehreren leitenden Männern des Krupp-Unternehmens wegen Plünderung in den besetzten Gebieten, Einsatz von Zwangsarbeitern und Zugehörigkeit zu verbrecherischen Organisationen angeklagt waren, wurden nur Zeitstrafen verhängt. Die letzten Verurteilten aus diesen Prozessen wurden im Februar 1951 entlassen.

In den Generalsprozessen, in denen Generäle angeklagt waren, bei der Behandlung von Geiseln, Kriegsgefangenen und Zivilisten die Kriegsregeln mißachtet zu haben, wurden vier zu lebenslänglicher Haft, elf zu Zeitstrafen verurteilt. 1951 wurde die lebenslängliche Haft hier nur in einem Falle auf 18 Jahre herabgesetzt, in den übrigen drei Fällen, auch in dem des über 70 Jahre alten früheren Feldmarschalls List, wurde keine Umwandlung vorgenommen. Später wurden auch hier die Strafen umgewandelt und herabgesetzt.

Im Wilhelmstraßenprozeß, in dem frühere Minister, Angehörige des auswärtigen Dienstes, SS-Führer und Männer des Wirtschaftslebens wegen Friedensbruchs, Plünderung und Verbrechen gegen die Menschlichkeit angeklagt waren, wurden drei Angeklagte freigesprochen, die übrigen zu Zeitstrafen verurteilt, die 1951 sämtlich herabgesetzt wurden.

Viel zahlreicher als in Nürnberg waren die in Dachau verhängten Todesstrafen. Bei den dort, ebenfalls vor amerikanischen Gerichten, durchgeführten Prozessen handelte es sich in der Hauptsache um drei Gruppen von Angeklagten. Die eine Gruppe war wegen Greueltaten in Konzentrationslagern angeklagt, die andere wegen Ermordung oder Mißhandlung alliierter Flieger, die dritte im Malmédy-Fall wegen Tötung amerikanischer Kriegsgefangener.

Im Malmédy-Prozeß wurden 47 Angeklagte zum Tode verurteilt. Auf Betreiben des Verteidigers, Oberstleutnants Willis N. Everett, wurde von Amerika eine Kommission, bestehend aus den Richtern Edward Lewoy van Roden und Gordon Simpson, nach Deutschland geschickt, um die in diesem Prozeß verwandten Methoden zu untersuchen. Der Bericht stellte fest, daß zur Erwirkung von Todesurteilen Methoden dritten Grades angewandt worden seien. Er wurde vor der Öffentlichkeit geheimgehalten. Aber der Richter van Roden sprach in einer Reihe von Vorträgen darüber. So sagte er am 14. 12. 1948 vor dem Chester-Pike Rotary-Club: »Sämtliche Deutsche bis

auf 2 in den 139 von uns untersuchten Fällen hatten durch Fußtritte in die Hoden unheilbare Schäden erlitten. Dies war die übliche Untersuchungsmethode unserer amerikanischen Untersuchungsbeamten.« Nachdem der Kongreßausschuß festgestellt hatte, daß die Schuldbekenntnisse durch Foltern erpreßt worden waren, wurden alle Todesurteile aufgehoben oder in Zeitstrafen umgewandelt. Am längsten blieb der Divisionskommandeur Peiper, der von vornherein die Verantwortung für alles, was in der Schlacht geschehen war, auf sich genommen und gebeten hatte, wenn überhaupt, dann nur ihn zu bestrafen, in der Todeszelle. Auch er wurde in den 50er Jahren entlassen. Was tatsächlich an dem fraglichen Tage in der Malmédy-Schlacht geschehen ist, hat nicht völlig eindeutig geklärt werden können. Amerikaner waren gefangengenommen und von den Deutschen ohne Begleitung zur deutschen Seite geschickt worden. Von dort wurden sie unter Feuer genommen. Die Anklage behauptete, die Deutschen hätten sie als Gefangene erkannt oder auf jeden Fall erkennen müssen. Die Peiper-Leute erklärten, die Amerikaner hätten noch Waffen gehabt, sie hätten sie für angreifende Truppen gehalten und auf keinen Fall als Gefangene erkennen können. Auch Amerikaner halten diese Darstellung für durchaus glaubhaft. Fest steht jedenfalls, daß Peiper nie einen Befehl gegeben hat, »Gefangene zu erschießen«.
Foltermethoden wurden nicht nur im Malmédy-Fall, sondern auch in anderen Prozessen angewandt. In einem Appell von 25 deutschen katholischen Bischöfen an Amerika heißt es: »Werden nicht die Folterungen in den Voruntersuchungen in Schwäbisch-Hall und Oberwesel und die Massenhinrichtungen in Landsberg einst dem siegreichen Amerika mehr Schaden antun als eine verlorene Schlacht?« Die letzten Todesstrafen in Nürnberg wurden 1951 vollstreckt. Die »roten Jacken« hatten zum Teil jahrelang in den Todeszellen gesessen, am längsten wohl Peiper. Sehr zweifelhaft waren die Todesstrafen wegen der Ermordung der alliierten Flieger. So begreiflich und berechtigt es war, daß Vergeltung gefordert wurde, wenn gelandete Flieger getötet worden waren, so schwierig war es häufig festzustellen, wer der Schuldige auf der deutschen Seite war. Man war auf alliierter Seite froh, wenn jemand erwischt wurde, der »dabei« gewesen

war. Aber der war manches Mal überhaupt nicht beteiligt oder jedenfalls für die Tat nicht verantwortlich. Es passierte aber auch, daß Flieger durch Angriffe auf Zivilisten selbst das Völkerrecht verletzt hatten und dadurch eine verständliche Lynchjustiz herbeiführten.
Einer der bekanntesten Fälle, der des Pastors Heß aus Frankfurt, mag die Problematik dieser Fälle aufzeigen. Heß war Ordonnanzoffizier bei einem Flakregiment. Dort wurde ein amerikanischer Tiefflieger abgeschossen, der einen Kleinbahnzug in Brand gesetzt und auf die zur Hilfe eilenden Bauern das Feuer eröffnet hatte. Über 20 Menschen büßten ihr Leben ein. Die Bevölkerung wollte ihn lynchen. Der Kommandeur des Flakregiments befahl jedoch, ihn unversehrt zur Division zu bringen. Der Regimentsadjutant gab dem Ordonnanzoffizier diesen Befehl weiter, aber mit dem Zusatz, auf dem Weg zum Auto sollten Unteroffiziere dem Amerikaner eins ins Kreuz schlagen, damit er sähe, was sie von ihm dächten. So geschah es. Gegen die Urheber wurde ein Kriegsverbrecherprozeß eröffnet. Kommandeur und Adjutant waren nicht verfügbar. Vor dem Kriegsgericht stand allein der Pastor Heß. Er verteidigte sich damit, er habe die zusätzliche Weisung des Adjutanten für einen korrekten Befehl gehalten, denn nachdem der Amerikaner das Völkerrecht verletzt habe, sei der Schlag ins Kreuz eine – sehr milde – Vergeltung gewesen. Er kenne kein besseres Beispiel für das bekannte Gleichnis vom Splitter im Auge des Nächsten – den Schlägen – und vom Balken im eigenen Auge – den 20 Toten –. Das Kriegsgericht tagte lange und kam zu einem Kompromißurteil. Heß wurde verurteilt, aber nur zu ein paar Monaten.
Von den in anderen Ländern durchgeführten Prozessen sind am bekanntesten geworden: die von englischen Gerichten ausgesprochenen Verurteilungen der – inzwischen entlassenen – Generalfeldmarschälle Kesselring zu lebenslänglicher Haft und von Manstein zu 18 Jahren Gefängnis, das Verfahren in Belgien gegen den Generalobersten von Falkenhausen, und die in Frankreich auf Grund der »Lex Oradour« eingeleiteten Prozesse. Dieses Gesetz, nach dem bei der Verfolgung von Kriegsverbrechen alle Angehörigen einer beteiligten Truppe als Mittäter strafbar waren und das, da nicht die Anklagebehörde dem Angeklagten ein Verbrechen, sondern dieser seine

Unschuld nachweisen mußte, die Beweislast umkehrt, ist im Februar 1953 aufgehoben worden. In dem Verfahren gegen Falkenhausen befand sich das belgische Gericht in einer Klemme. Auf der einen Seite verlangte die öffentliche Meinung eine scharfe Strafe für den Mann, der die feindliche Besatzungsmacht verkörpert hatte. Auf der anderen Seite wußten die Richter, daß Falkenhausen ein Gegner des deutschen SD gewesen war, schlimme Dinge verhütet hatte und von Hitler wegen seiner belgienfreundlichen Haltung 1944 abgelöst worden war. Er hätte eher Lohn als Strafe verdient. Man kam zu einem Kompromiß. Er wurde zu einer verhältnismäßig hohen Freiheitsstrafe verurteilt, aber bald im Gnadenwege freigelassen.
Die Literatur über die Kriegsverbrecherprozesse ist gewaltig angeschwollen. In Deutschland ist das Buch des Chefjuristen der I.G. Farben, v. Knieriem, das Standardwerk über »Nürnberg«. In England haben Lord Hankey, Paget, Fuller, Montgomery Belgion und Gollancz, in Amerika Freda Utley, Dorothy Thompson und Margaret Boveri, in Frankreich der temperamentvolle Bardèche – um nur einige aus dem Chor der ausländischen Stimmen zu nennen – die Fragwürdigkeit der rechtlichen Fundamente und der politischen Wirkungen der Prozesse aufgezeigt. Gollancz beklagt, daß die Sieger über den Besiegten zu Gericht sitzen, daß sie vieles von dem selbst tun, was sie den Angeklagten vorwerfen; die Prozesse seien keine erste feste Errichtung internationaler Gerechtigkeit, sondern eine weitere Übung willkürlicher Macht, eine Verwirklichung nicht des Rechts, sondern des alten »Vae victis!« Lord Hankey sieht als Flekken auf dem blanken Schild britischer Justiz neben Johannas Flammentod und Karls I. Hinrichtung auch die Kriegsverbrecherprozesse an. Als Hauptirrtümer prangert er die Festlegung von ex-post-facto-Verbrechen an, die zur Zeit ihrer Begehung weder verbrecherisch noch strafbar waren, die Nichtzulassung des »höheren Befehls« als Strafausschließungsgrund und die zahlreichen Verfahrensmängel.
Dem Juristen sekundierte der Soldat. Feldmarschall Montgomery betonte kompromißlos: »Männer müssen lernen, Befehlen zu gehorchen, wenn alle ihre Instinkte aufschreien, ihnen nicht zu gehorchen. Ich bin Soldat – ich gehorche Befehlen immer.« Die Nürnberger Prozesse hätten den verlorenen Krieg zu einem Verbrechen ge-

stempelt, für das die Generäle der besiegten Seite vor Gericht gestellt und dann gehängt würden. Man werde künftig siegen müssen, um nicht gehängt zu werden. Die UN-Erklärung der Menschenrechte von 1948 und die neue Genfer Kriegsgefangenen-Konvention von 1949 verbieten ausdrücklich die Verurteilung wegen Handlungen oder Unterlassungen, die zu der Zeit, als sie geschahen, keine strafwürdigen Verbrechen darstellten, und gehen damit von der Nürnberger Rechtsprechung ab.

Freda Utley betont, in Nürnberg habe man nicht nur Gesetze mit rückwirkender Kraft angewandt, sondern auch erklärt, daß sie nur für Deutsche gelten. Nach den Urteilen der amerikanischen Tribunale sei das Recht des Eroberers unbeschränkt, der Besiegte dürfe dagegen weder das Völkerrecht noch irgendein anderes Recht anrufen. Die alliierten Mächte seien den Beschränkungen der Haager Landkriegsordnung nicht unterworfen; die Haager und die Genfer Konventionen seien, wie die amerikanischen Richter in den Urteilen, besonders deutlich im Juristen-Prozeß, wiederholten, nur bis zur deutschen bedingungslosen Kapitulation gültig gewesen; von diesem Tage ab habe das Völkerrecht seine bindende Kraft für die siegreichen Demokratien verloren. Deshalb seien deutsche Kriegsgefangene, die bis dahin anständig behandelt worden waren, nun zu Zwangsarbeiten gezwungen worden. Der Gedanke »Macht setzt Recht« bilde die Grundlage der Nürnberger Prozesse. Im Juristen-Prozeß wurde naiv und nachdrücklich erklärt: »Sicherlich hat Kontrollratsgesetz Nr. 10, das durch die bevollmächtigten Vertreter der vier größten Staaten der Erde erlassen wurde, einen Anspruch auf den Respekt der Richter.« Frau Utley sieht es als ironischen Kommentar zu den Nürnberger Prozessen an, daß der Staatssekretär von Weizsäcker, dem Lord Halifax und das Foreign Office bescheinigten, er habe sein Äußerstes getan, um Hitler vom Kriege abzuhalten, und der als Mitglied der deutschen Opposition dem Tode nur entgangen sei, weil er zur Zeit des Attentats vom 20. Juli 1944 Botschafter beim Heiligen Stuhl war, im Ministerprozeß ausgerechnet wegen der Angriffskrieg-Anklage verurteilt wurde; allerdings gab der Richter Powers ein abweichendes Urteil ab. Sie empfand es als beschämend, daß die Tribunale nicht an technische Beweisregeln gebunden waren, die Vorbringung eines Beweismittels der Verteidigung untersagen konnten, wenn sie es nicht für »wesentlich« hielten, und deren Zeugen unter Druck setzten. Am unamerikanischsten seien die Richter im »Krupp-Prozeß« gewesen; sie hätten die Verteidigung dauernd »überfahren« und einmal sogar wegen »Mißachtung des Gerichts« einsperren lassen.

Die Anwendung von Zwang bei der Beschaffung von »Beweisen«, über die Freda Utley ausführlich berichtet und für die sie eine Reihe von Beispielen anführt, wurde von amerikanischen Armeedienststellen ausdrücklich zugegeben. Als Leutnant Perl über die im Malmédy-Prozeß angewandten Methoden vernommen wurde, beschönigte er die Grausamkeiten, für die er verantwortlich war, indem er ausführte, es sei schwierig gewesen, mit fairen Mitteln Beweismaterial zu beschaffen. »Wir hatten eine harte Nuß zu knacken und mußten überzeugende Mittel anwenden.« Zu diesen »überzeugenden Mitteln« gehörten Gewaltanwendungen und Scheinverfahren, bei denen ein Schein-Todesurteil gefällt wurde; dann sagte man den Angeklagten, in einigen Tagen werde er gehängt, sobald der General das Urteil bestätigt habe; in der Zwischenzeit solle er ein Geständnis unterschreiben, nur so könne man ihn freibekommen. Oberst A.H. Rosenfeld wurde, wie Frau Utley berichtet, beim Rücktritt von seinem Posten als Chef der Dachauer Verwaltungsabteilung für Kriegsverbrechen 1948 auf einer Pressekonferenz gefragt, ob an den Geschichten über die Scheinverfahren in Dachau etwas Wahres sei. Er erwiderte: »Ja, natürlich, wie hätten wir sonst diese Galgenvögel zum Singen bringen können? . . . Es war ein Kunstgriff, und er wirkte wie ein Zaubermittel.«

Am 30. November 1945 brachte der stellvertretende Außenminister Andrej Wyschinski bei dem Abendessen, das Robert H. Jackson, der amerikanische Hauptankläger beim Internationalen Militär-Tribunal, im Nürnberger Grand Hotel ihm zu Ehren gab, den Trinkspruch aus: »Auf die Verurteilung und Hinrichtung aller Angeklagten!« Der stellvertretende amerikanische Richter John J. Parker sagte leise zu seinem Nachbarn: »Solange ich die Beweise nicht habe, trinke ich nicht auf die Verurteilung eines Menschen, mag er noch so schuldig sein.« Zehn Tage vorher hatte der größte Prozeß der Ge-

schichte vor dem ersten internationalen Strafgerichtshof in Nürnberg begonnen. Churchill hatte seine Auffassung gegenüber der Konferenz von Teheran geändert und gab nun einer »Hinrichtung ohne Prozeß« den Vorzug. Er hatte triftige Gründe: Ein Verfahren ohne ausreichende Verteidigung würde die britische Öffentlichkeit nicht gutheißen; biete man aber den Angeklagten die Chance, sich ausreichend zu verteidigen, drohe die Gefahr der Prozeßverschleppung. Ein langes Verfahren könne aber einen Meinungsumschwung zugunsten der Angeklagten bewirken. Auch sei nicht klar, ob Angriffshandlungen als Verbrechen gegen das Völkerrecht gekennzeichnet werden könnten.
Die Amerikaner waren aber für Exekutionen ohne fairen Prozeß nicht zu haben. Jackson, am 2. Mai 1945 zum amerikanischen Hauptankläger für die Strafverfolgung der Kriegsverbrecher ernannt, setzte seine Auffassung durch, daß die Kriegsverbrecher in einem förmlichen Verfahren einer gerechten Aburteilung zuzuführen seien. Am 17. Juli 1945 legten die Briten der Londoner Konferenz eine Liste mit 10 Namen vor: Göring, Heß, Ribbentrop, Ley, Keitel, Kaltenbrunner, Rosenberg, Frank, Frick und Streicher. Die Sowjets zogen den Kreis weiter. Sie setzten Krupp, Papen und Schacht auf die Liste. Über manche Namen konnte man sich nicht gleich einigen. Amerikaner und Briten hielten es für unklug, Dönitz auf die Liste zu setzen. Die deutsche Seekriegsleitung habe sich im allgemeinen an die Kriegsregeln und die Gebote der Ritterlichkeit gehalten. Schließlich habe der Großadmiral die bedingungslose Kapitulation angeordnet. Russen und Franzosen wollten jedoch Dönitz unbedingt anklagen. Als am 29. August die Liste im Radio bekanntgegeben wurde, standen 24 Namen darauf, Dönitz, Raeder, Funk, Schirach, Sauckel, Jodl, Bormann, Seyß-Inquart, Speer, Neurath und Fritzsche waren dazu gekommen.
Gegen drei Angeklagte konnte das Verfahren nicht durchgeführt werden; Ley beging Selbstmord, Bormann war verschwunden, und Krupp war verhandlungsunfähig. Den Antrag der drei Ankläger, das Verfahren auf den Sohn Alfried auszudehnen, lehnte das Gericht ab. Nur der russische Richter stimmte für die »Ersatzlösung«, während der englische Vorsitzende, Sir Geoffrey Lawrence, und der französi-

sche Richter, Henri Donnedieu de Vabres, ihr Erstaunen über den Vorschlag, den Vater durch den Sohn zu ersetzen, deutlich aussprachen. Donnedieu war überhaupt der Richter, der wohl am offensten eigene Urteile äußerte. So sagte er beim Anblick der Trümmer der mittelalterlichen Stadt Nürnberg, man erkenne, daß »Verbrechen gegen die Menschlichkeit kein Monopol des Nationalsozialismus sind«. Auch Jackson sagte in seiner Anklagerede bei aller Härte gegen die Angeklagten Worte, die eine eindeutige Absage an die Kollektivschuld enthielten und vor übertriebener Selbstgerechtigkeit der Siegermächte warnten: »Wir möchten klarstellen, daß wir nicht beabsichtigen, das ganze deutsche Volk zu beschuldigen ... Die demokratischen Teile dieses Volkes, die an der Entwicklung ... der Weimarer Republik arbeiteten, wurden von den demokratischen Kräften in der übrigen Welt, einschließlich meines eigenen Landes, nur unzureichend unterstützt.« Doch der Hauptankläger, der in London vor Unterzeichnung des Gerichtsstatus gesagt hatte: »Dieser Prozeß muß in sehr strenger Form geführt werden, oder sie machen uns lächerlich«, und der bei der Behandlung der Angeklagten nach diesem Grundsatz verfuhr, verlor bei der Vernehmung Görings eine Runde. Er verlor über Görings herausfordernden Antworten die Nerven, fuhr nicht nur den Angeklagten unbeherrscht an, sondern versuchte, zitternd vor Aufregung, zweimal den Vorsitzenden zu einem strengeren Verfahren gegenüber dem Angeklagten zu bestimmen, der »ein arrogantes und hochmütiges Benehmen dem Gerichtshof gegenüber an den Tag« lege. Der erste Zusammenstoß erfolgte, als bei der Besprechung der deutschen Mobilmachungsmaßnahmen 1935 Göring erklärte: »Das waren allgemeine Mobilmachungsmaßnahmen, wie sie jedes Land trifft«, Jackson darauf bestand: »Aber sie waren solcher Art, daß sie absolut dem Ausland gegenüber geheimgehalten werden mußten«, und Göring ripostierte: »Ich glaube mich nicht zu erinnern, die Veröffentlichung der Mobilmachungsvorbereitungen der Vereinigten Staaten jemals vorher gelesen zu haben.« Da schmetterte Jackson Akten und Kopfhörer auf den Tisch und wandte sich mit hochrotem Kopf protestierend an das Gericht. Aber der Lordrichter Lawrence erlaubte auch dem Hauptankläger keine Kritik an seiner Prozeßführung.

Es war nicht das einzige Mal, daß Lawrence der Anklage nicht zu willen war. Die Verteidiger, die bei der Beschaffung von Dokumenten dem gewaltigen Apparat der Anklagebehörde hoffnungslos unterlegen waren, beschwerten sich wiederholt, daß ihnen monatelang der Einblick in wichtige Dokumente verwehrt wurde. So führte Kranzbühler, der Verteidiger von Dönitz, darüber Klage, daß die U-Boot-Tagebücher von der Anklage nur auszugsweise als Belastungsdokumente vorgelegt wurden. Das Gericht griff ein und ordnete, als die Verteidigung nicht sofort die ganzen Dokumente erhielt, alsbald an, daß Kranzbühlers Assistent nach London fahren und sie in der Britischen Admiralität einsehen durfte.
Jackson wischte in seinem Schlußplädoyer nahezu alles vom Tisch, was die 21 Angeklagten zu ihrer Verteidigung vorgebracht hatten. Vor allem Göring beschimpfte er als Gangster. »Er hatte seine fetten Finger in jedem Kuchen.« Er hob aber auch das besondere Verbrechen von Leuten wie Schacht und Neurath, Speer und Papen, Raeder und Dönitz, Keitel und Jodl hervor. »Es ist zweifelhaft, ob der Meisterplan der Nazis ohne ihre fachmännischen Kenntnisse geglückt wäre, die sie so bereitwillig zur Verfügung stellten.«
Bei der Urteilsberatung traten erhebliche Meinungsverschiedenheiten auf. Donnedieu stellte den Antrag, die Verschwörungsanklage zu streichen. Im französischen Recht gab es diesen Begriff nicht. Er öffne der Willkür Tor und Tür und sei die bevorzugte Waffe der Tyrannei. Wenn Hitler seine politischen Gegner unterdrücken wollte, habe er sie beschuldigt, gegen ihn ein Komplott geschmiedet zu haben. Der amerikanische Richter Biddle teilte die Ansicht des Franzosen. Auf Grund des Verschwörungsvorwurfs allein könne er keinen Angeklagten schuldig sprechen. Verschwörungsanklagen weckten sein Mißtrauen, weil sie in Amerika zu oft von der Regierung dazu mißbraucht würden, »um noch diejenigen zu fassen, die mit dem eigentlichen Verbrechen nur ganz am Rande zu tun haben.« Die Briten waren entsetzt. Mit dem Verschwörungstatbestand nehme man dem Prozeß das Herz heraus. Das war richtig. Jackson hatte immer wieder deutlich ausgesprochen, daß und weshalb er so großen Wert auf den Verschwörungstatbestand lege. Für Göring, Frank, Kaltenbrunner, Keitel oder Sauckel brauchte er diesen Anklagepunkt nicht.

Diese Männer hatten selber so viele Verbrechen begangen, daß an ihrer Verurteilung kaum zu zweifeln war. Aber die Bankiers und Industriellen konnte er nur durch die Theorie vom gemeinsamen Plan, von der Verschwörung fassen. Jackson gehörte zu den bedeutendsten amerikanischen Juristen; er hat sicher die Mängel und Schwächen des strafrechtlichen Instituts der conspiracy gesehen. Aber für den Nürnberger Prozeß brauchte er es. Ihn beeindruckte es auch nicht, daß diese Anklage dem kontinentalen Recht fremd ist. Das Entscheidende für ihn war, daß Männer wie Schacht und Krupp, aber auch Papen, eben nur mit dem »großen Schleppnetz« der Verschwörungsanklage zu fassen waren. Jackson brauchte die conspiracy aus dem gleichen Grunde, aus dem sein Landsmann, Biddle, sie für gefährlich hielt. Schließlich einigte man sich im Gericht auf bestimmte einschränkende Formulierungen; die Verschwörung mußte in Bezug auf ihre verbrecherischen Absichten deutlich gekennzeichnet und durfte vom Entschluß und von der Tat zeitlich nicht zu weit entfernt sein. Die umstrittene Anklage-Theorie von der einen großen allumfassenden Verschwörung wurde im Urteil fallengelassen. Die Anklageschrift warf allen Angeklagten die Beteiligung am Komplott gegen den Weltfrieden vor, das Gericht erkannte nur acht Männer als Hitlers Mitverschworene: Göring, Heß, Ribbentrop, Rosenberg, Raeder, Keitel, Jodl und Neurath. Hier erlitt die Anklage eine Niederlage. Ein Verteidiger hatte eine Woche vor Prozeßbeginn mit dem amerikanischen Anklagevertreter, Dr. Robert M.W. Kempner, dem früheren preußischen Oberregierungsrat, ein Gespräch gehabt. Der Deutsch-Amerikaner wies auf die große Bedeutung hin, die die amerikanische Anklage der conspiracy beimesse, für die es im deutschen Recht kein Gegenstück gebe. Amerika benutze diese Theorie zur Bekämpfung des Gangsterunwesens, als der Bandenkriminalität. Kempner erinnerte an das allgemein vom Völkerrecht anerkannte Vorgehen gegen Seeräuber: Pirat sei jeder, der auf dem Piratenschiff fahre, auch der Koch und der Maschinist. Der deutsche Verteidiger hatte entgegnet, dann sei der Prozeß in Nürnberg wohl überflüssig, denn nach dieser Theorie stehe die Verurteilung aller »Piraten« im voraus fest.
Der Richter Biddle, der von den vier Richtern sich wohl am stärk-

sten durch Regeln alten Rechts gebunden fühlte, wollte das Urteil radikal von allen Kollektiv-Tendenzen befreien. Er beantragte deshalb in der Beratung, das Gericht solle die Anklage gegen die Organisationen fallenlassen. Nach dem Statut konnte das Gericht Gruppen und Organisationen, denen die Angeklagten angehört hatten, für verbrecherisch erklären; dann konnten die wegen ihrer Mitgliedschaft Angeklagten den verbrecherischen Charakter ihrer Gruppe nicht mehr in Frage stellen. Das hatte schwere Folgen. Das vom Kontrollrat Ende 1945 erlassene Gesetz Nr. 10 erklärte die Mitgliedschaft in verbrecherischen Organisationen zum kriminellen Delikt, das mit Strafen geahndet werden konnte, die von der Aberkennung der bürgerlichen Rechte über Freiheitsentzug bis zur Hinrichtung reichten. Der verbrecherische Charakter galt durch das Nürnberger Urteil ein für allemal bewiesen. Fortan genügte die nackte Tatsache der Mitgliedschaft, um Millionen von Mitgliedern der Gestapo, der SS, der SA und der politischen Organisationen bestrafen zu können. Biddle grauste es. »Es war eine beängstigende Anwendung der Lehre von der strafrechtlichen Schuld durch verbandsmäßigen Zusammenschluß.« Zu seiner Enttäuschung fand er diesmal keine Unterstützung im Gericht. Selbst die Franzosen schlossen sich seinen Bedenken nicht an. Sie verstanden wohl, was Biddle bedrückte, meinten aber, die öffentliche Meinung in Frankreich würde die Weigerung, die Gestapo und die SS für verbrecherisch zu erklären, niemals verstehen. Die Engländer hatten gegen ein Organisationen-Urteil keine Bedenken. Für die Sowjets stand der verbrecherische Charakter aller angeklagten Organisationen von vornherein fest. Biddle stand auch dieses Mal in scharfem Gegensatz zu seinem Landsmann Jackson. Der sah als Ziel der Organisationen-Anklage, mit einem einzigen Prozeß eine sehr große Zahl von Leuten zu fassen. Ihm ging es darum, daß den Tausenden »kleiner Führer« mit Hilfe des Nürnberger Organisationen-Urteils in den Nachfolgeverfahren ein möglichst kurzer Prozeß gemacht werden könne.

Aber Biddle ließ nicht locker. Da er die Streichung nicht durchsetzen konnte, arbeitete er eine einschränkende Formel aus. Nur diejenigen sollten bestraft werden, »die Mitglieder wurden oder blieben in Kenntnis dessen, daß ihre Organisation für Handlungen benutzt wurde, die das Statut für verbrecherisch erklärt«. Biddles Vorschläge fanden beim Gericht zum Entsetzen der Russen eine Mehrheit. Das Gericht strich nach den neuen Grundsätzen das Strafprogramm der Ankläger rigoros zusammen. Was die Richter nicht als geschlossene Gruppe erkennen konnten, den Generalstab und das OKW, schied von vornherein aus. Die Reichsregierung wurde ausgenommen, weil sie nach 1937 nicht mehr zusammengetreten sei, die SA, weil sie schon lange vor Kriegsbeginn nur noch eine »unbedeutende Nazi-Anhängergruppe« gewesen sei. Blieben Gestapo mit SD, die SS und das Korps der Politischen Leiter. Aber auch hier wurden einzelne Untergruppen ausgenommen, die Reiter-SS und der Zollgrenzschutz. Der war erst im Sommer 1944 der SS unterstellt worden, bis dahin hatte er dem Reichsfinanzminister unterstanden, der immer wieder in Befehlen und bei persönlichen Besuchen die Männer des Grenzschutzes ermahnt hatte, sich in den besetzten Gebieten tadelfrei zu verhalten. Dieses Verhalten wurde im Urteil ausdrücklich anerkannt; auch der russische Richter schloß sich der Anerkennung an, es war der einzige Fall, in dem er hinter dem Anklageantrag zurückblieb. Bei den Politischen Leitern fielen alle, die weniger als Ortsgruppenleiter waren, nicht unter das Urteil. Vor allem wurde allen vom Organisationen-Urteil Betroffenen für die ihnen bevorstehenden Nachfolgeprozesse zwei Verteidigungsmöglichkeiten eröffnet; sie konnten beweisen, daß sie »keine Kenntnis der verbrecherischen Zwecke oder Handlungen« ihrer Organisation hatten oder daß sie durch den Staat »zur Mitgliedschaft eingezogen« worden waren. Kenntnis und Freiwilligkeit wurden also zur Voraussetzung der Bestrafung gemacht, Mitgliedschaft allein, wie im Kontrollratsgesetz Nr. 10 vorgesehen, genügte nicht. Damit waren, wie Biddle meinte, dem Organisationen-Urteil »die Zähne gezogen«.

Das »Verbrechen gegen den Frieden« umfaßte nicht nur Planung, Vorbereitung und Einleitung, sondern auch die Durchführung eines Angriffskrieges. Die beiden engsten militärischen Mitarbeiter Hitlers, Keitel und Jodl, wurden in beiden Punkten für schuldig erklärt. Bei der Beratung erörterten die Richter, ob die Todesurteile gegen die beiden Generäle durch Erschießen vollstreckt werden sollten, man entschied sich aber für den Strang. Das Urteil gegen Jodl ist unverständlich. Es blieb unberücksichtigt, daß Jodl am Kriegsbeginn unbeteiligt war und bei der Durchführung oft genug Hitlers Befehlen widersprochen hatte. Im Justizpalast nahm man allgemein an, die auf Hitlers Befehl erfolgte Erschießung der 25 englischen Fliegeroffiziere, die aus einem Gefangenenlager geflüchtet waren, sei der Grund des Todesurteils gewesen. Das ist nur halb richtig. Die Erschießung der Flieger wurde Jodl erst im Kreuzverhör vorgehalten. Er hat jede Verantwortung dafür abgelehnt und sie als »eklatanten Mord« bezeichnet. Sie wurde im Urteil nicht mehr erwähnt. Das Todesurteil gegen Jodl, das auch in Nürnberg, wie der Sonderkorrespondent der »Times« damals berichtete, als »unangemessen hart« bezeichnet wurde, ist erst vollstreckt worden, nachdem der Alliierte Kontrollrat auf Grund des Berichts des britischen Delegierten, des Luftmarschalls Lord Douglas, und auf seine Empfehlung das von Frau Jodl eingereichte Gnadengesuch abgelehnt hatte. Lord Douglas hat ebenso wie auf David Irvings Leserbrief so auch Frau Jodl gegenüber auf die Bitte, das »Beweismaterial« für die unwahre Behauptung, Jodl habe den Erschießungsbefehl unterschrieben, mitzuteilen, keine Antwort gegeben. Den Befehl hat Kaltenbrunner unterschrieben. Douglas hat, wie Irving 1966 berichtete, in seinen damals veröffentlichten Erinnerungen den Passus über Jodl gestrichen. Auch der bekannte Militärschriftsteller Liddell Hart hat erklärt, daß Jodl zu Unrecht gehängt wurde.

Jodl schrieb seiner Frau im Oktober 1945, als er die Anklageschrift gelesen hatte: »Wenn schon dieser Krieg einen Sinn gehabt haben soll, so kann er doch nur darin liegen, daß aus ihm wenigstens die Befriedung Europas, wenn nicht der Welt, auf lange Sicht hervorgeht. Dazu muß an Stelle der Gewalt, die den Krieg verursachte und den Sieg errungen hat, ein von allen Seiten anerkanntes Recht treten. Denn sonst sind die Menschen und Völker nicht einen Schritt weiter als vorher.«

Jodls Verteidiger, Professor Jahreiss, wurde von den Verteidigern gebeten, für die Gesamtverteidigung die grundsätzlichen rechtlichen Einwendungen zu formulieren. Er bejahte den Gedanken, die Männer, die an der Entfesselung eines ungerechten Krieges schuldig sind, zur Rechenschaft zu ziehen. Noch aber sei diese Forderung nicht gel-

tendes Völkerrecht. Sein Antrag, der Gerichtshof möge von international anerkannten Völkerrechtsgelehrten Gutachten über die rechtlichen Grundlagen dieses Prozesses einholen, wurde abgelehnt. Das Gericht ließ sogar eine öffentliche Verlesung nicht zu.
Die »Times« legte damals Nachdruck auf die Feststellung, daß Nürnberg ein Novum darstelle, nämlich die Übertragung von Sittengesetzen auf das internationale Recht. Beschuldigungen der Anklage richteten sich auf Verstöße gegen das Sittengesetz, deren Bestrafung wünschenswert, aber nach den geltenden juristischen Ansichten nicht möglich sei. Damit verlasse man rechtlichen Boden und betrete politisches Feld.
Der außerordentlich scharfe Ton, in dem die amerikanischen Hauptankläger Jackson und Telford Taylor die deutschen Generäle angriffen, ging dem Soldatenblatt »Stars and Stripes« auf die Nerven. Es kritisierte die Ankläger, sie hätten den ehrenhaften Stand der Soldaten diskreditiert. Aber Jackson antwortete, sie verfolgten die Militaristen nicht, weil sie ihrem Land gedient und Krieg geführt, sondern weil sie zum Kriege getrieben hätten. Nun steht aber fest, daß kein General, ganz sicher nicht Jodl, zum Krieg »getrieben« hat. Gerade der Generalstab hat vor dem Krieg versucht, Hitlers Kriegspolitik abzubremsen, und im Krieg, sie einzuschränken. Die Anklage hat sich denn auch darauf beschränkt, vor allem die »Schlüsseldokumente«, belastende Dokumente, die ein aufschlußreiches Bild der von Hitler verfolgten Ziele geben, zu zitieren. In der Anklage gegen Jodl brachte die Anklage drei dieser Dokumente vor: das »Hoßbach-Protokoll«, eine Niederschrift über eine Besprechung in der Reichskanzlei am 5. November 1937, in der Hitler seinen nächsten Beratern seine künftigen Absichten enthüllte und den Weg der Gewalt zur Lösung der deutschen Frage als unvermeidbar bezeichnete, den »kleinen Schmundt«, eine Ansprache Hitlers vor den Oberbefehlshabern am 23. Mai 1939, in der er zum ersten Mal über den »Lebensraum im Osten« sprach, und die Ansprache vor den Generälen am 22. August 1939, in der Hitler die Notwendigkeit der Auseinandersetzung mit Polen betonte. Bei keiner dieser drei Gelegenheiten war Jodl zugegen.
Die Spezialanklage gegen Keitel und Jodl verlas der britische Ankläger Dr. Roberts. Er schloß die Anklage gegen Jodl mit den Worten:

»Was Jodls Teilnahme an Kriegsverbrechen und Verbrechen gegen die Menschlichkeit betrifft, so tritt er viel weniger in Erscheinung als Keitel. Er hatte natürlich nicht die Befugnis, Befehle und Weisungen auszugeben. Aber wir sehen, daß er jedenfalls den berüchtigten Führerbefehl unterschrieben und weitergegeben hat, nach dem Kommandos erschossen und keinesfalls als Kriegsgefangene behandelt werden sollten.« Jodl konnte Hitlers Befehl nicht verhindern, am wenigsten dadurch, daß er seinen Posten niederlegte. Er konnte aber seine abweichende Auffassung darlegen und dadurch mildern, ausgleichen und gelegentliche Auswüchse der Repressalien verhüten. So hat er verschärfte Maßnahmen gegen Tiefflieger und die Kündigung der Genfer Konvention verhindern können. Aber das beeindruckte die Anklagebehörde nicht. Sie warf alle, die an der »gemeinsamen Verschwörung« teilgenommen hatten, in einen Topf, mochten ihre Traditionen und ihre Ziele noch so verschieden sein. Rechtliche Schuld wurde mit moralischer Schuld und politischem Irrtum vermischt. Auf den Zwang, unter dem Menschen in einer Diktatur standen, ging die Anklage nicht ein.
Es war auffallend, daß im Nürnberger großen Prozeß die Offiziere sowohl in der Anklageschrift wie im Urteil besonders scharf angefaßt wurden. Im Urteil hieß es: »Sie sind ein Schandfleck für das ehrenhafte Waffenhandwerk. Die Wahrheit ist, daß sie an diesen Verbrechen rege teilgenommen haben oder in schweigender Zustimmung verharrten, wenn vor ihren Augen Verbrechen begangen wurden, größer und empörender als je die Welt zu sehen das Unglück gehabt hatte . . .« Wenn man weiß, wie viele Korps- und Divisionskommandeure ihr Leben riskierten, indem sie Befehle wie den Kommissarbefehl im Panzerschrank verborgen hielten, aber routinemäßig meldeten, er sei wieder jedem Mann bekanntgegeben worden, kann man solche summarische Aburteilung nur mit Erschütterung lesen.
Bei den Dokumenten, die Jodls Verteidiger vorlegten, wurden zwei vom Gericht als »irrelevant« abgelehnt, einmal das »Handbuch für neuzeitliche Kriegsführung«, eine geheime britische Dienstvorschrift über Nahkampfführung, und einen 1942 erbeuteten britischen Befehl, deutsche Kriegsgefangene zu fesseln. Die Verteidigung wollte

sie vorlegen, nicht weil sie Rechtswidriges enthielten, sondern weil sie wichtig waren für die Entstehung und den Inhalt des »Kommandobefehls«, des Befehls, sog. »Kommandotrupps« zu erschießen. Bei der Zeugenvernehmung sagte der Feldmarschall Kesselring aus, Jodl habe Hitler in einem Maße widersprochen, »das an die Grenze des militärisch Möglichen ging«. Über die Judenvernichtung befragt, erklärte Jodl, er hätte von einer Vernichtung, aber auch von Quälereien, Verbrennungsöfen, Gaswagen, medizinischen Versuchen niemals etwas gehört, so unwahrscheinlich das klingen möge. Und selbst wenn er es gehört hätte, würde er es nicht geglaubt haben, bevor er es nicht mit eigenen Augen gesehen hätte.

Beim Einmarsch in Österreich habe es keinen fertigen Generalstabsplan gegeben. Der Angriff in Polen brach, ohne daß Jodl an seiner Vorbereitung beteiligt war, aus. Er weitete sich, entgegen den Hoffnungen der Soldaten, zu einem Weltkrieg aus, für den alles improvisiert werden mußte. Kein Soldat habe damals an Norwegen, an Belgien, Holland, an Jugoslawien und Griechenland oder gar an Rußland gedacht. Zu dem Führerbefehl, die norwegische Bevölkerung ostwärts des Lyngenfjords zwangsweise zu evakuieren, erklärte Jodl, dieser Befehl sei gegen den Protest des Wehrmachtbefehlshabers und entgegen seinen Vorstellungen vom Reichskommissar Terboven bei Hitler erzwungen worden. In der Praxis sei er von der Truppe so abgemildert worden, daß praktisch nur das militärisch Notwendige zerstört wurde.

Die »Times« nannte auch die Verteidigungsrede von Professor Exner, Jodls erstem Verteidiger, »the most dignified argument heard from counsel for the defence«. Aber die Ankläger gingen auf Beweisführung und Plädoyer der Verteidigung überhaupt nicht ein, sondern wiederholten die alten Anklagen in kondensierter Form. Jackson nannte Jodl den »Verräter an der Tradition seines Berufsstandes.« Jodl selbst sagte in seinem Schlußwort, er wie die ganze Wehrmacht habe vor einer unlösbaren Aufgabe gestanden, nämlich: einen Krieg zu führen, den sie nicht gewollt, unter einem Oberbefehlshaber, dessen Vertrauen sie nicht besaßen und dem sie selbst nur bedingt vertrauten, mit Methoden, die ihren Führungsgrundsätzen und überkommenen Anschauungen widersprachen ... Er habe von den

in seiner Lage erreichbaren Zielen das höchste erstrebt. »Wer mich einen Verräter nennt an der ehrenhaften Tradition der deutschen Armee, ... den nenne ich einen Verräter an der Wahrheit.«
Die beiden Admirale, Raeder und Dönitz, kamen besser weg als die Generäle. Bei Dönitz stimmte Biddle sogar für Freispruch. Aber die drei anderen Richter bestraften ihn, wegen seiner Duldung des »Kommandobefehls« und wegen seiner Mitwirkung beim Überfall auf Norwegen. Dabei hatte er die allgemeine Durchführung des Kommandobefehls verboten und war an der Einleitung der Norwegen-Aktion unbeteiligt. Überdies bleibt es höchst fraglich, ob die Richter den »Überfall« auf Norwegen, wegen dessen Raeder lebenslänglich erhielt, richtig beurteilten. Der tatsächliche, Norwegen betreffende Hergang sei hier, unter Gegenüberstellung der Daten für das Handeln der Deutschen und der Alliierten, dargestellt. Am 2. September 1939 erklärte Deutschland, das norwegische Staatsgebiet respektieren zu wollen; es könne aber Einbrüche von dritter Seite in die norwegische Neutralität nicht dulden. Am 29. September regte Churchill bei der englischen Regierung an, von Norwegen zu verlangen, daß die Erzlieferungen an Deutschland eingestellt würden; sonst würden »drastische Aktionen notwendig sein«. Diese Entscheidung wurde, wie Churchill in seinen Erinnerungen erklärt, erst im April 1940 getroffen; er selbst aber habe ihre Notwendigkeit bei jeder Gelegenheit betont.
Anfang Oktober 1939 teilte Canaris dem Großadmiral Raeder mit, gewisse Anzeichen deuteten auf die britische Absicht hin, in Norwegen Fuß zu fassen. Daraufhin ordnete Raeder am 3. Oktober eine Prüfung an, ob eine Verlegung von deutschen Operationsbasen in den norwegischen Raum geeignet wäre, dieser Gefahr zu begegnen. Die Seekriegsleitung kam zu dem Schluß, daß es unter allen Umständen günstiger sei, wenn Norwegen neutral bliebe, wenn diese Neutralität weiter von den Engländern geachtet werde und wenn der Erzverkehr weiter unter dem Schutz dieser Neutralität laufen könne. Sollte England jedoch die Neutralität Norwegens nicht achten und sogar zu einer Besetzung schreiten, so würde das für die deutsche Kriegsführung einen schweren Schlag bedeuten. Am 10. Oktober trug Raeder seine Auffassung Hitler vor. In den folgenden drei

Monaten wurden die Nachrichten über die britischen Absichten bestätigt und bestärkt.

Am 11. Dezember 1939 wurde Major Quisling von Hitler empfangen. Der Norweger berichtete, daß nach seiner Überzeugung im geheimen bereits ein entsprechendes Abkommen zwischen der norwegischen und der britischen Regierung bestehe. Raeder betonte bei einem Vortrag, man müsse bei der Bewertung solcher Nachrichten sehr vorsichtig sein, ein deutscher Versuch, Norwegen zu besetzen, sei mit großem Risiko verbunden.

Am 4. Dezember befahl Hitler, das OKW solle die Norwegenfrage studieren. Am 9. Januar lagen Nachrichten über eine bevorstehende aktivere Kriegsführung Englands vor. Zum gleichen Zeitpunkt beauftragte die britische Regierung den Generalstabschef Ironside, die Möglichkeit der Entsendung einer Infanterie-Brigade nach Narvik zu studieren. Am 27. Dezember stellten die Alliierten einen Antrag auf Zusammenarbeit an die norwegische und schwedische Regierung. Damals wußte man, wie Churchill in seinen Erinnerungen feststellt, englischerseits nichts von den Erörterungen in Deutschland. Dagegen kannte man in Deutschland die Spionageaufträge der alliierten Geheimdienste an norwegische Agenten zur Erforschung von Landemöglichkeiten u.ä.

Am 13. Januar 1940 lag die Studie Nord des OKW vor. Auch sie kam zu dem Schluß, die Besetzung Norwegens sei nur bei einer bevorstehenden Inbesitznahme Norwegens durch England zu rechtfertigen, sie sei sonst ein zu gefährliches Unternehmen, die beste Lösung sei die Aufrechterhaltung des bisherigen Zustands. Am 14. und 16. Januar gingen Meldungen ein, daß die britische Regierung die englische Propaganda in Norwegen erheblich verstärke. Am 18. Januar begann das französische Oberkommando mit der Ausarbeitung von Plänen für eine bewaffnete Intervention in Finnland und gleichzeitig eine Besetzung westnorwegischer Häfen. Am 17. Januar drängte der Ministerpräsident Daladier in einem Schreiben auf »eine aktivere und wirksamere Politik auf der skandinavischen Halbinsel«. Am 20. Januar forderte Churchill in einer Rundfunkrede die Alliierten auf, ihre Neutralität aufzugeben.

Am 27. Januar befahl Hitler, die »Studie Nord« durch einen Sonder-

stab beim OKW zu einem allgemeinen Operationsplan unter dem Decknamen »Weserübung« ausarbeiten zu lassen. In den interalliierten Militärbesprechungen am 31. Januar und 1. Februar wurden die Pläne für eine alliierte Landung in Norwegen erneut beraten; dabei trat das Ziel der Hilfeleistung für Finnland hinter der Aktion gegen die schwedischen Erzgruben zurück. In der Sitzung des Obersten Kriegsrats am 5. Februar wurde beschlossen, die Vorbereitung für die Entsendung von 3–4 Divisionen nach Narvik sofort in Angriff zu nehmen und damit zwei Fliegen (Finnland und Erzgruben) mit einer Klappe zu schlagen. In Deutschland mehrten sich die Nachrichten über eine regere Aktivität der Alliierten im skandinavischen Raum.
Die Verletzung der Grenze der norwegischen Hoheitsgewässer durch britische Streitkräfte fand ihren Höhepunkt in dem Angriff auf das deutsche Hilfsschiff »Altmark« am 16. Februar 1940. Das Schiff, das in einem Fjord Zuflucht gesucht hatte, wurde geentert, die darauf befindlichen 200–300 englischen Kriegsgefangenen wurden befreit. Die deutsche und die norwegische Regierung protestierten. Der britische Außenminister bezeichnete den Vorfall lediglich als eine »technische Neutralitätsverletzung«. Für die deutsche Regierung wurde es zur Gewißheit, daß die Engländer auch vor stärkeren Neutralitätsverletzungen nicht zurückschrecken würden.
Am 21. Februar ordnete Hitler die Aufstellung des AOK XXI für die »Weserübung« an. Am gleichen Tage drängte Daladier in London erneut auf eine Intervention in Skandinavien. »Unser Hauptziel darf nicht vergessen werden. Es besteht darin, Deutschland von seiner Erzversorgung abzuschneiden.« Am 23. Februar betonte Raeder nochmals bei einem Vortrag, die günstigste Lösung sei die Aufrechterhaltung der norwegischen Neutralität. Eine Besetzung durch England sei untragbar.
Am 29. Februar trug der mit der Führung des AOK XXI beauftragte General von Falkenhorst den allgemeinen Operationsplan Hitler vor. Am 26. Februar standen die französischen Truppen in ihren Garnisonen zum Abmarsch bereit. Vom 1. März an war die Einschiffung der alliierten Streitkräfte (150000 Mann) jederzeit möglich.
Am 1. März 1940 ging die Weisung »Weserübung« bei der Seekriegsleitung ein. Am 2. März versuchten die Alliierten erneut, die norwe-

gische und die schwedische Regierung zu einer Billigung der Besetzung norwegischer Häfen zu veranlassen. Die Seekriegsleitung notierte in ihrem Kriegstagebuch: »Das Problem ist jetzt aus dem rein militärischen Gebiet weit hinausgewachsen und zu einer politischen ... Frage ersten Ranges geworden.« Am 4. März wies Hitler die Seekriegsleitung an, alle Vorbereitungen für »Weserübung« bis 10. März abzuschließen, da eine bevorstehende militärische Intervention der Westmächte zugunsten Finnlands als Vorwand für eine Landung in Norwegen anzusehen sei. Am 5. März wurden die Befehle für »Weserübung« fertiggestellt. Am 8. März schlug Churchill im britischen Kriegskabinett vor, die Besetzung möglichst ohne Waffengewalt durchzuführen, »in Narvik kraftvoll aufzutreten, um Macht zu zeigen, ohne sie anzuwenden«. Am 9. März prüfte die Skandinavien-Kommission des Interalliierten Studienausschusses die Vorschläge des Kriegskabinetts, hielt die Durchführung für möglich, lehnte aber den Verzicht auf die Besetzung von Bergen und Stavangen ab, da sonst die Deutschen diese Flugplätze besetzen könnten. Am 12. März nahm der Friedensschluß zwischen Rußland und Finnland den Alliierten zunächst die Veranlassung, in Skandinavien zu landen. Aber sie gaben die Absicht, die Zufuhr der schwedischen Eisenerze nach Deutschland zu verhindern, nicht auf, nahmen vielmehr die Pläne für direkte, gegen die Erztransporte gerichtete Maßnahmen wieder auf. Am 22. März verletzten in sieben Fällen britische Streitkräfte die norwegischen Hoheitsgewässer, um die deutsche Handelsschiffahrt zu stören. Die deutsche Funkaufklärung entzifferte englische Funksprüche, nach denen ein Unternehmen unter dem Decknamen »Stratford« im Anlaufen sei, das offenbar eine Landung in Norwegen zum Ziele habe. Am 26. März meldete die Marine Hitler, sie sei bereit. Raeder glaube aber für die nächste Zeit nicht an eine englische Landung. Da aber Deutschland früher oder später gezwungen werden würde, »Weserübung« durchzuführen, das Unternehmen aber nur unter dem Schutz der Dunkelheit durchgeführt werden könne, setzte er sich für Ausnutzung der nächsten Neumondperiode ein; das bedeutete als spätesten Termin Mitte April. Nach einer Meldung vom 27. März war Raeders Ansicht zu optimistisch. In norwegischen Admiralitätskreisen rechnete man mit einer bevorstehenden englischen Aktion. Am 28. März beschloß der Oberste Alliierte Kriegsrat, am 1. April der norwegischen und schwedischen Regierung in einer Note alliierte Maßnahmen anzukündigen, um die deutsche Zufuhr abzuschneiden, und am 5. April durch Auslegen von Minen in den norwegischen Hoheitsgewässern diese Zufuhr endgültig zu unterbinden. Diese Note war ein letzter Versuch, das Einverständnis der skandinavischen Länder zu den beabsichtigten Maßnahmen zu erlangen. An der Absicht zu landen, bestand kein Zweifel. Man mußte damit rechnen, daß die Deutschen den schweren Schlag gegen ihre Zufuhr nicht ohne weiteres hinnehmen würden. Ihre Reaktion konnte dann die alliierten vorbereiteten Landungsoperationen auslösen. Wollte die deutsche Marine also die drohende Gefahr abwenden, mußte sie schnell handeln. Am 2. April meldeten Göring, Raeder und Falkenhausen den Abschluß der Vorbereitungen für »Weserübung«. Hitler befahl, sie am 9. April durchzuführen.

Am 3. April beauftragte das britische Kabinett die Admiralität, die Minen in den norwegischen Hoheitsgewässern auszulegen. Um deutschen Gegenmaßnahmen zu begegnen, sollte eine britische Brigade und ein französisches Kontingent geschickt werden. Am 5. April wurde den skandinavischen Regierungen die britische Note überreicht, am 6. der Befehl für »Avonforce« (Besetzung von Narvik) und für »Stratford« (Besetzung von Stavangen) ausgefertigt. In der Nacht vom 7. zum 8. April legten die Engländer die Minen an der norwegischen Küste.

Am 7. und 8. April befanden sich die Seestreitkräfte beider Parteien in See. Am 8. April erhielt die britische Admiralität Nachricht von den deutschen Streitkräften. Sie wußte nicht, daß es sich ebenfalls um eine Landungsaktion handelte. Die britische Flotte wurde angesetzt, um die deutschen Schiffe bei ihrer Rückkehr abzuschneiden. Aber sie waren bereits in die norwegischen Häfen eingelaufen und hatten Truppen an Land gesetzt. Die Briten konnten die Landung nicht mehr verhindern und nur durch Angriffe, vor allem in Narvik und Bergen, den deutschen Seestreitkräften schwere Verluste beibringen.

Die Vorgeschichte beweist durch die Gegenüberstellung der Daten eindeutig, daß der deutsche Norwegenfeldzug ein klassischer Fall des praevenire war. In dem Gnadengesuch, in dem Raeder bat, die Freiheitsstrafe in Todesstrafe durch Erschießen umzuwandeln, betonte er noch einmal seine Unschuld. Die Urteilsbegründung des Gerichts im Falle Norwegen enthalte Fehler, wie sie die Anklage vorbrachte und wie sie wohl nur in politischen Interessen ihre Ursache haben könnten. Raeder hatte recht. Das Urteil und seine Begründung entsprachen nicht dem wirklichen Tatbestand, der von Raeders Verteidiger Dr. Seutin richtig vorgetragen und später von Churchill in seinen Memoiren mit gewohnter großartiger Unbefangenheit bestätigt wurde. Für Deutschland war die schwedische Erzzufuhr eine Existenzfrage. Sie war am gesichertsten, wenn Norwegen neutral blieb. Deshalb rangierte die Neutralität an erster Stelle. Erst an zweiter kam, wenn die Erzzufuhr durch Minen zur See oder Sperren zu Lande behindert wurde, die präventive Besetzung des Landes, wenn möglich, mit Einverständnis der norwegischen Regierung, wenn nötig, auch gegen ihren Willen. Für England war das einzige Ziel, die Erzzufuhr nach Deutschland zu verhindern, das ging nicht ohne Bruch der Neutralität, auch hier war es ihnen am liebsten, »Macht zu zeigen, ohne sie anzuwenden«, wie Churchill sich ausdrückte, notfalls würden sie aber auch Macht anwenden.

Um nicht mißverstanden zu werden: das bedeutet keine Kritik an der englischen Politik. Da die schwedische Erzzufuhr für Deutschland schicksalsbestimmend war, mußte England im Kriege sie zu stören oder zu verhindern suchen. Das war selbstverständlich. Hier wird nur dagegen protestiert, daß nach dem Kriege ein Gericht eine Aktion, die der Sieger unternommen hat, dem Besiegten, der dem Sieger um ein paar Stunden zuvorgekommen ist, als Kriegsverbrechen anlastet und einen hochgeachteten Admiral und untadeligen Mann lebenslänglich einsperrt.

Der Fall Raeder ist so ausführlich dargestellt, weil er besonders deutlich beweist, daß der Nürnberger Prozeß, wie der stellvertretende britische Richter im großen Nürnberger Prozeß, Sir Norman Birkett, 1946 in einem Privatbrief schrieb, nur der Form nach ein gerichtliches Verfahren, seine Hauptaufgabe aber politisch war. Man möchte so gern an das glauben, was Jackson in seiner Eröffnungsrede in

Nürnberg gesagt hatte: »Dieses Gesetz wird zwar zunächst auf deutsche Angreifer angewandt, es schließt aber ein und muß, wenn es von Nutzen sein soll, den Angriff jeder anderen Nation verdammen, nicht ausgenommen die, die jetzt hier zu Gericht sitzen«, und an das, was der britische Hauptankläger, Sir Hartley Shawcross, 1967 im Geleitwort zu dem Buch »Das Gericht der Sieger« schrieb: »Das Nürnberger Urteil hat Bestand als eine klare Entscheidung des Völkerrechts, die sich die Vereinten Nationen wohl zu eigen gemacht haben. Wenn die Menschheit überleben will, müssen die Prinzipien von Nürnberg am Ende den Sieg davontragen.« Aber insoweit Nürnberg ein neues besseres Recht gebracht oder für die Zukunft als richtungweisend erklärt hat, machte es sich bisher die Welt noch nicht zu eigen. Allzuviel war jedoch in Nürnberg noch durch Rache bestimmt, allerdings »die langsamste, kostspieligste, penibelste und unergiebigste, die menschlicher Empfindungsgeist bisher zustande gebracht hat«, wie der Hauptankläger, General Telford Taylor 1955 schrieb. Vier Jahre, Millionen von Dollar und die Arbeit von Tausenden seien investiert worden, um rund 200 Angeklagten den Prozeß zu machen.

In Moskau hatte man 1943 die Auslieferung und Bestrafung von Kriegsverbrechern gefordert. Auf der Konferenz von Teheran im November 1943 forderte Stalin die summarische Erschießung von 50000, Churchill erhob entrüstet Einspruch und verlangte einen Prozeß. Auch in Jalta im Februar 1945 konnte man sich nicht einigen. Man überließ das Thema den Außenministern zur weiteren Beratung. Dabei vertauschten sich die Rollen. In England, und ebenso in Frankreich, begann man sich gegen Churchills Prozeß-Idee zu sträuben. Aber dann schaltete sich Washington ein und erklärte, es wolle einen Prozeß. In dem Meinungsstreit, der sich nun erhob, wurde Robert H. Jackson zur stärksten Figur.

Der Gedanke, das Gericht aus Angehörigen neutraler Länder zusammenzusetzen, wurde als »unrealistisch« fallengelassen; die Zahl der wirklich Neutralen war so gering, daß man diese Lösung als undurchführbar ansah. Die Aburteilung einem deutschen Gerichtshof zu überlassen, wäre nach den Erfahrungen des ersten Weltkrieges ein »müßiger« Versuch gewesen. Nach dem Versailler Vertrag mußte

Deutschland die Kriegsverbrecher ausliefern. An der Spitze der Liste, die viele tausend Namen umfaßte, darunter Hindenburg, Ludendorff und unter G den Kriegsflieger Hermann Göring, stand Kaiser Wilhelm II. Dessen Auslieferung verweigerte Holland. Da auch Deutschland sich außerstande erklärte, alle genannten Personen zu verhaften, wurde als Ausweg vorgeschlagen, ausgewählte Fälle vor das Reichsgericht zu bringen. In den 12 Prozessen, die 1921 in Leipzig stattfanden, wurden sechs Angeklagte freigesprochen, sechs zu geringen Freiheitsstrafen verurteilt. Das sollte sich nicht wiederholen. Jackson brachte es fertig, die Vertreter der vier alliierten Hauptmächte an einem Tisch zu versammeln und trotz »ernster Meinungsverschiedenheiten« zu einem Ergebnis zu kommen. Die völkerrechtlichen Schwierigkeiten überwand man dadurch, daß nur solche »Völkerrechtsverletzungen« zur Sprache kommen sollten, die ausdrücklich im Statut des Tribunals gekennzeichnet waren. Das Problem, wie man Angeklagte zur Rechenschaft ziehen könne, die persönlich in keinem Zusammenhang zu Verbrechen standen, löste man dadurch, daß Jackson den amerikanischen Rechtsbegriff der Verschwörung zu Hilfe nahm. Unnachgiebig war Jackson gegenüber dem General Nikitschenko, der nur Bestrafung für vergangene Taten zulassen und nicht die Grundlage für einen Prozeß wegen Verbrechen schaffen wollte, die in der Zukunft begangen werden könnten. Schwierig war auch die zahlenmäßige Abgrenzung; die Sowjets dachten an viele Tausende von Prozessen, Jackson fand den Ausweg, verschiedene Gruppen gemeinsam anzuklagen. Alle Beteiligten scheuten sich, das heiße Eisen der Luftangriffe anzufassen; die Delegierten einigten sich, das heikle Problem zu übergehen. Am 8. August 1945 unterschrieben die vier Mächte in London das Abkommen über das Internationale Militär-Tribunal und das Statut des Gerichts.
Das Verfahren vor dem IMT in Nürnberg sprengte alle bisherigen Vorstellungen. Es nahm volle 218 Verhandlungstage in Anspruch, das Sitzungsprotokoll füllte 16000 Seiten mit 4000000 Worten, die Anklage legte 2630 Beweisdokumente, die Verteidigung 2700 vor, das Gericht hörte 240 Zeugen und nahm 300000 eidesstattliche Erklärungen entgegen. Als Richter fungierten: für England der Vorsitzende des Gerichts, Lordrichter Sir Geoffrey Lawrence, die zentrale

Figur des Tribunals, als Vertreter Sir Norman Birkett, für Rußland Generalmajor Jola T. Nikitschenko, als Vertreter Oberstleutnant Alexander F. Wolchkow, für Amerika Francis A. Biddle, als Vertreter John J. Parker, für Frankreich Henri Donnedieu de Vabres, als Vertreter Robert Falco. Bei den zwölf folgenden Nürnberger Prozessen wirkten nur Amerikaner mit, aber sie nahmen für diese Gerichte den Charakter internationaler Tribunale in Anspruch.
Es sollen hier nicht die juristischen Argumente wiederholt werden, die sich gegen das durch das Londoner Statut und das Kontrollratsgesetz eingeleitete Verfahren erheben lassen. Wichtiger ist, die Ziele zu begreifen, die den Autoren dieser Vorschriften und den Gerichten vorgeschwebt haben, und die Gründe zu erkennen, warum sie sich nicht haben erreichen lassen. Nach den furchtbaren Schrecknissen des letzten Krieges erhob sich die elementare Forderung, den Krieg nicht bloß, wie durch den Kellog-Pakt, als politische Maßnahme zu ächten, sondern ihn zum Verbrechen zu erklären, für das der *einzelne* Mensch, der am Kriegsausbruch eine maßgebliche Verantwortung trug, gerade zu stehen habe. Wollte man das für die Zukunft festlegen, dann mußte man, so schien es den Initiatoren der neuen Gesetze, auch für den vergangenen Krieg Ernst machen. Sonst hätte niemand an die Realität der neuen Strafdrohung geglaubt. Man mußte die am zweiten Weltkrieg Schuldigen vor Gericht bringen, ohne Rücksicht darauf, ob damit einer der Fundamentalsätze des abendländischen Rechts, daß ein Angeklagter nur verurteilt werden kann, wenn seine Tat zur Zeit ihrer Begehung nach einem Strafgesetz unter Strafe stand, verletzt wurde oder nicht. Die durch den Friedensbruch ausgelösten Taten waren so verworfen und teuflisch, daß die Weltmeinung es nicht verstehen würde, wenn man ihn ungestraft ließe.
Erfüllt von einer heiligen Aufgabe rief der Hauptankläger Jackson: »Nach dem Maß, nach dem wir heute messen, werden wir morgen gemessen.« Und viele von den Gerichten bestrebten sich in aufrichtigem Bemühen, das neue Völkerrecht von den Sternen auf die Erde zu holen und in ihren Urteilen zu kodifizieren. Das war ein kühnes Vorhaben. Ein großartiger Idealismus ließ sich ihm nicht absprechen. Aber das Ergebnis entspricht nicht den geträumten Erwartungen. Die Erklärung des Krieges zum strafbaren Verbrechen wird ei-

nen künftigen Krieg schwerlich verhindern, sicher aber verlängern. Die Nürnberger Prozesse haben die Kriege in Korea, Vietnam und dem Nahen Osten nicht verhindern können.
Die Kreuzzugsidee ließ die Kollektivschuld in den Vordergrund treten. Einst hatte Sokrates leidenschaftlich gegen die Kollektivverurteilung der athenischen Feldherren nach der Schlacht von Aigospotamoi Einspruch erhoben; nur nach dem Maß persönlicher Schuld sei jeder als Einzelperson zu verurteilen. Auch der amerikanische Richter Powers lehnte in seinem abweichenden Votum im Wilhelmstraßenprozeß jede Anspielung auf eine konstruierte oder kollektive Schuld ab und verlangte den Nachweis der persönlichen Schuld. Aber die Anklage warf in den Kriegsverbrecherprozessen »Böse« und »Gute« in einen Topf und suchte, wenn man die Hauptverantwortlichen nicht greifen konnte, wenigstens die zweite und dritte Garnitur kollektiv zu fassen. Richter Jackson verfocht mit glühender Leidenschaft den Standpunkt, es wäre unerträglich, wenn man an eine Leiter stieße, an deren Spitze ein einziger verantwortlicher Führer stünde, der sich selbst der Bestrafung entzogen habe. Man müsse auch an die Sprossen herankönnen. In äußerster Folgerichtigkeit hätte das zur Kollektivverantwortung des ganzen Volkes geführt. So weit wollte man nicht gehen. Darum sollte wenigstens die Zugehörigkeit zu bestimmten Organisationen, auch ohne Nachweis individueller Schuld, ein strafbares Verbrechen darstellen. Aber gerade die Kollektivmethode, die Menschen, die keine Verbrecher waren, zusammen mit wirklichen Verbrechern verurteilte, hat die alliierte Nachkriegsjustiz in Deutschland in Verruf gebracht.
Zu dieser Ablehnung trug die Verschiedenheit der angelsächsischen und der deutschen Rechtsauffassung wesentlich bei. In Deutschland betont man den »inneren Tatbestand« und legt deshalb auf Begriffe wie das »Bewußtsein der Rechtswidrigkeit« entscheidenden Wert. Der angelsächsische Richter hält sich mehr an »facts«. Edle Motive empfehlen den Täter der himmlischen Gnade, können ihn aber der irdischen Strafe nicht entziehen. Nach angelsächsischer Auffassung kann sich kein Angeklagter darauf berufen, andere hätten dasselbe getan, ohne verfolgt zu werden. In Deutschland ist man, vielleicht gewitzt durch Erfahrungen der Geschichte, besonders argwöhnisch,

wenn man den einen hängt und den anderen laufen läßt, und empfindlich, wenn man bei dem einen bestraft, was der andere ungestraft tun darf.
Schon im großen Nürnberger Prozeß galt ein ungeschriebenes, aber scharf durchgesetztes Verbot, den tu quoque-Einwand zu bringen. Der Vorsitzende hielt eisern an der Linie fest: »Alle Anspielungen auf das, was die Alliierten getan haben, sind unerheblich.« In diesem grundsätzlichen Verbot lag eine aufreizende Ungerechtigkeit, die mehr als alles andere einen Mann wie Gollancz dazu brachte, die Prozesse als eine Verwirklichung des alten »vae victis« anzusehen. So verhinderte der Lordrichter Lawrence die mehrfach wiederholten Bemühungen des Rechtsanwalts Seidl, des Verteidigers von Heß und Frank, das am 23. August 1939 zwischen Deutschland und der Sowjetunion neben dem bekannten Nichtangriffspakt abgeschlossene Geheimabkommen über die Aufteilung Polens, dem Gericht vorzulegen. Die »Tigerkatze«, wie man in den Gerichtskreisen den listigen Anwalt nannte, brachte bei jeder Gelegenheit sein explosives Beweismittel, das die Mitschuld der Sowjets beim Vorgehen gegen Polen eindeutig bewies, wieder vor; vor allem hielt er Ribbentrop den Wortlaut des Protokolls und die eidliche Aussage des Chefjuristen des Auswärtigen Amtes, des Min.-Dir. Gaus, der die Richtigkeit bestätigte, im Kreuzverhör vor, und der frühere Außenminister, der zunächst zurückhaltend gewesen war, mußte auch seinerseits alles bestätigen, was Gaus gesagt hatte. Als jedoch am 26. Juli 1946 Seidl sein Plädoyer halten wollte, gab der Vorsitzende bekannt, das Gericht, dem der Text jedes Plädoyers vorher vorgelegt werden mußte, habe einige Stellen gestrichen. Es waren die Ausführungen über den Geheimvertrag. Im Gerichtssaal hieß es, die Russen hätten mit dem Austritt aus dem Nürnberger Gerichtshof gedroht. Dann wäre der Prozeß geplatzt. Der Vorsitzende hatte nachgegeben.
Dagegen trug der Rechtsanwalt Dr. Stahmer in der Anklage wegen des Massenmordes von Katyn einen vollen Sieg davon, als er die Russen zwang, diese Anklage fallenzulassen. Nach dem Einfall in Polen 1939 gerieten Angehörige der polnischen Armee in sowjetische Kriegsgefangenschaft. Als sie im nächsten Jahr freigelassen wurden, stellte die polnische Exilregierung in London fest, daß nach ihren Li-

sten Tausende von Offizieren und Soldaten fehlten. Im April 1943 teilte das Deutsche Nachrichtenbüro mit, im Wald von Katyn sei ein Massengrab mit mehr als 10000 Offizieren gefunden worden. Eine Untersuchung durch 12 Ärzte aus besetzten und neutralen Ländern, darunter der Schweiz, stellte fest, daß die Erschießungen im März und April 1940, also zum Zeitpunkt der sowjetischen Auflösung des Offizierslagers, stattgefunden hatten. Nach der Rückeroberung des Gebiets von Smolensk durch die Russen erklärte eine von Stalin ernannte Sonderkommission, die Erschießungen in Katyn seien im Herbst 1941 erfolgt, also zur Zeit der deutschen Besetzung. Im Kreuzverhör siegte Dr. Stahmer. Im Jahre 1952 erklärte Robert W. Kempner vor einem amerikanischen Kongreßausschuß: »Wir haben Stahmer bewundert, daß er die Sowjets damals zwang, die Katyn-Anklage fallenzulassen. Es war Sieg der Verteidigung.« Jackson erklärte: »Ich habe schon in Nürnberg mit der Möglichkeit gerechnet, daß die Sowjets an Katyn schuld sind.« Das stellte der amerikanische Untersuchungsausschuß in dem Bericht fest, den er am 12. Februar 1953 herausgab; darin machte er die Sowjetunion für die Vernichtung von 14000 Polen verantwortlich. Die Offiziere wurden im Wald von Katyn ermordet, die Soldaten starben als Gefangene beim Bau der Bahn nach Workuta am nördlichen Eismeer.
Für die Deutschen war ferner etwas völlig Neues das angelsächsische Prozeßverfahren, in dem die Staatsanwaltschaft keine »objektive« Behörde, sondern eine Partei ist, die mit allen Mitteln die Gegenpartei, den Angeklagten und seine Verteidigung, zu besiegen sucht. Über diesem Duell thront der Richter als Unparteiischer. Die deutschen Verteidiger hielten es für selbstverständlich, daß die Anklagebehörde verpflichtet sei, auch die dem Angeklagten günstigen Gesichtspunkte vorzutragen. Das war nicht selbstverständlich. Jackson lehnte eine solche Zumutung ausdrücklich ab, er könne nicht zwei Herren dienen. Die Staatsanwaltschaft hielt sich für berechtigt, die für den Angeklagten günstigen Momente zu unterdrücken und das Anklagematerial in einer einseitigen und tendenziösen Form vorzulegen. Sie brachte Dokumente ein, bei denen wichtige Teile fortgelassen waren, sie verband nicht zusammengehörende Schriftstücke, es war nicht weit bis zur direkten Fälschung, die auch, freilich weniger häufig, vorkam.

Die oberste Voraussetzung für die Gerechtigkeit im angelsächsischen Prozeßduell ist die Gleichstellung der Parteien. Die Staatsanwaltschaft darf der Verteidigung nichts voraus haben. Aber an dieser Gleichstellung fehlte es in den Kriegsverbrecherprozessen vollständig. Während die Staatsanwaltschaft in jahrelanger Arbeit ein nur nach Tonnen zu messendes Material sammeln, sichten, ordnen und einen riesigen Apparat aufbauen konnte, standen wenige deutsche Verteidiger dieser geschlossenen Phalanx gegenüber. Sie hatten keine Akten, sie besaßen kein Material, sie hatten keinen Zutritt zu Archiven und Aktensammlungen, und wenn sie hierzu Erlaubnis bekamen, hatten sie weder zeit- noch personalmäßig die Möglichkeit, sich durch die Berge durchzuarbeiten, und fischten, meist mehr durch Zufall, hin und wieder ein Stück auf, das ihnen dienen konnte. Selbst in dem im Vergleich zu früheren Prozessen loyal geführten Manstein-Prozeß war nach Pagets Bericht nur ein winziger Bruchteil der erbeuteten Dokumente der Verteidigung zugänglich.

Nur wenige Verteidiger beherrschten das ausländische Recht und das Prozeßverfahren genügend, um alle die Anträge prozessualer und juristischer Art stellen zu können, die ein ausländischer Anwalt in der gleichen Lage gestellt haben würde. Einwände gegen die Zuständigkeit der Gerichte wurden nicht gestattet, da sie im Widerspruch zum Statut standen. Dafür ergoß sich über die Verteidiger eine Papierflut, der sie nicht Herr werden konnten. Der umfassendste Dokumentenbeweis der Anklage wurde zugelassen, zahlreiche Dokumente der Verteidigung wurden abgelehnt.

Ebenso war es bei den Zeugen. Das Gericht konnte ohne Begründung Zeugen bewilligen oder ablehnen und machte vom Ablehnungsrecht weitgehenden Gebrauch. Die Zeugen der Anklage wurden stets vor dem Gericht selbst vernommen, die der Verteidigung meist vor einem Commissioner, so daß der unmittelbare Eindruck verloren ging. Die Voraussetzungen für das Kreuzverhör waren ungleich. Die Verteidigungszeugen waren der Anklage bekannt, die sich auf das Kreuzverhör eingehend vorbereiten und Überraschungsdokumente zur Prüfung der Glaubwürdigkeit der Zeugen bereitstellen konnte. Die Verteidiger kannten die Anklagezeugen nicht, und woher sollten sie Überraschungsdokumente nehmen?

In der ersten Zeit wurden in Radio und Presse häufig Angriffe auf die Verteidiger geführt. Selbst ihre eigenen Berufsvertretungen warfen ihnen Knüppel zwischen die Beine. So schlug die Kölner Anwaltskammer vor, die Verteidiger nach Abschluß des Prozesses einer politischen Untersuchung zu unterziehen. Ihre Plädoyers wurden vorzensiert, inkriminierte Stellen wurden gestrichen. Es ist sehr milde ausgedrückt, wenn im großen Prozeß der Vorsitzende zugab, »daß die Verteidigung in gewisser Hinsicht anders behandelt werde als die Anklagebehörde«.

Für die Verteidigung war es schwierig, Zeugen überhaupt zu bekommen. Bei vielen waren die Adressen nicht bekannt. Eine Reihe von Zeugen war während der eigenen Internierung, vor allem in Lagern der Ostzone, verstorben. Sie wohnten in Berlin, oder ihre Angehörigen, auf die sie Rücksicht zu nehmen hatten, lebten in der Ostzone. Viele standen in ihrer Denazifizierung und scheuten sich, menschlich-begreiflicherweise, durch ein »Eintreten für Kriegsverbrecher« ihr eigenes Verfahren ungünstig zu beeinflussen. Sie hatten allen Grund zu solcher Besorgnis. Die VVN hatte ihren Mitgliedern öffentlich verboten, in einem Prozeß für Kriegsverbrecher auszusagen. Unbequeme Zeugen wurden eingeschüchtert oder lahmgelegt. Entweder man sperrte sie ein – es gab nur wenige Verteidigungszeugen, die sich auf freiem Fuß befanden – oder man benannte sie als Zeugen der Anklage. Dann durfte der Verteidiger nicht mit dem Zeugen sprechen.

Umgekehrt war es bei den Zeugen der Anklage. Sie wurden gut untergebracht, gut verpflegt und bezahlt und hatten die beste Aussicht, einer eigenen Anklage zu entgehen. Der Richter Powers unterstreicht die Tatsache, daß »Männer, die ihrer eigenen Aussage nach tatsächliche Kriegsverbrechen begangen zu haben scheinen, in diesem Verfahren nicht auf der Anklagebank sitzen, sondern als Belastungszeugen für die Anklage aufgetreten sind«. Die Vernehmung des Zeugen Gaus war im Wilhelmstraßenprozeß einer der dramatischsten Augenblicke. Gaus, der Jahrzehnte hindurch der Kronjurist des Deutschen Reichs gewesen war, in der Weimarer Republik, aber auch unter dem nationalsozialistischen Regime, war im Februar 1947 im Nürnberger Gefängnis in Einzelhaft. Anfang März wurde er aus der Haft entlassen. Am 12. März unterschrieb er eine Erklärung über »die Kollektivschuld der deutschen Beamten an den nationalsozialistischen Verbrechen«, arbeitete von da an im Vorzimmer des Anklägers Dr. Kempner und war der Hauptbelastungszeuge gegen seine ehemaligen Kollegen im Auswärtigen Amt.

Ein weiterer großer Nachteil für die Verteidigung lag in der Übersetzung. Die Prozesse wurden doppelsprachig geführt. Maßgebend war der ausländische Wortlaut. Beim Übersetzen gingen natürlich alle Nuancierungen verloren. Aber was schlimmer war, bei der Übertragung mündlicher Aussagen und schriftlicher Dokumente kamen Sinnentstellungen in einer Fülle vor, von der sich nur jemand eine Vorstellung zu machen vermag, der zweisprachige Prozesse miterlebt hat. Da nicht alle Dolmetscherkräfte den höchsten Ansprüchen genügten, konnte es nicht ausbleiben, daß grobe Fehler vorkamen, daß Sätze ausgelassen wurden, an entscheidenden Stellen ein »nicht« fehlte, der Sinn eines Satzes mißverständlich wiedergegeben oder sogar ins Gegenteil verkehrt wurde. Besonders verwirrend wirkte, daß wegen der Beteiligung verschiedener Übersetzer der gleiche Ausdruck in einem Dokumentenbuch die verschiedensten Übersetzungen fand.

Dadurch, daß mindestens in den ersten Jahren die Anklagebehörde einseitig Presse und Film beeinflußte, entstand in der Öffentlichkeit eine den Angeklagten ungünstige Stimmung, die wiederum auf das Gericht zurückwirkte. Im großen Prozeß schilderte Gaston Oulman Tag für Tag den deutschen Hörern in tendenziösester Form den Tagesverlauf. Dieser Hochstapler, der einmal Redakteur an der »Berliner Börsenzeitung« gewesen war und sich unrechtmäßig die Uniform eines kubanischen Offiziers angemaßt hatte, brannte später mit Geldern durch, die er für die Unterstützung politischer Angeklagter gesammelt hatte, gab noch ein kurzes Gastspiel im Saargebiet und endete, von der Militärpolizei verfolgt, durch Selbstmord. In der Zeit seines Nürnberger Glanzes aber hätte kein Verteidiger oder Journalist es wagen dürfen, die Klinge mit ihm zu kreuzen.

Die dem deutschen Recht fremde Vernehmung des Angeklagten als Zeugen ist für ihn eine große Sache. Aber da ist eine wichtige Einschränkung. Er darf nicht argumentieren, er muß sich auf Tatsachen beschränken. Eine Rolle, wie sie im Reichstagsbrand-Prozeß der Bulgare Dimitroff vor dem Reichsgericht spielte, wäre vor einem angelsächsischen Gericht undenkbar. Der Streit zwischen Verteidigung und Staatsanwaltschaft ging immer um die flüssige Grenze zwischen Argumentation und Sachdarstellung. Lord Hankey rügt, daß den Angeklagten das Wort entzogen wurde, wenn sie politische Argumente vorzubringen suchten, die dem Laien als sinnfällige Grundlage ihrer Verteidigung erschienen.

Die wenigsten Richter waren mit den deutschen Verhältnissen, mit dem z.B. durch den Partisanenkrieg gegebenen Zwang der Lage und mit den Besonderheiten des Daseins unter einer Diktatur vertraut. Das Wort Pagets von den amerikanischen »Prärie-Richtern« ist hart. Aber tatsächlich waren die wenigsten in der Lage, sich ein zutreffendes Bild von der Situation zu machen, unter deren Druck sich die Deutschen unter Hitler befanden. Bei fast allen Prozessen ging es immer wieder um die Frage, ob ein Militär oder ein Zivilbeamter völkerrechtswidrige Befehle seiner Vorgesetzten, über Gewissensbedenken hinaus, vollstrecken muß. Im Juli 1940 gab Churchill dem Admiral Somerville den Befehl, die in Mers-el-Kébir ankernden französischen Kriegsschiffe zu beschießen. Der Admiral erhob Einspruch, da der Befehl im Widerspruch zum Völkerrecht stände. Es blieb bei dem Befehl. Der Admiral erfüllte seine Soldatenpflicht. Er vernichtete die französische Flotte. 1500 Matrosen kamen dabei ums Leben. Von den Deutschen aber verlangten die alliierten Richter Widerstand gegen Befehle der höchsten Stelle, auch wenn Ungehorsam sicheren Tod bedeutete. Das war, um mit Hankey zu sprechen, ein »Irrtum«.

Es wäre völlig abwegig, bei den Richtern subjektive Ungerechtigkeit vorauszusetzen. Wenn sie zu schwer verständlichen Urteilen kamen, lag das an der sie beherrschenden Kreuzzugsidee und ihrer Unkenntnis den entscheidenden Tatsachen gegenüber. Nur bei den russischen Richtern darf man annehmen, daß sie gemäß der grundsätzlichen Einstellung der Sowjets zum Recht die Prozesse nicht als einen Versuch, Gerechtigkeit zu üben, sondern als einen rein politischen Akt ansahen. Der Trinkspruch Wyschinskis ist kennzeichnend. Im großen Prozeß forderten die Russen in jedem Fall die härteste Strafe. Es

wird auf ihren Druck zurückzuführen sein, daß über verschiedene Angeklagte Urteile gefällt wurden, die schon damals als unverständlich hart angesehen wurden, wie die Verurteilung Raeders, den ein Radiokommentator ungerügt »den Unschuldigsten unter den Angeklagten« nannte, zu lebenslänglicher Haft, oder die Verurteilung von Speer und Dönitz. Aus der Begründung ergibt sich ein Freispruch, und man versteht die Verurteilung nicht.
Da in den Prozessen ein völlig neuer Rechtsstoff erstmalig gesichtet und gestaltet werden mußte und die Fülle des Materials jedesmal Menschenkraft zu übersteigen drohte, war es unvermeidlich, daß die Urteile bei gleich oder ganz ähnlich gelagerten Fällen nicht nur im Strafmaß, sondern in der Entscheidung, schuldig oder nichtschuldig, wesentlich von einander abwichen. So wurde im »Südostprozeß« die Verantwortung und damit die Strafbarkeit eines Chefs des Stabes bei Weitergabe eines »verbrecherischen« Befehls verneint, im »OKW-Prozeß« bejaht. Bei gleichem Tatbestand wurde ein Angeklagter im ersten Prozeß freigesprochen, im zweiten zu einer hohen Gefängnisstrafe verurteilt. Ein Mitglied der Staatsanwaltschaft hat einen Verteidiger auf dessen Frage, wie nach seiner Ansicht der Generaloberst Halder bei einer Anklage in Nürnberg gefahren wäre, geantwortet, das komme ganz darauf an: im Südostprozeß wäre er freigesprochen worden, im OKW-Prozeß hätte er »lebenslänglich« bekommen.
Im Dachauer Massenbetrieb gab es überhaupt keine spezifizierten Anklagen, sondern nur kurze, schematische Sätze, die, oft ohne Zeit- und Ortsangaben, eine Reihe von Menschen beschuldigten, Verbrechen gegen die Menschlichkeit begangen zu haben; es folgte jedesmal der Wortlaut der Bestimmungen des Kontrollratsgesetzes. Der amerikanische Jurist Poullada, der als Ankläger und als Offizialverteidiger selbst mitgewirkt hatte, schrieb später: »Beinahe alle Sicherungen und Garantien, die ein Angeklagter in Kriegsgerichtsfällen genießt, wurden entzogen oder so beschränkt, daß sie nutzlos waren... Beweismaterial vom Hörensagen, ... nicht unterzeichnete Papiere, Durchschläge, nicht beschworene Aussagen von seiten angeblicher Opfer, all das wurde verhältnismäßig ungeübten Richtern vorgelegt«. Die Urteile, auch bei schwersten Strafen, wurden nicht schriftlich abgefaßt.

In den Dachauer Prozessen fungierten nicht Juristen, sondern Offiziere als Richter. Diese waren weit mehr auf die Beweismittel der Staatsanwaltschaft angewiesen. Diese wiederum bedienten sich weitgehend der Berufszeugen. Das waren weitgehend Verbrecher, die in den KZs von der Gestapo als Kapos benutzt worden waren und jetzt bereit waren, gegen Angeklagte belastende Aussagen zu machen. In der überwiegenden Mehrzahl der KZ-Prozesse beschränkte sich, wie der Rechtsanwalt Dr. Georg Fröschmann in einem Appell an General Clay darlegte, die Anklage darauf, in einem einzigen Satz von 24 Tippzeilen die Kriegsverbrechen und Verbrechen gegen die Menschlichkeit – »Mord, Prügel, Folterung, Hungernlassen, Gewaltanwendung, Demütigung« – begangen an Angehörigen von 15 verschiedenen Ländern ganz generell aufzuzählen. Einzelne Taten der Angeklagten wurden nicht genannt.

Auch hier wäre es falsch, den Richtern einseitige Vorwürfe zu machen. Sie standen unter dem Eindruck, daß es sich fast durchweg um Schwerverbrecher handelte, bei denen dem Gericht höchstens im Strafmaß ein verzeihlicher Irrtum unterlaufen konnte. Sicherlich war bei ihnen auch – begreiflicherweise – eine gewisse Abstumpfung gegenüber dem Schicksal des einzelnen Angeklagten eingetreten. Was sollte das Gericht machen, wenn beispielsweise zwei Zeugen bekundeten, daß ein Angeklagter Verbrechen in einem KZ begangen habe, und dieser das entschieden abstritt? Gelang es der Verteidigung nicht, die Glaubwürdigkeit der Zeugen zu erschüttern, dann kam das Gericht notwendigerweise zu einer Verurteilung. Aber dieses Urteil war oft nicht gerecht.

Es gab nur verhältnismäßig wenig deutsche Verteidiger in Dachau. Jedenfalls reichten sie für die zu leistende Arbeit nicht annähernd aus. Es kam oft genug vor, daß der Angeklagte den Verteidiger bei der Hauptverhandlung zum ersten Mal sah und sprach. Gelegentlich geschah es auch, daß den Verteidiger die Einladung zur Hauptverhandlung nicht erreichte und er erst hinterher die Verurteilung seines Mandanten erfuhr.

Den amerikanischen Pflichtverteidigern warf man vielfach mangelndes Interesse und infolgedessen fehlende Durchschlagskraft vor. Aber Skorzeny und seine Leute erkannten rückhaltlos das fürsorgliche Be-

mühen ihres weißhaarigen Obersten an, der täglich stundenlang wie ein väterlicher Freund auf einem der Bunkerhöfe mit seinen Schutzbefohlenen zusammensaß; sie wußten, daß sie nur ihm ihren Freispruch verdankten. Doch das war einer der »großen« Fälle. Bei den »gewöhnlichen« Fällen war eine mehr routinemäßige Behandlung üblich. Für den Verteidiger war es, auch beim besten Willen, zeitmäßig kaum möglich, Entlastungsmaterial herbeizuschaffen. Gegen Belastungszeugen konnte der Verteidiger nur einwenden, daß sie unglaubwürdig seien. Zu solcher Beweisführung war Zeit nötig. So konnte der Verteidiger meist nur Affidavits beibringen, daß dem Angeklagten das ihm zur Last gelegte Verbrechen nicht zuzutrauen sei. Das reichte aber natürlich nicht aus.
Seit den Urteilen sind in vielen Fällen die Belastungszeugen als meineidig erkannt; die Verurteilten konnten sich das Entlastungsmaterial verschaffen, das ihnen während der Verhandlung durch die Zeitumstände verschlossen war. In zahlreichen Fällen hat die nachträgliche Überprüfung durch einen Gnadenausschuß zu Entlastungen, auch bei »Lebenslänglichen« geführt. Aber bei manchen Überprüfungen stellte sich ein erheblicher Mangel heraus. Der Baldwin-Ausschuß des amerikanischen Kongresses hat es schon 1949 »als schwerwiegende Unkorrektheit aufgefaßt, daß jemand, der – gleichgültig, in welcher Eigenschaft – an der Prozeßführung beteiligt war, an einen Posten gestellt wird, von dem aus er die Überprüfung dieser Fälle beeinflussen kann«. Fälle wie der des früheren Straßburger Oberbürgermeisters Ernst, der wiederholt von französischen Gerichten zu hohen Strafen verurteilt wurde, weil er als Elsässer (und daher als Franzose) am Krieg auf deutscher Seite teilgenommen hatte und erst nach einer vieljährigen Odyssee durch Frankreichs Gefängnisse freigelassen wurde, haben sicher lange einen Dorn im Fleisch Europas gebildet. Lord Hankey befürchtete damals, daß die Fortsetzung der Kriegsverbrecherpolitik ein Hindernis für eine ehrliche Zusammenarbeit bilden werde. Tatsächlich war eine von Zukunftsidealismus getragene Idee mit so vielen Gewichten bepackt worden, daß sie schon im Stadium der Gesetzgebung vom ursprünglichen Weg abwich und in der Durchführung an menschlicher Unzulänglichkeit und an den Zeitverhältnissen vollends scheiterte.

Im Ersten Weltkrieg war der Rechtsanwalt Dr. Grimm 1915 Verteidiger des französischen Sergeanten Courjon, der in den ersten Kriegsmonaten deutsche Kriegsgefangene mißhandelt hatte, dann selbst gefangengenommen wurde und wegen des durch seine Tagebucheintragungen nachgewiesenen »Kriegsverbrechens« von einem deutschen Kriegsgericht zu drei Jahren Gefängnis verurteilt wurde. Grimm legte Revision ein, weil der Franzose die Tat *vor* seiner Gefangennahme begangen habe, als er noch nicht in der deutschen Gewalt und deshalb nur französischen Gerichten unterstellt war. Das Reichsmilitärgericht sprach Courjon frei. Die Verfolgbarkeit von Kriegsgefangenen wegen Straftaten, die sie vor ihrer Gefangennahme begangen hatten, durch die Gerichte des den Gefangenen verwahrenden Staates, wurde ausdrücklich verneint; das widersprach dem Völkerrecht. Bismarck sagte 1871: »Die Politik hat die Bestrafung etwaiger Versündigungen von Fürsten und Völkern gegen das Moralgesetz der göttlichen Vorsehung dem Lenker der Schlachten zu überlassen. Sie hat weder die Befugnis noch die Pflicht, das Richteramt zu üben... Die Politik hat nicht zu rächen, was geschehen ist, sondern zu sorgen, daß es nicht wieder geschehe.« Churchill forderte 1947: »Nun aber Schluß mit Rache und Vergeltung.« Der Altbischof D. Wurm schrieb am 25. Juli 1951: »Um diese lähmende Unsicherheit zu vertreiben, bedarf es einer weithin sichtbaren Tat, eines leuchtenden Signals, das der ganzen Menschheit den Beginn eines neuen Abschnitts in der Geschichte der westlichen Völker anzeigt. Dieses Signal kann nur darin bestehen, daß im Verhältnis der Völker zueinander die Worte Vergebung und Versöhnung an die Stelle von Vergeltung und Bestrafung treten.«

Inhalt